中国国家图书馆藏

民国西学要籍汉译文献·经济学（第三辑）

主编 李天纲

国际经济政策

International Economic Policies

[美] 古柏逊（William Smith Culbertson）著

潘源来 译

上海社会科学院出版社
Shanghai Academy of Social Sciences Press

图书在版编目(CIP)数据

国际经济政策/（美）古柏逊（Culbertson,W.S.）著；潘源来译．—上海：上海社会科学院出版社，2016
（民国西学要籍汉译文献/李天纲主编．经济学）
ISBN 978-7-5520-1171-5

Ⅰ．①国… Ⅱ．①古…②潘… Ⅲ．①国际贸易政策 Ⅳ．①F741

中国版本图书馆CIP数据核字(2016)第045650号

国际经济政策

主　　编：李天纲
编　　纂：赵　炬
责任编辑：唐云松
特约编辑：陈宁宁
封面设计：清　风
策　　划：赵　炬
执　　行：取映文化
加工整理：嘎　拉　江　岩　牵　牛　莉　娜
责任校对：笑　然
出版发行：上海社会科学院出版社
上海淮海中路622弄7号　电话63875741　邮编200020
http://www.sassp.org.cn　E-mail:sassp@sass.org.cn
排　　版：上海永正彩色分色制版有限公司
印　　刷：常熟市人民印刷厂
开　　本：650×900毫米　1/16开
字　　数：360千字
印　　张：33.625
版　　次：2016年4月第1版　2016年4月第1次印刷

ISBN 978-7-5520-1171-5/F.358　定价：148.00元（精装）

民国西学：中国的百年翻译运动

——『民国西学要籍汉译文献』序

李天纲

继唐代翻译印度佛经之后，二十世纪是中文翻译历史上的第二个高潮时期。来自欧美的『西学』，以巨大的规模涌入中国，参与改变了一个民族的思维方式，这在人类文明史上也是罕见的。域外知识大规模地输入本土，与当地文化交换信息，激发思想，乃至产生新的理论，全球范围也仅仅发生过有数的那么几次。除了唐代中原人用汉语翻译印度思想之外，公元九、十世纪阿拉伯人翻译希腊文化，有一场著名的『百年翻译运动』之外，还有欧洲十四、十五世纪从阿拉伯、希腊、希伯来等『东方』民族的典籍中翻译古代文献，汇入欧洲文化，史称『文艺复兴』。中国知识分子在二十世纪大量翻译欧美『西学』，可以和以上的几次翻译运动相比拟，称之为『中国的百年翻译运动』、『中国的文艺复兴』并不过分。

运动似乎是突如其来，其实早有前奏。梁启超（1873–1929）在《清代学术概论》中说：『自明末徐光启、李之藻等广译算学、天文、水利诸书，为欧籍入中国之始。』利玛窦（Mateo Ricci, 1552–1610）、徐光启、李之藻等人发动的明末清初天主教翻译运动，比清末的『西学』早了二百多年。梁启超有所不知的是：利、徐、李等人不但翻译了天文、历算等『科学』著作，还翻译了诸如亚里士多德《论灵魂》（《灵言蠡勺》）、《形而上学》（《名理探》）等神学、哲学著作。梁启超称明末翻译为『西学东渐』之始是对的，但他说其『范围亦限于天（文）、（历）算』，则误导了他的学生们一百年，直到今天。

从明末到清末的『西学』翻译只是开始，而且断断续续，并不连贯成为一场『运动』。各种原因导致了『西学』的挫折：被明清易代的战火打断；受清初『中国礼仪之争』的影响；欧洲在1773年禁止了耶稣会士的传教活动，以及儒家保守主义思潮在清代的兴起。鸦片战争以后很久，再次翻译『西学』，仍然只在上海和江南地区。从翻译规模来看，以上海为中心的翻译人才、出版机构和发行组织都比明末强大了，影响力却仍然有限。梁启超说：『惟（上海江南）制造局中尚译有科学书二三十种，李善兰、华蘅芳、赵仲涵等任笔受。其人皆学有根底，对于所译之书责任心与兴味皆极浓重，故其成绩略可比明之徐、李。』梁启超对清末翻译的规模估计还是不足，但说『戊戌变法』之前的『西学』翻译只在上海、香港、澳门等地零散从事，影响范围并不及于内地，则是事实。

对明末和清末的『西学』做了简短的回顾之后，我们可以有把握地说：二十世纪的中文翻译，或曰中华民国时期的『西学』，才是称得上有规模的『翻译运动』。也正是在二十世纪的一百年中，数以千计的『汉译名著』成为中国知识分子的必读教材。1905年，清朝废除了科举制，新式高等教育以新建『大学堂』的方式举行，而不是原来尝试的利用『书院』系统改造而成。新建的大学、中学，数理化、文史哲、政经法等等学科，都采用了翻译作品，甚至还有西文原版教材，于是，中国读书人的思想中又多了一种新的标杆，即在『四书五经』之外，还必须要参考一下来自欧美的『西方经典』，甚至到了『言必称希腊、罗马』的程度。

我们在这里说『民国西学』，它的规模超过明末、清末；它的影响遍及沿海、内地；它借助二十世纪的新式教育制度，渗透到中国人的知识体系、价值观念和行为方式中，这些结论虽然都还需要论证，但从一般直觉来看，是可以成立的。中国二十世纪的启蒙运动，以及『现代化』、『世俗化』、『理性化』，都与『民国西学』的翻译介绍直接有关。然而，『民国西学』到底是一个多大的规模？它是一个怎样的体系？它们是以什么方式影响了二十世纪的中国思想？这些问题都还没有得到认真研究，我们并没有一个清晰的认识。还有，哪些著作得到了翻译，哪些译者的影响最大？『西学东渐』的代表，明末有徐光启，清末有严复，那『民国西学』的代表作在哪里？这一系列问题我们并不能明确地回答，原因就在我们对民国翻译出版的西学著作并无一个全程的了解，民国翻译的那些哲学、社会科学、人文学科的『西学』著作，束之高阁，已经好多年。

举例来说，1935年，上海生活书店编辑《全国总书目》，『网罗全国新书店、学术机关、文化团体、图书馆、政府机关、研究学会以及个人私家之出版物约二万种』。就是用这二万种新版图书，生活书店编制了一套全新分类，分为：『总类、哲学、社会科学、宗教、自然科学、文艺、语文学、史地、技术知识』。一瞥之下，这个图书分类法比今天的『人大图书分类法』更仔细，因为翻译介绍的思潮、学说、学科、流派更庞大。尽管并没有统一的『社科规划』和『文化战略』，『民国西学』却在『中国的文艺复兴』运动推动下得到了长足发展。查看《全国总书目》（上海，生活书店，1935），在『社会科学·社会科学一般·社会主义』的子目录下，列有『社会主义概论、社会主义史、科学的社会主义、无政府主义、基尔特社会主义、乌托邦社会主义、基督教社会主义、议会派社会主义』等；在『社会科学·政治·政体政制』的子目录下，列有『政治制度概论、政治制度史、宪政、民主制、独裁制、联邦制、各种政制评述、各国政制、中国政制、现代政制、中国政制史』等，翻译、研究和出版，真的是与欧美接榫，与世界同步。1911年以后的38年的『民国西学』为二十世纪中国学术打下了扎实的基础，而我们却长期忽视，不作接续。

编辑出版一套『民国西学要籍汉译文献』，把中华民国在大陆38年期间翻译的社会科学和人文学科著作重新刊印，对于我们估计、认识和研究『中国的百年翻译运动』、『中国的文艺复兴』，接续当时学统，无疑是有着重要的意义。1980年代初，上海、北京的学术界以朱维铮、庞朴先生为代表，编辑『中国文化史丛书』，一个宗旨便是要接续1930年代商务印书馆王云五主编『中国文化史丛书』，重振旗鼓，『整理国故』，先是恢复，然后才谈得上去超越。遗憾的是，最近三十年的『西学』研究却似乎没有采取『接续』民国传统的方法来做，我们急急乎又引进了许多新理论，诸如控制论、信息论、系统论……还有『老三论』、『新三论』、『后现代』、『后殖民』等等新理论，对『民国西学』弃之如敝屣，避之唯恐不及。

民国时期确实没有突出的翻译人物，我们是指像严复那样的学者，单靠『严译八种』的稿酬就能成为商务印书馆大股东，还受邀请担任多间大学的校长，几份报刊的主笔。但是，像王造时（1903-1971）先生那样在『西学』翻译领域做出重要贡献，然后借此『西学』，主编报刊、杂志，在『反独裁』、『争民主』和『抗战救国』等舆论中取得重大影响的人物也不在少数。王造时的翻译作品有黑格尔的《历史哲学》、摩瓦特的《近代欧洲外交史》、《现代欧洲外交史》、拉铁耐的《美国外交政策史》、拉斯基的《国家的理论与实际》、《民主政治在危机中》。1931年，王先生曾担任光华大学教授，文学院长，政治系主任，后来创办了《主张与批评》(1932)、《自由言论》(1933)，组织『中国民权保障同盟』(1932)。他在上海舆论界发表宪政、法治、理性的自由主义；他在大学课堂上讲授的则是英国费边社社会主义、工联主义和公有化理论（见王造时著《荒谬集·我们的根本主张》1935，上海，自由言论社）。非常可惜的是，王造时先生这样复杂、混合而理想主义的政治学理论和实践，在最近三十年的社会科学、人文学科中并无讨论，原因显然是与大家不读，读不到，没有再版其作品有关。

我们说，『民国西学』本来是一个相当完备的知识体系，在经历了一个巨大的『断裂』之后，学者并没有好好地反省一下，哪些可以继承和发展，哪些应该批判和扬弃。民国时期好多重要的翻译著作，我们都没有再去翻看，认真比较，仔细理解。『改革、开放』以后，又一次『西学东渐』，大家只是急着去寻找更加新颖的『西学』，用新的取代旧的，从尼采、弗洛伊德……到福柯、德里达……就如同东北谚语讽刺的那样：『熊瞎子掰包谷，掰一个丢一个。』中国学者在『西学』武库中寻找更新式的装备，在层出不穷的『西学』面前特别害怕落伍。这种心态里有一个幻觉：更新的理论，意味着更确定的真理，因而也能更有效地在中国使用，或者借用，来解决中国的问题。这种实用主义的『西学观』，其实是一种懒惰、被动和浮躁的短视见解，不能积累起一个稍微深厚一点的现代文化。

讨论二十世纪的『西学』，一般是以五四『新青年』来代表，这其实相当偏颇。胡适、陈独秀等人固然在介绍和推广『西学』，倡导『启蒙』时居功至伟，但是『新文化运动』造成不断求新的风气，也使得这一派的『西学』浅尝辄止，比较肤浅，有些做法甚至不能代表『民国西学』。胡适先生回忆他们举办的《新青年》杂志，有一个宗旨是要『输入学理』，即翻译介绍欧洲的社会科学、人文学科知识，他还大致理了一个系统，说『我们的《新青年》杂志，便曾经发行过一期「易卜生专号」，专门介绍这位挪威大戏剧家易卜生，在这期上我写了首篇专论叫《易卜生主义》。《新青年》也曾出过一期「马克思专号」。另一个《新教育月刊》也曾出过一期「杜威专号」。至于对无政府主义、社会主义、共产主义、日耳曼意识形态、盎格鲁·萨克逊思想体系和法兰西哲学等等的输入，也就习以为常了。』（唐德刚编译：《胡适口述自传》，北京，华文出版社，1992年，第191页）。胡适晚年清理的这个翻译目录，就是那一代青年不断寻找『真理』的轨迹。三四十年间，他们从一般的人性论学说，到无政府主义、社会主义、马克思主义；从不列颠宪政学说，到法兰西暴力革命理论、德意志国家主义思想，再到英格兰自由主义主张，大致就是『输入学理』运动中的全部『西学』。

胡适一语道破地说：『这些新观念、新理论之输入，基本上为的是帮助解决我们今日所面临的实际问题。」胡适并不认为这种『活学活用』、『急用先学』的做法有什么不妥。相反，二十世纪中国知识分子接受『西学』的方法论，大多认为翻译为了『救国』，如同进口最新版本的克虏伯大炮能打胜仗，这就是『天经地义』。今天看来，这其实是一种庸俗意义的『实用主义』，是生吞活剥，不加消化，头痛医头，脚痛医脚的简单思维，或曰：是『夺他人之酒杯，浇自己之块垒』。从我们收集整理『民国西学要籍汉译文献』的情况来看，『民国西学』是一个比北大『启蒙西学』更加完整的知识体系。换句话说，我们认为『五四运动』及其启蒙大众的『西学』并不能够代表二十世纪中国西学翻译运动的全部面貌，在北大的『启蒙西学』之外，还有上海出版界翻译介绍的『民国西学』。或许我们应该把『启蒙西学』纳入『民国西学』体系，『中国的百年翻译运动』才能得到更好的理解。

我们认为：中国二十世纪的西学翻译运动，为汉语世界增加了巨量的知识内容，引进了不同的思维方式，激发了更大的想象空间，这种跨文化交流引起的触动作用才是最为重要的。二十世纪的中国文化变得不古不今，不中不西，并非简单的外来『冲击』所致，而是由形形色色的不同因素综合而成。外来思想中包含的进步观点、立场、方案、主张、主义……具有普世主义的参考价值，但都要在理解、消化、吸收后才能成为汉语语境的一部分，才会有更好的发挥。在这一方面，明末徐光启有一个口号可以参考，那便是『欲求超胜，必须会通；会通之前，必先翻译』。反过来说，『翻译』的目的，是为了中西文化之间的融会贯通，而非搬用；『会通』的目的，不是为了把新旧思想调和成良莠不分，而是一种创新——『超胜』出一种属于全人类的新文明。二十世纪的『民国西学』，是人类新文明的一个环节，值得我们捡起来，重头到底地细细阅读，好好思考。上海社会科学院出版社邀我主编『民国西学要籍汉译文献』，献弁言于此，是为序。

2016年3月20日，于阳光新景寓所

[美]古柏遜(William Smith Culbertson)著　潘源來　譯

國際經濟政策

中華民國二十三年六月初版

原序

此書係討論國際關係上大部份的經濟因素。謂國際間敵視和衝突完全由於經濟的爭論固屬偏見，但謂該種事實如市場原料供給，放款及讓與所引起之競爭不是外交爭執及國際誤會上之主要原因亦屬同樣錯誤。此處並未曾將政治及經濟界限完全分別清楚。實際上政治因素亦包括有經濟因素。可是昔日外交時常想避免其太注重個人及政治特點而忽視國際商業及財政爭執為不屑討論之過失。個人和藹及禮節固常有其地位，不過我們很可以說外交之成功全在其提御經濟事實及經濟趨勢之政治重要性。在實際世界政治執行上，南滿鐵路公司與日本政府，英波石油公司與英國政府，戰前德國阿那托力安鐵路公司(German Anatolian Railway)與德國政府間很少分別的，最有政治頭腦的外交家亦必承認。我們甚至可以說決定外交官吏之行動和絞盡他們腦汁的大部份爭論事件都是經濟的，或者附於經濟的。

自導言一章以後，此書即討論影響各國直接商業關係及談判之各種原因。計包括關稅商訂之方法及原則與商約之根本，但專門一點的，重要點，如所謂「內國」及「最惠國」待遇等。此範圍內的各種問題之討論——牽涉國家責任及可能的國際複雜問題——遂自然的使我們遇到大英帝國內各邦間各種特惠條約。

其後五章多半涉及為競取特權及統治經濟落後地方所引起之各種爭執。是以對殖民商業政策加以分析，而特惠，排他，獨占等政策則與門戶開放或商業平等等原則相比較。關於國際競取原料，勢力富源及資本出口之特權等則視爲一需要確定國家政策，而在若干方面則視爲一需要國際合作之問題而加以討論。最後一章則討論因國外貿易，海上交通所引起之國內及國際問題。

本書之目的是在指明各國及那指導國外利益的人們應當如何的計劃方法以控制那影響國運之經濟利益。全部討論總括起來有三個意見：（一）今日西方各國所流行的政治及社會統治觀念，若不是亞里士多得的，至少還是十八世紀的。（二）西方文化物質進步太快，且現今仍在進步。生存於新的物質世界內，我們缺乏一種能控制其破壞趨勢或改變其成功到社會目的上之統治的科學。（三）世界社會是全賴國家保全國家則在乎成立國際合作之原則及方法，然後能解決各國單獨或相互談判所不能解決的各種大問題。觀察我們經濟生活的事實，爲我們共同國際生存上指出一達到完全無缺和賢明組織之原則乃此書之目的。

政府官吏之繁冗生活，使我不能從事繼續研究工作。此書乃數年之結晶。以後可以明白牠並未涉及國內關稅，可是，就大體上看來，係我日常工作之附帶著作。有許多部份都是取材於我在佐治墩大學(Georgetown University) 外交訓練學院 (School of Foreign Service) 之夜校講演，其他則係我一九二二年，一九二三年，一九二四年在麻省威廉城之政治學會會議當主席時之演說詞。因 (Annals) 主筆欽格博士 (Dr. Clyde L. King) 之美意，我曾利用我著的 (Raw Materials and Foodstuffs in the Commercial Policies of Nations) 內許多材料。該書係由美國政治及社會科學學會出版。

書內所表示意見是我發表的，皆由我個人負責，而與我參與的美國關稅委員會無關。

許多朋友皆時常給我以書內曾經用到的各種建議，並助我最後修訂此書。我趁此機會感謝下列諸氏：

Benjamin B. Wallace, Herman G. A. Braner, Perry T. Hitchens, Walter Rogers, Carl W. Bahr, Edwin Schoenrich, Edwin Sands, Lloyd W. Maxwell, George Byers, Miss Martha W. Williams, Arthur Connors, George H. Parater, Philip G. Wright, Trancis Walker, Stanley K. Hornbeck.

古柏遜

譯序

立國於今日之世界，殊不能漠視一切國際關係而今日大部份國際關係，多不免受經濟因素的影響；故對於國際的經濟因素尤其各國所採用之各種經濟政策及因此產生之結果，實有特別注意之必要。

本書作者古柏遜氏係一八八四年生於美國本薛文尼亞洲一九一一年得耶路大學博士，後在德國之肯卜奇及柏林大學作特殊研究。一九一五——一九一六年曾至南美各國考查商務及關稅情形。一九一七年威爾遜任氏爲關稅委員會委員，一九二一年哈定重任之，任期十二年。一九二二年被推爲該會副委員長。一九二五年辭去各職後出任羅馬尼亞公使及智利大使。氏之著作除本書外，尚有一九一九年出版之（Commercial Policy in War Time and After）及一九二四年出版之（Raw Materials and Foodstuffs in the Commercial Policies of Nations）等書。氏對於訂立商約之原則，各國之經濟政策，如殖民地之攫取，海外之投資，國內富源之保留等，曾經詳細研究。本書對於各種理論與事實敍述極詳；篇末歸結世界和平首在鏟除經濟衝突因素，尤爲語意深長。現今英美大學多採爲教本或參考書，爰亟譯出，以饗國內學界。

原書內及每章章首所引用之昔人名言或詩歌，譯者因其（一）無關要義，（二）譯文難臻並美，概行從略。

書內地名及人名概依照商務印書館出版之外國人名地名表譯出，以資一致。

本書之翻譯承周鯁生先生及時昭瀛先生的鼓勵，並於多處加以指正，附誌於此，以表謝忱。

書於本年一月間開始譯述，至十月方成；中因事繁，屢作屢輟，譯者自知才短，欲於短促時間內完成，每感不勝，紕繆之處在所難免，尙祈海內賢達指正。

潘源來 二二、一二、三〇

目次

國際經濟政策

第一章　近代世界之背景

歐洲以外土地之征服

發現，開闢及移民之時代——自哥倫布航海以前，一直到美洲革命——實視西方文化之復興及歐洲國家在世界舞臺優勢之樹立。但隨卻近代式國家的發達，國家間對於殖民地及經濟利益之競爭，逐漸利害。自十六世紀至十八世紀，荷蘭，西班牙，葡萄牙，法國及英國各自用其政治軍事力量，以促進其商業利益。他們不僅欲在各海洋得到口岸，並且想完全管理整個海岸。（一）在亞洲及非洲他們的征服不過是表面的。在這兩洲國境上他們雖然建設了商埠，但此外內地之生活，仍爲太古式的而毫未變更。在幾個例外地方如爪哇（Java），其土著人民之生活，因與外界接觸，已經改變，雖則其改變非全部的。但是在此世紀內所占領的地方，後來竟成爲他們侵入內地之根據地，從此成立近世之殖民帝國。

他方面在美洲，則歐洲人民於該洲溫帶得到全未被人占據的最大土地，他們於是將其文化移植到新的環境，逐漸成立國家而與母國互爭雄長。

重商主義

在此移民三世紀中，決定各國政治家行動之國家大政策，即爲舉世所知之重商主義，可以普魯士腓特烈大王（Frederick the Great）法國之科爾伯特（Colbert）及英國克倫威爾（Cromwell）等之政策來例證之。牠用以內則統一國家，外則抵抗仇敵。此種政策可於暴戾的航行法，高的關稅，禁止商業限制和商業戰爭表現出來。每一國家在此時期內，爲取得此種優勢計，都用前述各種方法以增進及鞏固其地位。葡萄牙將國外貿易定爲國家獨占事業。西班牙對其殖民地之商業亦加以管理，並強迫商業照限定的方向進行。英法則使用當時特有的商業政策如航行法差別待遇及特惠等。

西摩勒耳（Gustav Schmoller）總括重商主義之原則如下（二）：

「……究其極牠並非別的，不過是國家建設而已——並且這種建設不是狹義的，而爲國家及國民經濟同時並進的；乃近代意義的國家建設，自政治社會內創造出經濟社會，故其意義極爲高尚。此種制度之主要點，不是在於甚麼貨幣學說，貿易平衡，也不是關稅壁壘，保護稅則或航行法，而是在其他更大事實，簡言之，即社會及其組織，國家及其制度之全部變化，以民族國家的經濟政策來代替部落及地域的經濟政策。

在十七及十八世紀，各國間關係——特別是經濟關係——是敵視及暴戾的，這是因爲這種新興經濟的政治組織，正是初試其鋒的時候，也是因爲第一次有這麼大的政治勢力可用以達到農工商業目的時候——而此種政治勢力如能用之適宜，似能致國家富庶於無窮。在任何時期內歷史對於國力及國富時常是等量齊觀，或者牠們曾未有如此關連。在此時期內各大國用其政治力量以抵抗他們的經濟競爭者，假若可能的話，甚至消滅他們之誘惑如此其大，致使他們不得不屈伏並且或者蔑視國際法或者曲解國際法以適合其目的。商業競爭卽在平日和平時，已退化到一不明示的仇視境界，陷各國於競爭漩渦而引其至趨於空前絕後的商業工業及殖民地奪取之戰爭。」

重商之思想已深深印入西方人民思想中。牠們本爲團體的自覺之表示，不過國內各階級爲本身利益計加以鼓勵耳。各國政府間之合作不僅成爲生存競爭之主要武器，亦爲促進文化之主要動力。重商主義雖是無疑可以非難，但若因此以爲牠是黑暗世紀觀念之反照而輕輕忽略過，那就大錯特錯。牠的擁護者視整個的世界爲相競爭的國家之集團，繼續從事於戰爭。他國相信一國國勢興盛，則他一國國勢衰落。國家各自的權力是相對的，因此各國爲其地位，利益，物質財富及光榮計，須努力與他國競爭。在重商主義下個人利益若與國家幸福相比較，實認爲無足輕重；若二者一旦相衝突，則個人必得犧牲。國家政治力量是認爲歸卻工商業優勢的——自然是由國家獎勵。生產者之利益是認爲較消費者爲大。殖民地是視爲國家經濟福利之重要關連，國家政策多因此決定，甚至用武力去達到目的，亦所不惜。卽在重商主義者貿易平衡之理論內，亦自有其真理，而爲若干主張自由貿易之經濟學者認爲是重商主義之精華。在金銀缺乏信用制度未曾十分發達及現金爲國家從事戰爭所必需的時代下，此種理論固然是很自然。因此一國若在債權者地位，則當其與他國交涉時，有很大的威權，占許多便宜。

重商政策不僅用之於獎勵工業，擴張出口，獨占航運，統治殖民地，同時也獎勵人口繁殖。在國際競爭間人力是很重要。馬爾薩斯人口過剩之恐懼，並未曾使當時政治家注意，因為他們認為國內人口之增加，能戰勝人口稀少國家，而且足以擔保這種優勢。

重商主義的觀念既領導當時政治家的行動約三世紀之久，決不會不深深影響人民之思想及其生活情形。此等觀念一方為一部人所指責，同時為他一部份人所稱讚，不過最低限度，凡對於世界有正確分析的人們，知道牠們的作用在克服個人，統一國家內部，而使後者終成為向世界舞臺競爭財富及權威之有力單位。

工業革命

當十八世紀將終結的時候，工商業在重商主義的國家政策之限制下，漸感覺得不可忍耐，直至該時期為止工商業都係活動於比較的小規模範圍以內。小小木船內所運輸之貨物，其數量及種類都極微小。牠們完全為奢侈品，與國內工業很少關係。工業本身完全為手工業。若以現在標準觀之，則當時資本未曾儲蓄，分工未曾發達。工人想做一件東西，必須經過各種必要手續，同時他就是他自己的賣主，而承受該項東西之全部價值。他所用的原料，就是他隨手所能取得的東西，而其使用方法，若與現在比較，真是十分生疏粗鄙。在這情形下忽然發生心靈上的警醒，進而影響生產。這種運動起初完全限於英國，實在值得稱為革命，因為牠不僅改變了工業組織和方法，並且將社會和政治管理移轉到一個新的工商業階級手裏。牠對當時思想灌注以產生近代世界之觀念。牠不僅在生產方法上發生很大的進步，即在科學及商業組織上亦然。牠建立了現今盛行西方及行將流傳亞洲之新工業主義的基礎。

工業革命是依不斷的機械大發明特別表示出來。蒸汽適用到機械上，同時也用於運輸業。機械紡績代替了舊式紡車，手織機則爲機器織機所淘汰。軋棉機器也發明了。數十代相傳之手工業方法，在機器進步前不能不退避三舍。其實此種發明不過初肇其端而已。爲時既久，近代工業上最複雜的構造，完全成立，最值人們注意的現象，即爲機械之適用到任何工業。科學發現增加了工業效力。化學，物理，生物學及地質學等，對於使吾人生活特徵被稱爲機械文明之近代複雜工業主義的基礎都有貢獻。

工人再不在一個家庭內獨自工作了，而全聚集於工廠內，在那裏他們得到工業收入之一部份，作爲工資。工業管理全落於資本階級，而資本之大量增加亦與商業組織之完成及大規模生產發達，同時並進。大量的標準貨物製造出來，因此昔日所認爲祇有富人所能享用之各種物品，普通一般人亦得分惠。除資本，商業組織及工人外，大規模的生產，需要動力以推動機器，又需要便宜的運輸及大量，不貴，運自遠處之笨重的原料品。因此煤成爲工業發達極主要的基礎，而英國之所以成爲近代工業大國者，煤的豐富實爲主要原因。

反抗的自由主義

因爲新工商業發達而得勢的新興工商階級，咸感覺到因重商主義之影響而加於他們的國家干涉，極爲累贅。他們的經濟目的，因爲西方各國——革命精神正在傳播——之趨向自由及個人主義而更加擴大。限制行動的精神和習慣被人懷疑；國家之干涉工商業被人怨恨；契約自由及無限制的自由競爭之口號已經提出；簡言之，每一個人都要求神怪的權利以支配其自己行動。總之，反抗已經起來以攻擊那不僅失去尊嚴並且失去功用之權力。反抗主義(Protestantism)——昔曾限於宗教者——乃轉而施諸政治法律和經濟方面。

此種新運動之重要信條卽爲個人自由。大家都相信一個社會若其份子有完全自由以行使其原始權利和契約權利，而國家對於他們的干涉縮小到最小限度，則該社會必定榮繁。此種新的信仰簡稱之爲放任主義(Laissez-faire)。

在政治上則個人主義與天賦人權相聯絡，後者是美國獨立宣言和法國人權宣言所表示的。於反對執政者之政權及君主之神權外，牠主張每個人都應該有那與生俱來及不可讓與之權利，是卽「生命及自由之享樂與取得，保有財產之方法，尋求幸福及安全之各種方法。」(三)

在法律及立法方面，邊沁(Jeremy Bentham)是一個大聲請求取消那對於個人所加限制的人。他排斥法國學者所主張之天賦人權論而主張爲大多數人民求大多數幸福——立法上客觀標準。

「每一個人（戴雪(四) Dicey 在申述邊沁原理時講的）大概是其一己幸福之最好的判斷者。因此立法，應志在取消對於個人自由行動所加之各種束縛，而後者也非其餘的人得到同樣自由之必要條件。

放任主義的信條（戴雪繼續說）從論理觀點上看並不是功利主義之必要信條。不過自由主義雖然不是功利主義之主要部份，而卻是邊沁立法學說之最重要部份，牠在英國引起法律能力及性質之改革運動。當邊沁爲其立法的功利主義宣傳時，英國人正以他們的自由爲榮幸，一班人都很時髦的說，在英國憲法下除非爲卻維持公共秩序外，對於人民自由未嘗加以束縛。邊沁熟習個中情形，知道在那昔日的習慣爲偶然立法所更改的制度下，對於個人不知加了若干束縛，而此種束縛對於社會大部份之安全和秩序並非必要，因此他認定此種束縛爲害惡。

邊沁主義之力量非在其創見，而在於其能適應一個特殊時代之需要及適合當時英人思想之趨勢。此種考慮，對於邊沁及其弟子之功績，並無若何損害。在一八三〇年要求改革實爲必要，但是僅僅去要求，並不能產生滿足要求的方法。若非邊沁主義爲改革者預備以理想及綱領，則修改英國法律之努力——亦如其他促進人類進步之各種努力然——勢必不能達到目的。」

在國際貿易及工業方面主張此種運動者，爲亞當司密(Adam Smith)，他之脫離重商主義，亦如邊沁之脫離布拉克司吞(Blackstone)的法律哲學然，很爲果決。他認爲若每一個人都任其自由以尋找一己利益，則社會幸福必將因自由競爭所產生之和諧而滿足。國家的財富若用一種新國家政策，即認社會爲競爭的個人所組成而非競爭的國家所組成，則將大大增加。他對於此點之立場如下：（五）

「消費爲生產之唯一目的；生產者之利益祇在其於增進消費人之利益有必要時應當顧到。此種格言實顯而易見而無容加以證明。可是在重商主義制度下，消費人之利益完全爲生產者所犧牲，並且好似認生產——非消費——爲工商業最後目標。

我們若要決定誰爲此種重商主義制度之策謀者，並不困難；他們不是那利益全被忽視的消費人，他們乃是利益已經完全得到的生產人們，而在這些人中，我們的商人和工業家都是主要人物。

因此每一種制度，若用特別獎勵方法以吸收一部份較一種工業自然所能吸收爲大之資本，或者用特殊限制方法，以驅除一部份本來可以使用於某種工業之資本，則在實際上，反阻害了本來所要達到之目的。牠不僅不能促進，反而延遲社會進於光大和富裕，不僅不能增加，反而減少土地勞力每年所出產之眞正價值。

各種特惠或限制制度一旦掃去無餘，於是天賦自由制度隨其自然而成立。每一個人若不違反公正法律，是完全任其自由用自己方法以尋找一己利益，任其用工業及資本以與他人競爭。君主不要去做那冒卻許多錯誤的事情，因爲想好好的完成這種事情，非人類智慧和見解所能及，這種事情即監督私人企業和指揮牠以適合於全部社會幸福的工作。照天賦自由制度，君主祇應當做三種事情：（一）保護社會以防禦外侮；（二）保護社會內之各個份子以防其他份子之不法行爲；（三）成立和維持某種公共事業及組織，後者非個人及少數人所能成立及維持，其收入利益並不足以償其所耗，雖其對全體社會之利益較其所償者爲大」。

在十九世紀全期中，許多學者都抱此種個人自由及自由競爭之見解。(六)再沒有甚麼地方較薩謨湼（William Graham Sumner）在他的「What Social Classes Owe to Each Other」一書中所表示者更爲坦白他說：

「因世故日深，致余對國家觀念漸就冷淡。從抽象上說國家之於我亦不過爲吾人之集合而已。在實際上——即當其實行意志或採擇某種行動——牠不過是一小小的人羣，偶然被我們大多數選擇以爲我們執行某種事役而已」。（第九頁）

國際自由貿易

自由貿易在英國工商業極盛時期，曾用以證明該時國是之合法。這種運動是忠實思想家所鼓動，他們並不覺得有若何國家目的，而祇是爲人道主義所感動。但牠爲商業界所主張，他們在國內市場受壓制，而不得不需要出口貿易以圖發展。工業在其他各國並未十分發達，所以未與牠們嚴重競爭。對工業品加稅，於保護國內市場並非必要，而對穀物及原料所征之稅，倒妨害牠們海外發展。因此自由貿易成爲當時實際政治之爭執，其結果以一八四六年之取消穀物條例（Corn Law）達到極端。在英國土地多爲小貴族所占有，這種取消在社會政治革命上，表示一重要時代，而其第一次勝利則爲一八三二年之議院改革法案（Reform Bill）。在國際關係上，此自由貿易運動，就英國立場言，正如美德之保護政策之同爲一種國家政策。在當時正是表示英國貿易之勝利。自一八六〇年，當英法簽訂柯布登條約（Cobden Treaty）時直至一八八〇年爲止，自由貿易意見不僅決定了英國的政策，並且對於大陸國家之關稅及商業束縛上很有和緩影響。雖則自由貿易在美國多少得點成功，而南北戰爭時候爲國庫收入目的而徵收之諸稅，戰爭結束之後仍舊維持。(七)在那個國際好感時期大不列顛在世界商場上，實際並無嚴重競爭，世界大同主義大有實現之勢。

正在這時期（一八四九年）大不列顛放棄了差別待遇的航行法。英國在實際上及原則上採用自由貿易，終止了給與其殖民地貨物在英國市場所享受之特惠待遇。英在殖民地取消對本國貨物之特惠待遇，并依條約保障屬地之門戶開放。(八)其他領有殖民地之國家，亦先後弛懈商業上特惠及獨占規定，雖其程度各自不同。對殖民地之興趣，大家感覺冷淡，而與前後殖民競爭時代中之感想完全相反。僅僅一個法國仍繼續尋找殖民地，雖則邊疆糾紛亦使英國在亞非兩洲擴大其版圖。

歐洲以外土地之經濟的征服

那個擴張工業及貿易之力量——對於創立自由貿易運動很盡了有力的——結局亦阻撓了自身的發展。俾斯麥(Bismack)在一八八二年曾有如下的嚴酷批評：(九)

「我相信自由貿易全部理論是錯的……。英國取消保護政策是在她得到保護的利益以後。她時常採用最高的保護關稅，直至其國勢養成，因此她能邁步出關而向全世界挑戰。自由貿易乃最強國家之武器，而英國因爲有資本，鐵，煤，港灣及適宜的地理上的位置而成爲各國之最強者。可是她仍用非常的保護關稅，保護自己，抵抗外國競爭，直待其工業勢力強大爲止。」

除了英國以外其餘各國都趨向於近代工業化，不僅傾向保護稅則以爲其在國內市場得到各種方便，並進而採用各種重商政策以擴張海外市場及取得原料品之供給。對於殖民地之興趣又復活起來。在十七世紀初比利時王利歐破爾得（Leopold）開始占據剛果（Congo），英法隨之擴張其殖民領域而德意日及美國亦取得殖民地。與此種殖民地之活動同時並起而又構成此種競爭之一部份原因的，即爲歐洲民族之自覺。德意志之統一及土耳其之瓜分，最足表現此種精神。

大約在這時候，西方文明技術上又有了新的改進。這可以說是第二次工業革命，先前用於運輸方面之蒸汽機，逐漸發展到大規模的鐵路網及航路網，因此完全改變了交通的面目和性質。火車及輪船之容載量大大增加，致笨重的食物及原料可自遠處很便宜的運來，而歐洲工業出產品亦可運往極遠市場上去。與此種工業革命最相關連的，即爲新的交通方法之完成。郵政之成立，電報，海底電線及最近無線電報之發明與應用，大大的消滅了時間及空間之間隔，而聯絡全世界成爲一個經濟單位。（一〇）

歐洲以外土地之經濟的征服之性質，以將非洲，海洋洲及東方土地分爲兩類較易明白：（一）被承認之弱國的土地；（二）在部落酋長統治下而爲歐洲外交家所認爲未被占領之土地。前一類包括横過北非洲及南非洲一帶之國家如阿比西尼亞（Abyssinia），贊稷巴及波羅洲之回教土耳其領地（Moslem Sultanates of Zanzibar and Borneo）。後者包括亞非二洲之熱帶地方，除了已經成立之殖民地，如葡萄牙之摩贊俾克（Mozanbique）及安哥拉(Angola)及英法在西非之口岸外，皆認首先爲有效占領之國家的所有物。野蠻的土著部落，都認爲沒有甚麽權利，他們時常被人引誘去簽訂自己不明內容之各種條約。在這些地方，被保護國及殖民地漸次成立，而至一八九〇年末，此等地方已爲歐洲各國占據殆盡。此種殖民地取得之起點爲探險傳教及商場，土地讓與及與酋長所訂之條約。在海洋洲及非洲一帶土地之奪取，多由於商業競爭而投資——無論已經或正預備進行而在後來國際政治上很占重要者——在這個期候倒比較的不很重要。

這個時期擴張殖民地在政治上的重要性，以法國控制北非之遠大計劃表示出來。其計劃之目的，並無以異於她在十八世紀之欲控制包括聖羅凌士河 (St. Lawrence River) 各大湖 (Great Lakes) 及密西西比河 (Mississipi River) 之各水道。法國探險家及旅行家深入撒哈拉 (Sahara) 直至差得湖 (Lake Chad)，並繼續東進，上溯尼羅河 (Nile) 以期爲法國取得一自阿爾及利亞 (Algeria) 到紅海之整塊土地。但是此種計劃爲吉志尼將軍 (Kitchener) 所挫敗，他降伏了蘇丹 (Sudan) 之 Dervieh 部落後，於華叔達 (Fashoda) 地方遇卻法國將軍馬商 (Marchand)，而引起所謂華叔達事件 (Fashoda Affair)，很威嚇了英法間之和平。英國堅持保留對於埃及蘇丹之權利，一八九九年及一九〇四年成立條約，承認法國在差得湖及摩落哥措置全權。一九〇四年之條約即爲英法協商 (entente cordiale) 之起源。

西方工業國家之經濟生活繼續促進，致資本貯集不少，因而開始在海外尋找投資機會，取得特許權以開拓鑛產及發展種植，並借許多的錢給亞非兩洲的弱國，依財務的組織，歐洲各國遂得深入亞非兩洲人民的日常生活中。此歐洲以外土地之經濟征服一個現象——隨以前商業競爭而起幷補充之者——較之十五十六世紀隨發現而產生之征服，其意義尤爲重大。歐洲各國在南美洲，被阻於門羅主義，乃轉而注意亞非二洲及海洋洲。非州已經完全瓜分，在亞洲則他們在各地方各自劃分出來在被劃分區域內，各保有其商業優先權。此等勢力範圍，隨亞洲各國政府之屈伏於西方文化侵略下，而變爲保護地及殖民地。

現代世界之從屬程度

西方各國對於南美洲各弱國因商業財政之擴張而加之壓迫，因美國門羅主義而大減殺。美國，當歐洲各國開始攫取土地時，並無意於海外活動，但她也不願見各國在美洲所施之政治的侵凌。商業及財務，雖對於南美洲有所征服，但在世界他處隨同樣侵略而發生之政治效果，則因美國的態度而避免掉。而在他方面，非白人所住地方之政治的從屬卻大大的受了影響。文化很古的人民及野蠻民族感覺到漸漸附屬於歐洲列強。

一個實際世界政治觀察者隨即知道在世界政治單位內，有各種不同的從屬社會之存在。自半主權國家降而至於不能自主之殖民地，其間之階級是很難辨別的。即完全獨立國家之主權亦常被大國所限制，例如古巴(Cuba)，她與外國關係是受普拉特修正案 (Platt Amendment) 所限制。而我國（美國著者自稱）與多米尼加民主國 (Dominican Republic) 及海地 (Haiti) 之條約，幾將該二國置於保護地地位。中國即在其國內，亦並非完全自主的。

勢力範圍可以解釋說是一個地域，在該地域內強國執行一部份不完全管轄權：此種地方自西方人視之，其文化多爲落後。此種管轄暗示一強國在該地域有優先權而其他各國不得侵入，強國所要求之權利，多爲特許優先權以開發天然富源，投資鐵路建築及促進其他經濟事業。在土耳其成立勢力範圍計劃，包含在英法意關於阿那托力亞(Anatolia)所訂之三方條約中(Tripartite Agreement)。(一一)這個條約——現在已失效——詳述簽約各國皆希望「幫助土耳其以開發其富源，並避免從前曾經阻礙這種目的之國際競爭。」牠規定了兩個地域的疆界，一個爲「大家承認的法國特殊利益地帶，」而其他卽爲「大家承認的意大利特殊利益地帶。」

該約第二條有如下之規定：

「按照與土耳其訂立之和約條款，簽字國人民之船舶，飛機，及往來於簽字國國境內各殖民地及保護地一帶之一切生產品及工業製造品，在上述地域內，關於商業航業上之各種事情——特別是關於運輸貨物，關稅及類似的事實——概得享受完全平等待遇。

然簽字各國擔保不採用或幫助其本國人民在任何一大家認爲某國特殊利益範圍內，取得工業或商業上的讓與；除非某國在某種事實上是放棄或不能利用其特殊地位下之各種利益時。」

被保護國特別存在於亞洲，尤以印度，馬來半島合衆國(Federated Malay States)爲著名。她們仍得保留土著首長在內政方面仍有相當獨立權。這些土著首長皆由保護國派出顧問或代表來指導監視他們，以期他們受忠告而不與保護國之利益衝突。此種屬國之地位是受條約限制的。與此有若干相似的地方但又不可雷同的，卽爲殖民保護地(colonial protectorates)，例如柏楚阿那(Bechuanaland)及非洲之其他國家，此等地方，被保護國一名詞並無若何意義，被保護國及殖民地間之分別，僅屬專門名詞而已。即普通所謂殖民地，其間亦有程度之不同，如完全附屬地——其政治機關完全握在母國手裏，及自治殖民地——英之自治殖民地。

管理世界進化落後各地之一較好的方法，即爲凡爾塞和約所產生之委任統治制度（mandate system）。此種制度是否能使野蠻民族發達其富源，不需多量的外人管理而漸進於自治，抑或成爲帝國主義者對弱國更進一步侵略之護身符，此時誠難預言。

國外貿易及政府之合作

西方工業很發達國家與那開闢富源方法尚未十分發達國家間之關係，包含卻許多政治，社會及種族問題，而非本書所能論及，但因此而引起之許多經濟問題，則十分重要。不問各國對於殖民政策如何的注入自由主義，但殖民地則仍多視爲商業政策之工具。她們爲母國工業預備市場，供給原料及投資的機會，並爲母國消納許多工作人員。即令對於統治殖民地的國家之人民及其出品，並未明顯的給以若何特惠待遇，但普通一班情形，有自然使大部份貿易多操在母國手裏之傾向。殖民地人民其風俗習慣，都與母國相同。他們自然向母國求物品的供給，而需要用慣了的母國同樣貨物。各國政府常用船舶津貼金，海底電報，經費郵便以獎勵母國與殖民地之運輸和交通。國內商業界都於殖民地設立分行和支店，因以引起其喜歡與母國通商之意識。國內財政界亦視殖民地之鐵路建築港口交通促進，天然富源開發爲國內剩餘資財投資之好地方。他們在母國政治影響下，感覺到有很大的安全，毋國政府亦轉而維持他們的商業活動和財政利益。

政府維持本國人民的商業開拓，不僅限於殖民地，牠擴張到世界任何國家而其地方法律不能給此以充分保護時，政府及商界在國際經濟關係上之合作，較僅僅保護更進一步。國際社會間之重商主義的意見，仍舊保持，仍舊執行。在國際競爭上，工商業階級於相信個人自由，反對國家干涉之外，再加一種希望，卽望政府幫助而不阻撓他們的活動。以與在國內經濟活動方面——在此方面政府在許多地方是干涉的——相比較，則國家在國外事業方面之權力，認爲是應當幫助個人或團體以達到其所希望之目的。個人商業競爭外又加上國家的競爭，因此商業競爭，不僅未曾被阻止，反更加利害，並標明爲國家性質的。我們可以說這種國家競爭制度，若任其自然的演進，則在近數十年內，必將自行崩潰。

西方物質文明已超過社會及政府之統制

以上對世界經濟情形所指出之各種事實而此後行將繼續引證者，並不是爲一種惡意的批評。在國際事實紊亂無狀之情形下，每個人之須得到政府保護和積極幫助，純爲不可避免之事實。錯處並不在任何國家或任何階級的人民，而在現今世界制度——這種制度特別提倡重商主義者之權利及極端的主權論於它們不應適用的處所，以致其結果使人類行動在許多地方陷於無政府狀態。世界上沒有一種人種在物質榮繁上，自然科學知識上，因而在管理天然富源和勢力上，能與白種人並駕齊驅。這種經濟勢力全非偶然，而爲白種人特殊的智力和體力稟賦之自然結果世上並無其他人種在智力及體力上進步較白種人爲快。白種人之地位好似已經很穩固，除非他們如希臘人一樣而更大規模的互相殘殺以毀滅自己。

對於我們近代文化所加的這種批評，也不過促其進一步的發展。在不規則的國際競爭後面，有巨大的物質勢力，在一個無適當的社會統治的世界內活動。特別在國際事務上，我們的社會和政治組織不能與科學及物質發展並駕齊驅。我們現在所處的世界，在工業及自然科學方面，則爲近代的，而在倫理，社會及政治方面，則爲古代的。從社會完全的觀點來看，文明，在這種不平等的狀態下，也許尚能殘存，但在國家主權錯誤觀念下，能否存在，實成疑問，因爲在這種情形下國家和國民間留下許多關係，並無法律給以社會的指導。我們現在正苦於在科學，商業及工業組織上有很快的進步，而在社會及政府組織方面並無相等進步，這個現象沒有比較在國際關係上更爲明顯的。工商業很發展，使多數國家很嚴重的依賴原料品之入口及製造品之出口，而各國對國際問題卻都用國家補救方法以維持他們的利益。

十九世紀之社會哲學家常是批評的，很少是創造的。人類智力都用以創造巨大的物質文明，爲以前各世紀未曾夢想得到。但政治科學並未能同樣進步。太注重個人權利，而忽視工商業之社會意義。無限制的經濟競爭爲各國政府所鼓勵而不實行統治者，最後將自己摧殘西方文明之最大目的。一個適當國際法制度具有其完備的執行及解釋機關者，實不僅爲趨向世界和平，而亦爲國家繁榮及安全之康莊大道。外交，及其最有用的工具——會議，亦未曾爲世界具備一適當的政府（統治機關）文化，已經因誤用其物質結果而危害其本身存在，既已受卻此種警告，必須轉而注意去想種種方法去管理這類力量使其趨向於社會目的。在國際事件上，至少達到好政治(good government)之方法卽在多治(more government)。(一二)

(一)參看下面第六章。

(二)見西摩勒耳著The Mercantile System and Its Historical Significance, pp. 50, 63.

(三)參看 From the "Virginia Bill of Rights" June 12, 1776, quoted from West, Willis M., A Source Book in American History to 1787, p. 446.

(四)見戴雪著 (Lectures on the Relation between Law and Public Opinion in England During the Nineteenth Century, Lond. 1905, p. 145, 146 and 1750 同時見著 Stephen, Leslie, The English Utilitarians, Mill, J. S. On Liberty

(五)見一九〇四年紐約出版的亞當司密原富第二卷，一五九、一六〇、一八四、一八五頁

(六)普通一班經濟學家在國際商業上主張自由貿易者，在工業及其他國內經濟關係上多放棄個人主義原則。例如他們接受勞工工作情形和工作時間之規定。

(七)參看 Taussig F. W., Tariff History of the U. S. A. 6th edit. Chapter 8.

(八)見下述第三九頁

（九）參看 Quoted in Holland, Bernard, The Fall of Protection, 1840-1850, 1913 p. 177.

（一〇）見附錄第八。

（一一）與色佛爾條約（Treaty of Sevres）同日在色佛爾訂立的。見 De Martens, G. F., Nouveau Recueil Général, Third Series, Vol.12, 3rd section, p. 786 et seq.

（一二）"Government"一字用在此書內，其普通意義並不一定包含卻官吏統治或平日國家機關。牠卻包括一班人共同管理，指導並理一班生活之各種方法，此外更應用到國家政治機關上，也許包括宗教，勞工，農業及商業組織如國際商會（International Chamber of Commerce）。但牠不包括許多賺錢的機關，如極少數人控制很大的工業而違反普通一般利益，不問普通一般意見對他們如何。

第二章　商約——內國待遇

昔日商約

商約乃規定國家間商務，航運及其他某種關係之契約。是用以和緩昔日各世紀所特有的商業束縛上之苛刻和負擔。在近日商業發達很久以前，商約原則也已為人所公認。亞哈（Ahab）在戰勝阿剌米亞人（Aramans At Aphek）後，強自便哈達（Ben-hadad）得到一允許以色列商人得在達馬士革（Damascus）市上成立集會之條約。（一）其他例子則為紀元前五〇九年三四八年羅馬與迦太基（Carthage）所訂之商約。至於近代這樣、複雜的商約，則在八百年前，當熱那亞（Genoa），比薩（Pisa）及威尼思（Venice）間相互競爭，與其他國家成立條約時即已形成。英國最早商約為一二一七年與挪威商訂之臘丁文條約。其與西班牙，瑞典現仍有效之條約，則成立於十七世紀之中葉。

到十八世紀之末年，商約已為各國談判間之例外，國際條約大多關於處理和平及戰爭問題。即至十九世紀各國間談判，並非與商約直接有關。十九世紀後半期因鐵路輪船電汽交通之發達所引起的交通及運輸上之極度變化，致商業世界化。工業先進國家，其商業擴張已超乎國界，乃開始希望於海外取得市場及新的原料來源。商業競爭更加激烈，訂立商約之新機會因之而起。各國當前之急務在使其與其他各國之商業關係保證穩定。

商約之範圍

對世界條約構成加以分析，(一)卽刻使我們知道商約範圍正如人類活動及利益然極爲複雜。國家活動之每一目的，有時或卽爲國際談判和條約之目的。文明國家所保護之權利及特權，地方政府法律所規定之利益，都關於國際條約的範圍。更有進者，條約之主要事件，自然的包括一種特殊國際性質之權利及利益。因國家間關係由於交通運輸發達而日趨密切，致相互關係和利益之需要國際規定，亦與日俱增。國際條約日漸趨於規定複雜的國際關係，而在將來亦希望其將現今沒有整理之各國間商業關係，簡單的定出若干規則加以釐定。

下述取自商約之各項題目，可見現代商約規定內所包含事件之廣泛：居留條件，遊歷及經商，移民，政治保護及公權；外交代表及領事之入境及其特權與活動；輪船火車及交通運輸工具，航行，入港檢疫，港灣規則及其他類似規定；入口出口運輸轉運及堆棧之各種規定；稅則及海關法；特許權，商標，版權，及其他工業財產之保護；不動產及動產之保有支配及承受；租稅之償付；工商財政會社之權利；兵役，地方任務，強迫公債及額外征收之免除；商業遊旅者之待遇；津貼及退稅；國內及地方稅；拯救及其類似事業；船舶避難待遇；沿海貿易，港口貿易與外國船貨；治外法，信教自由及喪葬等。

條約上讓與普遍化之趨向

關於上述各項事件，外國人在特殊事件上，皆受條約保護，在訂約國內關於其個人生命，財產，航運商業及工業，皆擔保其安全。在昔日發達初期，條約係規定訂約國彼此間之相互義務及權利，但後來因爲時代變遷，將先前給與訂約國之特權推廣給與第三國，其結果遂成爲最惠國原則（most-favored-nation principles）這個原則——不以特惠給與一國而使其他國處於不利地位——仍繼續爲人所贊成，因爲自十八世紀以來，實際上每一個商約都含有各種不同的，相互最惠國待遇。

除了承諾最惠國待遇外——以後再詳細討論——關於某種事件，商約常包含有締約國一方允諾對締約國他方人民給以與本國人民相同之待遇，此即所謂「內國待遇」（national treatment）。在一方面最惠國待遇，禁止給一國以較於其他國家爲差別待遇，而在他方面則內國待遇禁止給訂約國他方人民以有異於其本國人民之差別待遇。當兩國訂立條約相互擔保內國待遇時，則締約國任何一方之人民，在條約涉及之各項事務上有權要求他方給以曾經允諾該國人民之同樣權利及利益。(三)

內國待遇保證之性質

保證內國待遇雖亦如最惠國待遇然常見於各商約內，但內國待遇一名辭究不若最惠國待遇一名辭之爲人所習聞。內國待遇亦如最惠國待遇然，可以爲互惠的，或非互惠的，(四)得因許多方法——如地域限制或其他方法——而加以限制。各種條約上所保證內國待遇之形式範圍都以該條約所採用之文字而決定。

內國待遇一名辭並非完全見諸各商約，但其原則，則於商約中以複雜的法規文字載明之。保證內國待遇尋常所用之文字可以下列一八一五年七月三日英美條約所規定者來說明：

船舶稅　在美國任何口岸，對於英國船舶，不得課以較美國爲高或美國所無之稅；而在歐洲英國各口岸對於美國船舶，亦不得課以較英國爲高或所無之稅。

進口　無論何種向美國入口之貨物，其生長，生產或製造係在歐洲大英帝國境內者，不問其入口是否用美國或英國船舶，應納與美國貨物相同樣稅；反之，凡美國貨物之向歐洲英國土地出口者，其生長，生產或製造係在美國國境內者，不問其出口是否用英國或美國船舶，應納與英國貨物相同稅。

出口　凡在歐洲大英帝國國境內生長，生產或製造而向美國輸出之貨物，不問其出口是否用美國或英國船舶，概須納同樣稅或享受同樣津貼；反之，凡在美國國境內生長，生產或製造而向大英帝國輸出之各種貨物，不問其出口是否用英國或美國船舶，亦概須納同樣稅及享受同樣津貼。

退稅　締約國更承認在任何場合上對於生長，生產或製造於締約國任何一方之各種貨物重行出口給以退稅時，則該退稅數量必須相同，不問該貨物是否原由英國或美國船舶所輸入，但當此種重出口係發生在英國船舶自美國，或在美國船舶自歐洲大英帝國出口，運到其他國家，則締約國各自保留其規定或減少該約所扎退稅額之完全主權（第二條。）

用內國待遇一名詞，上述互惠保證可主要的簡明的總括於下：（五）

關於下列各項相互保證內國待遇（祇限於英屬歐洲地帶）

（一）一國口岸對於其他一國船舶所加之各種稅（第二條。）

（二）任何一國對於其他一國入口貨物所課之各種稅，不問其是用何方船舶裝載（第二條。）

（三）任何一國對其貨物向其他一國出口所課之稅或允許之津貼，不問其是用何方船舶裝載（第二條。）

（四）任何一方對於他方貨物重出口所允許之退稅，不問其原始入口爲何方之船舶；除非該重出口係自訂約國任何一方用其他國籍之船舶向其他國家輸出，在此種情況下，締約國兩方各自保留其決定退稅之全權（第二條。）

在這英美條約內內國待遇之互惠保證，僅限於一方船舶在對方口岸所付之稅及兩國貨物所付之出口及入口稅。在許多其他事件上，二國有時相互保證內國待遇。舉一個例來說，有許多條約對於外國人民及本國人民關於下列各件，都給以相同待遇：

出入訂約國兩方各通商口岸及內地，及從事各種合法貿易之權；

在訂約任何一方國境內執行工商業及其相關的租稅征罰之各種權利特權免役與恩賜；

在訂約國內關於商標，專賣版權之各種特權權利及救濟；

在訂約任何一方內之各種公權，特別關於生命財產之保護；

在每國法庭上之各種特權或權利，包括請求辯護人或代理人，各種官廳費用，租稅及他種規費等；

除非在某種法律曾施於本國人民之場合外，則對締約國對方人民之住宅商店及別種房屋不得加以搜查，並對於書籍，文件，賬目不得加以檢查；

在訂約國任何一方國境內隨其志願及他種方法以取得，保有及支配動產不動產及其相關之各種稅課；

繳納締約國任何一方對生命，財產或執行工商業，職業所徵收之國家及地方稅捐費及其他義務；

關於航行，商業上之各種權利，特權及豁免；

對由於損傷，沉覆的避難船舶所允諾之幫助，保護及豁免，在任何一方海面上，救濟擱淺的損壞的船舶之各種費用；

關於港口警察，停泊，上貨，下貨及開船之各種權利特權和豁免；在任何一方口岸水面因為噸位，停泊所，光標，駁船，領港，拖駁，救生，檢疫所徵收之各種費用及租稅；

出口入口稅，退稅及津貼之償付；

任何締約一方之海關慣例及堆棧費用和慣例。

謂各國間所訂之條約或者一國之各種條約，關於內國待遇之地域的及項目的範圍有很大的差異是不待說明的。對於每一種條約必須仔細研究，以決定其是否因內國待遇之保證而包括有固定地域範圍；假若包括固定地域範圍，則在此地域範圍內仍須考究其此種保證之項目的限度。

互惠內國待遇非必為互惠平等待遇

在一個場合上有時互惠內國保證之項目範圍，是時常相同的；在另一場合上任何兩個事實也亦絕對不相同。因為內國待遇，是等於一國人民所享受之待遇，故進而研究締約國人民有些甚麼權利特權和負擔，實為必要。此種權利特權和負擔是隨國而不同的，因此內國待遇在一生命財產很受法律保護，人民工商業享受很大自由之有秩序的國家內，其所含意義，較在文化落後國家——法律較物質進步為慢——為大。即在發達很相等國家內，關於財務工商業，其國內政策有時完全不同。對於人民財產及收入所徵收之稅，有時在甲國很高，在乙國則很低。某種商業職業及工業，在一國享受很自由的待遇，而在他國則為政府之束縛，稅課及力役所煩苛。在此種情形下，一個對締約國人民允諾互惠內國待遇之商約，並非給以互惠平等待遇，至為明顯。一個甲國人民，在本國和乙國都有工廠，而乙國與本國政府在租稅上曾允許給以內國待遇，有時他會覺得在本國的工廠，納稅很輕，而在乙國出產同樣貨物的工廠，倒納稅很重。加以研究後，我們有時可以知道不僅對於外國即對於本國人民之工廠都課以很重的稅乃乙國的一種政策。

工業財產協定 (Industrial Property Convention) 的專賣權

互惠內國待遇和互惠平等待遇之不同之最好例子，卽爲工業財產協定。（六）世界各重要工業國家都曾參加。該約第二條曾規定任何一簽約國人民，在其餘簽約各國內，關於專賣，商標及防止不平等待遇各項，都得享受內國待遇。外國人都與本國人一樣得到同樣保護，權益如受侵害，得到同樣法律救濟。相同內國待遇，都逐一列舉在各國間所締結的許多雙方條約內。

有許多國家對於工業財產所有者給以較其他國爲寬大之待遇乃很普通的事實。例如美國之專賣法，對於本國人民及外國人民明顯的都很寬大。

美國專賣法未曾包含強迫執行條文

美國是一工商業很重要，而對於專賣法所保護之發明並未限定在一規定時期內必須實際運用的唯一國家。（七）在其他國家——除少數不重要例外——皆規定凡給與專賣權之製造及製造物，在專賣權頒給後若干時期內，必須在頒發專賣權國家內開始製造或生產。對於這種強迫執行條文之一種變更，卽凡保有專賣權的人，如他自己不願製造，得將專賣執照讓給他人，以便專賣物可以製造。此種強迫執行及執照規定之採用係由於許多動機。牠們認爲是用以保護社會大衆以反對有價值發明之壓迫和獨占趨勢，而在若干場合上，則用以獎勵新工業之成立。在若干外國專賣法強迫執行及執照規定下，美國商人都被強迫在外國建設工廠以製造專賣法所保護之各種物品否則他們勢必放棄外國專賣法所給之保護。

外國有專賣的人，當其在美國市場出賣專賣貨物時，並不受相同限制。他們若付美金三十五元與美國政府，則其專賣權可得到十七年的保護，於是在工業財產協定規定下他們在美國市場對其工業財產，能得到與美國人民相同的保護，他們並無須在美國國境內從事製造。在此特殊範圍內，我們不必去指出說外國人在工業財產協定內之互惠擔保內國待遇下關於工業財產之保護較美國在其他會員國家內得到較為寬大之待遇。

美國專賣權之寬大特點同樣給與外國人民

更有進者，美國專賣權所有者不問其為美國人或外國人，每年不要支付年金以保持其專賣權利。在大多數外國，必須支付年金否則專賣權無效。有時在專賣有效時期內，此種費用達數百元之巨。一個享有美國所給與專賣權的人，在其活動時，並不致感覺有外國專賣制度下之各種不利。他對他的發明，可以隨意處理；他可以完全用牠或保留牠他可以將其全部或部份的出賣；他可以將其用處擴張到全國，或限於一個區域；他可以讓給一個人或許多人以便利用牠或出賣牠在某種情形下，為某種目的，他可以讓給人家，或完全拒絕出讓；認為適宜時，他可用讓與費或專賣品價格徵收一筆費用。美國專賣法之各種絕對特權及利益，和與此相關之權益及救濟，同樣的給與外國人民，已有半世紀之久。美國人民在外國取得專賣權者，並未得到同樣寬大待遇。普遍講起來，外國專賣權的時期都較美國專賣權爲短。外國保有專賣權的人，亦須按時償付費用以保留其權益，並須服從給與專賣權國家所規定的執行專賣之各項法律。在外國此種專賣法，並不優待該國或其他國家發明人而歧視美國人。而同題卻在，當美國待遇發明者較其他各國爲寬大時，雖然外國給美國人民以其他各國所享受之同樣待遇，其結果仍不是相互平等。（八）

用保護方法以抵抗不公平的競爭

在一九一一年工業財產協定修改時，已經承認僅僅一互惠允許內國待遇實爲不足。他們覺得有許多參加保護工業財產聯合會各國家之法律並未具有充分保護效力。此等國家都是工業發達落後而其人民對於保護工業財產之各項法律，不感到若何興趣。國內亦無若何刺激，使其立法機關成立此類保護法律。外國人在此等國家內經營工商業者，都感覺需要一較該國給與其人民更進一步之保護。因此工業財產協定修改之第十條一二兩項，現在規定各會員國家都承認對其他會員國家擔保給以有效的保護以防止不公平的競爭。（九）

內國待遇之例外

對於普通規定之若干例外加以討論，則內國待遇之性質更加明白。有許多國家認爲這是她們的政策，爲卻某種理由，保留若干權利及特權給本國人民而不給與其他外國人。例如絕對保留沿海貿易權給本國船舶乃美國一世紀來之政策。當我們商約保證內國待遇而包括沿海貿易時，則增加一但書，明白表示沿海船運除外。一八五二年我們與荷蘭所訂之商業航運協定，卽爲一切當事實（一）此約規定簽字國對於對方之船舶——不問來自何方——不得課以未曾施於本國船隻之各種稅，任何港口費及差別待遇。此約於是規定：『本約不適用於該絕對保留給與本國人民之兩國沿海貿易及漁業……』（一一）

有少數國家，對於沿海貿易及漁業，都如美國一樣用條約及法律保留給本國人民。普遍的講起來，本國人民及外國人民間因條約或法律所引起之歧視政策，究爲例外。將此種例外彙集成册，並無若何利益，但自現在無數有效的商約內，無疑的實可舉出許多例子來。除沿海貿易及內國漁業外，有許多國家在商約上關於土地之取得和保有——特別在農業區域內——及某種商業及職業之執行，如藥商，經紀人，小本營業及漫無定所之行商，在商約上都保留差別待遇左袒本國人民。

外國人民之特別待遇

與此限制相反的，有許多商約常用正面文字爲外國居留民取得特別待遇。例如有許多商約對於住在本國之外國人民免除其海陸軍兵役，各種稅收，各種借款，特別軍事征索和捐款——軍隊駐屯及偶然爲保護土地上財產所引起之費用除外，及某種國家內司法及地方職務之強迫接受——陪審員的義務及其本國國籍人民應受保護者之監護人義務除外。

在美國關於內國待遇之性質，可以優待美國人民的特惠噸稅和關稅之討論來表明。我們政策之發展可分三期：

（一）最早時期，美國對於船舶贊成內國待遇，但外國不承認。

（二）於報復上施用差別的關稅和噸稅，特別用以反對英國航行法，以期成立航業互惠。

（三）第三時期是互惠內國待遇已採用並實行的時期。

革命時國會(Continental Congress)之主要人物贊成採用互惠內國待遇，此可見於國會致與外國訂約各公使之訓令。在一七七六年六月十二日國會指令一個五人委員會預備一條約設計以便向外國提出」(一二)

在七月十八日，此委員會提出一報告包括條約設計。這些殖民地在獨立時因為很希望得到法國幫助，所以很努力的想同她訂立條約。成見在胸，委員會在起草時，曾提到法國及法王名字。設計之第一或第二條關於通商及貿易者規定如下：(一三)

「第一條　法國臣民在美國各地之口岸，港灣，沿路，鄉村，島嶼，及城市，不得償付較美國人民或其商業公司所無或以外之賦稅或入口稅，且在貿易，航運及商業上，於往來各地及出國，他們亦如美國人及其公司然，得享受各種權利，自由，特權及豁免。

第二條　美國人民在法國各地口岸港灣，沿路，鄉村，島嶼及城市，不得償付較法國人民或其商業公司所無或以外之賦稅或入口稅，且在貿易，航運及商業上，於往來各地及出國，他們亦如法國人民及其公司然，得享受各種權利，自由，特權及豁免。」

這兩條我們可以看出完全擔保互惠內國待遇。

在條約磋商時，美國訂約人員皆用此種條約設計爲藍本，但不爲其所限制。美國派往法國希望與法國及其他國家磋商條約人員，（一四）關於前述第一第二兩條，曾受如下之訓令：（一五）

「茲交付你一與法國商訂條約而爲國會所通過之設計。條約能够訂立乃國會所希望，在你的權力以內，你得用各種方法以促成之，但必須與你所接受的設計相符合。

若你覺得此不能適行，則你有權將美國要求暫時擱下，而照下列指示提議範圍擴大：

假若法國不同意給與美國人民以第二條所載之各項特權，則美國亦不給法國臣民以第一條所載之各項特權，但美國願意給法國臣民以最惠國各國所有之各項特權，自由，豁免及各種方便，若法國給美國人民以最惠國各國所有使用及享受之同樣利益，特權及豁免時。如二者（平等利益）都不能得到同意，則寧放棄前述各條，而不顧妨礙條約將來進行。」

換言之，如互惠內國待遇不能得到，則應當代之以互惠的最惠國待遇，但在任何一場合上，條約必須以互惠爲基礎，否則訂約的目的完全失敗。

一七七八年二月六日（一六）美國委員與法國代表所訂之友好及通商條約，並未嘗照條約設計規定一內國待遇，不過在該約第二至第四條，有最惠國待遇之規定。關於特定及排他的條約，則該約序言內明白宣佈締約雙方「關於兩國間希望成立之各種來往及商業規則願意使其立於平等及永久狀態……他們認爲非用最完全平等及互惠及同時小心避免那時常引起爭論，困惱，不滿之各種特惠爲基礎，則將無以達到上述各目的；各自保留自由以規定關於商業航運各自認爲極方便之各種國內法規完全建立商業利益於互惠功用及自由來往之公正原則上各自保留允許其他國家共同享受此種利益之完全自由。（一七）

開國元老"Fathers"對於商業政策之其他意見則載在國會致漢堡——帝國自由市（Imperial Free City of Hamburg）參院及市長（Burgomaster）書中。此信件爲國會議長於一七八三年十二月二十四日所繕就，於回答漢堡執政要求美國「贊成及鼓勵我們商人的貿易，並允許我們商人得享受其他友好國家所享受之該種權利及自由」（一八）時，說道「我們各州商業制度既係建立於平等及互惠基礎上，國會極願滿足漢堡市長與市議會之願望。」（一九）

航業互惠暫時放棄但最後成立

在上述船舶政策內，努力於成立航業互惠已加以評論。船舶之內國待遇，起初因爲外國——特別是大不列顯——反對互惠而失敗。美國開國元勳乃開始反對英國航行法，此種競爭最後畢竟成功。一八一五年，一八二八年的立法，在直接及間接貿易上，關於互惠都付有代價。各國都接受這種請求，但英國則遲疑不決。於是在美國各口岸，對於她的間接貿易，直至一八五〇年爲止課以特惠關稅及噸稅。在一八四九年，英國取消了航行法內之差別待遇規定，美國財政部長梅列笛斯(Meredith)乃發出下述命令，與英國才成立完全航業互惠：

「一、由於英國變更航行法之結果，英船船舶自英國及外國各口岸（在我們現存法律下）在次年一月後，得允許其裝載世界任何地方生長製造及生產之貨物入口。

二、此類船舶及貨物，在上述日期後，關於稅則及費用，得照美國船舶及貨物辦理而允許入口。」

航業互惠逐漸成功，至今又爲美國確定的政策。除國會通過之法律外，尚基於下列各件：

（一）歷次總統佈告。例如一八六六年十二月二十八日，在一八二四年一月七日及一八二八年五月二四日法律之規定下，總統發出佈告，宣佈美國船舶之在法國各口岸者再不受差別待遇，而在一八六七年一月一日以後法國船舶在直接或間接貿易上，得不完納較美國船舶爲高或所無之稅。(二〇) 其他事件則見於美國各種法律內。

（二）擔保互惠內國待遇之商約。美國與其他各國曾簽訂此類商約約三四十件，對於一九二〇年仍有效之各約，總統乃用一九二〇年商船法之三十四節（二）而宣佈無效。

就大致言之，內國待遇乃美國商約之基礎，違此而行，實違反近代訂約之精神——即外國人及本國人權利日趨一致——但同時在美國也將引起一嚴重的商約問題。

一九二〇年放棄內國待遇之企圖

用法律以改變一國條約上之既定政策因而遇卻困難之最有趣例子，卽爲前述一九二〇年商船法之第三十四節。此節指示總統通知各國凡條約上限制美國對於外國貨物及船舶不得課以差別的關稅和噸稅以保護本國人民及貨物之各部份概須取消。此節係於美國與外國訂立約三十個條約，規定美國對於在其口岸之外國船舶保證給以內國待遇，以期美國船舶在外國口岸者亦得同樣待遇時通過成爲法律的。此節動機實欲將施於船舶之互惠內國待遇取消。特別爲一班希望採取差別待遇政策以保護美國船舶——如昔日之航行法——者所贊成。若條約取消，則一九一三年關稅法第四節第七項(subsection T. 7)將自動的在關稅上偏袒美國人，對美國船舶給以減稅的折扣，而剝削外國船舶之平等待遇。此第七項曾規定，(二二)對於在美國法律下允許登記之各船舶及其所載貨物所徵收之各稅，得減少百分之五。美國大理院（二三）認此不能實行，因爲照法律解釋任何條文「不得注明廢除，損害或者影響美國與各國間所訂條約之任何規定。」若條約廢除，則必使此折扣規定生效而無須國會通過。

威爾遜，哈定及柯立芝都不願意使此項規定有效以損害商約之某一部份。在國際公法下，在雙方未曾同意前，從未有若何方法可以利用以取消條約中之某條或某種規定而不取消全約者。有許多國家或者願意於取消與美國所訂承諾內國待遇條約內之某種特殊項目，但有的國家或者要反對。如有與美國訂有此種條約之任何一國或一個以上的國家反對部份的取消，及美國寧願維持此約全部而不願將其放棄，則與美國訂有最惠國待遇之國家，對其船舶，皆將請求享受該不願取消內國待遇國家船舶所繼續享受之各種同樣待遇。在事實上，第三十四節如若實行，其實際結果必將美國與外國所訂之各條約，完全廢除。不問此段理論如何，其唯一結果必為取消各種商約。

要解釋最惠國條文如何因此受影響，可於下列事實見之：如美國與甲國訂有條約，有效期間是有一定的，讓我們說至一九三〇年為止吧。關於商業上重要事件，此約都擔保給以互惠內國待遇。在此約下，甲國人民直至一九三〇年為止，在美國各口岸，關於特定商業事件，得享受內國待遇。如甲國至一九三〇年繼續享受內國待遇，則其他與美國訂有最惠國待遇之國家，對其在美國各口岸之該國人民，皆將請求同樣待遇。

一個寬大的商約政策

第三十四節所代表之政策，全不為人所歡迎。寧願擴張而不願縮小保證內國待遇，實為任何寬大商約政策之目的。當一九二四年國務院將與德國新近訂立而曾包含一世紀來美國之航業互惠政策之商約送到上院請求批准時，全部爭論點曾引起極詳細的討論。此條約曾被航業界少數人激烈攻擊。美國國務卿休玆（Hughes）於一九二四年五月十三日致外交委員會主席參議院議員洛治（Lodge）一函中曾說：（二四）

「我無須述及關於我們商約的一般情勢。有若干國家，我們並未與她們訂立商約，而已經訂立之條約，應加以補充或修正俾能符合現在情形。有許多重要事件，並未包括，而關於其他事件，則需要較正確及具體之規定。因此我們實有商訂適合我們需要的商約之必要，為達此目的，對於當前問題，已有很仔細的研究。在這種試驗下，致引起我們討論到我們商約應當含有之各種基本政策。試驗的結果，已表現於尚未簽訂之德約。……除了此種討論外，會包含於與各國所訂商約內及具體表現於尚待批准德約內之給與互惠內國待遇政策，相信為一正當的政策。

若美國想在世界上成一航業強國，占有相當地位，其船舶得出入世界各大埠，則必須使其船舶在各該口岸，免除各國對牠們所加之各種差別待遇。但美國如何可以得免除這種差別待遇呢？有許多人主張報復，但報復不過為達到目的的一種手段，而我們的目的則在希望免除差別待遇。保證得到此種自由之方法，即為條約，而我們所要求的，相信條約自然亦必給與我們。因此，關於互惠內國待遇，從自然結局看，我們有我們商約上歷史的規定。此類規定在各國商約上數見不鮮。

一九二二年關稅法第三百十七條內所欲得到保護以避免差別待遇之各種規定，即以保障此種政策而釐定者。在這個事件上，正如在噸稅方面然，當其他各國對於我們的商務同意不加以差別逼索，而我們亦贊成時，則目的已算達到。我們或者採用差別待遇的政策，或採免除差別待遇的政策。如採取後者，則其他各國不致差別的歧視我們，而達到我們的目的。

關於差別待遇政策之是否於我們有益一問題，實無庸討論，因爲我們的歷史充分告訴我們此種政策對於我們毫無利益。採用差別待遇以利於我們的船舶勢必引起外國報復。若我們課收差別噸稅和貨物稅，他們對我們的船舶也課同樣差別稅以反抗我們。此種報復手段之結果，或將使可以滿載貨物由外洋向美國各口岸入口之美國船舶，空船回來。國會若藉減輕運費方法以緩和此種情形，則在美國貨物輸到的外國內亦將採取同樣舉動。差別及報復政策若不認爲達到某種政策之手段而認其本身即爲目的，是與我國利益有極大惡果的政策，不僅極端的妨害我們航運，並將附帶的引起外國憤怒和反感，而使他們用許多的方法摧殘我們的商業，致我們對此種試驗付極大代價。一種差別及報復政策，不以其本身爲目的，不過用以使外國遵重我們的利益，使我們在海外避免差別待遇，我認爲祇有現在尚未批准之德約及其他入口商約，得以達到此種目的。

放棄互惠內國待遇而採用差別噸位稅和貨物稅以優待美國船舶，則必開始引起兇猛的鬪爭，演出重重報復，而使我們的極大利益冒卻種種危險。別無其他企圖而自動引起此種戰爭，好似是一種無路可走最後的辦法。我們相信美國船舶，若用適宜的國際條約，避免不公平的歧視，則將更加榮繁」

上面休茲氏的信內曾提及之美德商約，隨後於一九二五年二月十日通過，附以兩項保留，在換文內加以陳述。第二項保留涉及船舶之內國待遇。條約規定內曾註明兩方關於船舶保證互惠內國待遇，自雙方批准日起，十二個月內，繼續有效否則九十日前須通知對方聲明作廢，但仍繼續有效直至國會成立相反法律爲止。如國會通過此類法律，則條約內之規定，在法律通過六十日後自動取消，自動取消後訂約雙方各自保留那條約未曾包含相互保證航業互惠時本來保有之各種權利。

殖民地內之內國待遇是否爲門戶開放

殖民國家在殖民地內普遍的承諾內國待遇，可說是商業方面門戶開放之成立。普通習慣，並不將母國與殖民地之商務，包括在承諾內國待遇之商約內，是即許多強國在殖民地並無門戶開放。重商主義極盛時，殖民國家絕對排斥外國人民在殖民地貿易。例如一六七〇年七月十一日丹麥及大不列顛（二五）簽訂之條約，曾規定「丹麥之臣民，不得至英屬殖民地貿易，除非得到英國之允許。」其後數世紀內，特別在自由商業政策盛行之十九世紀，大不列顛在許多商約上都承諾最惠國待遇適用於所有殖民地及領地。（二六）

至少在兩個條約內，大不列顛甚至更進一步對外國之在其殖民地之商業都給以與英本國相同之待遇。此卽爲一八六二年與比利時及一八六五年與德意志關稅同盟(German Zollverin)所訂之條約。因爲此等條約，大不列顛對德意志及比利時在其殖民地內之貨物保證給以與英本國貨物相同之待遇，換言之，卽大不列顛在其殖民地內承諾門戶開放。此種門戶開放政策茲後已行變更，祇表示商約上一種自由進步著 各國都相繼追隨進行，則對商業和平及世界幸福，都有極大貢獻。

英國條約內之內國待遇與特惠相衝突

英國自治殖民地，特別是加拿大，希望成立特惠稅則以優待英國貨物倫敦政府於屢次拒絕取消此類條約後，卒循各領地請求於一八九七年將各約放棄。其理由見於一八九七年七月二十八日索爾茲巴立公爵（Lord Salisbury）致駐布魯塞爾（Brussels）英國公使書中。述及與比利時所訂之條約。並表明「現在條約之普通規定——基於最惠國原則——與大英帝國政府現在意見相合」後，他取消該約第十五條，按該條內容如下：「任何貨物，爲比國生產及製造者，在英屬殖民地內不得完納較英國同樣貨物爲高或英國所無之賦稅。」在摩里（Moore's Digest）書中曾說道：

索爾茲巴立公爵聲明此規定，就其效果言，「在商約內全不常見，」因此其加入或係由於失察及未曾充分討論。他認英國自治殖民地已「享受完全關稅自主」若干年，但因爲這個條約的緣故，已陷於一種「不與殖民地執政意見相合及不適於人民需要」的商業政策。此外，這條曾包含有一壁壘違反大英帝國內部財政之調和，而與其主張的母國及殖民地間存在的及應當形成的商業往來密切聯絡相矛盾。在結論上索爾茲巴立公爵表示願成立「一種新約，不包括第十五條之各種規定，此約雖然包含有英屬各殖民地聯合之規定，在其他方面則應與現在放棄者內容大致相同。」

在同日索爾茲巴立公爵致一照會與駐柏林英國大使拉薩爾勳爵（Sir Lascelles）聲明取消一八六五

年五月三十日與德所訂之條約，其第七條內容與比約第十五條完全相同，(二七)（其必須變更的字樣依例變更之。）」

我們很高興去注意的卽關於保證內國待遇和最惠國待遇兩者間所產生之關係，一九二〇年美國商船法第三十四節亦幾如德比條約然勢必同樣發生。此類條約保證比國及德意志關稅同盟在英屬殖民地內得享受內國待遇。例如若加拿大給英國貨物以特惠待遇，則因爲有此類條約，故特惠亦自動的擴張到德比二國貨物。但給二國以特惠待遇，就第三國而論，不啻使其成爲受優待的國家，因此使英國所有適用於加拿大各條約內之最惠國條款全部發生效力。其結果則加拿大給與英國各種特權，實際上推廣到各國，而祇有美國除外。

外人權利——非單獨來自條約者

在內國待遇討論完結以前，對於外國人之非得自條約之各種權利，亦不得不稍爲論及。

兩國間沒有條約存在，並不一定說此國人民在彼國全無一點權利。再者若將各種條約比較，則關於締約國一方人民在締約國他方所享受之權利和利益，有的極爲詳盡，有的則不然。條約上關於權利規定不甚詳盡的甲國國民，在乙國，其所享受之權利和特權，不一定較與乙國訂有詳細規定之丙國國民所享受者爲少。許多的權利和特權，在各文明國家，都由國內立法，經過國家或地方法律而保證給與外國人，此種法律或者適用於本國人及外國人，抑或特別的限於外國人。

經過若干世紀進步，外國人法律上地位，才自昔日羅馬（二八）時代法外人進至近代文明國家內與國民同樣待遇的地位。設使他有一國國籍，則一國對於任何外國人不得視爲法外，而對其財產生命須加以保護。

在此地，關於各種外國人在各國應享及不應享之權利，勢不能列述。其詳情因各國而不同，並且除非爲條約所承諾，他是常爲各國所變更。就普通而言，一外國居留人民在文明國家內之法律上地位，在其私人關係上，是與該國公民一樣的，除非在若干國家內，關於土地財產之轉讓，國家航船之保有，稍受影響，無權執行，及因社會和經濟原因之某種限制和禁止。此類禁令包括各種法律，如關於移民，執行商業和職業，對外國公司所課之內地稅等。簡言之，近代趨勢，在使外國人漸漸進而能與本國公民享受各種公民權。例如美國，在平時，（二九）居留的外國人，皆有權享受聯邦憲法上所規定之各種利益，未經過合法手續，沒有一州有權剝奪「任何人」之生命，自由或者財產，也沒有權反對「任何人」法律的平等保護。此種權利或特權，包括個人及財產權。再者，若干州立法機關，在其立法權限內有全權給外國人民以前此未有之各種權利。關於此點，各文明國家都有相同的規定，普通原則，都包含於該國憲法條文內，或者甚至認爲極關重大而無需明白宣佈或承諾。

國際法及習慣下之外國人

除文明國家國內法對於外國人曾給與各種權利外，國際法及既成習慣，曾爲外國人關於其生命，自由及財產，擔保給以公正和最小限度的權利，任何國家必須準此以待遇外人，不問與其本國政府有何種條約。簡言之，每一國家爲國際法所迫，關於外人生命及財產之安全，在法律上，都須給以與本國人同樣平等，而在本國人民事件上法律施行腐敗時，亦不能因此而原諒其對外人所加之不法。

由前述各點觀之，我們即能知道文明國家間關於根本權利之條約，不如文化落後或道德宗教完全不同之國家間所訂者爲完全爲詳細。所以我們不能假定說甲國與乙國所訂條約極爲詳盡，則其人民在乙國所享受之權利較丙國人所享受者爲多，同時與乙國訂約時而在條約上未曾明定各種權利，我們也不能說外國人在乙國並無該種權利。可是事實恰恰與此相反，默認的事實比較的少，則條約上所擔保的權利比較的更爲詳盡。

（一）見(I Kings 20: 34.)

（二）見美國關稅委員會的：(Hand-book of Commercial Treaties) (1922)

（三）下面一段係取材於一九二四年二月七日美國上院外交委員會關於「與德國訂立商業及領事特權條約」之公開審查紀錄第三部第六十九頁。

「甫助里基上議員 (Senator Brandegee) 前幾日開始時，委員會許多委員多未到會。古柏遜先生，現請你將內國待遇與所謂最惠國待遇之分別，重述一遍，是不是可以呢？

古柏遜先生 (Mr. Culbertson) 內國待遇係在一方外國人一方本國人間擔保平等待遇。即在某種事情上——讓我們說船舶向我們的口岸入口稅——外國人不償付較我們爲高或我們所無的稅。

甫氏 此爲兩國間問題。

古氏　完納噸稅及其他，牠使外國人及本國人立於同等地位。

蒲氏　此爲兩國間互惠待遇。

古氏　是的。在最惠國待遇上，則包括第三國，而牠對於二個外國國籍人民，也無歧視。讓我們說與甲國最惠國待遇，意思是說我們對於甲國不能課以較乙國或其他國家爲高或所無的稅。在最惠國保證下，我們因爲優待本國人民而歧視外國，並不違犯條約；但在內國待遇保證下，若我們歧視外國人而優待本國人，則係違約。」

(四)片面（單方）內國待遇保證，則見於巴黎和約。參看美國關稅委員會之(Handbook of Commercial Treaties,)第一三九頁。

(五)參看美國關稅委員會之(Handbook of Commercial Treaties)第一三九頁。

(六)參看(Treaties, Conventions, International Acts, Protocols, and Agreements between the United States of America and other Powers, Vol. III, P. 2953)

(七)試比較(Brown)控告(Campbell, 41 App. D. C.,)（華盛頓京城上訴法院判案彙編，以後簡出）(p. 499 (1914) 及(Dutcher)控告(Jackson, 44App. D. C.,p. 465(1916))大法官(Robb)所陳說之意見。

(八)所有商約一方面包含有擔保最惠國待遇或內國待遇，或兩者都有，但祇有少數包含互惠平等待遇，而在此種例外事件上，平等待遇卻祇限於簡單及特定事件，例如商業旅行者之護照費，取得保有及支配不動產權。如一九一〇年二月九日丹麥與法國所訂之條約，關於法國商業旅行者在丹麥支付護照費，曾規定最惠國待遇，並且更進一步規定丹麥商業旅行者在法國亦受同樣待遇。

(九)在法文本約內，關於"Concurrence de'loyale"一字曾請看(Viner, jocob, Dumping: A Problem in International

Trade, Chicago, 1923)

(一〇)參看 (Malloy, Treaties, Conventions, International Acts, Protocol, and Agreements between United States and Other Powers, Vol. II, P. 1248.)

(一一)美國與右列各國訂約時，雖曾保證內國待遇，但皆將沿海貿易除外而保留給美國人民。此等國家爲比利時（一八七五年），玻里維亞 (Bolivia)（一八五八年），哥侖比亞（一八四六年），哥斯達黎加 (Costa Rica)（一八五一年），丹麥（一八二六年），希臘（一八三七年）日本（一九一一年），挪威（一八二七年），暹邏(Siam)（一九二〇年）及西班牙（一九〇二年）。

(一二)見(Journal of the Continental Congress. V l. 5, pp. 433and710.)由委員會之委員爲(John Dickinson, Benjamin Franklin, John Adams, Benjamin Harrison and Robert Morris.後來方加入Richard Henry Lee and James Wilson.

(一三)見前書第五七六—五七七頁。

(一四)見(Journal of the Continental Congress, Vol. 5, pp. 827, 828。)委員爲富蘭克林 (Benjamin Franklin,) 迪因 (Silas Deane)，及哲斐孫(Thomas Jefferson)。

(一五)見前書第八一三、八一四 等頁。

(一六)見 Malloy, Treaties, Conventions, Protocols, etc, 1176-1909, Vol. I, P. 468.

(一七)見前書。

(一八)見 (The Diplomatic Correspondence of the limited States of America, 1783-1789, Vol. 1, P. 46.)

(一九)見前書第五十頁。

(二〇)見 14 U. S. Statutes at large, p. 818.

(二一)此段全文如下：由於國會意見，凡美國曾經參加之條約或協商內之各條或各規定而限制美國對於外國及美國船舶向美國入口徵收差別關稅之權及限制美國對於向美國入口之外國及美國船舶徵收差別噸稅之權者，都應當取消，總統於此法案成爲法律後九十日內，通知相關各國，凡此等給與美國束縛之各條約，將依其規定所需之通知日期滿期後取消」見(U. S. Statutes At large Vol. 42, p.1007.)

(二二)因一九二二年之關稅法而取消。

(二三)(Five Percent Discount Case, 243U. S. P. 97.)

(二四)參看美國上議院外交委員會「關於與德國訂立商業及領事特權條約」之公開審查紀錄第六部第三〇二——三〇六頁。

(二五)見(de Bernhardt, Gaston, Handbook of Commercial Treaties, etc, 1912, p. 250.)

(二六)見前書第二一八頁。

(二七)見 Moore's Digest, Vol. V, pp. 317, 318

(二八)不過試參看(Exodus 22: 21 and Leviticus 24: 22.

(二九)在戰時則情形變更，即外國公司亦均須受指定的特別限制。進而研究此中詳情，則請研究者讀一本國際公法。

第三章　商約——最惠國待遇

同樣重要而較內國待遇爲人所熟知者，即爲最惠國待遇原則。內國待遇係某一國家擔保給與外人以本國人民所享受之各種相同待遇，在他方面，最惠國待遇，則係對其他國家人民，關於特定事件，擔保給以與第三國人民相同及平等待遇。最惠國條款之目的，並不是成立一最惠國——並非一國較其他國家更受優待；反之他的功用是在維持平等待遇，對每一國家擔保在任何時期得享受與最惠國相同之待遇。此條款之結果，在使訂約任何一方能即刻得到第三國所享受之各種利益。較爲眞切形容名詞，則倒不如稱之爲「等惠國條款」"the equally favored-nation clause"

保證其人民在另一國家所享受之待遇不得較第三國所享受者爲劣，乃一國極關重要事件。最惠國待遇原則，是基於這樣的一個觀念，即一國在商業關係上應當享受平等待遇。爲糾正訂約時之疏忽及避免後來修訂麻煩計，最惠國條款規定不僅用以擔保涉及以前各種利益和特權，並包括以後各種新讓與和利益。

商約上之最惠國條款有各種不同之形式，(一)爲研究便利計，可分爲：

(A)雙方的及片面的；

(B)有條件的及無條件的。

雙方的條款對於訂約兩方是相互束縛的，乃現今世界各國條約之普通情形。片面的條款，係壓迫一國而優待他國，在西方各國與東方各國間所訂條約內數見不鮮。(二)

與歐洲以外國家訂約上之片面的最惠國待遇

片面的最惠國待遇原則，固然是例外，但仍須加以解釋。西方國家時常要歐洲以外國家擔保商業平等待遇，而並無互惠擔保；例如片面的最惠國條款現仍存在於美國與中國（一八五八年），與埃及（一八八四年）與摩洛哥（一八三六年）及馬斯喀特（Muscat）（一八三三年），至關於某種特定事件之片面的最惠國待遇，則見於與中國（一九〇三年），愛西屋皮亞（Ethiopia）（一九一四年）及洪杜拉斯（Honduras）（一八六四年）(三)條約中。

這種條約上片面的擔保商業平等普通附帶的尚包含有歐洲以外國家在其領土內對於外國人民關於司法方面的讓步。中國及若干其他國家，曾經簽訂條約限制她們自己給外國以商業平等待遇，而無互惠的擔保，並允許給外國以治外法權——對該外國臣民，得成立法庭，由該國領事代表執行該國法律。

脫離西方統治之開始

土耳其已經取消治外法權，而公開宣言其領土內之司法及商業的自主。(四)日本——第一個成功取得自由的——很早就決定認爲最適宜最有效的方法，卽對西方各國證明其自己對於法律及司法都如何的加以改良，外人在日本之生命財產必受充分的保護，而日本行政在這些方面也爲充分執行條約上各種擔保。於是日本政治家更努力於完成和採用新式法規，更進一步決定認爲英國乃是日本修改昔日條約之第一個對象，因爲爲卽這種條約，她的司法和關稅受了限制。(五)最後，在十九世紀初期，起草一新商約提出於英國外交部，說明日本在司法改良上之進步很足以保證其所要求的取消治外法權和修改條約是有充分理由。

因此一基於互惠及無條件的最惠國待遇在若干方面並擔保互惠內國待遇之新約隨卽於一八九四年七月成立，而於下月批准。這對日本乃一很有價値的獲得，因爲這無異表示其他強國之同意，而此種同意乃承認日本在司法及其他方面上的完全自主之必要手續。隨後與各國成立新約，在一九〇〇年，日本已完全脫離了昔日條約上之各種束縛，世界主要國家，因條約關係，都確認其新的地位。日本新的及近代商約都包含有普通的互惠的最惠國待遇原則，是卽與歐洲國家成立無條件的最惠國待遇條約，而與美國及其他美洲國家則成立有條件的最惠國待遇條約。

在近來條約中擔保片面的最惠國及內國待遇之最重要的則爲巴黎和約，特別關於德國，奧大利，保加利亞及匈牙利。他們在一定期限及許多方面未曾互惠的以完全無條件的最惠國及內國待遇讓與協約國及其他參戰國家。(六)

有條件及無條件最惠國待遇上所用之文字

有條件及無條件的最惠國條款是與雙方及片面的最惠國條款平行的。有許多條款是雙方無條件的，或片面無條件的，或雙方有條件的，或片面有條件的。並沒有何種被人公認的語句以指明各條約之不同形式。在近來條約上，有條件及無條件的形式漸漸分別淸楚。

一九二五年以前，美國條約內最惠國條款，都是屬於有條件的，（七）而下述一九一一年二月二十一日與日本訂立條約是一模範例子：

「除在約內明白規定外，雙方訂約國允諾，關於商業及航運方面，若訂約國任何一方對於第三國人民無條件的給以或將來給以特惠及特權，則亦無條件的擴廣到給與訂約國對方人民，若該種讓與是有條件的，則在相同條件下亦得給與訂約國對方人民。」

下列無條件最惠國條款例子是取材於一九一一年八月一日英國與玻利非亞（Bolivia）所訂之條約：

「訂約國雙方允諾凡關於工商業事務上，若訂約國任何一方對於第三國曾經給以，或將來給以特權特惠及免稅，都無條件的立即給與訂約國對方臣民，而將兩方工商業在任何方面相互置於最惠國地位，是雙方的目的（第五條。）」（八）

此乃大不列顚（九）及歐洲其他國家在條約上普通所採的最惠國條款之形式（祇字句稍有變更。）

一比較上述兩種最惠國條款，就表示其根本異點：有條件的最惠國條款承認並規定無報酬的讓與及相等的報酬讓與間之分別；而無條件的最惠國待遇並未指明何種條件以限制讓與之立即自然的推廣。此兩種最惠國待遇在原則上都承認訂約國任何一方之行動而使第三國成爲受優待國家，是違反條約精神，而訂約國他方得要求同樣待遇。其分別——重要的分別——是在有條件的解釋下，若因爲第三國付有代價而給第三國以特惠，在專門意義上則此第三國並不成爲受優待國，因此訂約國他方，若不償付相等讓與時，無權要求享受此種讓與。

非具體的最惠國擔保之解釋

在不問其爲有條件的或無條件的照上述各類解釋，所用文字都極具體而清楚，很少有引起曲解和誤會處所。可是在所謂普通或非具體的種類上，此條款僅普通表明訂約國一方給第三國以任何恩惠特權或免稅時也同時給與訂約國對方。此種條款之文字是很明顯的引起各種不同的解釋——在事實上關於互惠的讓與是否認爲係有條件的抑無條件的，則英美學者各抱有絕對相反的意見。

近代各種商約，在解釋及執行上，沒有較最惠國條款更感困難者。此種困難在各種不同情形下隨處可以遇卻，在有條件及無條件種類下，或者在普通一班形式下及在各種條約內，此條款曾解決了許多，同時產生了若干商業關係上很嚴重的問題。

特定事件上之最惠國待遇

條約上最惠國條款並不僅僅限於擔保普通名義上互惠特權，恩惠及免稅等簡單項目。除包含上述各項條款外，許多條約，關於某種特定事實，多包含有最惠國待遇之明白規定，但多半不採用含有「最惠國」三個字的文字。

即如一九一一年美國與日本所訂之條約，關於下列事件，都附有有條件的互惠擔保最惠國待遇：

「（一）締約國任何一方對對方貨物入口所徵收之稅，不問其來自何處。（第四條）

（二）締約國任何一方對向對方出口貨物所徵收之稅。（第五條）

（三）締約國一方對於來自締約國他方之貨物或向締約國他方輸出之貨物所加之禁止，除非衞生及保護動物及有益植物等之各項物件。（第五條）

（四）在締約國港口內停泊而曾向對方照章盡郵務事役之船舶所給與之各種方便，特權及免稅，不問其船舶是否爲國家所有，抑僅受國家津貼。（第十二條）」

美國政治家對於有條件的最惠國待遇之解釋

最惠國原則之有條件的解釋，（一〇）足以表示與盎格納薩克遜契約法相似，需要代價方具有契約束縛力是。在美國條約討論上有條件的最惠國待遇之解釋，就其別於形式而論，（一一）曾見於一七八七年哲約翰（John Jay）任外部時之決定。當日情形如下：一七八二年美國與荷蘭所訂之條約規定締約國臣民在任何一方口岸內不得完納較最惠國人民所納為高或所無之稅；同時「在貿易商業及航運方面皆得享受最惠國人民所享受之各種權利。」此約並未含有條件的限制在。一七八七年荷蘭公使因威吉尼阿（Virginia）州立法院通過一個法案允許法國白蘭地酒用法國及美國船舶運載入口者得免征某種稅，而同樣貨物用荷蘭船運載入口者不得免稅事，曾提出抗議。哲約翰於一七八七年關於此事回答國會時曾說：

「這是可以看到的，這個法案並未注意到那用報酬以取得特權的各種事實。我認為祇有理由和平等足以補救此缺陷。當一種特權白白的給與一國時，則享受此種特權之國家，在這種特權上成為受優待國家……但是假若此種特權並非白施而係基於契約，在這種事實上，則所有特惠並非所允諾之特權，不過成為契約之同意而已。因此這種特惠——允許成立同樣交換——在條約上很合理的可以要求。此外，若因為法國費很大的代價自美國取得一種特權，荷蘭立即要求享受同樣待遇，同時又無相等的代價，此與公平及善意來往原則很相矛盾。」（一二）

商約上最惠國原則有條件的觀念之其他例子，多見於美國政治家歷次宣言中。

因一八一五年三月三日國會通過法案，外國船舶在美國各口岸得免征差別稅，若美國船舶在該外國口岸亦享受同樣免稅時。大不列顛對美國船舶曾允許免稅，但法國則否，其結果則法國船舶之在美國口岸者繼續完納很高稅，而英國船舶則免稅。因一八〇三年四月三十日條約第八條——割讓路易西安拉（Lousiana）與美國——曾規定「法國船舶在割讓地域口岸內得享受最惠國待遇。」基於這個規定，法國駐華盛頓公使致信國務卿（亞當斯）說他受其政府訓令，要他打聽法國船舶——據船主報告——在路易西安拉各口岸並未享受與最惠國相同之待遇之是否屬實。他說他發現此種申述是確實而向地方官吏交涉無效。他因此要求總統頒佈命令，使條約第八條在將來得完全執行，而凡允許給與在美國各口岸之英國船舶之各種利益，使在路易西安拉各口岸之法國船舶亦得享受。

在其回答中，一八一七年十二月二十三日亞當斯說道：

「割讓條約第八條曾規定法國船舶在割讓地域口岸上應享受與最惠國相同之待遇，但是牠並沒有說，我們也不能謂其意指，法國應完全毫無代價的享受一別國曾付代價而得到的權利。

這是明顯的，若法國船舶完納與美國船舶相同之稅而允許其到路易西安拉入口，則並非享受與最惠國相同之待遇，而係享受較任何國家為優之待遇；因為其他國家，除英國外，都完納較高噸稅，而英國船舶之免稅並非無代價的讓與，而係用相當代價取得的。」

在一八二一年三月二十九日通牒中，為最後回答關於法國爭議謂給其他國家以任何利益時，互惠的或無條件的，則法國在路易西安拉各口岸亦得要求享受，因為正在爭執中之條約是無條件的，亞當斯當即宣佈此實無關重要，「而這點不問其是否明白規定，若自己並未嘗付有相等代價，僅由於條約規定，而即據此對於其他國

家所享受之某種權利提出要求實不能認爲合理。」（一三）

一八九八年國務卿錫爾曼(Sherman)對於有條件的最惠國條款及互惠協定之適當工用，及其彼此間之關係，曾解釋明白。開森（一四）(Kasson)——基於一八九七年關稅法第三節爲成立互惠協定之全權公使——所主持之商議正在進行。布卡南(Buchanan)——美國駐阿根廷公使，於致費國務院時，曾發表其意見於下：

「對貨物普遍減輕關稅之任何協定，可以在此間成立，不過此間（阿根廷）與歐洲各國條約上之最惠國條款成爲給與任何一國以特定讓與的計劃之極大阻力。」

錫爾曼於回書中主張極端有條件的解釋，其辭如下：

「全權大使（開森）認爲——國務院對此意見亦同意——前述最惠國條款解釋是錯誤的，牠並未曾限制採用牠的國家之權力以與其他國家互惠的成立報償協定。

適才提到之條款可以用許多方式來表示；……不過其目的，在各文明國家條約內是相同的，不問其是否單獨的規定於條約內，抑或爲其他習常條款所更變。目的如何，即係爲訂約國當其與其他競爭國家在插足他方市場時得到平等待遇。

這是很明顯的方式所要達到之目的是求國際平等待遇，保護一國商業利益以抵抗其他國家狡詐的特惠待遇。不過對於一國允許給以與他國曾付代價之同樣特權，免稅而並未自該國取得同樣待遇，則損害了該條款所要得到的商場特權之平等，而牠不曾無條件的給一友國以其他國家曾付代價的權利。

國與國間之比鄰，其廣泛的利益，不同的氣候及物產，工業生產量消費物需要的絕對不同，相互市場之大小等等，都是許多不同的情形而需要特別研究。沒有一普遍的關稅能滿足此種需要……」(一五)

美國法庭對於有條件的解釋

美國政治家對於商約上最惠國條款所下之解釋，因美國大理院所頒判決之案例而成定論，可見於下列判文：

在巴特藍控告羅伯特生事件中 (Case of Bartram V. Robertson 122 U. S. 121) 丹麥要求在一八二六年丹麥與美國所訂條約下，美國應允丹麥糖照夏威夷糖在一八七五年夏威夷與美國互惠協定條約下自由入口。大理院之意見以為『與丹麥所訂之條約並未限定美國無報償的將為卻交換有價值特權而給與夏威夷的種種權利給與丹麥。反之，此約曾規定必須給以相當代價方能得到該種特惠。若丹麥付有相當代價，然後美國才得開始考慮自丹麥運來的糖是否應當准許自由入口。』

輝特尼控告羅伯特生事件 (Whitney V. Robertson, 124 U. S. 190 1888) 亦包含卻上述同樣原則，不過沒有有條件的最惠國條款而已。一八六七年美國與多米尼加民主國所訂條約曾規定「對於多米尼加民主國生長生產及製造而向美國出口之任何貨物或漁業不得課以較其他外國同樣貨物或漁業為高或所無之稅則。」一八七五年與夏威夷所訂之協定曾規定對於夏威夷許多貨物（糖類）允許自由入口，而夏威夷島皇帝對於美國亦報償以相當讓與。有人認爲與多米尼加民主國所訂約內之規定，並不能因爲與夏威夷王成立協定之結果而遂允許該共和國所生長生產成製造之類似糖類之自由入口，因此此事件與巴特藍控告羅伯特生事件（122 U. S. 126）在原則上並無若何分別。

政治家及法庭所列舉之理由以維持有條件解釋的立法性是很明顯的，不過此原則之經濟重要性則爲人所忽視。有條件的最惠國原則是美國政治家在極苛刻之歧視及排他時期內所採用的，其目的是希望於商業上得到平等待遇，而自歷史上看起來亦很合於經濟理論。惟其是否合於近代世界情形，則仍待進一步之研究。

有條件的最惠國待遇原則使無報償的讓與普及到其他各國

對有條件的最惠國原則加以分析，則有許多問題發生。第一，此原則規定凡自由的及無報償的讓與，都自動的及立刻的普及到其餘各國。在這方面有條件的原則之運用正與無條件者相同。關於這點觀於美國歷史上兩個事實可以明白，雖則其間時期相距很長。哲約翰於一七八七年爭論及一七八二年與荷蘭所訂之條約時，已說明有條件的解釋。條約原文並未將無報償的讓與和有報償的讓與依例加以分別，不過哲約翰解釋其有分別而已。他於是指出現在爭論中之讓與——係出乎威吉尼亞州優待法國——係無條件的，因而荷蘭在條約下亦有權享受同樣的減稅。（一六）

第二宗事件起於一九一一年與加拿大互惠法。該法第二篇曾規定木漿及新聞紙應當免稅，若對於此類物產之出口不徵收出口稅或加以禁止時。因爲加拿大未能成立相同立法，致互惠法未曾生效，不過法院關於第二節認爲與該法互惠規定完全無關，因此有效。而自挪威，俄羅斯，奧大利匈牙利及德國運木漿及新聞紙入口商人，在與他們國家所訂立之最惠國條約下，皆請求允許其貨物得自由入口。他們的爭論點皆謂對加拿大所給之讓與係無代價無報償的，因爲與美國訂有最惠國待遇之商約，故應當普及到其餘各國。

任意的歧視

給一方以無報償的讓與而不使其普及到各方，則產生歧視，而使他方條約上權利無形中受了影響。一國對他國商務特別課以重稅或增加其負擔，可以引起最惠國條款問題。當國務卿錫爾曼謂最惠國條款之目的是爲完成「保護以反抗一國超越他國的商業利益上之任意特惠」時，已有此想像在腦筋中。關於此點有少許事件，不十分盡同，卻也値得引證。

抵抗稅 (Countervailing Duties)

美國關稅法現在曾規定對於任何入口貨物其生產或出口曾直接或間接受有補助或津貼者概課以附加稅或抵抗稅。此稅則之爭論點與一八九〇至一八九九年間歐洲各國對於糖類所給之津貼很有關連。我們一八九四年關稅法對於出口受有津貼而向美國入口之糖，每磅加徵百分之一仙之稅。德國認爲此種規定係違反一八二八年普美條約精神而提出抗議。國務卿格勒善（Gresham）則以爲津貼係一國內政事件與保護稅相同其目的在獎勵國內工業。克利夫蘭總統在一八九四年十二月三日於其每年致國會文件中認爲「爲兩國商業利益及避免違反條約聲名起見，」（一八）贊成取消抵抗稅之規定。

不過尙有一不同的意見流行各處，認爲對受有津貼貨物之入口而課以抵抗稅是一種合理的禁止傾銷(anti-dumping)立法。（一九）津貼若係僅限於獎勵國內工業，因係一國內政問題，在此種範圍內與保護稅相同，不過若係用以消滅外國關稅之效力，或給本國糖類在外國市場競爭上以便利，則該種物產受有損失之國家可用附加稅以平衡競爭情勢。一八九四年大檢察官奧爾尼(Olney)指出「英德兩國代表在一八八八年國際糖類會議時，曾明白宣佈一國對他國糖品出口津貼可用糖品入口稅抵消之，且不致引起歧視問題而認其違反最惠國條款。（二〇）國務卿錫爾曼基於奧爾尼氏意見，在一八九七年時對於受有津貼貨物而加徵稅則不認爲是破壞最惠國條款。各方意見最後乃歸結到謂祇有津貼才「破壞最惠國條款所希望成立的平等。」（二一）

當反抗津貼之抵抗稅第一次在英國討論時，皆認爲違反最惠國條款，不過在一八九四年對於受有津貼而向印度入口之糖開始徵收抵抗稅。俄國提出抗議，並列舉二理由：（一）在俄國對於糖之出口，直接間接並未給以津貼，（二）即令給以津貼，但課以抵抗稅實有損二國條約上最惠國條款。

「索爾茲巴立公爵……回答謂在俄國制度下對糖類所徵之內地稅在重出口時仍行退還，致造成人造獎勵方法，與直接給以津貼有相同效力，在美國立法方面及最近布魯塞爾會議紀錄上，都表示同樣意見。在這種關係上索爾茲巴立公爵以爲「各種貨物享受平等待遇乃最惠國條款之目的，不過不能享受最惠國貨物所享受之特惠利益「若一參加最惠國條約之國家用立法手續產生人爲的特惠則其他國家必將「補救此種曾經擾亂之貿易平衡」補救方法則在其他國家不再繼續津貼及不用立法手續以產生人爲的獎勵」（二二）

附加稅及跌價通貨

抵制受有津貼貨物而徵收之抵抗稅，在有條件或無條件的最惠國條款可以說是並非無理由或任意歧視。一個國家對其出口貨物不給以津貼，則很顯明的可以避免他國對其貨物徵收抵抗稅。對通貨跌價國家之貨物入口徵收一種附加稅，乃是一種不違反最惠國擔保之設施。

曾於一九二四年八月十九日宣佈取消的英國防止傾銷法，分量很多，內容複雜，不過最主要的規定即爲在英國商業部命令下徵收 $33\frac{1}{3}\%$ 之從價稅：

「若……部中認爲該種貨物……係在英蘇聯合王國出賣（一）而其價格由於該製造國——並非屬於大英帝國領域以內——之通貨與英國法貨比價之跌落，致低於在英國所製造者……則商業部對於在該國製造之此類貨物得執行本法本部份：」（二三）

此稅則執行之限制有下列各規定：通貨跌價應不得少於 $33\frac{1}{3}\%$；該種貨物之入口應很嚴重的影響英國主要工業工人之失業；此稅之徵收對於其他工業應不得有不利的影響；該種稅則之實行應不得變更目前與各

國所訂之有效的各種條約和協定。

此法案通過後，即宣佈由於條約義務的拘束，此法律祇適用於德國，法國及自匈奧帝國分裂出來之國家。換言之，英政府已預料這個法律之執行必將違反其最惠國條約之各種規定。

當一九二二年美國關稅法提出於上議院財政委員會時，曾建議對於通貨價值跌落到百分之七十以上國家貨物之入口，其超過百分之七十以上部份，每百分之一課以百分之一之附加稅。當時曾提出許多反對的理由否決方法，其中如上議院議員及政府官吏都相信此種規定，必違犯若干商約。（二四）

爲此法律辯護之理由則謂其執行因爲是全體一致的，故不違反條約。假若牠成爲法律而無保留他國條約上的權利之條款，則在大理院必不致引起此種法律是否違反條約的一問題，因爲法院對於後來立法都是執行的，雖則明明違反昔日條約，例如禁止中國人入境事件。

即令建議的法案已經通過並附有保留他國條約上權利之條款，大理院也認爲與意大利及薩爾皮亞所訂的條約不相違反，而來自此類國家之貨物必徵收附加稅，可是各國也很難承認所謂一律執行的理由可以爲對其商業爲徵收較高或其他稅則之合法口實。他們必定認此種稅爲「任意的歧視」（wilful discriminations）。

即令一律執行已爲各國所承認，但一律執行的法律原則之不違犯最惠國條約的原則，亦尚未爲國際法及國際先例所承認。美國至少曾兩次要求並自英國及挪威得到較在一律法律下爲優的待遇。例如挪威對於來自地理上不同地帶之船舶曾課以不同之噸稅，美國處於極遠地帶，自其港口往挪威之船舶都被徵極高稅，直等到堅持至一八二七年美國船舶才得有權享受與他國相同的極低稅。

美國政府之使用一律施行規則

一八八四年美國法律曾規定對於來自美洲各口岸之船舶徵收較來自他洲船舶爲低之噸稅。此法律對各國船舶一律執行，不過比利時，丹麥，意大利，德國，葡萄牙及瑞典挪威對此加以拒絕，認爲與他們的最惠國條約不合，雖指出此法律係一律執行的，不過德國公使對於有人認爲此種決案係一「很非常的」而使最惠國條款完全無效深表同意。（二五）一八八六年更有其他的立法，此種爭論亦同時繼續若干年。

一律施行理由曾經引用爲辯護違反條約的差別待遇之合理。在一八九〇年關稅法（第三節）曾規定凡對於美國貨物課以總統認爲「非互惠的平等及無理」的關稅國家之貨物入口，總統有權征收罰金。這是應當明白的，罰金並非用以抵制差別待遇，不過用以抵制那對各國施行而總統認爲太高之稅則。再者罰金與抵抗稅其目的完全不同，抵抗稅如禁止傾銷稅，然其目的係在保護國內工業以抵抗外國有組織的不公平競爭；但一八九〇年關稅法第三節之處罰稅，則係用以強迫外國減輕其稅則，以利於本國出口商人。這種目的上之不同，對於每個場合的最惠國條款之執行有很密切的關係。執行此法律時，可將國家分爲如下三種：

（甲）某種國家受卻罰金之威嚇，減低其關稅因而得免除罰金。

（乙）某種國家反對減低其關稅，因而對其商務須處以罰金。

（丙）某種國家之關稅總統認爲滿意，對其商業不必處以罰金。

在甲類則有哥倫比亞（Colombia）委內瑞納（Venezuela）及海地（Haiti）。哥倫比亞提出抗議認爲對她的商業處以罰金係違反一八四六年有條件的最惠國條款第二條。國務卿布稜（Blaine）乃說明此法律「係同樣施於各國而其關稅爲美總統認爲係不平等及無理由者。」（二六）

哥倫比亞之抗議是很有理由的。這是眞的，甲類國家除給美國以相等的讓與，才能享受美國最低關稅之利益，若各國都包括在此類（甲類）則哥倫比亞應付相當代價以取得美國給與其他國家相同之利益。不過丙類國家，如阿根廷，係無報償的享受美國最低關稅利益，且此種讓與係白白的施與的，則哥倫比亞在條約上實有權要求享受同樣待遇。這是一個違反有條件最惠國條款的任意歧視之極好例子。

罰金條款違犯最惠國原則

麥克金里罰金規定之原則（是即用附加稅壓迫外國以減低那雖非歧視但不利於美國出口商人利益之外國高稅則，）曾以各種方式見諸於美國法律。自一八九四年以來之各種普通關稅法，在特殊段落中都附着有各種規定對於某種貨物征稅或允其自某國自由入口，全以該同樣貨物在該國所享受的關稅待遇如何而定。例如一八九四年之關稅法，將鹽列入免稅物品欄，但昔日對鹽所徵之稅則仍舊保留，而對於凡不許美國鹽自由入口的國家之鹽之向美國入口者，照舊徵稅。同樣的一八九七年關稅法將火油列入免稅物品欄，但火油稅則仍舊保留，而凡對美國火油收稅之國家，其向美國入口之火油，亦徵以同樣多的稅。（二八）

這裏所要討論的卽爲這種條款的最惠國情形。此類條款規定對於某種特殊指明之對本國同樣貨物曾徵收入口稅的外國貨物之入口，而不是對曾允許本國貨物自由入口國家之貨物，是不必與該國談判卽課以較高或其他稅則。允許後者之貨物自由入口是白白給與的，而非談判之結果。我們對於某種國家——她們爲着內政原因，希望對指明的貨物徵稅（而我們也爲着內政原因將此種貨物列入免稅欄）——之貨物課以罰金，是任意歧視。在一八九四年關稅法下，自若干國家入口之鹽，例如自大不列顛，允許自由入口。我們與這些國家，並無甚麼磋商，她們也未曾給我們以若何讓與。我們允許鹽自由入口係國內政策，而允許美國鹽自由入口之國家，也曾給其他國家以同樣特權。因此必然結論卽爲對某國鹽之入口僅因其國內法律規定對任何國（包括美國）入口之鹽徵稅，而處以罰金，實爲一種歧視，爲任何最惠國條款所禁止。此條款並要求外國對在其市場上之美國鹽給以特殊恩惠，而美國對他們在美國市場鹽亦報以同等待遇，爲該國計，躲避此種情形之唯一方法，厥爲允許各國鹽皆得自由入口。

反面的理由也曾提及。有人謂這些條款係圖取得互惠的開價，而屬於有條件最惠國條款的報償(conpen-sation)或價值相等(equivalent)規定。與爾尼氏於討論一八九四年鹽條款時卽抱此種見解：

我們最近關稅法內關於鹽的規定所採之形式，並無關重要。在實質及結果上，牠規定任何國家允許美國鹽自由入口，則美國亦將允許她們的鹽自由入口，同時任何國家對美國鹽入口徵稅，則美國對其鹽入口亦照從前法律課以相等稅；換言之，美國對於凡讓美國鹽自由入口之任何國家的鹽，亦讓其自由入口。德國亦有權享受此種讓與，若德國回報美國以同價讓與時。否則她無權享受，而在最惠國條款內並沒有一條強迫美國歧視他國，白白的給德國以他國曾付代價的各項特權而優待德國。」

這個立場，即在美國也不能稱是承認。同性質的條款，在一九二二年關稅法起草時曾將其刪去，不過有許多後來又行制定。（三〇）這可以說假若奧爾尼的解釋得風行一時，則必成為放棄有條件的方式及解釋最惠國條款之另一理由。

何為等價的讓與

原則的運用才是奧爾尼氏理論之缺點。有條件最惠國條款在無報償的讓與事件上，其運用正與無條件最惠國條款相同——自動的立刻普及到各國。祇有當一種讓與其給與係基於對方相當報償時，然後才引起形式及解釋上之異議。在無條件的解釋下，此類讓與亦自動的立刻普及到各國；在有條件的解釋下，祇有第三國報以等價讓與時，然後才得享受此類讓與。

於是引起一明顯的困難，即何為等價？牠是如何決定的？依照克雷（Henry Clay）的話，為便於決定所要求的利益之數量計，要求者「對於向那提出不等利益要求之國家及其餘世界各商業國家間商業關係上之正確情形必須知道，」並且卽令此種消息已經得到，「而分別何爲自願的讓與及何者係因他方允諾同樣代價而後成立之讓與，亦非易事。」有時所謂某種利益之同價係散佈於條約中各條款內，而有時更無從推演出來。從這些事件看起來，有條件最惠國待遇之實際運用，勢必引起許多麻煩及困難的辯論。（三一）

此種最惠國條款情形並非理論上的，而等價之決定亦非不可能，雖然牠引起許多困難致不能實際運用於國際談判上。一八三二年美國認爲有給哥倫比亞等價讓與之必要，以便於美國商業亦得享受那給與中美（Central America）各國讓與之利益。因此，在這個時機內，美國同意於哥倫比亞對一八二四年條約內最惠國條款爲有條件的解釋。本約第二條曾規定若讓與係無條件成立的，則最惠待遇是無條件的，若付有同樣代價，則係有條件的。隨後哥倫比亞與中美成立一條約，到某種限度內差別稅應當取消。因此美國駐波哥大（Bogota）公使要求將此約內利益推廣到給與美國船舶。哥倫比亞政府「很正當，很自然回答認爲她給與中美之各種特權，係基於互惠利益，而我們未曾給在我們港口內之哥倫比亞船舶以互惠權利，實不能要求享受此種特權。」此爭論之公正是顯而易見的，於是美國公使立卽與哥倫比亞成立一互惠條約，爲符合哥倫比亞與中美條約規定計，美國船舶及其貨物直接自美國各港口出發者，不得完納較哥倫比亞船舶爲高或所無稅則。（三二）

當甲國在一致普遍法律下採取普遍互惠政策，則她給以等價讓與以便取得乙國給於丙國各種讓與權利，更容易使人明白。如此成立的讓與，是屬於互惠的最惠國條款。例如在一八九七年法律第三節內，訂立了兩組互惠條約，所謂生酒石協定。（三三）此法律是普遍的，而與美國享有有條件最惠國待遇之國家，若給以同樣代價時，亦有權要求享受此節內給與第三國各種讓與之特權。

排他的互惠條約

明顯的，給外國以讓與以期自他們取得報償，在主張用磋商方法以期取得排他特權者之商業政策上，並非一絕對的權利。祇有在這個假定下，美國政治家若干宣言始可使與有條件的最惠國條款之其他複雜點不相衝突。美國是許多由於基於地理或政治考慮而成立的特別互惠條約之當局者。在與夏威夷（一八七五——一八九八）及古巴（一九〇三——）事件上，美國不僅反對接受各國等價讓與，以使他們在我們市場亦得享受夏威夷古巴二國所享受之讓與，並且不允後者將給與美國之各種讓與普及到各國。在她與夏威夷所訂之一八五一年條約下，大不列顛自她的觀點看起來，有權享受給與美國之各種讓與，不過我們不准夏威夷給與他。（三四）我們與古巴所訂之條約曾規定各種讓與不得給與其他國家。條約上說「接近與比鄰有時產生特殊關係而不能對全世界平等公開。」（三五）夫里令亥獪先生（Frelinghuysen）於一八八四年回答墨西哥時「反對最惠國條款實用到互惠條約上。」

再者在一八九五年代理國務卿亞里氏（Adee）於回答俄國駐華盛頓公使時，曾藉此機會爲下列宣言：

「爲合於與夏威夷所訂之互惠條約及兩國間特殊地理及經濟關係，美國關稅法所給與夏威夷之特殊利益係用以交換某種有價值及排他的代價。本政府之方針認爲該種特權並不屬於任何條約內之最惠國條款，美國給與該島之各種讓與權，係用以交換若干代價，而依其性質並不屬於美國與其他國家所訂的條約中之最惠國待遇內。本政府自昔日以來，即認爲因一條約給最惠國以某種特權是指無條件的利益，而不包括該種由於互惠而來之利益。(三六)

一八八六年我們與東加(Tonga)訂約爲此種事件之極端例子，曾思對於國際法加以特殊解釋。此條規定最惠國待遇，包括有下列一段：

「……締約雙方認可一個國際法原則，即用相同代價或接近關係及特殊情形而給與之各種特權不得認爲屬於最惠國條約。」—(三七)

對最惠國原則有條件的解釋作這樣的分析，在實行上產生許多困難。這種原則存在之目標有時已完全失去，結果更與起許多麻煩，不僅不能有益於商業，反而產生阻礙商業上談判之目的，應當爲商業的固定性及公正平等的待遇。假若有條件最惠國待遇原則在實際上不能產生這種結果，我們要問有何代替的東西可以利用。所能代替的祇有無條件的最惠條款及其解釋。

最惠國原則之無條件的解釋

對於最惠國條款爲無條件解釋的主要的擁護者，厥爲大不列顚。因其貿易普及全世界，積極的參加國際事件，對其他國家因商約關係允給無條件無差別最惠國待遇，英國這樣的一個國家實有極大關係，而在關稅和商約實用上，對世界各國很積極的趨於給以平等待遇。因此英國對於最惠國條款的目的及意義之觀念，可視爲無條件解釋的模範例子。

與旁的國家比較，大不列顛除少許例外差不多都是採用無條件的一類，而對無條件解釋的執行，亦較其他各國爲特出。英國從前條約僅規定「商業上互惠自由」，不過在十八世紀時，其條約內最惠國條款始終爲無條件的形式，流傳今日亦仍如是。

至關於解釋，英國（實際上亦即歐洲見解）之認最惠國待遇應爲無條件的，最少自一八六〇年以來即爲其政治家所主張，猶如美國（至一九二二年爲止）之主張有條件的解釋。至於歐洲見地可於下述英美外交文件中見之。

一八八四年十二月四日國務卿夫里令亥增關於美國與英屬西印度羣島(British West Indies)間商業互惠，向英國駐華盛頓公使提出建議。此建議第三條包含下述條款：

「訂約雙方互相承認此條約內明白保留及限於兩國貨物及船舶之各種有條件的特權，在彼此與其他各國所訂現行有效之最惠國條款執行上，若他國未曾付以同樣讓與時，則不得給與他們。」

關於提議的互惠協定內這一段，英國外交大臣格林威爾伯爵(Earl Granville)於一八八五年一月十二日訓令英國駐華盛頓公使時，曾藉此機會以表明他照英國習慣對於最惠國條款合法解釋之意見：

「第十三條明白規定條約內所讓與之特權，訂約國雙方不得因爲與其他各國訂有最惠國條款而將其給與他們，除非此等國家給與對方認爲相等的讓與。不過本帝國政府決定認爲對最惠國待遇作如此例外的解釋，與現行國際法解釋的最惠國條款相違反。

美國提案內包含的最惠國條款的解釋是；一國對於有條件的和有相當代價的讓與都不得因爲有最惠國待遇而要求同樣享受。本帝國政府對於此種解釋完全不能同意。最惠國條款已爲現行商約最有價値的部份，而存在於現在世界各國間。牠較其他條約更能使關稅趨於簡單，增加貿易自由，可是若照現在解釋，必將使各國去尋找獨占市場，不僅不能救濟貿易，倒反而拘束了牠們。牠的效果（除了少許例外，）祇有使各種貨物在任何國家完納相同的稅。

這是明顯的，現在提出的解釋，必將毀滅最惠國條款，因爲任何國家，譬如說法國，雖然爲與比利時所訂之最惠國條款所拘束，倒可以與其他國家訂立條約，相互減輕稅則，同時僅僅加入一段說明，謂此種減稅是互惠和相當代價的讓與，她可以拒絕給與比利時以此種減稅，除非後者給與法國以她所認爲相等的讓與」。（三八）

無條件原則的好處

凡實行保護關稅或自由貿易國家，都很宜於採用無條件最惠國原則。正如門戶開放政策然，其意義不在廢除關稅，而在任何國所願採之關稅稅則及他種商業設施下不加差別待遇。牠能免除有條件最惠國原則內許多複雜情形，因此使關稅行政趨於簡單化。因自動將給與一國之讓與推廣到其他各國（卽將讓與和恩惠給與訂有最惠國待遇的國家，）遂使與各國分途交涉關稅成爲不必要，並且向各國擔保，在條約以後有效時期內，較條約未成立時，不致於比第三國處於不利的地位。這種對於反對各國間差別待遇上加一層擔保，即爲增加商業固定性及世界商業習慣之一致性。若完全以國家見地去觀察，此種國際談判，則將所有讓與與各國無需磋商而普遍給與他們，實爲不智；但是當腦筋中抱卻無條件的原則以從事各種談判，則在長時期內，利益和損失必相平衡。在國際行爲上各國有權要求的爲平等待遇，最好是普遍主張和執行這原則以期達此目的，似較各自交涉爲宜。

無條件原則已成爲歐洲若干國家倍數關稅制度執行之活動因素。（三九）如法國最高和最低稅則，德國普通及協定稅則，在一九一四年以前，都採用無條件最惠國原則，以普遍擴張那一國有權要求享受之最低稅則（是即條約上的最低稅則。）不過法國和西班牙自大戰以來，都從事避免此種普遍擴張，而前者在許多條約內有六種不同的稅則。（四〇）

平等待遇因無形的歧視而失敗

無條件最惠國待遇之效果有時因爲許多策略而改變。徒然採用原則必感不足。名稱上雖是平等待遇，甚至在實際上反包含歧視。歐洲商訂條約已經表示需要有效方法以防止各國之藉口衛生及習慣規則和分類以躲避平等待遇之保證。舉兩個例，足以使這問題明白。第一個例即爲德國禁止美國豬肉類物品入口，名義上雖謂基於衛生理由，實際上爲的保護德國農產物。（四一）結果引起兩國間長期爭執，直至美國通過報復法案，然後於一八九一年成立薩剌拓加協定（Saratoga Convention），爭論亦因此調和。第二類卽爲極詳細極特定分類的趨勢，希望減少商業平等上無條件最惠國條款之效力。一九〇二年德國關稅法實達到精詳分類之極點。德國協定關稅第一〇三節目對於「大的有斑點的山上生長之牛或棕色牛係在超出海面三百米突的地方豢養的，並且最低限度每年有一個月是在超出海面八百米突地方飼草的」（四二）允許給以特殊稅則。這種分類上成立的特殊稅則，讓我們說可以讓給瑞士，以便南部德人付較低稅則得到瑞士的牛，同時對與德國農業利益相衝突之俄國及荷蘭的牛禁止輸入。

最惠國擔保之例外

在討論美國關於最惠國原則近代問題以前，此原則之範圍，可因列舉條約上許多的例外而確定。此處列舉的例外並非認可的，不過是現存事實而已。國際行爲進步後，將使此種例外的範圍更加縮小。

地理上的鄰近說之得視爲例外待遇之理由已爲大不列顛在與美國成立加拿大互惠條約（一八五四年）所承認。（四三）

至關於殖民地與母國之關係，則爲殖民地國家明白規定於條約中。這種特殊關係之最重要例子卽爲世界聯邦國家大英帝國。爲保護及調和帝國內許多相衝突的利益計，遂形成一個簡單，柔韌及有效的方式，混合於大不列顛與其各國最近所訂的條約中。（四四）此方式規定：

「（甲）條約內之各種規定不得適用於英屬海外殖民地，占領地及被保護地，除非毋國在規定期限內關於其結果曾經通知；

（乙）英屬殖民地，占領地和被保護地之物產，在訂約國內有權享受完全及無條件最惠國待遇，若該訂約國之物產在該殖民地，占領地和被保護地亦享受與其他國家相同待遇時；

（丙）叅加條約之英屬殖民地，占領地和被保護地，自帝國政府通知訂約對方後，得個別的退出。」

因爲保一關和大英帝國那樣複雜集體各部份不同和矛盾的利益之方法（物產，工業和商業利益之分歧正如其各地之人民及氣候，）這個方式乃一行政上巧妙的產物。因採用這樣簡單及富於柔輭性的規定，如是帝國內各分子之地方自治是擔保了。假若所討論的條約滿足，或者最低限度不妨礙任何殖民地或英屬任何一邦之特殊利益，則該邦可加入這個條約，不過假若由於事先不知道的事實發展而證明該約關於某一殖民地或自治殖民地是不利的，則此等地方得因正當通知而個別退出，對於其他各部份間條約之執行，並無影響。

有許多條約明白規定最惠國待遇之例外——地理上接近和特殊殖民地關係都認爲保特別例外待遇之理由——有如下例。（四五）這許多條約明白規定其中所擔保之最惠國待遇，不得據以牽涉到：

「（甲）訂約國任何一方給與鄰近國家以促進兩方邊界限定地帶內之貿易之任何恩惠利益，或關稅上讓與。

（乙）關於沿海漁業及水產所給與之特殊關稅恩惠。

（丙）昔日俄國條約曾規定最惠國擔保不得實用於俄國與亞洲各州及邊境各國之商務上，也不得實用到俄國給與阿堪遮省（Province of Archangel）涉及出口入口或涉及西伯利亞東北海岸之各種特惠。

（丁）中美各國條約時常規定最惠國擔保不適用於給與其他中美共和國家間之任何特殊讓與。

（戊）荷蘭的條約普通規定最惠國擔保對於荷蘭給與西班牙或巴西之特殊恩惠不得有所要求。」

美國政府採用無條件原則

對於最惠國原則及其運用加以觀察，不僅於研究國際經濟關係爲必要而在美國這時候更爲適宜。重要變化正在發生。在國務卿休茲領導下，美國在商約上開始採用無條件最惠國條款。這並不一定說是違反以前我們政治家和法庭所主張的有條件解釋。這些前例，無疑的，對於將來非具體最惠國條款之解釋，很足引證。不過現在條約內已包含一肯定政策，他是表示我們政策有一根本變更。

此新政策第一個公開的明證，見於一九二三年十月十八日與巴西之換文。在此換文中兩國允諾相互讓與「無條件的最惠國待遇。」（四六）

「這是應當注意的，」休茲說，（四七）「在我們商業關係上關於關稅事件，美國是正在尋求無條件最惠國待遇。」與巴西之協定實爲休茲氏對於商業問題眼光遠大政策健全之模範。

這應當承認的，巴西關稅對若干物品給以排他的特惠，很利於美國少數出口商人。（四八）不過商業談判純以這種窄狹眼光為出發點而並無其他遠大要求，則用我們經濟的力量以得到年來在巴西所保有的特權是很合理的。可是國家商業政策含有較大的目的而一九二三年一月一日美國中止要求恢復在巴西市場之特殊地位，也是為的這個原因。這種舉動引起各國對美國好感，而此種光明的態度之有利於美國商業利益是無疑的。政策的公平（能給與和求得平等待遇）在長時期內各國必能引起好感，並使提出者受益無疑。

我們新商約的模範

一九二五年二月十日批准的與德國所訂之商約，當送到美國上議院外交委員會（四九）時被認為以後訂立商約之模範。最惠國一節之措辭是很重要的，其內容如下：

「締約國雙方無條件的允諾對於對方所生長，生產或製造的物品之入口不得課以較其他國家所生長，生產或製造之同樣物品為高或所無之稅則，條件及禁止。

締約國雙方無條件的相互約定，對於向締約對方出口之物品不得課以較向其他國家出口物品為高或所無之負擔，限制或禁止。締約國任何一方對其他國家生長，生產或製造的物品所給與之任何利益，應同時無條件的（不必要請求和償付代價）推廣給與締約對方所生長，生產或製造之同樣物品。

關於對出口入口稅則之數量和徵收，締約國雙方相互約定給對方人民船舶和貨物以與第三國相同之任何恩惠，特權或免稅，不問該第三國之享受此種待遇是否由於互惠待遇抑係無報償的。凡以後對於第三國人民船舶貨物所給與的此類恩惠特權或免稅，應同時無條件的，不必因請求及報償，推廣給於締約對方之人民及船舶。」

關於此種新政策，休茲於一九二四年三月十三日致上議院議員洛治氏（Senator Lodge）書中曾寫過如下一段：（五〇）

「因爲美國已達到世界第一等強國地位，我們因爲保護我們主要利益，對於國際商業關係之門戶開放政策已成爲熱心的擁護者（事實上已成爲最熱心擁護者。）爲符合我們的宣言及保留我們的利益計，使我們商業運用適合於我們政策所基的理論是很重要的。適足以解釋爲甚麼理由——對於採用有條件最惠國原則之歷史已經仔細考查——行政部決定放棄此原則的執行而代之以無條件最惠國待遇，在這個事件送達哈定總統後，他於一九二三年二月二十七日曾寄我如下數語「我很相信採用無條件最惠國政策是維持我們關稅政策以適合最近成立法案之簡單方法，也是有效的推廣我們海外貿易之確實方法。如你很堅決的抱此種見解，則你可以此種無條件的政策進行你的條約磋商。」」

分析我們有條件政策的歷史所表示的是甚麼

對於美國商約磋商之經過加以分析，則採用新政策之理由，特別是經濟的理由，更加明白。（五一）

我們相沿之最惠國政策始於一七七八年。牠基於一種見解認爲條約商訂，主要的祇涉及締約國雙方面一種因爲他方允許某種讓與而成立之減輕的關稅稅則，不得給與任何第三國，除非後者償付相等代價。這種最惠國原則的「有條件」解釋推廣到給與乙國以我們得卻報償而給與甲國之各種讓與，若乙國亦給我們以等於甲國所給之讓與時。初視之，這個原則好似很公平。牠帶有平等的形式，而其採用的意義是牠雖未曾給以平等待遇，但曾給以基於充分理由取得平等待遇之機會。牠第一次採用是在關稅稅則不如通商權及船舶平等權之爲人所重視之時期內。在當日貿易及航行權是視爲實在的東西，而相互商訂，對於這種交換的權利於某國是否較其他國家爲有價值的一問題，倒未仔細研究。可是昔日航行法在今日已成爲過去的東西，國際商業政策多爲關稅稅則和條例所支配。歐洲許多的國家都有兩種稅則，除了少許例外，關稅商訂，關於所承認的讓與之比價，多進於統計上的爭論。因此使第三國在任何條約上給與相等讓與爲不可能。在實際上最惠國條款之有條件的解釋已完全失敗。在若干事件上美國採取很極端的見解，認爲第三國不能提出相等讓與，因爲原來條約之讓與全在其排他性。因此我們一時曾經認爲有理和有效的相沿用之最惠國政策，已經完全無用；即令有效，其產生之結果亦與原來所期求者大相逕庭。牠不僅不能促進各國間商業機會之平等，倒反支持差別互惠條約。

我們得到如此寬大的商業待遇非由於條約上的政策

眞的，我們在許多有兩重稅則的國家曾得到最惠國待遇。我們得到如此結果，完全歸功於有條件最惠國政策以外的各種原因。牠們不外乎：（一）我們政治上重要地位，（二）存在很久的昔日條約，（三）列強對於這些條約之解釋而無條件的給與我們以最惠國所享有之讓與，（四）最近非工業製造品出口之占優勢，而（五）成立單一稅則表，公平的適用於各國。所以這種利益——係由於因最惠國待遇而在外國所受到之利益——並非由於我們商約上之有條件的最惠國保證，而係由於我們關稅政策的原則和外國未曾將我們的政策施之於我們的商業。

積極的商業政策是很需要的

有條件最惠國原則並不能給我們以安全以抵抗外國之歧視，而在現今復興時期內，當各國重訂他們的條約，重新考慮最惠國待遇之給與時，對我們施用有條件最惠國原則如過去之一二事實，是很可能的。再者，自一九一四年以來，我們對於外國商業政策之興趣日漸濃厚。我們的出口貿易在數量及種類上都有增漲。我們漸漸依賴外國原料之供給。我們國外投資數量亦已增加。因此我們自利的國家利益表示這是採取積極政策以保護我們在市場方面及在外國原料來源方面的利益之時候。這種積極的政策——如與過去的被動和消極態度相比較——在於爽直的放棄有條件最惠國政策，採取一定程序基於無條件最惠國原則，以修改，完成我們的商約，是即將互惠保證訂入商約內凡締約國任何一方對第三國所給與之讓與將立即自動的推廣到締約國他方。

國會贊成平等待遇原則

此政策與一九二二年關稅法三百十七節完全一致，此節給總統以權於與外國貿易關係上，得使平等待遇原則生效。此法最後修正如下：

「……美國，在此關稅法下，給各國以平等待遇，同時主張外國對於我們國外貿易亦給以平等待遇。」(五二)

明顯的這種平等待遇政策，是與美國對於在遠東各國及委託治理地方所採的舉世所知之「門戶開放」政策之態度完全相合，此種政策普遍的被認為乃對商業穩定和和平很大的貢獻。實實在在此種政策所包含的原則係一而二者，因為「門戶開放」一名詞，用在國際政治上，其意義不過為各國貿易上平等待遇，而與抑此揚彼的差別待遇相反。

對門戶開放政策更加詳細研究，則人們將更會明瞭這個問題並不是僅僅牽涉那受條約束縛不得徵收超過從價百分之三，之五，之十或十一入口稅的少數國家，也不是僅僅牽涉不進化國家和未開發的殖民地，而卻牽涉各大工業國家之市場。直至世界各國在各處市場上皆感覺得到平等待遇的擔保，然後真正滿意的國際關係及保證和平可以成立。甚至在一九一四年以前，許多歐洲國家對於這個鵠的已有相當的進步，這個進步是有助於各國在商約上採用無條件最惠國原則。

現在國會對於平等待遇原則已採取具體主張，我們隨後可以看出在改訂商約上，我們應當採用無條件最惠國條款。因之我們應成立一種條約原則，在這原則內，對於在外國市場之我們人民和物產堅持平等待遇。無條件最惠國原則為執行通商上平等待遇原則之最簡單方法，且能避免對第三國所加之歧視，並能防止惡感，猜疑，報復及國際不和。

有條件的原則對於我們經濟發達並無若何價值

不問有條件最惠國待遇在昔日有若何價值，在現今世界經濟情形下，在國會採用的關稅政策下，牠已經沒有甚麼價值了。甚至尚有許多如下缺點：

（一）爲使其有效起見，有條件最惠國條款必須採取積極的關稅商訂政策。在合理的履行有條件原則下，我們有權享受各國間相互允諾之各種讓與，若我們亦回答以相當讓與時。國會會否決那特殊談判致美國關稅上成立排他的讓與以便與外國交換特殊權利的政策。（五三）國會並不贊成減輕一方或雙方保護稅則的協定，這種協定若送到上院請求批准時，必引起很長的辯論，而關稅立法內所包含的各種爭點勢必舊事重提。這種最後執行上偶然發生之不可避免的停頓，似使此種關稅談判方法完全無效。與他國的關稅談判以期得到讓與，其結果多爲複雜遲鈍，很少能產生某種結果以抵償因被排斥國家憤怒而引起之損失。

（二）嚴格的執行有條件最惠國條款，其結果對於來源不同之同樣物品的稅則各自不同。這樣複雜的關稅稅則，對於行政方面是很浪費的，其本身很能產生不正當行爲，且足以引起歧視某種國家而優待其他國家。

（三）在一九二二年關稅法下對於歧視美國的任何國家之商務全部或某一部總統有權課以附加稅。（五四）欲求政策一致，則我們自己不應開始徵收差別稅。不過在有條件最惠國原則支配我們的商業談判情形下若不引用差別待遇到關稅上去，我們實不能從事積極政策。

平等待遇很有助於商業穩定和國際好感

無條件最惠國原則對於世界商業關係之普遍影響是與有條件最惠國原則完全不同。舉一個例來說，在無條件形式下，若甲國與其他各國在所訂條約上保證最惠國待遇，（如美國於一九二五年二月十日批准的與德國所訂條約內所行者，）其後甲國與乙國訂立條約給乙國以讓與，則立即自動的推廣給與凡與甲國訂有最惠國條約之國家。其結果則為向每一國保證在條約嚴格忠實履行下，她與訂約國之商業不致蒙卻不利。如是，當各國都先後採用無條件最惠國條款時，必普遍擔保平等待遇，各種趨勢都有助於商業穩定，簡單和一致的關稅稅則，互相信用，及國際友誼。

（一）參看一九一八年美國關稅委員會之(Reciprocity and Commercial Treaties)第三九八——四五六頁。

（二）見前書第四〇〇頁。

（三）一九二〇年美國與暹羅所訂之條約，含有相互擔保最惠國及內國待遇，參看一九二二年，美國關稅委員會之（Handbook of Commercial Treaties,）第一五三——一五六頁。

（四）一九二三年七月二十四日簽訂之洛桑條約。

(五)美國是承認日本自主之第一個國家。一八七八年七月廿五曾成立商約承認日本關稅上之完全自主權，但這個條約因為旁的國家不允給以相同的讓與終未生效。墨西哥是第一個與日本成立完全平等條約的西方國家(一八八八年十一月三十日)。

(六)參看一九二三年美國關稅委員會 (Handbook on Commercial Treaties,) 同時對美國也非互惠的給以同樣待遇在德國與美國於一九二一年八月二十五日另立和約內。

(七)在一九二五年以前當美國採用此政策時，曾訂立三個條約特別擔保無條件的最惠國待遇，即與瑞士所訂之條約(一八五〇年)，與奧倫治自由邦 (Orange Free State) 所訂之約，(一八七一年) 及與塞爾皮亞 (Serbia) 所訂之約 (一八八一年)。與瑞士所訂者因一八九〇年美國之通告而取消，至於與奧倫治自由邦所訂者，因後者滅亡而消失。

(八)參看 (de Martan, G. Fr. Recueil de Traitis 3rd series, vol. 8 p. 825)

(九)關於大不列顛最惠國條款之實錄參看 (Parliamentary Papers, 1907,Cd. 3395)

(一〇)歐洲法律家贊成有條件的最惠國待遇為威士雷克 (Westlake) 及馬丁 (de Martens) 二氏。關於有條件的最惠國待遇之各種實用方法如須詳細討論，請參看 (Crandall, S. B. Sections 172-177)關於美國法庭解釋條約各種判決之詳細研究亦見於原書中附錄 (1,446-634 pp.) 至於最惠國條款之執行，則看 (Jones, Annals American Academy, vol. 32, pp. 119-29, and Hornbeck, Stanley K: The Most Favored-nation-Clause in Commercial Treaties)一九一〇年威斯康星大學出版。

(一一)有條件的最惠國條款見於一七七八年與法國所訂之條約。

(一二)參看(Crandall. S. B.: American Journal of International Law. 1918, pp. 708. 709.)

(一三)見(Moore's Digest, Vol. V, pp. 257, 258)

(一四)見後面第一七六及一七七頁。

(一五)見(U. S. Tariff Commission Reciprocity and Commercial Treaties, 1918, p. 417. note how exclusively national is this point of view.)

(一六)見美國關稅委員會(Reciprocity and commercial Treaties 1918,)第四一七頁。

(一七)見 American Express Co. V. United States, 4 Court of Cust. Appeals,) 146 (1913.)

(一八)參看 (Moore's Digest, vol. V. p. 306.)

(一九)參看(Viner, Jacob, Dumping: A Problem in International Trade,)在翻覽此書後，作者於一九二四年四月出版之國際法月刊(Journal of International Law)曾寫出如下一段：

「文納博士(Dr. Viner)曾耗費許多篇幅以辯論傾銷抵制津貼稅是與商約上最惠國保證不相符合的，而贊同傾銷稅謂其不違反該項擔保。坦白的，我對於這種意見不能同意。問題癥結是在外國政府或人民是否可以取消那引起抵制稅及傾銷稅之各種津貼及出口補助。明明受政府資助而引起之傾銷，其違反最惠國條款內之平等待遇精神，實較自合法營業——自傾銷——而引起之減價爲尤甚。」

(二〇)參看 (Moore's Digest, Vol. V, p. 306.)

(二一)參看(Moore's Digest, Vol. V, p. 282)

（二二）見前書第三〇七頁。

（二三）見英國 (Safeguarding of Industrial Act, 1921.)

（二四）一八三七年十二月二十二日與希臘訂定之條約第八條；一八七一年二月〇六日與意大利所訂條約之第六條；一八八一年與南斯拉夫所訂條約之第六，第七，第九及第十三各條。

（二五）參看(Moore's Digest, Vol. V, p. 290.)

（二六）參看 (Moore's Digest, Vol. V, p. 304)

（二七）參看下面第四章第一七一以後各頁。

（二八）見一九一八年英國關稅委員會：(Reciprocity and Commercial Treaties,) 第四三四頁。關於其他事件及此類問題的經濟情形之討論，則請參看後面第四章第一七二，一七三等頁。

（二九）參看 Moore's Digest, Vol. V, p. 274.

（三〇）看下述第四章第一七三，一七四頁。

（三一）參看(Moore's Digest, Vol. V, p. 311.)

（三二）參看 (Moore's Digest Vol, V. p. 265)

（三三）參看後面第一七七頁。

（三四）看一九一八年英國關稅委員會：(Reciprocity and Commercial Treaties) 第四一八頁。

(三五)參看 (Moore's Digest, Vol. V, pp. 267, 273)

(三六)參看 (Moore's Digest, Vol. V, pp. 276, 277.)作者不禁感覺此條規則言過其實。

(三七)參看一九一八年美國關稅委員會：(Reciprocity and Commercial Treaties,) 第四一九，四二〇頁。

(三八)參看 (Moore's Digest Vol. V, pp. 269-271)

(三九)戰後對此原則之批評請看 (M. Serruys in La Revue Comtemporaine) 所發表之文章 (mar. 1, 1923.)

(四〇)關於歐洲大陸關稅制度之討論，請看一九一八年美國關稅委員會：(Reciprocity and Commercial Treaties, 1918) 第四六七——五〇九頁。至批評倍數制度，則請看第四章第二〇三至二〇七頁。

(四一)參看一九一八年美國關稅委員會：(Reciprocity and Commercial Treaties,)第四二四頁。

(四二)見前書四八三頁。

(四三)見一九一八年美國關稅委員會：(Reciprocity and Commercial Treaties,) 第四一四頁。

(四四)也參看一九二三年帝國會議中關於條約之決議，下述第五章。

(四五)〇看一九二二年美國關稅委員會：(Handbook of Commercial Treaties,)

(四六)看下述第五章。

(四七)一九二三年十一月三十日在愛列得爾莽亞演說辭第十四頁。

(四八)一九二六年四月很有根據的報告說，直至該時最低限度美國麵粉向巴西出口，並未減少，雖然關稅特惠取消。

(四九)參看英國上議院外交委員會關於「與德國訂立商業及領事特權條約」所發表的公開審查紀錄第三部第七〇七一頁(一九二四年二月七日)

(五〇)參看英國上議院外交委員會關於「與德國訂立商業及領事特權條約」所發表的公開審查紀錄之第六部第三〇六,三〇七頁(一九二四年三月七日及十一日)

(五一)研究英國現今商業政策之最好讀本請看(Mclure, Wallace: A New American Commercial Policy, 1924. Columbia University Studies in Political Science, Vol. CXIV, No. 2.)

(五二)見(Conference Report No. 1207, Honse of Repres ntatives 67th Cong., 2d. Sess., p. 146.)

(五三)參看(Conference Report No. 1207, House of Representatives, 67th Cong., 2d. Sess., p. 146.)

(五四)三百一十七節,看附錄第一章。

第四章　關稅商訂之原則及方法

關稅商訂並無固定的政策

美國關稅條約訂立之經過不僅是一部有趣味的經濟史，而對於決定商業政策之方法亦有極大之貢獻。牠們指示各國商約商訂上所應當避免的事實和必要的限制。在美國並無一致的政策，因此我們的經驗是很有裨益的。

美國之比較的孤立地位不僅是地理的和學術方面的，同時也是商業的。自美洲殖民地宣佈獨立，成立他們自己的政府而獎勵國內工業的時候起，直至歐戰開始為止，國外貿易對於美國經濟生活上之影響不如在歐洲各重要國家之為大。我們國際貿易若與國內貿易相比較是很小的，而我們之出賣貨物，並非積極的自己運輸出口，而是消極的允許人家進來購買，在這種情形下，其他國家之關稅壁壘，對於我們實無關重要。我們僅用我們的全副精力與資本來開發新大陸之富源；當時關稅立法之主要注重點在發達我們的工業，是即關稅著重國內情形以別於國際情形。而我們關稅政策對於其他國家之反應及此等國家商業政策（除開他們的航行法）對我們之影響還是第二問題。此在十九世紀中葉當歐洲趨於自由貿易與單一稅則時更為真確。即在歐洲引用兩重稅則以後我們的態度，也還是慢慢的改變。我們仍堅持單一稅則，但有時亦偶然希望採用柔性稅則以期得到外國最低稅則之利益。

不過一九一四年之大戰在國內海外產生新的形勢。對於此點詳細討論實無需要。我們與歐洲之關係及我們工業情形之變更，遂引起我們重新修改關稅政策和考慮我們關稅法之國內國際局面。

前述美國對於互惠協定之經驗和商訂稅則情形，並未嘗表示其有一繼續或固定的政策。我們與鄰國人民已訂有特殊互惠條約，而係基於地理和政治關連理由。關於此類協定之最重要者爲一八五四年到一八六六年與加拿大，一八七五年到一八九八年與夏威夷及一九〇二年與古巴所訂之條約，此等條約現仍有效。除此等特殊條約外，自一八九〇年以來我們有許多關稅法（一八九四年關稅法除外）關於關稅問題之國際現象都有規定——此類規定多係自各個關稅法遞變而來，基於各種不同的或者矛盾的原則。

關稅商訂方法之分類

關稅商訂的規定得因其所採用之方法之不同和其所欲達之目的之各異而分類如下：

（甲）爲抑取得特定或排他的讓與者

一　處罰稅或附加稅方法

二　讓與方法

三　基於地理及密切經濟關係之互惠條約

（乙）爲取得平等待遇者

一　讓與方法

二　處罰稅或附加稅方法

用處罰稅以取得排他讓與

有條件的最惠國原則在美國稅則商訂經驗上——用以取得特殊和排他讓與——有一合理的附則。在若干經驗上其所用之方法爲課以處罰稅及附加稅，此類稅則係較平時立法所規定者爲高。美國曾經兩次通過普通立法想以報復稅威嚇其他國家。一八九〇年和一八九七年之商訂條款是很相同的，很可以併在一起來討論。前一關稅法曾規定：

『第三節　爲與產生下列物品之國家取得互惠貿易計，在一八九二年一月一日以後，若總統充分認產生及輸出糖，糖漿，咖啡，茶及生的未製的皮革任何國家之政府，對於美國農產物及其他物產之入口課稅或徵收其他勒索而美國允許糖，糖漿，咖啡，茶及皮革自由入口，在這種情形下他得認爲是非互惠平等及不合理的，他有權，這也是他的責任，在他所認爲適當的時期內，用佈告方式將此法案內允許該國該種糖，糖漿，咖啡，茶及皮革自由入口之規定暫時停止；在停止時期內，對於該國生產和出口之上述物品徵稅。（一）』

一八九七年法律內所包含之政策與一八九〇年者相同，而採用語句亦無異，不過物品名冊有了變更，刪去糖，糖漿及皮革，加入噸加果（tonka beans）及香草果（vanilla beans）。對茶及咖啡（兩稅法內都包括之唯一物品）所課之處罰稅前後一樣。

這種法令通過之當時情形，須簡單的敘述如下。當一八九〇年法令，所謂麥克金利關稅法，在下院通過時，並未含有訂約規定，後來加入該規定之各種物品，在當時係列入免稅一類。此法案將糖及糖漿稅取消，而對國內出產的糖代以津貼。此訂約之規定係由總統提出他特別注重一點，即自南美入口貨物之百分之八十七係免稅的，因此若將糖亦列入免稅一類，則除了羊毛以外，南美各國入口將無若何徵稅的重要物品。將全部物品列於免稅名冊內，則美國將無所恃以與南美洲談判而希望其減低稅則。國務卿布棱氏（Blaine）贊成總統意見，在一信中他指出我們與南美洲貿易平衡是逆趨的，並表示意見謂免收這樣多的稅而不能取得互惠的免稅是關稅戰略上一種錯誤。這是明白的：上議院或許因爲那激怒下院的同樣國內政治之原因，亦希望將此類物品列於免稅類。唯一行此政策的方法，同時足以用之於商訂條約時者，惟有授權總統對於此類物品課以處罰稅。此種稅則之挑撥性質並非基於行政部——牠負卻執行國家外交政策之最大責任——之決斷和政策，而係基於政治危急。

一八九七年之關稅事件下院通過提案內曾包含訂約規定，彼時曾指明皮革爲與外國訂約之物品。上院不僅將皮革自免稅欄刪去，也將其自訂約條款內刪去而代之以不甚重要的噸加果及香草果。這是明顯的：此種訂約規定僅係從一八九〇年關稅法內抄摹來的，而訂約規定所列舉之物品，僅限於爲卻國內政治原因，在任何事件上得列入免稅欄之某種物品，在此兩件事件上，訂約規定之特殊形式是由於本國歷代相沿孤立政策影響於我們立法部之外交態度之結果。

一八九〇年及一八九七年之法令並不適用於各國，而祇適用於出產曾經列舉之重要原料的國家。(二)因此類條約之具有侵略性，在當時訂立此類法令人之腦筋中對於南美洲貨物之允許向美國自由入口者如是之多，而美國貨物允許向南美洲自由入口者如是之少，都認爲是不平等的。很有許多人相信，美國稅則之高，市場之重要及生產國家間之競爭，凡此種種原因皆將壓迫他們給我們以讓與而所列舉之物品最後大部份將仍得免稅。這是侵略稅則之特殊性，牠們在普通情形下不至希望採用。

自磋商而來之利益很少

一八九〇年及一八九七年關稅法內之訂約規定——給總統有權對於凡自那對於美國物品之關稅待遇係認爲「非互惠平等及合理」國家入口之物品徵收處罰稅——並不僅僅是希望爲美國商業取得平等待遇。其所以致此種條款處罰之原因，並不是因爲對美國歧視，也不是因爲對美國物品徵收較其他國家同樣物品爲高之稅則，而是由於對於美國貨物徵收較——因美國對於食物及原料減稅或免稅——所謂公平稅則爲高之稅則，因此總統對於某一國物品在美國市場上有權將其置於較他國同樣貨物爲不利之地位，若該國不允給美國以特別權利時。在這個法律下，美總統與巴西西班牙（關於古巴，及柏托里科 Porto Rico），多米尼加民主國，薩爾瓦多爾(Salvador)德意志帝國，英國(關於她的西印度殖民地)尼加拉瓜(Nicaragua)，渾杜納斯與大利伺牙利及瓜退馬拉(Guatemala)成立各種條約。因爲這種條約我們自德國及奧大利匈牙利得到新成立之協定稅則全部或部份之利益，卽我們得到各最惠國所享受之稅則。我們也自南美洲各國得到普通不給與第三國之特殊稅則；自西班牙屬及英屬西印度得到各種祇有母國才能享受之特權。這許多條約都因一八九四年八月二十八日之關稅法而取消。

在一八九七年關稅法內處罰規定項下美國所得到之讓與，祇有一九〇四年巴西所允諾者。對於大部份南美洲物品允許自由入口之一八九七年關稅法，給總統以權對於某種來自某國，其待遇美國物品係認爲不公平不合理之列舉物品，課以處罰稅，包括咖啡在內，每磅課以三先的稅。

一九〇四至一九二二年與巴西之特惠協定

至一九二三年一月一日爲止之前二十年中巴西政府對少數自美國入口之貨物給以特惠關稅。此種特惠係一八九〇年關稅法第三節及一八九七年關稅法第二部第三節之僅餘殘跡(三)而係依照一八九七年關稅法第三節之規定，對巴西咖啡課以處罰稅威嚇而得來的。

美國關稅委員會在一九一八年報告中，於考慮與巴西之商業關係及其他商訂稅則之經驗後，反對於稅則內採用處罰稅或讓與以期取得特殊或排他讓與之政策，而主張在商業關係上採取一種平等待遇之政策。在論及巴西協定時委員會曾說道：「美國現在祇有一個現行有效而與普通原則（平等待遇）相矛盾的商業協定，是卽與巴西所訂立者。這個協定並非根據美國正式參加之條約，而係基於巴西的立法及行政設施。(四)

在一九二二年美國許多向巴西出口之物品得到減稅，如麵粉減百分之三十，下列各物則減百分之二十：煉乳，稅則第一〇三三條內之橡皮物品，鐘，稅則第一七三條內之靛（墨水除外），漆，打字機，冰箱，鋼琴，天秤，風車，西門泥，腰籠，乾果子，學校設備品及寫字臺。一九二〇年九月一日起有效之特惠條約對於比利時向巴西出口之下列物品得減稅百分之二十：縮尺，冰箱，西門泥，腰籠，第一〇三三條內所包括之橡皮製造品，鋼琴，油漆，墨水及漆。

照巴西的法律，關稅稅則上之特惠並不是長期有效的，而是每年一度改訂的，因此美國駐里約熱內盧(Rio de Janeiro)的公使不得不正式每年請求重訂特惠條約。不過因爲一九二二年關稅法之成立，遂引起一問題，卽在巴西市場請求特殊權利是否與美國所宣佈之商業政策相符合？因爲該法第三一七節曾規定凡對美國商業給以較第三國爲差之待遇之任何國家，美國得對該國之物品課以附加稅，而同時要求外國給我們以該種讓與（如給與第三國時，卽將引起美國之援用處罰稅）這未免自相矛盾。

對此問題加以討論後，國務院遂訓命美國駐巴西大使不必要求特惠權，而祇要求無條件最惠國待遇。其結果則自一九二三年一月一日起，美國在巴西市場失去特惠地位。

對美國物品取消特惠，祇是對美國少數公司之出口可以說是將發生不好的結果，不過自國家的立場觀之，此種損失並不很大。麵粉，從前雖享受最大的特惠，但除在北方數省外，(五)幾不能與阿根廷所產者相競爭，大家都恐怕其不能維持原有市場。不過在一九二四年據美國駐巴伊阿(Bahia)領事報告，因爲受某種適宜的情形之影響，麵粉仍得維持其原有市場。其他美國出產品，主要的特製品，似乎也不致於因取消特惠而受若何影響。

此種取消特惠的結果較在某國取得幾百萬元貨物的市場其所得爲尤大。我們自動的放棄此種已經成立之特惠，無疑的增加美國在南美全部之威望。若干年來巴西之許給我們此種特惠，是恐懼我們損害其商業，特別是咖啡。用有組織的方式以取得特權，深爲巴西所痛恨，雖則她後來對此曾經默認。再者阿根廷對於美國麵粉給以特惠亦抱怨恨。(六)因實行平等待遇政策而對於我們政治和商業上將產生之利益，實較自巴西關稅上因幾種物品稍微減稅而來之國家利益大過萬倍。

巴西給與的此種特惠乃係一種不爲稅則委員會所信任，兩次曾被國會否決的政策之殘迹。牠固然給我們以很狹的及目前利益，可是牠與我們在長時內能給我們以很大的政治和商業利益的現今政策相違反。此兩種政策間之矛盾是直接的，因爲國務院在當時正與其他國家商訂新的商約，而與各國關係及巴西關係上一有矛盾，即將妨害此種新約之進行。因爲我們在巴西放棄特惠或許要犧牲某種目前很小的利益，不過此種很小的利益並不如以前之重要，同時此種放棄也是必要的，若美國堅守其宣佈的原則及執行其一致的政策時。

美國政府拒絕重訂巴西特惠條約之直接結果，即爲國務卿休玆氏與巴西駐華盛頓大使一九二三年十月十八日之互換通牒。美國通牒說：

「巴西大使閣下：我很榮耀的將我對於最近美國及巴西兩國政府在華盛頓及里約熱內盧關於雙方商

業將來待遇問題談判上的觀察所得報告閣下。

兩政府間之談判已有相互了解，關於影響向巴西出口之美國出產品與製造品及向美國出口之巴西出產與製造品之各種關稅，其他稅則及費用，雙方政府各給對方以無條件最惠國待遇，祇有美國現在給與及此後將給與古巴之特殊待遇，美國與其附屬地及巴拿馬運河地域間之商業乃視爲例外。

此約之眞正意義及效果是：（除前段所載之特殊協定外）美國及巴西之天然農業及工業物品在向對方入口時得完納與其他國家同樣物品同一時期入口所完納之最低稅則；並且相互默認除上述例外，凡自今及以後兩國因法律，公告，命令商約或協定所給與第三國物品之任何減稅，應無代價的，不必經過請求的立即施之於向對方入口之巴西或美國物品。

這是美國及巴西兩國之目的；而應於此明白宣佈者，即此條約內之各種規定祇限於影響貨物入口之各種稅則及費用，而不能用以解釋去限制美國及巴西政府爲卻保護人類，動物及植物之衞生性質所課之禁止及限止或爲卻實行政治和稅收上法律所課之規定之各種權利。

希望閣下對此給我以同意。此致

巴西大使（Augusto Cochrane de Alencar）先生

休玆（Charles E. Hughes）」

對於這個換文觀察所得，約有下列三點：

（一）對於與古巴現行有效之互惠條約保留除外而不屬於無條件最惠國原則範圍以內。此條約係基於特殊關係，足有理由的認爲係最惠國原則的例外，即令在無條件的一類內。

（二）此換文亦將美國與各附屬地間商業除外，在國際習慣方面關於最惠國條款，此種保留實爲不必要。母國與殖民地間之商約，在沒有相反的明白條文下，都視爲不屬於最惠國原則以內，無論其爲有條件的抑無條件的。牠們與門戶開放原則有關，使牠有時對於各國釐定其殖民地關稅政策不得不加以考慮。（七）

（三）美國與巴西成立無條件最惠國原則以爲她們彼此商業關係之基礎。在美國方面此爲其政策之肯定的宣佈，此政策自國會一九〇九年通過關稅法第二節以來，實際上是我們與其他國家間成立商業關係之準則。

一九二二年曾建議用處罰稅方法以取得特殊讓與

一九二二年曾建議一訂約方法，在討論關稅時雖曾經否決，但於此應當討論。此法計劃着「凡某種國家，其對入口——包括自美國入口者——課以（與美國所課之稅相比較）爲大總統所認爲「很高，非互惠平等及合理」之稅則者，則他對此等國家之商業，有權加以處罰。」（八）在此法案第三〇二節內（曾在衆議院通過）處罰稅是用以課於「相同及類似之物品。」

未有其他的關稅商訂方法之爲人如此所責難者。此種方法之目的，最低限度，並非想剛去差別待遇，不過想減低那美國出口商人認爲太高而外國當局因財政及工業需要則認爲合理之稅則，使之得平等施於各國。自我們有史以來卽堅決主張有權得征收爲我們國內所需要之稅則。外國對於我們很高的稅則時常反對，不過我們充耳不聞。從這種事實看起來，這是無可避免的，國會對於爲卻壓迫外國去減低他們的稅則而採取的處罰稅，就一般政策而論，應當加以反對。

非難的政策仍存在於若干附款內

但美國關稅法自一八九四年以來，曾包含有將此種訂約方法施之於貿易上特殊物品之附款，雖然，如適才所云，國會就一般政策而論，將其否決。此種附款可以分類如下：

（一）受影響之物品，在外國對於美國出口之此類物品不課稅之情形下，亦將免稅。假若外國對此類物品徵稅，則自該國向美國入口之同樣物品不得再免稅，而將課以法律上特別規定之稅則。例如一八九四年關稅法內之第六〇八段卽有這樣一個例子。此段將鹽免稅，不過規定假若他係來自一對美國鹽入口課稅之國家，則美國對其入口課以一八九〇年關稅法內規定之裝袋鹽每百磅課稅十二仙，裝包鹽每百磅課稅八仙之稅則。其他的事件卽爲一九一三年關稅法內之麥類。

（二）某種物品得自由入口，不過若係來自一對美國同樣物品徵稅之國家，則美國對此種裝載之物品將課以與施於第三國相同之稅。此爲一八九七年關稅法涉及火油及一九二二年關稅法各段內涉及礦，炭化醋酸鹽，西門泥，煤及火藥之主要部份。

（三）某種物品應當課以特定稅率，不過若係來自一徵收較美國爲高的入口稅之國家，則將被我們的海關課以等於二者相差之附加稅（不過在許多事件上不得超過規定最高額。）此規定包含在一九二二年關於汽車及自行車之各段內。

（四）在適個事件上，此規定與上述第二條一樣，不過須在與外國磋商取消該種稅則後，才由總統正式宣佈執行，此規定於一九二二年第一七〇〇段內曾施之於若干木材。

對第三〇二節所包含之政策及此種附款加以分析，不問其初看去如何的公平，不僅立卽暴露其不爲人所歡迎，並表示用於各種關稅商訂上之根本異點。（九）

美國至今仍認爲制定稅則乃內政上問題，外國沒有甚麼理由可以來干涉，外國也沒有權來反對我們爲着保護國內工業或財政所徵收的很高稅則，因爲我們之確定此種稅則是爲的適合國內工業及國家財政之需要。第三〇二節及上述之各種附款，在原則上雖然不是全新的，可是確定稅則則由光榮的獨自決定轉而注意各國態度和報復。在與各國發生爭執時，美國認爲高的稅則，若全體一律施於各國，則各國並沒有甚麼抗議的理由。

其他國家徵收較我們爲高的稅則原因因（一）從事達到某種政策（稅收，保護，排斥外國奢侈品，）或（二）關於特殊商品之偶然的事實，例如一種稅則係用以保護某種工業者，某種工業失敗後，此稅則仍舊存在。

假若在一方面外國工業是認爲需要保護，而在他方面美國同樣工業是正在中立國及無保護的國家——如中國——同時也在競爭國家之被保護市場上尋找出口和市場，如是美國出產品正是外國工業所要保護之物品，而同時美國市場很少有牠們發展的希望。爲財政目的之稅收，多是加於本國不能出產之物品。此種國家並無此種物品出口，因此關於美國對此種物品所徵收之稅則如何，不甚關心。故三〇二節內建議之方法似無發生效力之可能。

減低稅則以取得特殊讓與

讓與方法，用以爲一國商業取得特殊或排他讓與者，正是我們現在所要討論的。除一八九七年關稅法內規定之處罰稅外，此法律包含有二條規定，牠給總統以權對於某種給美國物品以同樣讓與之國家允許減稅。該法第三節授權總統爲報酬「互惠及相等讓與計」，對於下列各物給以特別的減稅：生酒石，白蘭地，起泡及不起泡的酒，油畫及雕刻。除不採用處罰稅外，在規定之稅則上對於某種物品減低其稅則，以期自他國關稅上亦取得互惠減稅。此類規定之條文並不需要上院之批准或國會認可。兩類條約所謂生酒石協定，已經商訂並公佈。此係與法國，葡萄牙，德國，意大利，瑞士，西班牙，保加利亞，英帝國及荷蘭訂立者。在這些條約內我們取得許多讓與，但此種讓與不僅限於給與美國。在許多事件上，我們僅取得第一次或者繼續各受優待的國家所已經享受之最低及協定稅則之全部或一部。祇有在很少的事件上，才因這種條約曾自他國取得較從前有效的爲低之協定稅率。

一八九七年關稅法第三項訂約規定與上述不同者即在根據此法令所商訂之條約必須經上院批准國會認可而後生效。此規定（第四節）授權總統得與外國訂約以期自外國市場取得讓與，並得給外國以不得超過規定稅則表冊百分之二十之減稅，或者將給與我們滿意讓與的國家之貨物移置於免稅貨物一類，或者對於他們的貨物仍保留原來之稅率。所謂「開森條約」(Kasson Treaties)是在此種規定下商訂的，不過未得上院批准，故未發生效力。

在一八九〇年及一八九七年關稅法下我們曾經試用兩種訂約方法，不過因爲無甚結果，最後仍舊放棄。在一九二二年關稅法成立以前之討論中，此種方法曾經考慮，但被否決。其中有一項之目的卻在規定特殊談判，以使美國關稅內規定排他讓與，以期自他國取得特殊讓與。（一〇）

每一條約必須批准的規定之困難點

每一個關稅條約都須經上院批准或者得國會認可，此對於美國用條約方法於發達一連續不斷的政策程序上增加許多困難。

歷來經驗告訴我們，若每一條約必須送達上院請求批准或送至國會求其認可，則此種商訂都是無用的。例如在一八九七年關稅法下，爲適合國會先前所定之原則計，已與外國訂立許多條約（即「開森條約」）不過在國內有許多人士對於某特殊條約忽然生出異議，因而提出反對，其結果，則四年來盡力贊成批准之運動，祇落得將此類條約完全置於上院外交委員會高閣中。引起關稅全部爭論而反一無所成。

取消一九〇九年訂約規定之一九一三年之關稅法，並不能說是含有若何訂約原則。牠僅包含一很普通條款（第四節第一項）規定爲重行整頓美國入口貨物之稅則及獎勵其出口貿易計，授權總統與外國訂立商約「希望因此種相互允諾讓與得達到進一步的自由貿易關係及貿易的相互擴張。」當此類條約發生效力以前，必須國會批准。這一節目並未嘗使其本身實現一個一致的商業政策。在這樣一個商約商訂複雜情形下，各處成立條約而每一個條約又須送到上院請求批准或送到國會請求認可，實不能實現一繼續不斷和一貫之政策。國會應訂下一個原則以爲與外國訂約之張本而使行政部得放手去訂立其他特殊條約。

基於地理及密切經濟關係而成立之互惠條約

我們對於一八九七年關稅法規定關稅商訂採用讓與方法之經驗並不能認爲滿意。不僅結果很小，且因此所產生之紛擾實超過其所得。較有成功的祇有由於地理及經濟關係而來的特殊關稅條約之商訂。此爲所要討論的關稅商訂經過之第二類。

因爲美國與美洲國家間之地理和經濟關係，我們曾屢次努力促進與此類國家之密切經濟關係，他們是夏威夷，墨西哥，古巴及加拿大。

特殊互惠條約似乎是特別注重一點，即國家主權不受任何國際義務之限制而兩國成立之契約祇涉及他們訂約兩方。這是應當記着的，美國之所以採用無條件最惠國條款，是專希望在國際商業關係上產生平等情形，而不願產生不平等情形。換言之，即希望有條件的方式亦如無條件方式之能在小的範圍內（最惠國範圍內）產生相同結果。更應注意者，有許多特殊互惠條約是基於一種心理：認爲鄰近有牠的特殊責任，這種責任是超乎普通以朋友態度待遇朋友國家及不歧視任何人的責任以外的，並警告凡給與鄰國的特惠不能給與較遠的國家。

地理的接近（一一）之被認爲特殊待遇之理由，在另一地方又曾提及。一八八六年國務卿拜厄德(Bayard)對於此種見解，曾以有力語句來確定：

「由其商業情形觀之，無條件最惠國條款之合宜是無問題的。其趨勢不過在形式的修正，一方面在辭句上承認（大多數國家在事實上及習慣上保持着的，不問此件是否明白規定：）鄰近及接壤可以產生特殊關係而不能向全世界平等公開；他方面則規定最惠國待遇若是基於特殊或互惠讓與，則祇有在相同條件下才能給與第三國。」

自一八四〇年以來，美國政治家認美國在夏威夷羣島方面似乎有特殊利益。在一八四二年國務卿韋白士得氏(Daniel Webster)爲台勒爾總統(President Tylar)起草一公文，在公文內他說因爲該島與美國之接近及美國船舶與該島之來往。

「若其他國家……占領該島，闢爲殖民地而傾覆該地土著政府，在美國方面必將引起不快。美國「並不欲取得利益及單獨控制夏威夷政府。……不過因爲其人民與該島有很大的來往，故美國……政府很堅決的反對其他列強採用相反的政策是很合理的。」」（一三）

再者在一八五一年韋氏又說道：

「夏威夷島之接鄰美國較其接鄰歐洲各國，近過十倍。該島六分之五之商業是與美國來往，此種考慮和其他普通性質的理由實已決定美國政府所要採取之方針……該政策即美國政府雖忠實的履行其原來擔保，謹慎的尊重夏威夷島之獨立，同時她既不能坐視該島之爲歐洲各列強所佔領，也不能讓各國向該政府提出不公平，損害和違反善意獨立之各種要求。」（一四）

其後數年間曾有合併和成立商業互惠之議論，結果於一八七五年一月三十日商訂一條約。

與夏威夷之互惠

照該約第一條美國政府「爲報酬夏威夷島皇帝陛下所給與之權利及特權」並爲「相等報答」計，同意允許某幾種物品包括未精鍊的糖及糖汁，自由入口。照該約第二條，許多美國生產及製造之物品，基於互惠理由，得向夏威夷自由入口，照該約第四條夏威夷皇帝允諾，在條約有效期內，「不得將在其治下之任何港口，碼頭及其地領土租借，讓渡或抵押或承諾讓與特殊權利與其他列強，也不得與其他國家成立條約使後者取得美國所享受關於物品自由入口之同樣特權。（一五）

當條約發生效力時，夏威夷對於許多物品徵收從價百分之十的稅；不過因為一八七六年九月二十七日夏威夷立法院之立法，乃規定自該年十月九日以後，在若干場合內，稅則應當升到百分之二十五。所要升稅的物品，有許多是美國所出產而在條約下允許自由入口的。

對於此種差別待遇，英國及德國都提出抗議。因一八五一年七月十日英國與夏威夷所訂條約之第四條曾規定：

「一國對於他國生長，生產或製造之物品之入口不得課以較對第三國同樣物品入口為高或其他稅則。」（一六）

這個問題後來用和解方法了結，夏威夷仍回復昔日的稅則，而英國在對其物品所徵之稅未曾超過從前稅則從價百分之十以上之情形下，「由於考慮商業關係上之特殊情形，」允諾以前引起爭論的條約，不得執行。

在一八八五年，美國與夏威夷間條約曾經延長。最重要的改變為下面該約第二條：（一七）

夏威夷皇帝陛下允給……美國以眞珠河（Pearl River）港口入口，及在該處成立和維持一美國船舶用的上煤及修補地點之全權，而為此目的美國應改良該港口之入口水道及執行為上述目的所必需的各種事務。

此條約之商業重要性對美國並不十分大。政治及其他原因倒認為很重要。大家都認夏威夷島與美國邊防極關重要。當美國與西班牙戰爭發生，美國艦隊渡過太平洋時，夏威夷政府將各港口開放供美國使用，而其不可

避免之結果卽爲合併取消互惠條約之法律係於一九〇〇年通過

與墨西哥訂立互惠條約之希望

曾經與墨西哥訂立兩個條約，不過都未得到批准。第一個條約係於一八五六年訂立，並未得卻美國上議院之同意。其他一約，成立於一八八三年，是一內容廣泛之條約，似可促進兩國間自由貿易，因其對兩國許多貨物調免關稅，不過在上院批准後，國會未能通過，故未生效。

其後下院外交委員會提議與墨西哥商訂互惠條約，該委員會於一八九二年四月二十日採取一決議，宣佈因地理上地位，制度之相同及商業利益所引起之各種考慮，都證明任何的努力以增進與墨西哥密切商業關係是對的。這個決議提議凡來自墨西哥之鉛礦沙及羊毛，美國應允許自由入口，以期自該國取得相當讓與。於是進行談判，不過墨西哥認爲美國所給與之各種讓與不能滿足她所希望的，並且相信美國爲卻內政原因對於墨西哥物產不致課以處罰稅，乃拒絕商訂任何條約，因此談判亦無若何結果。

與加拿大之互惠

除一九一〇年至九一一年談判外，加拿大每次都是首先發起與美國訂立互惠條約。雖說一九一一年之互惠條約未得加拿大批准，（一八）但自該時直至今日，在該處有一種很堅強的意見贊成與美國互惠。這種意見在濱海各省，如魁北克（Quebec）及加拿大西部農業地方——有許多自美國入口的移民——要算最强。因爲此種農業區域受美國關稅嚴重打擊，故極力主張加拿大與美國之互惠運動。反對互惠者主要爲安剔里阿（Ontario），在該處工業勢力極大。此種勢力和恐懼與美國發生密切商業關係後之政治結果，在當時極爲重要，而討論互惠問題時亦不能不注意及之。

美國與加拿大間之商業關係是很密切的，不過時常爲着政治爭論而轉趨複雜。該種問題如漁業，湖泊及河流的航行，邊界爭執及對政治結果之恐懼，在在足以影響兩國間之商業關係。與加拿大邊界貿易，正如國內貿易然，對於我們是很關重要的。入口統計表示，因爲接近，所以同樣貨物出入兩國邊境。美加間貿易之數量很大而係由於兩國人民之接近，民族天性，政治制度，商業方法及嗜好之相同。

一八五四——六六年與加拿大之條約

一八四六年英國商業和殖民政策之改變已使加拿大感覺孤立，況又隨之以商業蕭條。爲卻在此種情形下希望得到救濟，乃與美國訂立互惠協定。其結果爲一八五四年之條約，除緩和關於漁業之緊張空氣及規定相互使用邊境運河，河流及湖泊便利外，並相互允諾天源物產之自由入口。欲列舉此約之正確結果是很難的，因爲術包括其他更重要的要素。例如英國資本之投資，克里米亞戰爭，新土地之解決，一八五七年之恐慌及美國南北戰爭等。此約繼續有效至一八五七年，後爲美國取消，其理由有二：（一）因爲美國人對於加拿大在南北戰爭時所取之態度，引起反感及（二）加拿大保護情緒之逐漸發達。

美國北部及加拿大邊境上之漁業問題，實爲美國與加拿大及美國與大不列顛間許多爭執之原因。美加間之漁業貿易對於美國並不若對於加拿大之重要。兩國間漁業關係內容極爲複雜。往日條約內記載影響兩國漁船之各種權利和限制，在若干點上已不適合於現在已經改變的情形。保存鮭魚大比目魚及龍蝦供給之方法，關於海員登陸及購買物品供給上的船舶之互惠權利及涉及類似的問題，曾經兩國各派委員磋商，他們成立許多建議，但皆無效。

梅因州(Maine)沙定魚工業，關於原料之供給完全靠卻加拿大，很小的海鯡，在一九二二年關稅法內仍允許自由入口。再者許多阿拉斯加漁業之出產都經過英屬哥倫比亞(British Columbia)，假若美國漁船到西雅圖(Seattle)須繞很遠的海程，則此種工業將受損害不少。再者我們是否能利用那種給與美國船舶有權到內海捕魚的權利之條約，多少是係加拿大是否自動給與美國船舶以有爲卻供給問題得在加拿大港口登陸的特權。

希望與加拿大成立互惠一九一〇到一九一一年

最近美國企圖與加拿大間訂立互惠條約，實由美國於一九一一年發起。在一九一〇年爲避免對加拿大施行一九〇九年關稅法內所規定之處罰稅計，美國曾要求加拿大減低其普通稅率以優待美國。經過很長的磋商後，總統塔夫脫(Taft)曾親自參加，加拿大承認對於特定十三種物品若自美國入口，減低其稅則。訂約雙方都彼此了解此條約係商訂更詳細條約之初步。於是，美國乃第一次發起談判，其結果成立一九一〇年——一一年之互惠條約。在此條約內，關稅變更附載於四個表內。第一表包括兩國允許自由入口之物品；第二表包括兩國徵收同樣稅則之物品；第三表包括加拿大允許減稅之物品；第四表包括美國允許減稅之物品。第一表實際上包括所有的農產物，祇將羊毛，魚未鉋過木材及石膏同少數工業製造品，最重要者為鐵板與鋼板。第二表包括第一表內免稅或係第二製成品 (secondary product) 及工業製造品，例如肉，罐頭蔬菜，豬油，燕麥粉，餅乾，麵粉，糠及粗粉，農業器具及各種機械。第二表內之減稅，一部份是由於西部加拿大想對於農業器具及農業上各種物品之自由貿易。第三表主要項目為曾經鉋過的木材，木瓦，鐵鑛砂及鋁。至第四表則包括石油，煤，及少數其他物品。(一九)

兩國的減稅都很和緩，平均在美國約減從價百分之十，在加拿大則減百分之五而稍強。這個條約於加拿大是很有利的，她得到從前須用互惠方能取得的各種讓與，而自全體以觀，她所給與美國之讓與是較在其中級稅下給與各最惠國者為稍多。

雙方允諾此約應同時用立法手續而不用條約使其生效，因為雙方都希望在任何時期內得自由退出。一九一一年一月二十六日，美國及加拿大下議院都同時用立法手續通過此條約。下院曾發生相當的反對，但用投票方法於同年二月十四日通過於下院，而上院則為此約召集特別會，於同年一月二十二日通過。四日以後大總統乃將其批准。

在加拿大工業界及主張保護稅者對此約曾有反對他們感覺到此約對於他們的利益有損不過在加拿大人民對此約作最後決定時，經濟原因尚非重要恐在政治上爲美國所控制及兼併之心理，倒爲重要因素。此種勢力極大，致政府被迫而不得不訴之於選民。選舉結果政府失敗，致當時對於此互惠條約再未作進一步之考慮。

在互惠條約下本應享受有利待遇之大部份加拿大物品，於一九一三年關稅法內置於免稅類，因此加拿大人在當時對於互惠一問題失去若干興趣。但至一九二〇年因美國開始討論緊急關稅法案時，對大部份加拿大物品課以很高的稅，乃又努力於成立互惠。一九二一年四月十三日菲爾丁氏（W. S. Fielding）金氏（Mackenize King）贊成——在加拿大下院提議一九一一年加拿大與美國間所訂立之互惠條約應當採用。他的動議因一百票對七十九票之多數而被否決。

因爲加拿大之反對批准此互惠條約，故美國雖然通過執行此約之法案，但亦未曾生效。（二〇）照美國海關稅務法院之決定，（二一）一九一一年美國通過之互惠法案因一九一三年關稅法而取消；不過國會爲免除羣疑起見，於一九二二年關稅法第三〇二節內特別規定取消互惠法案。

與古巴之互惠

加勒比海（Caribean）乃美國的特殊問題。我們在古巴之利益極爲重大。一九〇二年與古巴互惠條約（二二）是引起美西戰爭的政治原因。當時大總統羅斯福之所以固執從事於戰爭，是因爲我們對古巴之責任。鑑約規定對古巴物產之入口，在我們關稅上給以百分之二十之減稅，而美國物品在古巴市場上得到很大的讓與。此約規定這種讓與是排他性的，是即不得給與任何其他國家。對於古巴經濟發達更重要者，即為一九〇三年與古巴訂立的第二個條約。該約係政治性的，而包含普拉特（Platt）修正案中之各規定。此約規定：

『古巴政府允諾美國得執行干涉權以保護古巴之獨立，維持一個能充分保護生命財產及個人自由之政府。』

一個國家自互惠條約所能得到之利益，普通多為出口貿易之增加。古巴則享受此種利益最多。因受互惠條約之刺激，其糖工業之發達不僅足以補美國出產之不足，並且大大的超過美國之需要。官廳數目字報告自古巴之入口已經增加到超過美國消費量。

古巴因互惠條約之執行，在糖的價格方面得到很大的餘利。對於價格詳細研究，（二三）即表示至少自一九〇四——一九〇九年中（及其後較短時期內）美國政府照條約退回之稅之大部份，是落入古巴生產者之私囊。一九〇四——一九〇九數年中，美國自古巴輸入之糖為數達一六、〇〇〇、〇〇〇、〇〇〇磅，退回的稅總數達五四、〇〇〇、〇〇〇金元以上。美國消費者固然也受卻退稅之利，但大部份利益則歸諸古巴生產者，且此種價格上很大的餘利在一九〇九年並未完全停止，所以此條約之結果美國國庫撥付古巴生產者之數目差不多（雖未超過）值四〇、〇〇〇、〇〇〇金元。這數目固不十分大，不過在一二十年前，當價格很低，古巴糖業僅足自給時，這個數目對於該工業建設極關重要。當年來未製造的糖平均價格為每磅值三仙或較此更低時，最大的價格餘利達每磅值○・三三七仙，此實構成許多公司紅利之重要因素。

若謂此條約除了在特殊環境下給古巴人以往日所得到的最大價格餘利情形外就不能再作其他運用，此種說法並不能據以爲此約對於他們是無用的。此約擔保在平時，他們得供給美國全部入口之糖。證明此擔保之價值，我們應當考慮兩個可能性：

（一）取消此約而課以一律的稅，勢必允許聖多明谷（Santo Domingo），海地（Haiti），墨西哥，中美及祕魯之糖入口，在平等條件上與古巴糖競爭。（二四）

（二）取消此約後，若隨即與前述一國或多國訂立互惠條約（現爲古巴條約第八條所禁止）則將使古巴糖在美國市場處於不利地位。

該約第一條規定；（二五）

「在本條約有效期內，凡爲美國土地所產或工業所製造而向古巴共和國自由入口之各種貨物及爲古巴共和國土地所產或工業所製造而向美國自由入口之各種貨物締約雙方仍繼續允許其自由入口。」

在一九二二年關稅法內對於若干貨物徵收一種稅，例如錳，在古巴條約開始時是免稅的。本法又規定無論法內何條，不得視爲有損我們與古巴條約之任何規定。因此其結果，在一九二二年關稅法內徵稅之物品而在一八九七年關稅法內免稅者，自古巴向美國入口時仍繼續免稅。（二六）

我們並不希望互惠條約能給美國出口商人以很大利益，（二七）而在事實上卽令有利益亦屬有限。（二八）

美國對古巴出口價值之增漲，祗較其在加勒比海其他各地者爲稍大。雖然古巴糖已將其他各國糖自美國市場驅逐，古巴特惠已使美國工業家在古巴市場增加其各自銷路，但未曾減少其他各國之各工業對古巴之出口價值。（二九）我們並未有若何理由可認爲此條約曾給美國工業家以某種等於古巴種糖家在條約初期所得到價格餘利之利器。

互惠之目的有時是爲一國物產去開拓外國市場，增進密切的政治關係，扶助弱小經濟國家，或者是爲這些種種原因之總和。一方面特殊條約在普通情形下，因其歧視第三國而不爲人所歡迎，不過他方面在若干場合上，其密切的政治及經濟束縛，即自國際見地觀之，也認互惠條約是合理。我們與古巴一九〇二年所訂之互惠條約，似乎屬於此類。此約中斷，則對古巴實爲明顯的損失，因爲她的繁榮是全繫於與美國之政治和地理關係，而美國之地位又無其他國家可以代替。

關稅條約上排他讓與之效果因各種情形而不同。（三〇）排他讓與對於生產者有時直同津貼，例如與夏威夷互惠條約所產生之事實；有時最後足以增加消費者之利益，例如與古巴互惠條約所產生之事實。（三一）

用讓與方法以取得平等待遇

在本章起初關於關稅商訂之規定，曾因其目的之不同而分類。用以取得特殊和排他讓與之方法已經討論，惟用以取得平等待遇者尚未提及，今特將其分爲兩組提出討論，是即讓與方法及處罰稅或附加稅。

平等待遇之原則在討論最惠國待遇時已詳爲論及。（三二）此處所要討論者乃此種原則與國際間尋求特殊和排他利益的原則間之不同點而已。平等待遇原則是給任何國家——無論強弱——在國際貿易上，以平等利益之機會；至於特殊條約，多係犧牲弱者而遷就強國。

歐洲國家兩重稅則（三三）內所找到的關稅商訂讓與方法——輔以商約上無條件最惠國原則——在理論上是計劃成立商業關係上之平等。可是在實用上，最高和最低制及普通和協定制兩者都用以爲侵略的武器。在二種制度內，較低稅率係視爲平常稅率以備普通之用，而較高稅率則爲侵略稅率係用以壓迫他方減輕其稅率者。正如在戰略上很難分別何爲保守或爲攻擊，故運用關稅時，關於此點，亦難分別清楚。可是此種關稅在任何場合不能視爲完全侵略攻具，可自兩個事實而證明：（一）各國不得不牢記，有許多其他國家因爲昔日政治或其他條約，已經享受最惠國待遇，及（二）並未如何去壓迫單一稅則國家減輕其稅率，他們已給以最惠國待遇，雖然他們未得若何讓與或少許讓與，換言之，此等攻擊式稅則之侵略用處主要的係用以反對那也採用此種稅則之國家。在此種情形下，假定經濟勢力和技術都相等，祇有首先採用此種侵略稅則的國家，才能得到唯一的利益，所謂勝負之數祇在爭先一着。

在任何事實上，這種稅則並未曾產生普遍的平等。由於最惠國條款無條件的解釋，牠們另外成立一內部小範圍的最惠國，這些國家，雖然他們彼此間相互平等，不過在世界各國間，則形成特權集團。因此兩重稅則與最惠國條款在實用上，雖然包含有平等待遇原則之拘束施用，而實則基於相反的原則，此在事實上可以反照出來，因

爲全世界若彼此相互給與最惠國權利，則此種制度之最後基礎將根本鏟除。（三四）

請求減低關稅稅則以期外國亦爲同樣減低，表面上頗能動聽。這種請求似乎起於友誼的精神及希望關稅之普遍的緩和，不過此種觀念似由於祇注意到簡單的事實。過去一世紀中歐洲各國之經驗表示關稅商訂上之讓與方法時常引起爭論和關稅戰爭。最好的結果，亦不過當事國變方默認，若非公開的，對第三國加以歧視而已。其結果引起高的關稅。每個國家爲訂約目的計都大大的增加稅則以鞏固其地位，而所允諾之讓與常不及先前增加之大。（三五）

一九二三年十二月二十七日（三六）在美國經濟研究社演說時，司諾博士（Dr. Snow）認爲美國關稅實在太高，致很阻礙外國物品之入口，因此很爲各國所怨恨。美國關稅是否太高此處不必討論，不過司諾氏進而提議用讓與成立一商訂制度，或假定成立一複數稅則，則美國最後可以成立一低的關稅。但對於當時流行的實際情形加以考慮，則知此種結果並不能發生。採用複數稅則和最高最低稅則國家，時常具體的規定最低稅則在一種認爲是以保護國內工業或達到財政目的之必要的水平線上。或者假若即令他們採用普通稅則或協定稅則，他們也將普通稅則訂的很高以讓他們與別國有談判餘地，同時維持很有效的保護。使得美國訂立很高稅則之各種利害關係，同樣的可以使美國於複雜稅則制上成立最低或協定稅則。於是所有的最高稅和普通稅都增加到此種最低稅則以上，而此種最低稅則也不較單一稅則爲低。每一商訂的條約將使最低稅則全部或部份生效。任何事實上所能得到的最低稅率即爲全部施行普通或最低稅則，而對於送到美國上議院的各種條約之運命都很熟悉的人們，就能知道卽令此種目的亦不能達到。因此一種基於複雜稅則商訂讓與之制度，並不能減低美國一般關稅，而倒使關稅增高。

用附加稅以取得平等待遇

處罰或附加稅——用以反對歧視者——若與單一稅則聯合運用，或者是成立平等待遇原則之最有效方法。此方法在一九〇九年關稅法第二節下及一九二二年關稅法第三目第三一七節下曾經使用而有相當成功。據吾人在一八九〇年及一八九七年關稅法下所得之經驗以觀，則知從事談判以期取得特殊及排他讓與之無效。沒有一國能有較強的經濟地位，卽令如此，其結果——實際貿易上所得——必定很小而且渺茫。從未能償補因此所費之努力，因此所引起之誤會及在各國間所產生之惡感。若我們將訂約經過全部記錄——詳細見於美國關稅委員會關於「互惠及商約」之報告書中——流覽一遍，則不禁得到一結論，卽我們從前訂約先例並未嘗見於此報告書中。國會明白認此種前例皆無價值，一九〇九年關稅法內，在形式及原則上都將其放棄，而通過一法案，作爲我們關稅商訂政策所應採之健全原則。這是明白的卽平等待遇乃世界任何國家在國際貿易上所應當希望及要求者，超乎此卽爲不健全的政策。商訂的關稅已不用爲取得特殊讓與之方法者，現在卻認爲替我們海外商業利益促進平等待遇之方法。

在一九〇九年關稅法第二節內國會採用處罰稅，其目的在希望各國對於在他們市場上之美國利益取消歧視。此規定係基於一原則卽各國對於美國貨物之入口允許給以與其他國家同樣貨物入口之相同待遇者，則在美國市場上亦有權享受平等待遇。平常法定稅率爲美國最低稅則，而最高稅則係於此種稅率外加徵從價百分之二十五。總統有權用佈告方式將此種最低稅則特權給與對於美國或其貨物未曾加以不法歧視之國家。在當時考查後發現有許多貨物在外國市場受到不平等待遇，因此從事磋商以期取消。自法，德，衛，奧，巴西，加拿大及其他各國市場，美國商業得到更優越待遇。也曾從事特別努力以期取消對美國棉子油之歧視。

原則雖然健全，可是在實行上，則一九〇九年關稅法內之訂約規定並不能充分應付各種歧視。此種情形曾因國務卿羅克司（Philander C. Knox）之提醒而引起國會之注意，但無若何舉動。羅氏指出美國貨物仍受歧視。最値得反對的卽爲對於特殊美國物品——棉子油——之歧視。意大利，匈奧，比利時及荷蘭仍繼續歧視牠，或者甚至禁止此種物品入口以優待其他可食的油。

一九二二年關稅法內之平等待遇原則

關稅委員會於一九一八年十二月四日致國會報告書中曾分析本國與互惠條約及我們法律內包含的訂約要點之經驗，而主張採取一基於平等待遇原則之商業政策。報告書曾謂：

『主要的原則卽爲平等待遇——適合於美國過去及現在之政治理想。所謂平等待遇卽美國在相同的條件下待遇各國，而他方面則自其他各國要求平等待遇。至少關於普通工業政策和關稅立法，每一國家——美國也一樣——都應任其自由去成立爲其幸福認爲有益之各種方法。不過所採用之方法，對於各國必須以同樣條件和同樣待遇實現之。讓總統——他的行動是合乎普通原則，服從法律所規定限制——自由去徵收附加稅，可以得到必要的伸縮餘地。眞的，讓與稅或者附加稅制度，祇有在執行和管理有彈性情形下然後才可以安全的施行。留給執行部以相當自由實爲必要。對於自由執行所加之限制，應當遵照國會意見而明定之。大概可以採取兩種形勢：（一）對於現行稅則內之從價附稅限制其附加稅及處罰稅；（二）對於見於普通免稅類物品之從價稅（或者是相等的特定稅，）限制其附加稅及處罰稅。昔日通過授權總統隨其意志徵收附加稅之立法遂爲關稅委員會所主張……

最後我們所應當著重者，即美國採用任何政策，其目的在一方面應當爲美國商業及人民取得平等待遇和防止歧視，而在他方面祖白的給各國以平等待遇，若其他國家亦以同樣精神，同樣意義待遇我們時。美國不應當向他國要求特殊優越待遇，同時也不給特殊優越待遇與各國。她應當爲防止對她不利的歧視，而非爲取得於她有利的歧視以行使她的權能課以處罰稅。」

委員會之建議曾經擴大而用之於一九二二年關稅法第三目第三一七節內。（三七）就普通看來，此節亦係模倣一九〇九年關稅法最低最高稅則規定之前例，「其目的在爲美國海外貿易取得平等待遇。」第三一七節是富於柔軟性的，而一九〇九年關稅法之規定則否，且就經驗表示，是比較少效果的，因其不能適合各種事實之各個情形。再者到會者指出他們已經否決下院提案之三〇一節及三〇三節，此二節規定，「美國關稅內應包含排他讓與，以期自外國取得特殊讓與之特殊磋商。」

關稅商訂之讓與方法，照關稅委員會所表示是要求減低那爲適合保護或財政目的而施行之稅率，或先前爲關稅戰爭而成立之各種過高稅率，此種稅率之一部或全部，因與外國訂約失敗，仍舊有效。與會人亦否決下院提案之第三〇二節，該節內容包含「總統有權得對任何國家之商業加以處罰，若該國對於其入口貨包括自美國去者，課以大總統認爲（很高非互惠非合理的稅則時。）」關於三一七節則謂「在其關稅內美國給各國以平等待遇，而同時亦堅持各國對於我們的海外商業亦給以平等待遇。」

第三一七節（三八）——經過相當修改通過者——規定總統將努力於與外國談判使妨害美國商業之各種歧視得以取消。此法承認在若干場合上（例如爲衛生目的而成立之法規）對於美國及他國貨物之歧視是合理的，不過除此例外，則任何一國「歧視美國，使其商業於與任何其他國家相比時蒙卻不利，」則亦將受美國之歧視。因此法律本身亦解釋何爲歧視，而所要注意的一點是對於美國商業將發生何種結果，而不在外國採用某種立法或某種稅率之動機何在。

第三一七節包含各種歧視，不問其是否在關稅則上或其他稅課上，抑在分類，禁止，限制或其他規定。關稅委員會應時常密切注意妨害美國商業之各種歧視而提出對此種情形所應採取之步驟。假若外國曾注意及此而仍不停止歧視時，則總統得依其決定對該國貨物課以不得超過從價百分之五十之新稅或附加稅；若到此地步而外國仍堅持維持其歧視時，則禁止該國貨物之入口。

再者第五項規定報復稅得加之於任何國家之工業出產品，若該國因有歧視而受卻實惠致使美國蒙受損失時。例如若因差異出口稅之存在，使美國工業償付高價以取得原料品而蒙不利，則此種工業得享受特殊保護以反對那因差異出口稅而受實惠之第三國。此立法之原則正與報復稅相同，用以抵消外國政府之津貼。

第五項之規定應使第九項之意義十分清楚，因為差別的出口稅多完全用於殖民地間。第九項曾云，若用在第三一七節內，則「外國」一名辭，其意義係指「任何帝國國家，領地，殖民地或保護地」在牠們彼此間都成立有各自關稅。關於外國二字的定義給總統自由去解釋若他認為如謀公共利益之必要計，得提出關稅政策上某種問題以促那堅決增高關稅妨礙美國貿易的國家之注意。

各國都趨於歧視和排他

在一時期內當平等待遇不僅為美國所願望同時亦為世界各國所期求時，若干國家正從事鼓吹並實施歧視政策和最苛暴的特殊商訂。當然，美國於此亦非例外。此於商船法 (Merchant Marine Act) 類能見之，係為卻美國船舶所載貨物之特殊出口入口鐵路稅率，美國獨佔斐律賓船舶業及美國船舶所載入口貨物之差別待遇關稅，(三九) 而有此類規定。

歧視和排他政策，其最激烈者見於條頓人為中歐所提出之綱領及協約國方面一九一六年六月巴黎經濟會議勞而無功之決議。此種方法，在協約國方面為着戰略原因，固應認為合理，不過在國際間善意及和諧程序中並無存在的地位。不幸者，當協約國及參戰國在巴黎商訂最後和約時，報復，處罰，排他及貿易戰爭種種理論成爲構成和約之主要勢力，特別關於構成經濟的一段。

此種排他及狹義的商業主義精神，一時曾經控制巴黎者，仍因商業戰爭而遺害全世界。有許多人對特殊歧視條約亦曾希望作一種解釋以證明其合理，謂祇有此種方法，才能使經濟勢力弱小的國家維持自己以與強者相競爭。

有許多人堅持謂某種國家應允其與其他國家成立特殊條約而此種讓與不必一定要普遍的給與其他國家。爲政治理由計，得容允平等待遇有一例外，以便一國得於戰後恢復。若普遍的承認特殊商訂，則在長時期內不僅不能幫助並且損害經濟勢力很弱的國家。若允許弱國採用此種原則，則對強國亦不能不允許之，其不能避免的結果卽爲在任何國際經濟鬥爭中前者之勢力將因後者而大受損失。

若強國能自己約束自己不運用其勢力，則特殊商訂或許對弱國有益，不過在國際關係上事實絕不會如此。弱國若擁護特殊商訂，則不啻爲強國製造武器用以攻擊他們本身。在他方面平等待遇原則祇給經濟勢力很強的國家以憑其能力所應有的各種利益。同時也給經濟勢力弱小的國家以相當保護，不過在特殊條約制下，則這種保護是不能被他們所利用的。在長時內爲各國計（參加國際政治之任何國家）最好的方法是公平平等的機會。若能於此得着擔保，弱小國家處境似將較前爲優。至於美國因其經濟勢力，在自由，公開平等的競爭上——在國際間無條件最惠國待遇下能發生的——似能得到若干利益，不過若能繼續運用其經濟勢力壓迫其他國

家取得特殊讓與，則所獲利益將更大。(四〇)

(一)關於此節之討論請看(Field V Clark, 134 U. S. 649)

(二)茶很難稱之爲原料品，不過並未與任何出茶國家成立條約。

(三)見一九一八年美國關稅委員會 (Reciprocity and Commercial Treaties,)第二八五頁。

(四)見前書第十一頁。

(五)見(United States Commercial Reports, Sept. 26, 1921, p. 246)

(六)一九二四年三月二十七日阿根廷總統命令中減低巴西飲料的入口稅之一個理由即：「巴西，因爲禁止自美國入口麵粉之免稅，很有助於阿根廷麵粉在該國北部之推銷。」

(七)此問題最詳細討論見於一九二二年美國關稅委員會之報告 (Colonial Tariff Policies.)

(八)看 (Conference Report No. 1207, House of Representatives, 67th Cong., 2d Sess, Sept. 12, 1922, p. 146) 同時也參看上院議員司穆特氏 (Smoot) 之演說辭，見 (Cong. Record, April 24, 1922.)

(九)請參看一九二二年四月廿四日上院議員司穆特氏 (Smoot) 之演說辭，徵引許多討論與之相合。

(一〇) (U.S. Congress, House Committee on Ways and Means, Conference Report No. 1207, to Accompany H. R 7456, Tariff Bill of 1922.)

第三〇一節(H. R. 7456)經下院通過者，含有與一八九七年關稅法互惠規定之同樣規定，爲卻同樣理由也被人反對去做商訂條約的一種方法，因此在此案最後討論時卻被否決。下院提案之三〇三節，包含與三〇一節相同的原則，亦同樣爲人反對。此節規定總統有權商訂條約，不過減稅不能超過百分之二十，條約有效期限不得過五年。照此節規定而成立之條約不須上院批准和國會認可。此節之是否合乎憲法很成爲問題，不過不問其是否合法，在行使上必引出極大困難，而使我們關稅政策不明確不確定。

(一一)參看上述第一三二至一一五頁，同時也參看備忘錄 (By Mr. McCall, Jan., 18, 1912, 62d Cong., 2d. Sess., Cong. Record, Vol. 48 Pt. 2 p. 1096) 及一九一八年美國關稅委員會(Reciprocity and Commercial Treaties.) 第三九一頁。

(一二)參看 (Moore's Digest Vol.V, p. 273)

(一三)取材於美國關稅委員會之 (Report on Reciprocity and Commercial Treaties, 1918, p. 104))

(一四)見前書第一〇五——一〇六頁。

(一五)見 (Moore's Digest, Vol. V, p.263.)

(一六)見前書第二六四頁。

(一七)摘自美國關稅委員會之 (Report on Reciprocity and Commercial Treaties, 1918, p. 1150)

(一八)因爲政治的考慮。

(一九)關於木質及紙之規定請看上述第三章第五七頁。同時也看一九二〇年美國關稅委員會：(Reciprocity with Canada, p. 56.)

(二〇)祇有第二節除外，此節係對木質及紙類之特殊規定。

(二一)(DOWV. United States, 7 Court of Customs Appeals, 343.)

(二二)與美國及古巴互惠條約相關者為加拿大與西印度之互惠條約。在此條約中——於一九一二年簽訂而於一九二〇年擴充——英屬西印度羣島(百慕大Bermuda除外，未參加一九一二及一九二〇年之條約)之貨物，在加拿大市場享受特殊待遇，而加拿大貨物在西印度羣島亦得到同樣讓與。英屬在西印度之各殖民地，有中數——其與美國貿易很重要者——都未參加一九一二年之條約，因恐美國對其報復。一般遠見部僥幸的說假若美國於一九二〇年關稅法內有一報復稅之規定，與一九二二年關稅法第三一七節相關，則加拿大與西印度間一九二〇年之條約不致簽訂。

(二三)見一九一八年美國關稅委員會：(Reciprocity and Commercial Treaties,p. 326—335.)

(二四)自此種國家入口成本很低之糖遂將成本很高之古巴糖驅逐出去。

(二五)見(Treasury Decision, 39362, Dec. 18, 1922.)

(二六)見同前。

(二七)見一九一八年美國關稅委員會：(Reciprocity and Commercial Treaties, p. 324.)

(二八)見前書第三四四頁。

(二九)見前書第三四九至三五五頁。

(三〇)如欲研究排他讓與之經濟效果及他種關稅特惠請看(Culbertson, W. S. Commercial Policy in War Tir and

After, 1919, p. 297, et seq.)

（三一）一九二一年的市場爲一個因素所支配——即爲古巴貨物之增集，至是年底有一，〇〇〇，〇〇〇長噸生糖之增集，而平常則爲一〇〇，〇〇〇噸。因受此種影響糖價，生的或精製的，逐漸下降，自一九二一年一月六日之四・五〇仙（每磅）至是年十二月廿九日跌至每磅一・八一仙。在此種情形下大部份的稅是爲古巴生產者所負擔。因爲古巴生產者在市場能力之增强，生糖價格自一九二一年十二月二十九日之一・八一（每磅）仙，至一九二二年九月七日漲到每磅三・三四仙，是不曾表示在當時購買者償付糖稅之全部或大部份。」見美國關稅委員會：(The Relation of the Tariff on Sugar to the Rise in Price of February—April, 1923, p. 11.) 也參看 (Wright, Philip G., Sugar in Relation to the Tariff.)

（三二）參看上述第三章。

（三三）複數關稅制度有各種不同的方式。不過都有一特點——都包含二種或多種稅則表，對任何國家之入口貨，情形不同而施用各種不同之稅率。採用二種或多種稅則表之國家，對於採用他認爲不滿意政策之其他國家，可施用高的稅則表而加以處罰，而對於他認爲滿意的國家之貨物，則施用低的稅則表而優待他們。見美國關稅委員會，(Reciprocity and Commercial Treaties, 1918, p. 462.)

（三四）外國關稅之最高及普通稅則性質上都是處罰稅。牠之所以爲人採用，並不是希望施用牠，或者需要牠，不過爲預備將來減稅而已。

（三五）此段所申述之理由不僅可以用之於歐洲複數稅，同時也可以用之於一八九七年美國關稅法下讓與之經過。有人謂此法內之稅率其增加程度已超過第四節下各條約所要減稅之必要數量。

(三六)參看一九二三年十二月二十七日司諾博士在美國經濟研究社之演說演題爲(American Foreign Trade Problems,)同時參看(American Economic Review, Supplement, March, 1924.)

(三七)此關於第三一七節之討論係爲一九二二年美國關稅委員會第六年報告而寫的。見四——六頁。

(三八)參看後面附錄第一章。

(三九)看下述第十二章。

(四〇)在蘇維埃社會主義共和國下曾發生一種與此不同之訂約方法。美國商業報告(U.S.A. Commerce Report, Sept. 22, 1924, p. 708)曾指出一主要點而爲我們所應了解的。

「此主要點卽國際貿易爲蘇俄國家所獨占。任何人想在該國購買物品或將物品出賣與該國，必須直接的或間接的與政府機關交涉，蘇俄政府能成功將一國全部國際貿易集中於一個機關手中，是一種重要經濟因素，而使蘇俄不適用任何比較標準之點。

「蘇俄政府能用一紙命令將其全部貿易由一國轉到他國。這種事件實際曾經發生，因德國警察侵入駐柏林俄國商業代表駐在所而引起俄德衝突，俄國政府乃轉其商業於荷蘭及捷克，因此影響荷蘭商業而改變其商業平衡。在俄國商業代表自巴黎撤回時，也發生同樣事實，雖然將各種商業轉至英國，因爲法國大理院有一判決偏袒俄（亞美尼亞）絲業製造公司，牠的貨物爲蘇俄收爲國有，而後來在法國出賣。同樣的，蘇俄與瑞士全部貿易雖然不大，因爲瑞士法庭判決開釋俄國逃亡者，因爲他槍殺俄國駐意商業代表，遂將其全部貿易轉到意大利和比利時。

「蘇俄貿易之出進是完全爲商業條約讓與及磋商所統制。」

第五章　大英帝國內之保護及特惠

英美和諧

大部份美國人都認爲他們與英國人之互相了解實爲最近將來數十年之和平基礎而値得研究。此種感覺係來自血統言語，文學法律上傳統習慣及社會遺傳之種種束縛——此種種維繫物較僅僅一政治同盟爲永久，而對世界興亡之關係亦較大；雖然利害衝突終於發生，特別是在商業關係上。大不列顛工業需要原料和市塲。在澳大利亞，紐西蘭，南非洲聯邦及加拿大，工業生活漸漸發達。英國造船業，海底電線之控制及銀行之便利已爲英國商人在世界商業上取得極重要地位。不過美國亦有工業而漸漸依賴外國原料和外國市塲。美國在外國之船舶和銀行亦逐漸增加。在國際無線電交通上美國有極大利益，因此對於各國商業政策不能漠不關心。

英帝國之區分

英帝國除英蘇聯合王國外，可以將其分爲殖民地（一）和自治殖民地。前者之商業多少是爲英倫所控制，而後者，在內部事務上完全爲一獨立國家，卽在外交方面，其意志現在也未嘗不爲倫敦政府所重視。「此帝國，」詞馬茲將軍(General Smuts)說（二）「已成爲聯合共和國，每一國在其國境內是至高無上的，不僅有全權商量國際和外交重大問題，同時也有權考慮戰爭及和平事件。」卡爾 (Philip Kerr) 也引證（三）

「現在英國是許多獨立國家之自由結合——大不列顛，加拿大，澳大利亞，紐西蘭，南非及愛爾蘭。此六個國家組成大英帝國，沒有那個足以統制其他一邦。憲法上唯一的連鎖，即英王——乃帝國統一之象徵。這些國家都有他們防衞上的軍備，但不是用爲互相攻擊的。爲他們相互防衞計，全賴自動的一致行動，第一賴英國海軍。」

殖民地及帝國會議

殖民地（四）之逐漸趨於獨立地位與帝國情緒之增漲，竟能相攜並進。雖然很效忠於他們自己的政府和憲法，但加拿大，澳大利亞，紐西蘭及南非洲聯邦因爲與帝國發生關係，都引以爲榮。他們隨自己志願參加一九一四年——一九一八年大戰，而在法南得斯(Flanders)東歐中部及海上之流血，對於英語人民之堅強結果，收效很大。

自一八八〇年以來，帝國情緒在各次殖民地和帝國會議中曾具體表現出來。一八八七年在倫敦召集第一次會議，以討論帝國防禦及繁育商業的方法。大不列顛政府之代表則重視帝國安全防禦，而商業關係次之；寧願希望有一個戰爭同盟 (Kriegsverein) 而不必要有關稅同盟 (Zollverein)。在他方面各殖民地之代表不願負擔一部份帝國軍事設備費，而希望他們的物產在大不列顛市場上能取得特惠關稅待遇。

關於防禦及商業結合的帝國合作一問題，公開討論仍繼續進行，不過對於自治殖民地所希望之特惠，則無具體進步。加拿大不能再行等耐，遂於一八九四年在鄂大瓦(Ottawa)召集殖民地會議。大不列顛之不預備變更其財政政策乃一明顯事實。自由貿易正適合她的國內需要。她的貿易六分之一弱是與自治殖民地交易的，此等殖民地皆希望為食物及原料取得特惠待遇，不過英國大部份消費者對於此類物品皆堅持不得征稅。大不列顛不願因恢復對殖民地物產之特惠而妨礙其大部份貿易，鄂大瓦會議之決議贊成立法上應允許各殖民地彼此間及與大不列顛間成立商約，並且請求凡阻止此種行動之條約皆應宣告無效，更進而主張關稅特惠條約而不必等待母國之行動。

張伯倫(Joseph Chamberlain)於一八九五年保守黨執政時任殖民地大臣，兩年後當維多利亞女皇五十大慶時舉行另一個殖民地會議。當時有兩種因素開始影響商業聯合運動。一方面英國物品在殖民地市場開始感覺外國競爭，而若干英國工業家都希望在會議中能得到一保護的市場。他方面各殖民地工業正在發達而希望保護甚至希望保護以抵抗英國工業亦所不惜。會議要求取消那阻害大不列顛及各殖民地間特殊商業關係之各條約。到會之各殖民地大臣也從事考慮「由各殖民地給英蘇聯合王國以特惠」以促進母國與殖民地間之商業關係。(五)不過對於相互特惠一問題，未有一點成功。

部耳戰爭(Boer war)後第一次會議是於一九〇二年舉行的，但使最熱心主張帝國團結者極為失望。所決定之各項決議對於後來帝國特惠之發達放了一線光明，也極重要。決議案云：「本會議承認英蘇聯合王國與大英帝國海外殖民地間之特惠貿易原則足以勉勵和便利相互通商，同時因促進開發各部富源和工業，將使帝國日趨鞏固。」再者各殖民地大臣都要求英政府「對於殖民地之物產及工業因免除他們或者減少他們自今以後所課之稅而給以特惠待遇之便利。」(六)

一九〇六年英國選舉否決特惠

一九〇三張伯倫完全接受帝國特惠原則而開始他的選舉競爭，不過在一九〇六年普選時，自由黨反對保守黨的保護政策而獲勝利，因此新政府自然明確的反對保護和特惠。在 張帝國特惠的人看起來，當時情形似對於一九〇七年開會之殖民地會議並非吉兆。此會議在長時期辯論後通過一不帶任何色彩之決議，讓帝國之各部決定他們所認爲促進商業關係最好的方法。

一九一一年帝國會議

在一九〇七年「帝國會議」一名詞已被採用去形容帝國各種會議，第一次用此新名詞之會議於一九一一年舉行。採取一決議，關於國際條約須諮詢各殖民地。內容如下：(七)

「本會於聆悉外交大臣報告後，極熱忱歡迎帝國政府之建議，是即：

(一)對於給與以後出席海牙會議英代表之各訓令，各殖民地都應有參加討論之機會，而在該會議內暫時影響各殖民地之各項協定，在簽字前必須遍示各殖民地政府，以讓他們考慮；(二)當預備訓令以磋商關於影響殖民地之國際條約時，若時間，機會和事務本身允許時，亦應採取同樣步驟。」

另外有一決議，用以取消大不列顛與各國間現仍有效之昔日條約內最惠國條款者，其內容如下：（八）

「應要求帝國政府與訂有影響各殖民地的條約之各外國開始談判，以便為那希望不參加任何條約之執行之海外自治殖民地取得自由而又不損害該條約對於帝國其餘各部份之效力。」

其後又召集一次會議，指派一專家委員會代表英蘇聯合王國，加拿大，澳大利亞，紐西蘭，南非及紐芬蘭去考察並報告關於帝國天源富源和相互貿易關係之發達。

一九一七年帝國戰事會議

關於特惠，一九一七年帝國戰事會議曾說過下列幾句話：（九）

「時候已經到了，應用各種獎勵方法以開發帝國富源，尤其應使帝國關於食物供給，原料及主要工業完全獨立而不倚賴外國。因為抱此見解，本會議贊成帝國任何部份——固然善意的尊重我們同盟國家之利益——對於帝國其他部份之物產及工業應給以特殊優越待遇和便利。」

一九二一年之會議

一九二一年所舉行的會議並非直接處理關於商業事件，不過是討論對於行將滿期之英日同盟及次年在

華盛頓開會之裁軍會議中帝國所應採取之政策

一九二三年之會議

一九二三年在倫敦舉行帝國會議，同時帝國經濟會議也在開會。後述會議重行批准一九一七年帝國戰事會議所採用之關稅特惠而關於影響帝國之經濟事件上又通過許多決議。（一〇）帝國會議關於條約之商訂，簽字及批准皆有很重要的決議，現將其摘要如下：（一一）

「甲　商訂

（一）對於其效果在未經過帝國其他各政府——如可能的話全帝國——相當考慮後，任何帝國之政府不得商訂條約。

（二）在談判訂約之先，應採取一種步驟以通知對於條約有關之帝國內任何政府，藉使任何一政府認為其利益受卻影響時，得有機會表示其意見，或者與其利益密切關連時得參與會議。

（三）帝國內之各政府若保一個以上的參與訂約時，則各政府間在訂約以前及訂約時應充分交換意見。若在國際會議商訂條約時，有一大英帝國代表，而照現在既成的事實各殖民地及印度亦各自分別派代表參加，則為達到前述目的起見，亦應採取此種代表方式。

（四）若帝國內各政府有未曾參加訂約會議者，則在會議進行時凡有涉及他們利益有關之各點，應採某種步驟通知他們……」

昔日的殖民制度

殖民地及帝國會議對於英帝國外交和世界政治都有極深刻的關係。此種概括情形將來自然要論及，不過為目前計，我們祇能著重其對於大英帝國內商業特惠運動之貢獻。帝國間特惠關稅所給與之保護，是最合自私自利人的意思而引起與昔日已經廢棄的殖民制度之比較。例如張伯倫於一八九七年殖民地會議開始時，希望「以物質和個人利益所產生之動力來補充一般情緒。」（一二）

在採取自由貿易以前之昔日殖民制度下，大不列顛對於殖民地物產已給以特惠。英國和他國此種制度可以商業上的限制和排外特別表現出來。牠產生了航行法，給英國在殖民地貨物和殖民地在大不列顛市場貨物以特惠。拿破崙戰爭以後，英屬北美洲各殖民地都享受很大的特惠。例如在一八一五年英屬北美洲麥子，當英格蘭麥價達到每二十五鎊值六十七先令時，得允許向大不列顛入口，而其他各國麥子則非等到每二十五鎊值八十先令時不得入口。照這種價格，殖民地麥子可以完全禁止入口，或者完全獨占入口外國麥子之競爭無論如何不能奪去其有利的大不列顛市場。在一八二三年及一八四六年間殖民地特惠範圍極大，在一八四二年庇爾(Sir Robert Peel)關稅法內，一八二五項中殖民地物產享受特惠者倒占三七五項。

自由貿易勝過特惠

在一八四六年，自由貿易運動已影響英國立法，而將穀物條例（Corn Laws）取消。與穀物條例同時取消的則有給與殖民地食物及原料品之各種特惠。至一八五五年，對於殖民地之各種特惠皆已鏟除，而至一八六〇年則各殖民地物產在大不列顛市場所享受之剩餘特惠已完全終止。其後二三十年間英國政府極力實行自由貿易和門戶開放政策，對於殖民地商業政策之管理較今日爲嚴，且屢次反對採用特惠稅制度。

「帝國執政者對於澳大利亞殖民地某種提議之反對，正是大不列顛在曼捷斯德（Manchester）經濟學派政治勢力上升時期中謹慎戒備之表現，以提防自己或其所管轄的殖民地對於關稅上非差別待遇原則有少許侵犯。」（一三）

取消在英國市場上之特惠引起北美洲英國殖民地之激烈反對。從前受卻特惠稅之工業日漸蕭條，北美各州見向英請求之無益，乃轉而趨向鄰近美國，期取得密切商業關係以資救濟。一八五四年到一八六六年美國與加拿大間之互惠條約（一四）規定互相自由交換天源物產。此條約是英國允許外國貨物在殖民地市場取得較英本國爲優的待遇少數事件之一。自美國將此約取消後，加拿大（一五）曾屢次努力希望重訂，不過他南方的鄰國因爲別的原因，竟淡然置之。主張帝國特惠者不贊成互惠，自一八九一年以後，互惠在加拿大已不爲一重要問題。在一八九八年，羅立亞（Laurier）說道「此後將不復有人去華盛頓，我們的希望將轉而趨向母國。」

加拿大對於特惠興趣之復活

羅立亞所謂「轉而趨向母國」的一句話，不過是指引加拿大之採用特惠以利於大不列顛之出產品。加拿大之採用此種一面特惠政策國內政治原因占卻大部份。其實他現在所採的政策與殖民地會議時所討論的互惠特惠根本不同。然而此種對於英國物產自動的給以優越待遇，卻爲趨向帝國特惠運動之產物，其遺跡上溯到歷次殖民地和帝國會議之決議案中。當加拿大採此種行動時，一八八七年一八九四年和一八九七年會議已次第舉行。在後來歷屆會議中特惠運動反應於各殖民地及大不列顛自己之採用特惠。（一六）但這段故事卻在加拿大開始。

在一八九七年加拿大採用「互惠關稅」，對於來自該「優待加拿大貨物之關稅稅率的全部等於此處所述之互惠關稅」的國家貨物之入口始則減稅八分之一，繼則減稅四分之一。（一七）此種特惠本來想僅給與大不列顛——或者給與施行自由貿易之英國其餘各殖民地；但英國與比利時及德意志關稅同盟所訂之條約，阻礙了加拿大的目的。當立法暫時有效和英國貨物允許減稅入口時，德意志及比利時政府乃指出在現在條約下他們要求在英國殖民地市場有權享受與英國貨物相同待遇。因此，此種減稅亦給與德國和比國貨物，更因爲最惠國條約，除美國外，亦給與其他各國；如印度，新南威爾斯，(New South wales)荷蘭，日本皆因此得到減稅。

比利時及德意志關稅同盟條約

與比利時及德意志關稅同盟所訂之條約，（一八）可以說是代表英國自由貿易運動最高潮。條約內英國允諾在殖民地內給兩國以內國待遇，是即允諾德比兩國亦得同樣享受她在殖民地所享受之各種特惠利益。今日殖民各國若普遍採用此原則，對於國際間了解有極大貢獻，不過在殖民地人民心目中則抱怨萬分，他們認為訂立條約怎麼可以不得到他們的同意——而況此種條約阻礙了特惠的發展。殖民地會議要求取消此類條約有年，但無成功。最後，一八九七年七月三十日外交部長索爾茲巴立公爵（Lord Salisbury）允諾為期一年即行取消。其理由認此類條約成為大英帝國內部財政組織之障礙，而與母國及殖民地間存在的通商密切關連不相合。比利時允諾另立新約，讓殖民地自由行動；德意志反對另訂新約，並施用普通（高的或報復稅）稅率以反對加拿大。德加間開始關稅戰爭，其結果兩國貿易都受損失。經過若干次談判，也不能將德國對於加拿大貨物所處之差別待遇取消，加拿大乃於一九〇三年關稅法內規定一附加稅，等於普通關稅稅率三分之一。此條係施之於德國進口貨物。在一九一〇年德國因受卻壓迫，乃允諾對加拿大最重要出口貨物給以最惠國待遇，而加拿大則對德國出產之入口物品放棄附加稅。（一九）

因為此類條約之取消，遂使加拿大掃除一切障礙，成立特惠優待英國貨物。一八九八年，對於母國，英屬西印度，百慕大（Bermuda）及英屬基阿那（British Guiana）之貨物皆減稅百分之二十五，隨後因為樞密院命令，對於英屬印度，錫蘭及海峽殖民地之貨物亦同樣減稅。

加拿大特惠之擴張

英國特惠之開始——自該時起擴張極快，激動了英國帝國主義者之情緒。

一九〇〇年加拿大將特惠增加到普通稅則之三分之一。不過加拿大工業界開始反對，因爲此種減稅不曾爲卻英國工業界而犧牲他們利益，因此在一九〇四年將關稅重新整頓，藉使他們有利。一九〇六——七年關稅修改時，加拿大對其關稅組織有二個根本變更，（二〇）除普通和特惠關稅外，尙增加一中級稅。最低稅係爲大不列顛及互惠殖民地貨物而設；中級稅則用以與外國商訂關稅讓與；第三種普通稅（最高稅）則用於其餘各國。第二種變更即爲放棄一致百分數之特惠及用特定稅率以規定特惠稅，其稅率之減少往往近乎三分之一。——

下列表正表示此兩種變更：

關稅項目		特惠稅%	中級稅%	普通稅%
520	絨棉墊絮成片棉絮及成塊填塞羊毛棉花及其纖維棉花紗線染色或未染色者	15	$22\frac{1}{2}$	25
521	灰色棉花編製物蔴屬編織物未漂者	$12\frac{1}{2}$	$22\frac{1}{2}$	25
522	白色棉花編織物及蔴屬編織物已漂白者裁縫用的蔴織荷蘭布機織棉屬或蔴屬手巾染色或未染色者	15	$22\frac{1}{2}$	25

加拿大之商約

商約在加拿大商業政策上占極重要部份。她之所以隨法國最高最低稅則先例而採用中級稅則者，一因爲與美國訂立互惠條約之失敗，二因爲一九〇六年大不列顛不贊成特惠。他的農業林業鑛業出產品都需要出口市場——甚至其工廠有剩餘出口。一九〇七年他與法國訂立商約，加拿大允諾以中級稅爲基本將關稅減低，用以代替一八九三年兩國間之條約。此約直至一九一〇年才生效。在是年加拿大將中級稅利益一部份給與比利時，荷蘭及意大利。他對美國十三種特定貨物亦給以中級稅，而美國則免除一九〇九年關稅法內對加拿大貨物所課百分之二十五之報復稅。一九一一年加拿大與美國訂立互惠條約，不過後來其國會未曾通過。一九二二年與法國重訂商約，一九二三與意大利亦訂立新約，給意國以最惠國待遇，他自己亦取得互惠讓與，而在一九二四年因樞密院命令他將中級稅全部給與比利時及荷蘭。就全體言，現在加拿大曾給十五國以最惠國待遇。

一九二三年加拿大在其關稅內增加一條允給美國以互惠並謂若美國對於牛，麥，麵粉，燕麥，大麥，洋芋，洋葱，蘿蔔，乾草及魚減稅時，則加拿大對於自美入口之該類物品亦將給以合理的減稅。（二二）

此類條約內給與加拿大之讓與和帝國其他各邦對加拿大貨物互惠或自動給與之讓與遂鼓勵美國各工業在加拿大成立分廠。美國總公司皆命令各分公司凡貨物係裝載到一給加拿大以特惠之國家，則概自加拿大分公司裝出。無疑的，加拿大關稅對於美國貨物是一極重要因素。凡在加拿大對於其出產已有相當銷場的美國各公司，因爲工廠設在加拿大，故在該處所出賣的貨物，都能避免加拿大入口稅，且能就近左右各該市場，更能因其發達而發達。(二二)

其他原因亦有助於在加拿大成立分廠：(一)加拿大法律關於特許專利會規定凡任何人或公司取得專利權，須於兩年內在加拿大製造以便保留專利權；(二)由於該處富於水電，且其價極廉，特別靠近那分佈中心如多倫多(Toronto)，蒙特利奧(Montreal)，溫尼伯(Winnipeg)及凡庫非(Vancouver)；此爲加拿大工業發達及引誘美國實業家之重要因素；(三)加拿大富於工業原料如木材，鎳，雲母石，石綿，菱苦土礦，燃料及其他；(四)由於加拿大各城市之特殊引誘，如房屋建築及方向之任意，人工低廉，各時期之津貼或免稅，以期發達新工業和促進繁榮。

澳大利亞邦 (The Common wealth of Australia)

澳大利亞邦係成立於一九〇一年一月一日，包含六州：新南威爾斯(New South wales)，維多利亞(Victoria)，苦因士蘭(Queensland)，南澳大利亞(South Australia)，西澳大利亞(Western Australia)及塔斯馬尼亞(Tasmania)。面積(二，九七四，五八一平方英哩)幾等於美國，但人口稀少僅六百餘萬人。其主要職業爲農業和畜牧，但很富於鑛產，近年來因受保護關稅之刺激，製造工業發達很快。

最初開拓之英人爲一六八八年之但披爾(Dampier)。第一次英國殖民地係由一〇三〇個犯人組成的，他們是於一七八七年自英國遣出。其後二十五年間並未從事內地開拓，在當時祇有靠近錫德尼（Sidney）一帶地方爲英人占據。直到十九世紀初年西北海岸及西部澳大利亞才始行開拓。

在澳大利亞邦成立以前，每個殖民地都有各自財政和關稅制度，故產生各種不同的政策；例如維多利亞採取保護關稅，在新南威爾斯的人則喜歡自由貿易。英帝國國會創造澳大利亞邦的法律，曾規定授權聯邦政府訂立關於「與外國及各州間（二三）通商貿易之法律」，並規定全邦應有一一致的關稅，各州間施行自由貿易。其第一次關稅是很溫和的保護關稅。

澳大利亞特惠之開始

澳大利亞繼各自治殖民地而起對於大不列顛和帝國各部給以特惠關稅待遇。一九〇六年與南非洲成立互惠條約，不過第一次給英蘇聯合王國之物產以特惠待遇實始於一九〇八年六月三日之關稅法，係於一九〇七年八月九日暫時生效。

在起草此含有特惠規定之關稅時，澳洲立法機關開始考慮如何保護澳大利亞的工業；但在大不列顛則引起不平，認爲此關稅在與外人競爭時雖給大不列顛生產者以種種便宜，但若與澳大利亞本地工業競爭時，則增加其不便。（二四）澳大利亞之回答則謂帝國利益不在各種工業勢力之集中，而在各種工業勢力在各地之分途發展，在澳大利亞發達一錯雜不同的工業組織（二五）是很有助於帝國力量。此爲一般自治殖民地對發達他們特惠計劃之態度。他們願意自動的給大不列顛貨物以特惠待遇，他們相互間願意從事談判以取讓與，但不願犧牲其幼稚工業。澳大利亞亦如其他自治殖民地然，正努力於促進自己的工業，維持一種保護邦內工業抵抗帝國競爭之最低限度的特惠稅。

澳大利亞特惠之擴張

一九二〇年三月二十四日澳大利亞議會通過之關稅法增加對於英國貨物之特惠，於通過之日起生效，不過係暫時的。特惠範圍擴大，受影響之貨物數目增加，約占英蘇聯合王國入口貨物百分之九十。除對大不列顛貨物增加特惠外，此關稅法之主要現象即為對澳大利亞工業增加保護和照加拿大先例採用中級稅以用於那給澳大利亞貨物以互惠利益之國家。在一九二五年澳大利亞政府將自大不列顛入口之貨物其原料及人工百分之二十五須為英國原產的一個必要條件增加到百分之七十五。據報告說此條之實行，則自英蘇聯合王國入口之貨物其製造手續全在英蘇聯合王國者皆得於特惠稅則下允許入口，不過假若該種貨物能在澳大利亞製造，則不能給以特惠，除非該種貨物原來人工和原料百分之五十是英國的。(二六)澳大利亞工業正如其他各國專實然，很受了商業限制及戰時非常要求之刺激。新關稅法並有延期稅(二七)(deferred duties)之規定，不立時實行，不過規定在將來某時期內償付，除非商業和財政部長將徵稅日期延遲。此種規定係施之於那與澳大利亞現在不能供給全邦消費量但在最近將來有供給可能的貨物相競爭之入口貨物。鐵與鋼係受此項規定影響之主要者。

中級稅是一種介於英國特惠及普通關稅間之一種稅率表，可是在許多事件上是與前者或後者相同的。澳大利亞特惠和加拿大特惠其發達上有一很大不同之點，即在前者自動給與英蘇聯合王國之各種讓與和特惠稅並未嘗給與歐洲任何其他國家；而澳大利亞在未曾取得相當報答以前，亦未嘗給與帝國各部份以何種讓與。他是抱着一互惠訂約政策，與美國在一八九〇年和一八九七年關稅法下所採之政策相同。他不贊成將讓與普遍的給與帝國內各邦，也不願執行無條件最惠國待遇。在此種排他特惠和訂約政策上，帝國內特惠運動似無成功希望。

紐西蘭

正如澳大利亞然，紐西蘭人民多從事於農業和畜牧。組成紐西蘭之兩島共有面積一〇三五八一平方英哩，而人口除土人外，約爲一百一十餘萬。他是被認爲各自治殖民地中之最英國化者。在殖民地會議中他居於領導的地位，並且許多次數對英國表示忠心。

當十七世紀紐西蘭尚未爲歐洲人發現以前，此島係毛利人（Maoris）（坡里內西亞人之一族）所棲居。一六四二年乃爲丹麥航海家達斯曼（Tasman）所發現。以後關於進一步開拓的歷史，並無任何紀載，直至一七六九年船長庫克（Cook）在尋找南邊大陸時曾在此島巡邏一週。來紐西蘭第一次殖民的，似在一七九二年。以後數年間在沿海各處成立許多捕鯨魚地點，而第一次傳教者係於一八一四年達到該島。在一八二五年曾三次想在紐西蘭附近尋找殖民地，不過直至十五年後因成立了威靈呑城，第一次移民才開始實現其計劃。英國在紐西蘭主權始於一八四〇年。政府事務之執行起初是置於一對英皇負責的總督，用一執行部和立法部顧問助理之。一八五三年因帝國議會之允許，紐西蘭才開始有代議制政府。

紐西蘭之發達全賴與外界交通，並隨外界進步。在南海(Sonth Sea)所得到的海豹和鯨魚，對於十八世紀末年成立首次居留地和貨棧有很大關係。同時木材之出口，主要的白松，及苧蔴之出口漸達相當重要。當時主要入口爲火藥及鎗。後來至十九世紀中葉各項貿易逐漸發達，羊毛，動物及木材成爲主要出口品，其他出口貨物則爲洋芋，鯨魚油及五穀。金子之發現，外面資本之流入及土地價格之增高，在十九世紀中葉大大的刺激該島之出口和入口。

紐西蘭之特惠附加稅

紐西蘭給與英國貨物之特惠關稅待遇始於一九〇三年，是很和緩的。牠是取一種對外國貨物徵收附加稅之形式，而非取減稅的形式。(二八) 除了一項退稅外，其餘三十八項都因有附加稅而受卻影響，是即此類貨物如自大英帝國任何部份入口，則照原稅率允許入口；但若自大英帝國以外各國入口者，則除原稅外尚須加徵百分之二十至百分之百的附加稅。

除附加稅以外，一九〇三年法律尙授權紐西蘭政府得與外國訂立互惠條約規定減稅。此條之規定如下：

「大英帝國國內任何一自治殖民地如減低，廢除，或擬減低廢除對紐西蘭出產品或工業品所徵之稅，則總督得與該政府訂立條約以減低或廢除對該國出產品或工業品所課之稅，其限度應使本國所退之稅等於該國所退之稅；不過有一條件，即未得紐西蘭議會批准以前，任何條約不得生效。

英屬自治殖民地以外各國如減低，廢除或擬減低，廢除對紐西蘭出產品或工業出產品所徵之稅，則總督依據與英帝國訂有之條約或在其範圍內得與該政府訂立條約以減低或廢除對該國出產品或工業品之稅，其限度應使所退之稅在可能範圍內等於該國所退之稅；不過有一條件，即在未得紐西蘭議會批准以前，任何條約不能生效或執行。」（二九）

紐西蘭之採用附加稅正足以表示殖民地之不願意爲卻英國貨物以減低其保護境內工業或增加收入所認爲必要之稅率。在辯論此方法時，就可以明白雖然有人願意自動的給英蘇聯合王國以讓與，但在帝國內實行自由貿易則無人贊成。反對意見都集中其焦點於附加稅，認爲係一種提高關稅的方法。

在一九〇七年附有附加稅之外國貨物由三十八項增到一九四項。

一九二一年又新通過一關稅法。牠一方表示增加特惠貨物之項目，他方表示每項貨物受特惠待遇之程度亦增加。此關稅法是公開的保護內地工業和增加奢侈品之稅率。以前關稅都祇有兩種稅率表——對英國特惠和對外國附加稅。一九二一年關稅法採用中級稅，擬用之於與紐西蘭訂有互惠條約之國家。此外尙有例外稅

(extraduty)，其稅率爲自從價百分之二・五至從價百分之二五，實用於通貨跌價及有特殊禁止傾銷稅國家入口之貨物。

英屬南非洲

英屬南非洲之廣大面積可分爲下列數類：（一）南非聯邦四省：好望角，脫蘭斯瓦爾（Transvaal），奧倫治自由邦（Orange Free State），及拉答爾（Natal）；（二）英屬皇家殖民地（British Crown Colonies），巴蘇陀蘭殖民地（Colonies of Basatoland），刷濟蘭（Swaziland）及伯楚阿那保護地（Bechunaland）；（三）洛諦西亞（Rhodesia）及（四）委任統治地，從前德屬西南非洲，現稱爲西南非洲保護地（Southwest Africa Protectorate）。

好望角於一六五二年爲丹麥人占居，至一七九五年方爲英人所侵占。自該時起一直爲英人所占有，除一八〇三年和一八〇六年曾短期的退歸丹麥外。脫蘭斯瓦爾及奧倫治自由邦始亦爲丹麥殖民者所占有，他們因好望角被英國占去，遂自該處遷來，用前述名字成立獨立共和國。因部耳戰爭的結果，此二處亦變成英國領土。南非洲聯邦係於一九一〇年成立。據一九二一年戶口調查，白人爲一，五一九，四八八，他種人爲五，四〇九，〇九二。聯邦以外，英屬南非（不包括西南非洲）白人尚不到五萬，土人約二百五十萬。

南非之第一次關稅同盟係好望角殖民地和奧倫治自由邦所發起，該約於一八八九年簽訂，並邀請拉答爾及脫蘭斯瓦爾加入但被拒絕。一八九〇年，一八九一年及一八九二年英屬皇家殖民地，刷濟蘭，巴蘇陀蘭及伯楚阿那被保護地皆允許加入。隨後屢次希望成立普遍的南非關稅同盟。直至一九〇三年部耳戰爭後，於是好望角殖民地，拉答爾，奧倫治自由邦，脫蘭斯瓦爾，南洛誳西亞及英屬皇家殖民地各派代表召集會議。派有代表之各殖民地都允諾加入關稅同盟，規定他們的貨物彼此自由交換，對於外貨入口規定一共同關稅。此會議也承認自大不列顛及英屬各殖民地入口之貨物應享受特惠待遇。此政策的採用，並非未遇卻反對，在好望角之丹麥人特別反對，同時因爲德國是好望角羊毛之重要購買者，故恐怕德國報復的人也起來反對。同時也不能證明南非大部份人民贊成採用特惠政策。但此政策之終得通過大部份是因爲好望角殖民地代表人數很少及米爾納爵士(Lord Milner)——最高委員——之堅持努力。英國政府對於米爾納之特惠計劃並不十分贊成。他致張伯倫電中曾說：(三〇)

「我很爲驚駭母國對於南非之採用特惠以優待英國貨物乃淡然置之，我們的困難是在好望角殖民地，他們恐怕德國採取報復手段致妨害其對德國羊毛出口。自歐洲來的電報祇言及德國之不滿意和恐嚇。英倫對此完全不置可否。我知道若謂英國對其殖民地因爲太優待大不列顛致被外國處罰應當來加以保護，實爲過分希望。不過他們希望能夠由英國取得若干領謝的顯著的表示。任何很少的互惠利益，或者卽令是將來方能得到的互惠的利益，必將鼓勵本處很強的情感，不過若毫無所得，則此種情感勢亦不能長久。在現在南非向大不列顚之輸出沒有一件是課税的，因此互惠乃不可能。但我相信若給加拿大以卽令極小的利益，於願已足。因此乃不啻表示承認互惠原則，而南非日後總有得到此種利益之一天。此並非極小和假定的利益，乃證明英倫對殖民地之關心。」

自成立關税同盟後，對英國貨物仍繼續給以特惠，但贊成特惠政策之熱忱日漸冷落。此種特惠若與其他殖民地所給與者相比較則很小，而南非少數英人從事擴張特惠運動，勢必引起丹麥人和國家主義派之反對。民族情感之在南非正如在其他各殖民地然，日漸發達，贊成保護邦內工業，其趨勢似在對於關税立法這一方面增加注意。

與荷屬東非之商約

南非商業政策有兩個特點須個別的申述。第一卽爲脫蘭斯瓦爾與荷屬東非之商約。脫蘭斯瓦爾及奧倫治，在政治上是獨立的，但無海口，因此其入口須經過其他沿海岸國家。好望角殖民地及拉達爾對此種入口徵税，直至一八九〇年至一八九九年間此種取得之收入仍舊保留。因其常爲齟齬和惡感之淵源，於是脫蘭斯瓦爾於一八七五年爲圖減輕負擔計，與荷蘭訂立條約，使其入口貨物有經過荷屬東非之權。此約並規定雙方物產之自由

交換及勞工之往來。南非關稅同盟成立時，此約仍繼續有效。（三一）

洛蹄西亞關稅法之第四七段

南非商業政策引起興趣之第二個特點，卽爲洛蹄西亞之關稅組織。在關稅同盟條約下，因洛蹄西亞（三二）爲其中一份子，故對於大不列顚及英屬互惠殖民地給以特惠待遇。其主要法之第四七段規定另外增加特惠。此段規定：（三三）

「凡自英屬殖民地及英屬保護地而向南洛蹄西亞入口之任何製造及生產貨物不得課以較南非關稅同盟對該類貨物所課（在此命令開始時起），或好望角殖民地，奧倫治自由邦及拉達爾間於一八九八年所訂關稅同盟內規定對該類貨物所課爲高之稅。」（三四）

塞西爾羅得斯（Cecil Rhodes）乃一主張帝國特惠者，他因爲有此一段規定，乃欲規定英國貨物納稅之最高額。此最高額曾爲一八九六年南非關稅協定所決定。規定稅率比較很低，但因關稅之屢增，故主要的特惠亦已增加。在現在同盟關稅上，特惠爲從價百分之五，普通關稅較一八九六年協定稅增加很大，並曾使英國貨物在洛蹄西亞所享受之特惠待遇較在帝國內任何地方所享受者爲大。

殖民地間特惠條約

在一八九四年郛大瓦會議時，英屬殖民地向母國要求之一部為殖民地間有成立特惠條約之特權。自該時後，殖民地間特惠之發展極為迅速。在商業條約方面，則紐西蘭之經過不如其他自治殖民地經過之重要。他於一九〇三年關稅法之互惠規定下從事各種談判。一九〇六年他與澳大利亞成立條約，但未曾得紐西蘭議會之批准。同年他與南非訂立條約，他取得南非特惠關稅權利，而對南非物產亦給以某種特殊讓與。此約於一九二二年八月一日為紐西蘭取消，但代之以新約，並追溯到該時。在一九二一年紐西蘭關稅法修正以前，澳大利亞在紐西蘭享有英國所享受的特惠稅率而未給以互惠讓與。可是紐西蘭在過去若干年中曾提高關稅以保護其次要工業，因此在一九二一年再不繼續給澳大利亞以特惠。兩國貿易平衡上澳大利亞占極大便宜。兩國代表訂立一條約而於一九二二年批准。紐西蘭因為要保護她的某種工業，對於澳大利亞主張相互交換對英特惠關稅提議不能接受。互惠貿易條約涉及一二九類貨物，而對於其他貨物則兩國對英特惠稅都適用。

為報答紐西蘭因一九〇三年附加稅給加拿大貨物在紐西蘭市場以歐洲國家共同享受之特惠待遇起見，加拿大自動的給紐西蘭貨物以特惠待遇。此外，一九二五年加拿大更給紐西蘭以曾經給與澳大利亞之各種讓與。

澳大利亞，在給英蘇聯合王國貨物以特惠政策以前，已與南非訂立互惠條約。在此約內（一九〇六年）澳大利亞在南非市場取得特惠待遇，而她對南非某種特定貨物在許多場合上亦減稅百分之二十五。在條約成立以前及以後澳大利亞自南非入口之貨物為數極小，並不重要，每年很少超過五萬鎊。在他方面澳大利亞向南非之出口則很大。此約無疑的對澳大利亞是很有利的，但在南非有許多人亦表贊成，特別是對於脫蘭斯瓦爾對麥和麵粉入口徵稅不能滿意的人們。約內各種利益是完全排他的，英帝國任何部份不得享受。

加拿大在商訂殖民地間之條約上，較其他各殖民地爲活動。一九〇四年他與南非成立條約。他也曾與紐西蘭和澳大利亞從事訂約，但未成功。不過他與澳大利亞訂立條約之最後努力終得達到。一九二四年九月二十五日加拿大首相宣佈與澳大利亞訂立互惠通商條約。在此約下加拿大對二十項澳大利亞的物產給以英國所享受的特惠待遇，而澳大利亞則對加拿大少數貨物給以特惠稅和中級稅。此約爲澳大利亞議會通過而於一九二五年請求加拿大議會批准，是年十月一日起生效。他與澳大利亞之訂約暗示工業發達程度相等的國家間成立特惠條約是如何的困難。加拿大所希望自澳大利亞得到之讓與，都是澳大利亞不願意給的，因爲要保護境內工業。

殖民地間最重要之條約而加拿大曾經參與者卽爲加拿大與英屬西印度之條約。在一九一二年六月二日第一個條約簽訂以前，雙方磋商互惠已有若干年。一八九〇年加拿大商業部長曾經西印度「去考查該處究有何種情感贊成二者間之完善的商業關係。」但當時無結果。在一八九八年當加拿大採用特惠稅率以優待英國貨物時，他對自西印度入口之貨物自動的給以此種讓與。(三五) 一九〇九年加拿大政府對於兩者貿易關係特指派一皇家委員會。次年委員會報告贊成採用互惠特惠。若干西印度羣島對於委員會之建議原則上甚表贊成，不過起初就有懷疑，一部份原因是怕此約對於他們與美國間貿易之影響。自加拿大議會對於與美國所訂之互惠條約未曾批准後，於是乃與西印度代表會於鄂大瓦，其結果成立一九一二年之條約。十五個英屬西印度殖民地之中有九個與加拿大一樣的批准此約。在一九二〇年成立一新約大大的增加特惠，加拿大及英屬西印度各島——除百慕大外——皆一致批准。（三六）

大不列顛對帝國特惠之態度

對於英帝國內特惠運動作這樣一個概要的總結乃表示自一八九七年至一九一九年間各殖民地對母國，在許多事實上對各邦，曾自動的給以特惠關稅。再者殖民地間訂立之商約有許多是歧視外國及帝國內其他各邦的。在此時期內大不列顛完全置身局外。她仍維持其自由貿易不變，不願意對食物和其他物品徵稅，以便給帝國貨物以特惠。自治殖民地有時自動的給英蘇聯合王國以特惠，希望最後能得到特惠，但在其他場合上則殖民當局明白不承認他們的舉動含有此種動機，而卻謂給英蘇聯合王國以特惠是表示對帝國之忠誠及對母國之幫助和保護表示謝意。在近年來特惠之增加，一部份也是由於大不列顛工業界之宣傳，因為他們會受了特惠待遇之利益。

在一九一九年大不列顛變更了他的政策，至少是暫時的。他對於凡屬課稅之帝國物品皆允給以特惠。英政府此種重大決定是與殖民地及帝國各次會議議決案有關，然其最近原因則由於大戰及隨卻排他的和歧視的重商政策而起的興趣。此種政策曾見之一九一六年六月巴黎經濟公約，（三七）一九一七年帝國戰事會議及戰後英國工商業政策委員會之報告中。(三八)委員會報告中宣佈贊成特惠原則，並且建議對英屬海外殖民地天然物產和工業製造品在現在及以後徵收關稅時須給以特惠。委員會之最後報告，(一九一八年二月二日提出)，對於特惠結論如左：

「關於英蘇聯合王國目前或以後所課之任何關稅，對英屬海外殖民地及領地須給以特惠待遇，並對其他形式的帝國特惠之利益亦須加以考慮。」

此宣言與一九〇二年殖民地會議之決議很相似，而在戰爭空氣很濃厚環境下得到英國政府執政者之立卽接受。英國混合內閣在一九一八年總選舉以前，雖然一方面反對對食物及原料徵稅，但同時謂「對於現存及以後爲卻我們的目的次第所徵稅則上，對於殖民地必給以特惠。」

一九一九年給與帝國貨物之特惠

最後於一九一九年預算表內將給與帝國貨物之特惠規定於法律內。凡向英蘇聯合王國入口之各種課稅物品皆給以特惠，而此表册之主要特點卽爲除少數例外對於任何課稅之物品都給以特惠。

大不列顛對帝國貨物所給與之特惠稅(三九)

貨物名稱	稅率

茶，可可，咖啡，吉可的(chickory)，糖，小葡萄乾，葡萄糖，糖漿，糖精，汽車油，菸，草，乾的及貯藏之水果（限於一九一五年財政法案第二項第八節意義者）……全稅率六分之五

因一九一五年財政法第二項第十二節徵收新入口稅之貨物（即麥克金拉稅 Mckenna duties 見二七二、二七三頁）……全稅率三分之二

酒：

含酒精未超過百分之三十者……全稅率百分之六十

含酒精超過百分之三十者……全稅率百分之六十六又三分之二

瓶裝起泡酒（附加稅）……全稅率百分之七十

瓶裝不起泡酒（附加稅）……全稅率百分之五十

貨物名稱	稅率
酒精	等於此法案之全部稅率直至一九一九年九月一日

關於一九二一年保護工業法內所規定之 $33\frac{1}{3}\%$ 之禁止傾銷稅，（現已失效）前面已經講過。（四〇）此法案內對於所謂「主要工業」亦曾定有暫時稅則。關於此類物品之入口，由於帝國立場，曾作如下之規定：

「(三) 凡滿足本委員會所認為係來自生長，生產及製造於大英帝國內之各種貨物，在此節內不得課以任何稅，而為本段起見，凡視為照一九一九年財政法第八節之目的（涉及帝國特惠）所製造之貨物，皆認為

係在大英帝國所造，而該節亦得適用之」。

在一九二三年帝國經濟會議，包爾溫政府曾答應殖民地對於菸草，糖及酒增加特惠，對於乾的及罐頭水果，新鮮蘋果，果汁，罐頭鮭魚及龍蝦和蜜糖則新加特惠，此類貨物如來自外國則課以新稅，如來自帝國任何地方則允許自由入口。會議後，包爾溫政府卽因關稅政策於大選中失敗，因工黨政府成立，提議的特惠以相差無幾的票數而被否決。此種結果對於許多贊成帝國特惠之殖民地極爲失望。

財政部長施諾登(Snowden)於提出麥克唐納首相預算案時，對於在英國市場之帝國貨物反對再給特惠，（四一）並反對將麥克金拉 (Mckenna) 稅延至一九二四年八月一日以後。關於後者他說：

「我現在提出一問題，據我想牠是較我曾經提出於委員會之建議更將引起爭辯——是卽新入口稅而普通所謂麥克金拉稅者。此種稅，委員會已全知其係一九一五年對於汽車，摩托脚踏車，非商業用之車輛，音樂用具，鐘錶及活動影片所課之稅。正如當時所課之其他稅則然，此種稅則並非我們財政制度上固定部份，而係逐年重新規定的。此種稅將於五月一日失效，除非重新認可通過。在過去這是很有趣的，卽西伯明翰出席本會之負代表（張伯倫）在一九一九年曾決定以五月一日而不以每年重新通過稅率的八月一日爲此類稅重訂時期，以示別於其他稅，表示其爲暫時的（自由黨及各大臣皆鼓掌。）任何人都知此稅初徵時，全視爲一種臨時戰事稅，其主要理由卽爲應財政上之需要。不過到如今我相信此類稅則取消之時期已經成熟。（自由黨及各大臣皆鼓掌。）

在他方面我想爲商人避免困難，此種困難必將發生，若稅則於二日內取消而事先未有通知。因此我提議此類稅仍應於八月一日（普通重新通過稅則日期）重新商訂，不過最後屆期必須取消。將時期延長，是想使已納稅貨物得有完全清賣之猶豫，而我相信委員會中贊成自由貿易者必與我表同情（鼓掌）。取消此類稅之代價在本年將爲二百五十萬鎊，全年將爲二百七十五萬鎊。我現在不願意作取消此類稅之辯護，將來機會正多。我現在所要說的即對於工業製造品徵稅一問題係前政府於大選時對選民提出辯論問題之一而爲選民所否決者（保守黨喊「否」「否」，）我們現在實受有使此民意決定實現之義務。」

在一九二四年十一月工黨政府倒後，保守黨政府重行執政，於是又重新希望帝國內實行特惠。在其選舉演說時，包爾溫對於帝國特惠會表明其所代表之政府的態度如下：(四二)

「恢復工業之最好希望，據我看在發達大英帝國之原料和貿易。用帝國特惠方法以獎勵帝國內相互貿易和用財政方法以促進帝國發達和安寧之政策，乃吾人所極力主張的，並必使其實現。」

對於保護和維持工業問題，包爾溫曾作下列一黨宣言：(四三)

「一方面普通關稅非吾人所主張，我們決定用保護工業法或同樣方法以保護該爲外國不公平競爭所威嚇之工作和人民生活程度……」

在這裏及在他處討論商業政策時，若能將保護一國工業之政策與一政治單位對其在另一政治單位內之貨物所給與之特惠政策分別清楚，則將有一較清楚觀念。不幸得很，此兩種政策時常爲英國作者及公論家視同一律，同爲人所稱讚亦同爲人所詬駡。爲卻國內工業利益而保護國內市場乃族國主義之表示，其目的在錯雜國家經濟生活，給人民以機會得利用其各自天才，（四四）毫無侵略意味。在國家被認爲國際社會單位情形下，在生產費用，競爭情形和經濟程度各有不同的情形下，則各個國家似乎可以各自決定其關稅之高低。政府之需要收人，人民之需要原料工業之發達時期皆爲決定關稅高低之因素。

在他方面特惠乃近代帝國主義之表示。其所以與保護政策相反者即由於帶有侵略性。終其極，如法國之侵略政策，因他恰有政治力量以執行特惠政策，即將該國經濟制度管理權擴張到新的地方（安南）。

因大英帝國實行保護及特惠政策，故其間異點特別注重。殖民地需要保護，遂使特惠勢力日漸下落。殖民地方面之族國主義阻礙了大不列顛出口工業界之帝國主義的慾望。保護政策在許多場合上已使在其他場合上將使特惠政策變爲虛有其表的政治名詞。

特惠是否僅爲國內問題

大英帝國內之特惠政策是基於經濟和政治理由的。平常都承認國際間之歧視是無理由的，不過也有人辯論謂正如保護政策之爲國內事務然，故特惠政策亦爲大英帝國內部問題。一九二二年三月二十三日加拿大財

政部長菲爾丁氏(W. S. Fielding)在下院演說時曾謂：(四五)

「當加拿大政府採用該原則（特惠原則）時，曾引起他國人民一時之不樂，特別是德國，因爲我們此種行動，致對我們貨物一時加以處罰。其他國家雖不喜歡我們此種舉動，不過未積極參加來反對我們……在美國雖然有人反對，但非出自官方。美國新聞紙對此有許多討論甚至認此爲非「友誼的行動」，但美政府從未參加過到此類問題，他們即知道此爲我們國內事務，與彼等無干。今日情形正是如此。我們現正忠於英國特惠，世人亦公認在帝國範圍內成立我們所希望的條約乃我們的權利，而無容他人置喙或引起不悅的。」

有許多人時常引用美國各邦聯合爲英國特惠政策之先例而認爲合理的。不過任何人若熟習美國政治生活之趨勢，絕不至引證此種相同點。美國之各邦與外國並不發生關係，且因在美國聯邦政府下人民生活日趨統一，致其獨立性漸受限制。至英之殖民地則正趨於相反方向，他與外國直接交涉日繁，國內自治亦完全無缺。若有人一定指出一真正相似點，則一方爲美國各州，一方爲加拿大，南非聯邦，或澳大利亞之各州各省；例如內不拉斯加(Nebraska)與亞柏達(Alberta)，或新南威爾斯與潘雪文尼。

自治殖民地之性質

大英帝國自治殖民地與大不列顛間之維繫前已述明，似一同盟。此種關係較母國與殖民地者尤爲確切。自治殖民地之獨立——內部事務之治理及其對英帝國國際會議之影響等——亦已講過。他們財政上的獨立曾特別注重，保護關稅亦包括在內，他們想用此以保護他們的工業而抵抗大不列顛。他們並不受英國條約之束縛，除非他們自願如此（少數舊的及未曾修改之條約除外。）他們各自不同的利益和自由獨立行動因本世紀之始於大不列顛條約內加入一規定而得有保證，英外部關於條約效果於通知締約對方對於各殖民地，領地和被保護地應適用此種條約後，其規定對他們方得生效。他們得各自單獨退出或加入。加拿大與美國所訂之一九一〇——一一年互惠條約係直接訂立的，並未經過倫敦英國外交部。自治殖民地之參加大戰係自動的，倫敦政府從未強迫他們送一兵一卒到戰場上，或付一元的稅。他們維持其海外政治單位。他們以國家的資格參加和會，以國家資格簽訂和約，並以國家資格參加國際聯盟。南非洲，紐西蘭及澳大利亞今日在委任統治制度下並得統治昔日德國各殖民地。各殖民地訂立條約之權已為一九二三年帝國會議所承認。愛爾蘭——帝國內最後取得自治殖民地地位者——並有公使駐在華盛頓，加拿大及澳大利亞亦擬採同樣步驟。加拿大事件可為例證。

當一九二〇年派到華盛頓之加拿大戰事使節（Canadian War Mission）工作完成後，買根（Meighen）政府於一九二一年預算案內包含有下列一項，後來並曾繼續者：

「雜項——加拿大駐美代表六〇、〇〇〇元。」

當反對黨領袖麥肯基金氏（Mackenzie King）詢問是否派人到華盛頓去時，買根回答說（四六）：

「關於此事實有若干必要。去年在下議院辯論時所講各點已不復能記憶，但此職之必須派人充任則萬不能緩。直至今日尚未派人前往者，實因政府尚未曾物色有相當人物以負此重任而已。」

一九二〇年五月以前在美國，加拿大及大不列顛間關於指一加拿大大使駐在華盛頓事曾經函信往來。在下院曾謂此種信件不能公開。可是下列包含協定的宣言曾於一九二〇年五月十日向下議院提出：

「因爲近來商量結果英國與加拿大政府間已成立一條約設立一更完全的代表於華盛頓代表加拿大從前未有之利益。因此，因加拿大大臣之建議，英皇將派一全權大使，執行加拿大事務，在任何時期凡涉及加拿大之事情，他是與美國交涉之通常負責人，他依加拿大政府訓令行事並直接報告加拿大政府。在大使離職時，則加拿大公使代行大使職務，代表帝國和加拿大。英皇並向美總統證明授與他以爲卻此種目的所需之必要權力。

此新條約並非表示英國政府或加拿大政府放棄大英帝國統一外交原則。

此種重要步驟之爲必要，兩政府於若干時前卽已知道。若干年來華盛頓與鄂太瓦間已有直接往來，不過近來加拿大在美國市場利益之逐漸重要，似乎在美國應有一完全獨自的代表，因爲如此才足以促進談判，同時首先與加拿大情形相接觸，更能增加善意的了解。鑒於加美兩國人民間存在之特別密切關係，我們十分相信此種新步驟能維持並鞏固英美兩國間之友誼關係和合作。」

關於駐華盛頓代表一事，一九二一年財政部長裴爾丁氏曾說：

「據我看我們今日已經達到我們所要到的地步。我們將要完全獨立。有許多人希望向更進一步，我對此種見解雖然不與他們爭論，但我總不能與他們表同情；我也不相信大部份加拿大人能與他們同意。我認爲派大使到華盛頓的提議，並非一件有用的事。我以為內閣任何一部部長與其僚屬會議後，午後趁車至華盛頓與美當局會商，亦足以照料加拿大利益；（四七）若我們不能接受帝國內所引起的各種責任，則不能為帝國之一分子。我絲毫不是辯論，不過我認為在訂立商約上我們今日已有我們所應有之各種權力。」

特惠不能與日漸增漲的外交及財政獨立並存

不問現今殖民地獨立進步如何，世界慘淡經營之特惠關係制度卻保留於此種殖民地內。此等特惠歧視大英帝國以外之各國家，（在國際會議上殖民地常要求有權與他們立於平等地位），有時甚至歧視帝國內其他部份。各殖民地似乎都假定大英帝國在商業上是一個單位（四八）而在外交上則是一同盟國。美國在一八九〇年及一八九七年關稅法下與各國所訂之特惠條約——其中之巴西條約（四九）延至一九二三年一月一日乃僅存之殘約——很為人所指責（五〇）英帝國各自治殖民地間之特惠亦引起同樣指責。

例如南非與澳大利亞間之排他的互惠條約正如美法間之排他的互惠條約受人家同樣攻擊。被排斥的國家既被排斥於地球上極大面積以外，即不能望其接受「帝國」之所以成為法人的理論。英國管轄各地之統治權之能維持不變因為有一自由的商業政策，凡屬對國際關係特別留心的學生們曾很注意觀督帝國特惠之發展。

特惠乃帝國內外不和之淵源

若特惠對於建設大英帝國共同聯絡及維持安全爲必要，則應容忍其他大量的不利以達此目的。帝國破裂必爲禍災。擁護特惠者基於政治理由忠實的主張此說，頗能引起英帝國商人之自利的動機，遂產生擾亂的影響。特惠之惡果似較其利益爲大，除引起外國憤怒外，同時爲帝國內不和之源。每一殖民地照前所述都很注意於保護其境內工業。澳大利亞，紐西蘭，南非及加拿大之最低關稅（即對英國貨物所徵之稅）所定之稅率，足以保護境內工業而有餘，對於成立關稅同盟並未積極討論。因工業之發達及各殖民地之注意出口貿易，帝國內關於歧視一問題，自然生出許多困難。凡國際間因訂立排他的條約所引起之排斥和包含的問題，因大英帝國內之訂立排他的條約，亦同樣產生。故特惠所貢獻的不是聯絡乃是分離。此外則各國亦反對英帝國內平等待遇。因英人獨占全地球面積之大部份，勢必使各國聯合反對。若干世紀以來英政府乃國際經濟政策上兩個自由原則之最先主張者，是即無條件最惠國原則及門戶開放原則；二者皆以成立經濟的機會平等爲目的。但自治殖民地則謂他們是獨立國家以避免門戶開放原則之責任，同時又謂他們是殖民地以避免無條件最惠國原則之責任。若各自殖民地決定接受任何一個經濟機會平等之責任，則對世界和平豈非最大貢獻？（五一）

大英帝國國際合作例子

特惠運動乃大英帝國演進過程中一種副產物。對於憲政政府和社會制度曾供獻有價值原則的，盎格拉薩克遜民族，對於國際合作之原則和技能亦有幫助。英屬各邦，各自獨立的，按規定時期共同參加帝國會議以討論共同利益及共同問題。英帝國會議制度之長成，對於建設國際和平之方法，有顯明的貢獻。一八八七年之第一次會議不過爲希望更進一步合作之發端。請求參加第二次會議不過表示此種聚會「對帝國內利益極大之若干問題之非正式討論給以極有價值之機會而已。」(五二) 此會議採用下列決議：

「各大臣都認爲殖民地和大不列顛代表應按時聚會以討論共同利益有關之各種事務。」

第三次會議係於一九〇二年英皇愛德華加冕時舉行的。殖民地大臣於其請帖中「利用各殖民地各首相之參加以討論許多重要問題。」此會議決定：(五三)

「若於四年以內舉行一次會議，於帝國是很有益的，會議中，凡影響母國及海外殖民地關係間之共同問題，得於殖民大臣和自治殖民地首相間從長討論。殖民大臣於與各殖民地首相會商後，應佈置開會一切事宜。若因緊急問題發生而須召集特別會議，則下次常會應於三年後召集之。」

此類會議按步就班的趨於具體形式而達到一連縮的境況。起初三次會議雖遇卻帝國慶祝，但一九〇二年之決議則規定將來開會時期，並全爲處理各種事件。

次屆會議原決定一九〇六年開會者，於一九〇七年方舉行。此會議依照具體會議日程舉行。成立永久帝國參議院亦曾愼重的討論，而採取下列決議：(五四)

「若英帝國政府與其海外自治殖民地各政府間每四年間舉行一次常會，所謂帝國會議，以討論共同利益之各問題，此於帝國極有益處。

英蘇聯合王國之首相乃當然的主席，各自治殖民地之首相乃當然的會員。殖民地大臣亦爲該會之當然委員，若主席缺席時得代行主席職務。於與有關各殖民地首相商量後應布置此種帝國會議一切事務。

各政府之其餘各大臣亦得被派參加會議——除得大會特別允許外，每次討論，各政府至多祇能派代表兩人參加，每一政府祇有一表決權。」

一九一一年會議曾討論到帝國參議院，用立法手續成立而付以實權，但此項提議未能通過。

在一九二一年會議中「各會員在該方面（五五）對於本年會議之價值都表示生動精神，而希望同樣會議時常舉行。」

曾舉行各次全會及各首相會議以討論英帝國各部份在憲法上之關係，下列決議曾經採用（五六）：

「英蘇聯合王國及各殖民地首相於詳細考慮一九一七年帝國戰爭會議提議案認爲戰後須立即召集帝國會議以討論帝國各部份憲法上之關係以後，得到下述各結論：

（一）繼續集會——各首相亦如一九一七年帝國戰爭會議時占同樣重要——須使帝國各邦交通實際進步後才能舉行。由於觀察一九一七年以來憲法的發達，認爲再召集憲法會議似無利益。

（二）英蘇聯合王國及各殖民地之首相及印度代表應每年集會，或於可行的較長時期內集會。

（三）英蘇聯合王國與各殖民地首相間之現存直接交通方法及後者指派內閣大臣代表他們與英蘇聯合王國首相參加會議之權皆仍舊維持。」(五七)

依大英帝國之證明有兩個帝國內政府機關對於國際合作放了一線光明。會成立一帝國船舶委員會以促進帝國各部間之交通方法。牠報告於大不列顛及海外各殖民地首相，「乃英帝國政府第一個正式帝國政府機關。」(五八)第二個事實乃帝國經濟委員會而係一九二三年帝國經濟會議所允諾者。此委員會之功用在討論及考慮許多經濟或商業性質之事務，未爲帝國船舶委員會所處理而係帝國內各政府留交此委員會者。這是很重要的，加拿大曾不同意成立此委員會。(五九)

(一)看後面第八章。

(二)看(Christian Science Moreitor, Boston, Feb. 7, 1921, p. 4.)

(三)見前書(July, 28, 1922, p. 3.)

(四)紐芬蘭在名義上是自治殖民地，不過在實際上並不如加拿大之完全自治。南洛諦西亞(Southern Rhodesia)已經給以自治殖恰如愛爾蘭自由邦然。

(五)見(Imperial Conference, 1911 Tebb, Vol. II, p. 377.)

(六)見(Colonial Conference, 1902, Canadinn Report, Sess. Papers, No. 29A, 1903, p. 12.)

(七)見(Imperial Conference, 1911, Proceedings, Australian Report, No. 68, p. 15.)

(八)見前書第十八頁。

(九)參看一九一七年「帝國戰事會議」見(Great Britain Parliamentary Papers)一九一七年，倫敦，大不列顛政府公報第八五六六號(以後準此。)

(一〇)見(Imperial Conference, 1923, Summary of Proceedings, Nov. 1923, Cd. 1897, p. 13)

(一一)見前書第十三，十四頁。關於包留溫政府對特惠之允諾請看下述第一五三頁至一五四頁。英帝國內之特惠運動並不僅限於入口貨物與對之特惠。關於出口特惠稅請看第九章。普通契約上之特惠請看附錄第二章。

(一二)見(Great Britain Parliamentary Papers, 1897, Cd. 8596.)

(一三)見英國關稅委員會(Colonial Tariff Policies, 1922.)

(一四)看前述第四章第一〇五頁。

(一五)加拿大自治殖民地是成立於一八六七年。

(一六)見英國關稅委員會：(Colonial Tariff Policies, 1922.)

(一七)此處所討論的殖民地並未包括紐芬蘭。

(一八)參看上述第二章第三九頁。

(一九)英國關稅委員會(一九一八年)(Reciprocity and Commercial Treaties,)第四七九頁。

(二〇)加拿大國內消費之入口量，一九二三年三月三十一日會計年度：普通稅則下為三九九，九四九，〇〇〇元；在特惠稅則下為一一九，一一九,〇〇〇元在條約稅則下爲一八,一九一,〇〇〇元;全部課稅數爲五三七,二五九,〇〇〇元;免稅者爲二六五,三二〇,〇〇〇元;總和爲八〇二,五七九,〇〇〇元。

(二一)關於美加間之互惠請參看前述第四章。

(二二)在若干事件上,加拿大保護稅使得美國在加地之分公司之貨物出賣價格恰等於在美國製造的同樣出賣貨物之價格加上加拿大之保護稅。例如該物在美國之賣價爲五元,而加拿大對該物之保護稅爲三元,則美國分公司在加拿大所賣出之同樣貨物其價格爲八元。

(二三)見 (Official Year Book of the Commonwealth of Australia, 1918, p. 23.)

(二四)見 (London Economist, Aug. 17. 1907)

(二五)見 (Wise, . R., The Commonwealth of Australia)

(二六)紐西蘭亦採取同樣行動,而許多英屬西印度殖民地對此種改變亦加以考慮。

(二七)此法規定「如關稅部對商業部長能證實表內徵收延期稅之物品在表中規定徵稅日期內或以後保證澳大利亞不能出產適當數量或滿意的成分者則商業部長得將對此種貨物應徵之稅延期直至在澳大利亞能出產此需要的數量和所需要的成分時爲止。見 (Official Tariff Guide to Australia, 1921-22, p. 410.)

(二八)此種實驗足以證明如一九二二年美國關稅法第三一七節規定足以影響最低最高稅則。

(二九)見 (New Zealand Statutes, III Edw. VII (No. 78).係由美國關稅委員會摘取來的,而見於一九二二年的:(Colonial

(Tariff Policies,) 之第七六八頁。

(三〇)見(Worsfold, W.B.,The Reconstruction of the New Colonies under Lord Milner, Vol. II. pp. 314, 315.)

(三一)見 (Handbook of the Union of South Africa.)

(三二)北洛篩西亞除外，因爲依照一八八五年柏林會議最後議決案之規定必須維持「門戶開放。」

(三三)見一九二二年美國關稅委員會的 (Colonial Tariff Policies) 第七五六頁。

(三四)爲便利計，南北洛篩西亞是不分開的。同樣的文字見於北洛篩西亞之憲章。

(三五)祇英屬洪杜剌斯 (British Honduras) 除外。所謂英屬西印度殖民地或領地包括百慕大 (Bermudas) 英屬洪杜剌斯，英屬基阿那 (BritishGuiana,) 特立尼達(Trinidad)及英屬西印度本部。

(三六)察赤爾 (Churchill) 談到殖民問題時，曾評論一九二〇年加拿大與西印度條約。他的注意點集中於百慕大之不允批准此約。他說：「我們將努力用盡我們的能力以期全體接受此約。」見 (American Association for International Conciliation, No. 167- Present Problems of the Common wealth of British Nations: Conference of Prime Ministers and Representatives of the United Kingdom, the Dominions and India, held in June, July and August, 1921, p. 413.)

(三七)參看後述第二五三頁。

(三八)見 (Final Report of the Committee on Commercial and Industrial Policy After the War 1918, p. 52.)

(三九)一九一九年財政法案對大英帝國作如下解釋：

「爲此節起見「大英帝國」是指大不列顛及愛爾蘭以外之任何英國自治殖民地及英國保護的領域並包括印度：

「但凡在英國保護下之任何地域，或任何英國屬地政府受國際聯盟所委任統治之地方，則英皇爲此節起見，得因樞密院命令，將此等土地指令屬於所謂大英帝國解釋範圍內，而此節亦對之適用。」

(四〇)參看第六〇頁。

(四一)見(The Times (London), April 30, 1924, pp. 7, 8.)

(四二)參看 (The Times (London), Oct. 13, 1924. See also House of Commons Parliamentary Debates, Vol. 179, No. 10, Dec. 17, 1924, p. 1033 et seg.; Commercial Intelligence Journal, Ottawa, Canada, Vol. XXXII, No. 1100, Feb. 28, 1925, p. 189; The Times (London), Feb. 17, 1925, p. 8.)

(四三)見註(四二)。

(四四)見(Hamilton, Alexander, Report on Manufacture, 1791)

(四五)摘自加拿大("Budget Speech," House of Common's Debates, Vol. LVII, No. 49, p. 2185.)

(四六)見(House of Common's Debates, Apr. 21, 1921, p. 2462)

(四七)見(House of Common's Debates, Apr. 21, 1921, pp. 2462-2475.)

(四八)霍浦孫(J. A. Hobson 於 Problems of a New World, pp. 219, 220)曾說：

「……在戰前若大英帝國面積已經很大，過於紛歧過於廣遠，難得有效的帝國統治，爲各國猜疑和嫉妒之目的物，今日此種缺點和危險皆較當日爲大。許多爲全世界所需要之熱帶物產完全在吾人政治統治以內。至今因我們自由貿易制度給與外國商人商業機會上最大平等，已改變其仇恨心理。但特惠和帝國保守新政策，若繼續發達，則不久難免不受那消費及工業需要正與我們相同，同時感覺因爲我們獨占熱帶物產之供給，致他們處於不利的國家之攻擊。這不僅是一貿易問題。對帝國主義者利益有關之帝國經濟價值日漸著重於財政所有權，礦山鐵道，種植之開發，該地勞工之利用上之盈餘。無論給以何種平等機會，外國資本家及讓與享受者都覺悟在多利的企業方面，他們祇能小範圍的間接參加。」

(四九)參看第九二及九三頁。

(五〇)參看第一一五頁。

(五一)一九二三年九月四日美國國務卿休斯在蒙特利奧 (Montreal)說：「在不久將來我相信我們用公平國際條約能限制強有力的經濟敵人於相當範圍以內，使敵人之自私自利，因友誼促進而屈伏於相互限制之下。」

(五二)見 (Colonial Conference, 1907, Canadian Report, Sess. paper, No. 144, p. 2.)

(五三)見前書第三頁。

(五四)見 (Colonial Conference, 1907, Minutes of Proceedings, London, Cd. 3523, p. v.)

(五五)是指英蘇聯合王國及各殖民地之時常會晤以討論及決定帝國外交上所應採之步驟。

(五六)見 (Conference of Prime Ministers, etc., Summary of Proceeding and Documents, Great Britain, Cmd. 1474, p. 8.) 也參看 (Consultation of Ministers on Foreign Policy and General Imperial Interest, London, 1925,

Cmd. 2301.)

（五七）見前書第九第十頁。

（五八）見 (Stephenson, W. Tetley, Communications, 1924, in the Recourse of the Rmpire Series, p. 19.)

（五九）出席帝國經濟會議之代表為大不列顛各自治殖民地，印度及各被保護地之代表。係一九二三年十月至十一月舉行。

第十八章 門戶關閉

殖民帝國之起源

當一五〇〇年時，歐洲極需要一水路以通亞洲。土耳其之征服各地——以一四五三年占領君士坦丁堡達到最高點——中斷了歐亞間通商往來孔道。在埃及則課稅繁重，且與東方貿易全爲威尼斯（Venice）及意大利其他城市所把持。過此而往歐洲之貨物，稅捐極重，致價格高漲，非富人無從購到。

至東方陸路貿易雖爲排他的政治和高稅所隔斷，但利之所在，人盡趨之，冒險精神乃開始思覓一水路先到印度及東方。葡萄牙亨利——「航海家」，死於一四六〇年——曾爲發現時期留下科學的基礎，直可謂爲重造世界。

葡萄牙人爲尋覓自非洲到印度水路，於一四二九年發現倫角（Cape Nun），一四三二年發現亞速爾（Azores）一四三五年發現威得角（Cape Verde）。一四八〇年他們已達到剛果河之口，二年後已環繞"Capo das Tormentas"即今所謂好望角。最後一四九六年瓦斯哥達卡瑪（Vasco da Gama）竟達到科利庫特（Calicut）。

但復興的歐洲並不僅僅想在非洲周圍覓得一水路。哥倫布於一四九二年西去尋找印度，乃發現新大陸。拔爾波亞（Balboa）於一五一三年發現太平洋，麥哲倫則經過以他爲名的麥哲倫海峽而環駛地球（一五一九——一五二二）。經過十六十七世紀探險家繼續進行其工作。喀波特父子（Cabots）爲英國開拓北美洲，加伯拉爾（Cabral）到了巴西海邊，科德司（Cortez）克服了墨西哥，而比撒羅（Pizarro）則在秘魯戰勝了印加（Inca）文化。英國及荷蘭對於西班牙優勢未嘗敢落後，而起與競爭。法國傳教師及商人曾上溯聖羅淩士河（St. Lawrence）而至各湖，並隨密西西比河而至於海，經過各處都留下法人生活之永久痕跡。

此種種非變卽爲此後發展之預兆。在歐洲一五〇〇年最大變化正在進行。文化復興改變了智識生活，改革運動釋放了宗教思想，火藥創造了戰爭新方法，印刷術空前的廣播各種智識。當此種情形改變時，發現及開闢亦得有最大的結果。歐洲，一轉瞬間在海外得到極大的產業，對於此種占有物她究將何以處之？殖民帝國漸漸形成，歐洲國家遂決定他們的商業政策以期適合此種變更的環境。

西班牙和葡萄牙殖民帝國

國際間首先爭奪殖民地者爲西班牙及葡萄牙。一四九四年教皇之因多達西拉條約（Treaty of Tordesillas）而將歐洲世界爲兩國均分，不過是表示當時之朦糊思想。於威得角以西一千一百英里處自南極至北極畫一直線，線以東所發現新土地概歸葡萄牙，以西則歸西班牙。但分界線眞正落於何處未曾確定，引起糾紛，巴西屬葡萄牙，其餘新大陸則屬西班牙。葡萄牙保有印度及丁香羣島（Spice Islands），西班牙則認摩鹿加（Maluccas）係麥哲倫所發現，應該屬她。不過至一五二九年此種要求撤銷，葡西二國勢力範圍劃分線則在東經十七度，斐律賓羣島照條約仍爲西班牙所保留。

限制和獨占乃兩國殖民統治之特性。政治管理，或名義，無論如何空泛，實給一國以排斥外國通商之權。(二)勃倫(三)(Bourne)說：「西班牙殖民地統治之第二時期，係於卡斯提爾(Castile)州之商業中心塞維爾(Seville)成立一種機關（Casa de Contractacion）始，此種機關「係一貿易部，商業法庭及美洲貿易之清算所。」此種組織之最初形式僅有一財務員，稽核員及一經理。屋內屯集大批運往印度之貨物，執事者對於與印度，巴巴利（Barbary）及加那列羣島（Canarus）之商務密切注意，選擇適宜的船長並使他們知道印度情形及推廣貿易方法。（Casa de Contractacion）乃西班牙與新大陸通商之咽喉。船舶皆結隊航行，並祗能在選擇的口岸登陸。當一五三五年及一五七九年間各種船舶不准往來於西班牙及倍諾斯愛勒（Buenos Aires）間，因此政策起了變化。(四)貨物到了倍諾斯愛勒（除開違禁品）後，由巴拿馬海峽用船裝到坡多柏羅（Perto Bello）由該處經過秘魯下至布拉的河流域。即斐律賓人與少數西班牙人之貿易亦受限制，「因爲恐怕中國絲在利馬（Lima）市場與西班牙絲相競爭。」(五)簡言之，西班牙之政策係基於「門戶關閉」而希望獨占此種政策足以引起躲避，偸運及海上刼奪。

葡萄牙與殖民地之貿易亦係國家獨占，不僅外國人被排斥，即其本國人民亦不能單獨與殖民地通商。(六)

正如貴重金屬成爲西班牙在美洲貿易之主要物品，故染料藥品及香料亦爲葡萄牙人在東方所欲得的主要東西。幹練的領袖阿布奎基（Albuquerque 一四五三年——一五一五年）達到很大的成功，（七）因此在十六世紀葡萄牙殖民成功似乎很大。在英國及荷蘭開始與她競爭殖民地以前，她的領地自非洲東西岸，馬拉巴（Malabar）沿岸，波斯及錫蘭，延長至馬來羣島及安南，甚至到中國沿海及巴西。不過所應當注意者，卽她的統治並未深入內地。在阿布奎基未死以前，已有衰頹現象，在至一六〇〇年她的殖民威望漸就零落。她在東方之獨占漸次崩潰，在丁香羣島則爲荷蘭所破壞，在印度則爲英國所破壞。

荷蘭之興起

荷蘭乃爭脫西班牙及葡萄牙貿易獨占之第一個國家。（八）宗教熱忱和希望政治自由及成立荷蘭共和國（Dutch Republic）（九）之因素。但荷蘭商人及船舶之希望分潤海外商業之極大利潤亦不失爲一重要原因。荷蘭之殖民地商業爲極大的私人公司所控制，東印度公司（East India Company）於一六〇二年組織，荷蘭西印度公司（Dutch West India Company）則組織於一六二一年。後者「眞是一私人組織的公司。」（一〇）此種公司之性質可於牠反對荷蘭與西班牙間之和平的一個事實來證實，在其一六三三年抗議書內曾謂（一一）『若希望牠「爲本國幸福而達到破滅我們世仇之使命，則不能因與印度很小貿易或遲緩的開發人跡罕到地域所得成功的，祇能用直接敵對行動以反抗西班牙王之船舶，財產及其子民。」』

因此類公司之活動，荷蘭乃與西班牙及葡萄牙從事戰爭。他們捕獲西班牙裝銀大帆船，並繼續逮捕違禁品。一七〇〇年在東方統治已伸至印度海岸，錫蘭，麻剌甲及丁香羣島。在新世界則於哈得孫河流域成立新荷蘭國。

英法之繼起

荷蘭之獨占又依次爲英國所攻擊。因爲反抗荷蘭故，方採用克倫威爾（Cromwell）之航行法。但英國之努力於商業優勢，並不僅限於與荷蘭戰爭，得類克（Drake）和琴茲（Hawkins）及其他海上冒險者皆與西班牙在新大陸之獨占相競爭。一五八八年英海軍擊敗西班牙的無敵艦隊，此種成功乃英國獨霸海上之開始。英國公司從事開闢北美海岸並卽移殖該處。

十八世紀乃英法兩國爭取北美和印度的一個時代。七年戰爭（一七五六——一七六三）之結果，其影響遠至歐洲以外。在美洲所謂法國與印第安戰爭，搶去法國在聖羅凌士之土地及密西西比河流域之統治。在印度留給法國殘餘地方不過沿岸口岸若干駐足點而已。（一二）

經過幾世紀殖民地競爭，重商主義遂成爲決定各政府行動之主要因素。殖民地視爲母國附屬物而專爲其榨取。當時政府曾用許多方法，如禁止，獨占，排他的航行法，甚至直接訴之於戰爭，以希望達到他們的目的。他們毫無保留的接受「門戶關閉，」此種政策今日雖不爲人所信任而起了動搖，但在各國政策上仍占重要部份。

在一七七六年發生兩件完全不同事情，對於昔日殖民政策和方法給以極大打擊；其一卽爲美洲沿大西洋海濱英屬十三州之獨立，其他乃司密亞當原富之出版。曾經有人說過，(一三) 謂每個事變不過爲影響人民生活，使其脫離統治和束縛而趨向自由及平等的趨勢之一部份。此種運動雖未毀滅昔日殖民制度，但實給以極大打擊。

在很短的三世紀內，西班牙自最大殖民國家降爲最小殖民國家。她在人家手上做了她自己的殖民方法之犧牲品，同時她又不能與十九世紀自由勢力並駕齊驅。數世紀內如此升沉足爲採用狹小和排他的商業政策而希望成功的國家之當頭一棒。

一部份因爲其殖民制度之缺點，一部份因爲違禁貿易和輸運毀壞了她的獨占，故西班牙之殖民政策於十八世紀中葉曾經修改，多少趨於開明。一七六二年英人占領哈瓦那 (Havana)，在其統治下取消若干商業上之限制，致該地日漸榮繁，由此證明了與殖民地自由往來之價値。西班牙後來改良殖民政策之努力可惜爲時已晚，而在國內政府又缺乏能力。殖民地人民對西班牙失掉信仰，兼以受法美二國革命自由思想之影響，故皆決定獨立。在一八一〇年及一八二五年間，她失去新大陸大部份殖民地。在該時期末年她所剩餘者僅古巴及拍托里科 (Porto Rico)。因西班牙殖民地之反抗遂引起歐洲保守政治家之無窮憂慮，後來梅特涅曾想利用四國同盟

(Quadruple Alliance)及神聖同盟(Holy Alliance)以恢復西班牙失地。歐洲獨裁政治乃共同合作，推翻各種自由運動而重握統治權。在歐洲大陸他們的努力曾一時成功，不過當用之於反抗的西班牙殖民地上時，曾引起兩方面反對。

在一方英國對此種步驟卽極端反對。英國商人關於西班牙殖民地貿易已占去大部份，而將此種殖民地完全自西班牙統治解放出來給英國商人以許多的活動餘地。爲卻此等物質原因，故大不列顛商人極端反對在新大陸恢復西班牙統治。再者在英國尚有一政治情感贊成殖民地反抗以便實行英外交部長坎寧(Canning)心目中之政策。他反對梅特涅之計劃，並謂要成立一新世界以恢復舊世界之平衡。

在他方則美國總統門羅於一八二三年發表他著名的宣言，表示美國之反對獨裁政治推廣到西半球，並謂不得認新大陸爲歐洲列強將來殖民之目的地。此種門羅主義和英國態度極有效的阻止了歐洲反動政治想在新世界恢復西班牙殖民地之努力。(一四)

其他殖民列強亦感覺到此種新觀念影響其商業政策。自拿破倫戰爭殖民熱忱漸漸冷淡。殖民地被認爲是一種負擔。英屬北美十三州成爲今日美國，其他各殖民地亦思效顰，如巴西亦宣佈獨立。英國及荷蘭之殖民政策逐漸自由排他和獨占似將絕跡。僅法國仍繼續其取得殖民地侵略的政策。她的殖民地先後失去，至維也納會議時她所保留的祇有少數不重要領地而已。在十九世紀初年，不管國內如何反對，她又開始努力以期躋於主要殖民強國。一八三〇年派遠征軍至阿爾及利亞(Aegeria)，遂爲長期戰爭之開始。拿破倫曾增加法國海外領地，不過在墨西哥其主要計劃終究失敗。

殖民興趣之復活

當史坦利（Stanley）自非洲開拓歸來後（一八七七年），對殖民地興趣又形復活，其勢日增，直至今日。其所以致此者有數原因：民族情感已統一德意志及意大利各邦，國家的虛榮心和希望擴張權威更促使各政治家尋覓新領地；工業之興趣——機械發明之進步，商業組織之發達，遂使大規模生產爲可能——市場之需要，貯集資本之需要投資，交通及聯絡之進步，在在成爲尋覓殖民地之動機；歐洲以外土地之經濟征服（一五）證明是一種較第一次征服需要更大努力而其結果對各方影響亦更大的一種工作。

當此重新努力開拓殖民地時期，西班牙領地較從前小的多，葡萄牙要求取得非洲之大塊土地，但其他列強未能承認。荷蘭仍保有丁香群島。法國有相當強大的殖民帝國，以非洲海岸爲根據地，後來她由此進入內地。大不列顛在其統治下已有今日「龐大無比」帝國之大部份。比利亞，德國，意大利，日本，及美國今日都先後成爲殖民國家，但在當時尚無一點根據地。（一六）

望卻全地球以覓取殖民地之國家，知西半球已爲門羅主義所封鎖。若非美國採此政策，則無疑的歐洲各急於取得殖民地國家必早在南美洲劃分勢力範圍；而若干時後南美洲之文書中無疑的必將表示歐洲列強——現轉而注意到亞洲——之如何希望取得勢力範圍之故事。在亞洲他們開始確定何爲勢力範圍，完全藐視黃色及棕色人之權利和意見，同時在非洲則開始瓜分。

現今殖民地

此種運動乃一種歷史的敍述，白種人不能完全引以自豪，雖則在世界進步上爲一必要的階段。牠把地球面積之一半置於殖民地地位，其餘則置於各種程度不同之從屬地位；（一七）並使門戶關閉政策之垂死的利益又形復活（同視政策及特惠關稅。）其結果之一部份則見下表，該表係取材於美國關稅委員會關於「殖民地關稅政策」報告中之一段。

門戶開放與門戶關閉政策之最能單表示可見於關稅表册中。此章對於西班牙，葡萄牙，意大利，日本，及法國（一八）在其殖民地內所採用之門戶關閉關稅政策——同視或特惠——將討論及之。至於大不列顛，（一九）比利時，荷蘭及德國在其殖民地所採之門戶開放政策，則留至第八章再行討論。

照關稅制度之不同，將自治殖民地，殖民地，被保護地及委任統治地之分類：

國別	不同點	
	同化特惠	門戶開放
比利時		Belgian Congo Ruanda and Urundi (1)

法　國	Algeria Tunis (2) French Indo-China (2) Madagascar Gaboon Reunion Islands Martinique Guadeloupe French Guiana New Caledonia (2)	Senegal French Guinea French Oceania St. Pierre and Miquelon	Erench Morocco French Somaliland Dahomey Ivory Coast French India Equatorial Africa (3) New Hebrides (Anglo-French Condominium) Kamerun (1) Togo (1)
		Canada Australia (4) New Zealand (6) Union of South (7) Africa Tr:nidad BritishGuiana Jamaica Barbados Leeward Is. Windward	British India Newfoundland (5) Adon Ceylon Straits Settlements Federated Malay States (8) Protected Malay States Hong Kong Wei-hai-wei (Leased from China) Nigeria (8)

英國		Islands British Honduras Bahama Islands Cyprus Western Samoa (9) Southwest Africa (10) Mauritius Fiji Bermuda	Gold Coast Sierra Leone Gambia Kamerun (1) British Somaliland Kenya and Uganda Zanzibar and Pemba Nyasaland Tanganyika (1) Anglo-Egyptian Sudan Gibraltar Malta British North Borneo Brunei Sawawak Tonga Islands Solomon Islands Gilbert and Ellic Is. New Guinea Seychelles Islands Falkland Islands St. Helena
意大利		Eritrea Somalira (2) Lybia	Ital. Northern Somaliland Rhodes Dodecanese Islands

日本	Formosa Sakhalin Korea Minor Islands		Kwantung
荷蘭			Dutch East Indies Curacao Dutch Guiana
葡萄牙		Mozambique (2) Angola (2) Cape Verde Islands (2) Portuguese India Timor Sao Thome Principe (2)	Macao
西班牙		Fernando Po (2) Spanish Guinea Rio de Oro	Spanish Morocco
美國		Philippines Virgin Islands Guam	American Samoa Canal Zone

（一）委任統治地。
（二）有各種不同的出口稅。
（三）除開加逢（Gaboon）。
（四）澳大利亞管下之新基尼及諸福克羣島都是門戶開放的殖民地。
（五）牙買加(Jamaica)對於入口都減稅百分之二十五。
（六）庫克羣島(Cook Islands)乃紐西蘭之同化殖民地（assimilated colony）。
（七）東北洛謡西亞是在剛果流域範圍以內，爲遵守一八八五年柏林會議計，故維持門戶開放。見二三九頁。
（八）對於錫鑛有各種不同出口稅。
（九）委託紐西蘭統治。
（一〇）委託南非洲聯邦統治。
（一一）委託澳大利亞統治。

西班牙

西班牙今日領地極小，比較的亦不甚重要。此類領地包括加那列羣島（Canary Islands），基尼海灣（Gulf

(of Guinea)領地，所謂非洲海岸之里阿米里(Rio Muni)及灣中數島；在摩洛哥之勢力範圍及北非若干領地——最大者爲里阿阿羅(Rio de Oro)——皆包括在內。

加那列羣島自十五世紀以來即爲西班牙所統治，在商業上極爲重要。該處人民約計五十萬。就政治上或憲法上言乃西班牙之一省，由西班牙王派一總督治理之。主要物產爲果子及蔬菜。牠們很幸的處於適宜位置而能以其物產供給歐洲市場。

在西班牙對岸摩洛哥海岸上有兩個西班牙城市，麥利臘(Melilla)及修達(Ceuta)亦爲西班牙之一部份。二處係自由口埠，經營內地貿易之大部份。

在基尼灣西班牙領地以非琅多波(Fernando Po)爲最重要。過去二十年中發達極快。而西班牙在大陸之殖民地，所謂里阿米亞則恰與此相反，因無若何發達。海岸很低並不適於衛生，投資極少，海港鐵道皆未發達，即普通道路亦無。西班牙政府所已經，或所能用之資本多投於非琅多波開發呵呵工業。西班牙此類領地正表示資本對於開發新地方是如何重要。

在北非之西班牙領地所謂里阿阿羅(Rio de Oro)普通都稱爲西班牙撒哈拉，在商業上比較是不重要。氣候乾燥，土質多石，內部僅有少許沙漠田。一九一二年法國與西班牙訂立條約以便在摩洛哥帝國內維持一好政府及和平，並將此地均分。至一九二四年末西班牙將其駐在曾侵占但並未降服的大部份地帶之駐軍完全撤退。

西班牙對殖民地之政策同受國內財政及以前各世紀傳統習慣之影響。因爲財政困難，故不能從事大規模殖民地發達計劃。其政策之趨勢在於出口入口關稅上給以特惠。在失去古巴及斐律賓以前，在二處對於西班牙貨物及船舶皆給以特惠待遇。可是由於普遍政策，她在加那列羣島並未維持特惠關稅，而在摩洛哥西班牙勢力範圍內則因條約關係仍維持門戶開放。

在基尼海灣之領地上，則特惠殊有利於西班牙船舶和貨物。例如出口稅貨物用外國船裝載至外國口岸者則爲百分之八，用西班牙船裝載至外國口岸或用外國船裝載而至西班牙口岸者則爲百分之五，用西班牙船裝載至西班牙口岸則全免稅。一九〇七年爲非琅多波所通過之關稅法序言中，下列宣言足以表明當時西班牙之殖民政策：

「認爲新財政制度之根本基礎應當如下：成立從量稅則——依照重量及面積如可能的話，必需貨物及促進殖民地物質幸福及經濟生活之貨物皆免稅，對於其消費是有害衞生之物品加稅，如酒類；果子及土產之出口免稅，此種貿易正在初期，希望去獎勵；對於西班牙屬基尼富源所關之出口物產應決定適宜之稅則；採用兩項稅，一則用於外國商業或在外國旗幟下之商業，一則用於本國旗幟下之本國商業，最後對於本國商業及船舶業應用適宜的差異限度去保護。

最後認爲修改新關稅之精神，關於稅收在目的上應當和緩，一則因爲殖民地之初入商業生活，其經濟情形極不穩固堅強，二則徵收租稅應極小心，以便在各方面培養並發達殖民地之榮繁。」

今日西班牙之特惠政策似乎極注意獎勵船舶業，而殖民地貿易倒次之。關於她的政策一九二一年美國關稅委員會報告中之「殖民關稅政策」一會說（二〇）：

「西班牙之政策是在殖民地內勵行差別税及在國內市場給殖民地貨物以特惠。普遍原則在立法上已表示殖民地物產將自由入口，但此原則係以歷次法律逐漸施行的，牠決定何爲殖民地物產。一九一八年關於西屬幾尼物產之允許自由入口者有一名單——此名單曾擴充適用到非洲殖民地——且已推廣適用到西班牙屬摩洛哥；故至現在除關於加那列羣島及非琅多波之咖啡和呵呵另外立法外，此種規定皆全體一致適用於殖民地之入口。

至於殖民地關税尚未能全體一致。普通一般政策都計及允許西班牙貨物之自由入口，但爲適合各領土之財政需要計，此政策已有多少變更。西班牙貨物至自由港——加那列羣島，麥利臘，修達——祗須納普通税和港費，除了西班牙糖在加那列享受特殊免税。因條約之限制，在摩洛哥不能施行差別税，不過貨物——不問外國貨抑西班牙貨——由麥利臘來的而向摩洛哥入口者，則祗須納百分之五的税而不必納百分之十二·五的税。同樣的此政策亦允許在殖民地之出口税採用差別政策，不過在摩洛哥亦不能適用，而自由港則根本不徵税。在税則上全體一段的祗有一點：即西班牙與殖民地之直接貿易是保留給西班牙船舶（如沿岸貿易然，）而各種關税特惠祗給與用西班牙船裝載並直接來往於西班牙及殖民地間之貨物。」

葡萄牙

葡萄牙今日之所以爲一殖民強國者，由於管理——最低限度是名義上的——非洲大部份土地。可是她不能將其開發，各列強乃要求此項繼承權。因此牠們的最後處置將成爲世界政治一問題。

再者由葡萄牙殖民經驗以觀足知國家獨占和排他政策之結果，並且表示僅僅開闢實不能成立一永久殖民帝國的基礎。

葡萄牙今日領地可以分爲三類：（一）亞速爾及馬德拉島（Azores & Madeira Islands）爲卻許多原因視爲葡萄牙之一部；（二）在亞洲葡屬領地，包括兩個很小的地方——果阿(Goa)及達瑪阿（Damao），及的摩爾島(Timor)之一部份，及在中國海岸近香港附近之澳門(Macao)（就全體言此類亞洲領地面積不到九千平方英哩，在商業上並非重要，不過足爲經過貿易之場所而已）；（三）葡屬非洲殖民地包括西岸非洲剛果河口之安哥拉（Angola），西南非洲之摩贊俾克（Mozambique）薩阿湯莫（Sao Thome），及普鱗栖柏(Principe)，基尼灣呵呵島，葡屬基尼及威得角島。此類非洲領地面積約爲一百萬平方英哩，人口約爲七百五十萬。

此種領土最大者爲安哥拉。主要物產爲咖啡，橡皮，糖及蔬菜油。貿易多操在葡萄牙國家航運公司（Portuguese National Navigation Company）手裏，或謂此公司之政策全爲英國資本所操縱。

摩贊俾克之所以重要，一部份因其爲英屬南非洲通海之出口。大贊鼻齊河 (Zambesi River) 經此流過。其海岸綫計長一千四百英哩，其在德拉瓜灣之港口乃東非海岸最好之一個。摩贊俾克經濟富源之發達全操在兩個領有皇家執照之公司，大部份係用英法二國資本經營的。

威得角島之所以重要，則因其爲南非海岸南北行之船舶必須停靠的一個地點。薩阿湯莫及普鱗栖柏羣島雖然出產許多熱帶物產，但其榮繁全由出產呵呵。

葡萄牙在其殖民地並無一一致之商業政策。馬德拉及亞速爾則視爲葡萄牙之部份，其與母國來往採用自由政策。鑪羅齊河 (Loge River) 北安拉哥之一部份是屬於剛果流域協定範圍以內，故應服從柏林會議(三)總約內門戶開放之規定。澳門乃一自由港。其餘領土屬於特許公司，及直接爲葡萄牙政府所管理者，皆有出口入口特惠關稅。若殖民地物產係用葡萄牙船舶裝載，則葡萄牙關稅給以特惠；而殖民地關稅對葡萄牙貨物用葡萄牙船舶裝載者亦給以特惠。至於外國貨物若過葡萄牙境而享受其國籍權也有權享受殖民地特惠，用以獎勵駁載貿易。殖民地出口稅對貨物亦曾有特惠。葡萄牙亦曾與其他國家訂立商約，大部份皆規定其殖民地物產自母國重出口時，在外國不應完納較葡萄牙貨物爲高之稅。此規定，其他條約內亦有者，足見其維持船舶業之苦心。葡萄牙商約內之最惠國條款皆保留有給西班牙及巴西特殊利益之權。

葡萄牙殖民地之最後處置，已爲並正是世界一重大問題。葡萄牙之政治家已知道其本國富源對於開發現爲其統治之非洲大塊土地爲不可能。她在商業及財政上之依賴大不列顛已有如是明顯，甚至其政治家亦嚴重提議將此類殖民地出賣。鍾斯通（Johnston）曾說（二二）：

「在一八九八年，當未解決之非洲土地及英德法間之競爭使預備瓜分葡屬殖民地爲可行時——若此類殖民地脫離葡萄牙管理或預備出賣——英德間已成立條約將葡屬非洲殖民地劃爲勢力範圍。」

葡萄牙殖民地處置問題乃一九一四年前英德競爭中之嚴重事件。大戰爆發之前夕，二國關於在此等殖民地上之勢力範圍已得到一諒解。此約於德有利益乃當時任駐倫敦大使之德公爵李希老司基（Prince Lichnowsky）所訂立，不過因爲德政府反對將此約公佈，致大不列顛未將其批准。李希老司基曾說（二三）：

「在一八九八年侯斯非力伯爵（Count Hatzfeldt）與巴爾福（Balfour）簽訂一秘密協定，將葡屬非洲殖民地由我們與英國分爲政治經濟利益範圍。因爲葡政府一則未有權力，同時也未有方法去開發此極大領地及治理牠們，故昔日曾有意將其出賣，藉使財政基礎穩固。我們與英國已成立一條約，將二國利益分別清楚。其價值，因葡萄牙之完全依賴英國而增加。……

當我未抵英國以前，我們與英國商談之目的在修改及更正一八九八年條約，因該約包含若干不能施行之規定，如關於地理的分界等。感謝英政府之和好態度，致我能訂立一完全適合我們的志願及利益之條約。整個安哥拉，遠至經度二十度，完全劃歸我們，故我們自南方可達剛果地境。再者赤道以北原屬法國勢力範圍之有價值的薩阿湯莫及普靈栖柏島亦分派給我們——此種事實已引起法國激烈但無效的抗議。

再者，我們取得靡贊俾克之北部，以李康果（Licango）爲界。

本來照英國提議，剛果也擬包括於條約內，給我們以先買權，而使我們能於經濟上插足該地；但我們拒絕此種提議是因爲恐怕引起比利時之惡感和猜疑。眞正意思恐怕還是我們在談判勝利時仍求經濟吧？再者至關於此約眞正和未曾表示的目的之實際執行——將來瓜分葡屬殖民地——則此新約如與舊約相比，實給我們以重要利益而代表明顯進步。牠規定在某種場合上爲保護我們利益起見，使我們有權在分給我們的土地內執行干涉。此種寓於伸縮性之條規範圍極廣，我們可以自由決定是否涉及重大"vital"利益；葡萄牙全依賴英國，因此我們祇要好好培植我們與英國的關係以便以後於得其同意後，來實現我們的希望。葡萄牙在非洲之其餘殖民地都歸倂英國。但該約從未批准。」

意大利

意大利，近代國家成立最晚者，占有一地，其傳統習慣須回溯到古代羅馬帝國，教皇法庭及意大利各邦之歷史，表示其所依以爲據之複雜背景。戰爭，壓迫，法律制度，文學及藝術，各種各類商業，若干年來曾影響現今佔據意大利半島人民之性質。

意大利亦如德國然，很晚方參加殖民帝國之競爭。因地球上重要面積已爲他國捷足先得，故意大利祇好取得沿紅海一帶不毛之地。在一八六九年開闢蘇伊士運河的一年，有一意大利輪船公司購買阿薩布（Assab）口岸，但直至一八八〇年毫無若何建設。自此不久以後，曾與各地土酋與阿比西尼亞（Abyssinia），大不列顛及法蘭西成立各種條約。一八九〇年，在紅海所取得之領地乃名之爲厄立特利亞（Eritrea）殖民地。意大利帝國主義在克立斯皮（Crispi）領導下積極侵略至印度洋上之索馬利蘭（Somaliland）。

一八九六年意大利軍隊向阿比西尼亞移動，意之政治家認爲此地係一可以移民地方。但他們很驚奇的發見米尼里克（Nenelik）之軍隊皆備有新式軍器及火藥，致在阿多瓦（Adowa）大敗。此種非洲人戰勝歐洲國家之勝利，對於意大利殖民野心給以致命打擊。

意大利因一九一一——一二年與土耳其戰爭結果，遂從事第二次殖民運動。意大利佔據的黎波里坦尼亞（Tripolitania）及塞里納卡（Cirenaica）而名之爲提比亞（Tibia）。佔據沿岸城市並未遇若何困難，不過征服荒野土人部落則尚未完全成功。

在這個戰爭內，意大利又佔據羅得斯島（Island of Rhodes）及多得康尼司（Dodecanese）茲後遂視爲領地。色忽爾條約（Treaty of Sèvres）規定意得兼併此等地方，但希臘反對；於是意希二國另外訂立條約，內中規定各小島立卽讓與希臘，而羅得斯，於英國歸還賽蒲路斯（Cyprus）於希臘十五年後再歸還希臘。後來意大利拒絕此約，在一九二三年七月二十四日羅桑條約（Treaty of Lausanne）（第一部，第二十五條）土耳其不承認意大利在羅里斯及多得康尼司之任何名義及權利。（二四）

在商業上，意屬各殖民地並無若何重要。其出口包含熱帶及沙漠荒蕪之物產，而當地人民所需要之工業製造品之入口亦屬有限。殖民地之賦稅政策係以駁截貿易及稅收而非以意大利商業之需要來決定。實際上因商業而發達的所有意屬索馬利蘭各部份係屬於一八八五年柏林會議所規定的剛果流域範圍以內。但意大利蔑視該約內門戶開放規定，曾成立有限特惠稅則以優待自己貨物。厄立特利亞之出口入口稅則表內亦有優待意大利貨物之特惠。在提比亞之主要特惠由於對意大利貨物估價一貫的較對外國貨物爲低之結果。殖民地物產在意大利市場亦享受特惠。

日本

日本雖爲殖民強國之最後進者，但自維新以來（一八六八年，）曾取得一一九、〇〇〇平方英哩多的地方，約較本部面積增加百分之八十五，現在總面積約爲二六〇、七三九平方英哩。

日本帝國之擴張始於同化附近各小島。一八七四年取得千島列島（Kurile Islands），一八七六年取得波樺島（Bonin Islands）一八七九年取得琉球島（Loochoo）。台灣及澎湖島則於一八九四——九五年中日戰爭結束時由中國割讓，而南部庫頁島則係一九〇五年日俄戰爭後由俄國割讓者。關於北半部庫頁島原幣代表日政府在一九二二年二月四日第六次裁軍會議全體大會時曾爲下列聲明（一九二二年二月四日）：

「佔領俄國庫頁島省之若干地點，在性質及動機上與駐軍於濱海省者完全不同。歷史上很少有與一九二〇年尼可來夫斯克（Nikolaievsk）相同之事變，與該處七百餘日本人民，包括女子小孩及日本領事及其家屬官佐爲人虐待和屠殺。世界任何值得崇敬的國家在該種騷動挑釁情形下未有能容忍承受者。同時日政府也不能不顧及因此事變所引起國內之民憤。在當時情形下日政府覺得未有其他有效方法，祇好佔據引起事變的俄屬庫頁省若干地點以爲報復，直至俄國成立負責政府與之交涉取得滿意的答覆爲止。

日本政府從來未嘗想利用俄國此種困難的情形而從事自私自利計劃。日本對於俄國在戰爭初期爲世界文化利益所盡之光榮職務固嘗感激追念。同時日本人民對於愛國俄人從事復興及統一之努力已表示，並將繼續表示十分同情。武力佔據俄國庫頁省僅係暫時性質，一俟俄國成立有秩序政府，問題得一滿意解決時，則日本立卽撤兵。」（二五）

休玆氏爲美政府曾回答說（上略）：「

「美國政府代表已聆悉原幣宣言並注意到爲日本政府關於西比利亞濱海省及庫頁省撤兵所給之擔保。並知日本政府負責發言人所保證尊重俄國領土完整，遵守不干涉該國內部事情及在俄國領土內各國工商業機會均等之原則乃日本政府向來一致不變之政策。

此種擔保是謂日本並不因軍隊佔據西比利亞而損害俄國人任何權利，或取得任何不公平商業利益，或爲自己併吞西比利亞漁業，或者絕對排斥外人而獨自開發濱海省及庫頁省之富源。」（二六）

一九二五年一月二十一日日俄二國於北平簽訂一條約，詳細規定須參考條約正文，附帶覺書及議定書。其條件包括兩國外交關係之恢復，北庫頁島撤兵之規定及給與日本開發煤，石油種種重要讓與。

日本於一九一〇年取得朝鮮主權。在一九〇五年因樸次茅斯條約及北京條約（Komura Treaty）取得在南滿及關東租借地昔日俄國所享受之權利，並取得鐵路和其他種種權利，北至長春爲止。關東租借期原爲二十五年，自一八九八年起，在一九一五年延長至一九九七年。一九一五年條約將南滿鐵路歸還期定在二〇〇二年。

日本佔領地在戰略及經濟上都極重要。台灣面積爲一三、九四四平方英哩，出產樟腦久已馳名。最重要商業出產品爲甘蔗糖，大部份運至日本，他方面其最重要出口爲茶。朝鮮面積八四、〇〇〇平方英哩。農業爲主要實業，但因受舊式耕種方法之限制，故收穫不豐。米，麥及其他穀類，豆，菸草及棉花乃主要收穫物。若干地點出產金子，而銅鐵煤及他種鑛產亦埋藏甚富。庫頁島大與台灣相等，主要富源爲出產靑魚。此島富有大叢落葉松杉樹及煤鑛，此外尙有沙金，鐵，硫磺鑛及煤油。關東租借地面積爲一、三〇〇平方英哩，因出口大豆，豆油及豆餅而著名。滿洲乃世界大豆之主要來源。關東之商業重要性因其爲南滿富裕地方之出口。經過貿易在過去十年中增加極大。

日本其餘不重要殖民地之取得，置於國家行政系統下都視爲日本之一部。其殖民地同視關稅政策已用於台灣，庫頁島及朝鮮。（二七）在關東租借地則同視政策爲條約所禁止。在朝鮮亦同樣禁止，但爲期祗十年，以倂吞日期開始；對日本之同視政策是於一九二〇年八月二十九日開始，因擔保之爲期十年於是日滿期。

日本在殖民地採用門戶關閉政策之趨勢是特別重要，當討論到她所統治及她想統治之亞洲一帶土地時。

（二八）

法蘭西

法國現在面積在四、〇〇〇、〇〇〇平方英哩以上，人口將近一萬萬。在非洲北部包括阿爾及利亞(Algeria)，突尼斯(Tunis)及摩洛哥以及在撒哈拉極大的海岸後地直至剛果；在西岸則包括塞內迦爾(Senegal)，摩里得尼亞(Manritania)，法屬基尼 (French Guinea)，埃沃里海岸 (Ivony Coast)達荷美 (Dahomey) 及德國喀麥隆(Kamerun)和多哥 (Togo) 之大部份；在紅海則包括索馬利蘭之一部；在西南非洲則包括重要島嶼馬達加司加(Madagascar)。

在委任統治制度下法國管有敍利亞 (Syria)，在該處法國勢力及文化已久佔優勢。她在印度領地包括五個很小的地方；但安南——牠是因侵略鄰近地帶 (二九)逐漸擴張的——是一重要領地，人口約一千七百萬。在海洋洲法國最重要領地爲新喀利多尼亞(New Calebonia)。在美洲領地則爲聖佩耳 (St. Pierre)，彌圭琅(Miquelon)，瓜德盧普 (Guadeloupe)，馬知尼克(Martinique)及法屬基阿(French Guiana)。因此法國是一僅次於大不列顛之殖民強國。

在一八九二年法國殖民關稅政策之目的係取同視；其意義卽法國與殖民地間成立自由貿易，外國貨物之運入殖民地者必須遵照法國關稅納稅。此政策之主要各點皆用之於下列法國各領地——阿爾及利亞，安南，突尼斯，馬達加司加，斯喀利多尼亞，法屬基亞，加逢 (Gaboon)，累羽儂 (Reunion)，馬知尼克，哥德盧普。在此制度下法國為其工業保有肯定特惠以抵抗外國競爭。在許多殖民地之口岸不僅對外國貨物即對法國貨物亦徵收某種消費稅，那是真的；不過此種利於法國貨物之特惠對於貿易已足給以極大影響。此類殖民地，除若干貨物外，在母國市場皆享受自由貿易。

在她的少數殖民地內法國並未採用同視政策，不過僅僅引用特惠稅以優待法國貨物。如塞內加爾，法屬基尼，法領海洋洲（French Oceania）聖皮耳及彌圭琅皆屬如此。

法國曾與各國訂立許多門戶開放條約，在摩洛哥，達荷美及埃沃里海岸負有維持平等待遇政策之義務。一九〇六年阿合西勒協定，美國亦曾參加，規定各國在摩洛哥之商業平等待遇。英法關於基尼海岸領地曾訂有門戶開放乃係一種政策。

法國曾用其勢力以反對平等待遇及門戶開放原則。對阿合西勒協定門戶開放之敵視，法國大人物並不諱言。在一九二二年法總理樸廳開雷（Poincaré）關於擴充特惠到摩洛哥之可能曾有如下談話：

「摩洛哥之關稅皆適用於任何貨物不問其來歷如何，現時我們無從變更，因為我們現在無權成立差別或特惠稅則……

現時我們為阿合西勒條約及與各國所訂立之國際協定所束縛。在摩洛哥我們現在無權為法國或阿爾及利亞物產成立特殊制度。

若在將來，經過長期及困難談判恢復我們之自由後，則我們可隨湧瑪君意志而行事。」（三〇）

俄國

若取得鄰近土地亦算爲殖民，則俄國乃一最大之殖民國。十九世紀許多極嚴重外交問題都集中於俄國擴張威勢及希望在巴爾幹，君士坦丁堡，高加索（Caucasus）波斯，阿富汗司坦，西藏，蒙古及滿洲取得土地之野心。俄國在昔日贊成門戶關閉，努力於獨佔其所統治地域之經濟利益。她之關稅政策乃同視政策，在若干事件上則因採用特惠和其他稅則而稍爲和緩，是即在滿州因國際保證平等待遇致執行同視政策爲不可能。

門戶關閉政策之危險

隨殖民地興趣之復活——爲十九世紀最後二十年及現在二十世紀之特殊現象——伴同而來的，即爲半恢復昔日殖民政策之各種限制。新重商主義，在特惠關稅上幾完全自己表白出來。殖民帝國之擴張遂廣泛的執行差別待遇。用特惠關稅方法以關閉門戶有其政治和經濟之目的。關於後者，有二點值得注意：（一）於殖民地推銷其物產時希望給本國工業以利益；（二）在國內希望對消費者保證用特惠，即不用獨佔，以取得主要原料。

全世界出口入口特惠之存在和增加對於美國人民不能謂爲無關重要。我們現爲時勢所迫逐漸擴大的參加國外貿易及財政。我們的製造工業在技術和財政上已趨強盛。我們國內雖然富於天源富源，將來仍需大批的重要原料入口，例如苧蔴，橡皮及錫祇能自海外輸入。出口，以前係偶然，現在對於許多製造公司榮繁極爲緊要。熱帶殖民地市場給我們許多機會。此等地方，許多是人口很多，其工業發達遲緩，故不能不仰給大工業國家以供給他們所需要的製成品。我們船舶業亦引起我們在國際商業政策上之興趣。海外巨額公私投資，銀行及其海外支店，資本之開發世界富源，凡此種種皆促進我們與國際關係。

此種情形使貿易上之歧視對於我們有實際的興趣。我們海外殖民地就地域言爲數有限，而我們宣佈的政策則在減少此種殖民地，並不希望增加。在一霎時內自我們自私的幸福見地去看此事實，則在殖民地內推廣昔日之特惠政策而排斥他人，於我們毫無所得。

美國之反對門戶關閉政策並非純由於政治的自私政策。若用其經濟力量，執行排他的讓與，則將保有任何國家所未曾有之利益。門戶關閉政策在長時期內對於任何國家是無益的，牠祇能引起國際間之誤會和敵視，故在任何可能範圍內應當避免。其執行在用政治力量以取得經濟利益，而此種方法之結果，照歷史所公示者，乃爲報復及戰爭。

再者門戶關閉政策與殖民地自身利益亦相衝突。牠限制其發達。在母國市場之特惠，在一時期內對於殖民地生產者固然是很有利益的，但須知受利益者祇限於少數人，最後所得並不足以抵償所失。就以往所施行的門戶關閉政策以觀，其主要目的似祇在爲母國某種工業家及商人謀利益。殖民地入口關稅上之特惠祇利於母國工業製造品之生產者，而出口特惠則祇給母國消費原料之工業以利益。在無論那個事實上特惠最後的爲剝削，他們乃昔日殖民理論之產物；即殖民地係爲母國利益而存在，或者爲母國某一階級之利益而存在的。其實殖民地貿易在納稅上應負擔殖民行政比例的費用，而殖民地之開發應循近世視殖民地之統治係爲的世界文化利益之觀念的途徑而前進。

（一）試以此與一九二四年美國飛行家環繞地球相比。

（二）見（Keller. A. G., Colonization, 1908, chap. 7; Bourne, E. G., Spain in America, 1806, chap. 19.)

（三）見前引勃倫(Bonrne, E. G., 書 p. 222.)

（四）見前書第二九〇，第二九一頁。

（五）見前書第二八九頁。

（六）見前引(Keller)書第三，四章。

（七）見前引(Keller)書第一〇六頁。

（八）見（Day, Clive, A History of Commerce, The Dutch in Java.)

（九）見（Motley, John Lothrop, The Rise of the Dutch Republic.)

（一〇）見（Day, Clive, A History of Commerce, p. 192.)

（一一）見前書第一九二頁。

（一二）見（Woodward, W. H. The Expansion of British Empire; Seeley, J. R. Expansion of England; Macaulay,

Thomas Babington, Essay on Clive.)

（一三）參看上述第一章。

（一四）當西班牙殖民地革命時，美國自西班牙購就佛羅里達(Florida)。西班牙在新大陸之其餘殖民地則因美西戰事而全失去。古巴成爲獨立，拍托里科(Porto Pico)爲美國所兼併。同時將斐律賓島賣與美國，其後巴黎條約後（一八九八年）又將喀羅林(Caroline)，馬沙爾(Marshall)及拉德侖羣島(Ladrone Islands)賣與德國。

（一五）參看上述第一章。

（一六）其例外卽美國在當時已保有阿納斯加(Alaska)。

（一七）參看上述第一章。

（一八）有許多既存的情形是爲特惠關稅待遇辯護的。可是牠們都是例外，如各國都完全接受商業機會平等政策，則消滅此種例外亦非難事。可試用一試驗方法。若自然貿易過渡存在，則得允許有特惠，特別是小的政治團體在經濟上依賴大的政治團體，是卽西班牙與葡萄牙，法國與阿爾及利亞，美國與古巴。不過特惠及互惠條約若係用以轉變貿易使其不於自然途徑中流動或成立人爲的商業集團則爲不應該，是卽大不列顛與澳大利亞間，美國與巴西間，美國與斐律賓間，法國與安南間之特惠。

（一九）在第五章內，其關稅政策與門戶開關政策相似之自治殖民地，與違反無條件最惠國原則之國家列爲一類。

（二〇）參看第四十頁、四七五頁。

（二一）參看第二四〇頁。四一五

(二二)參看 (Johnston, H. H., The Colonization of Africa 1913, p. 115.) 由參看 Gibbons, Herbert Adams, New Map of Africa.)

(二三)見(International Conciliation, June, 1918, No. 127, The Lichnowsky Memorandum, pp. 821-285.)

(二四)參看("Peace Terms with Turkey" in Current History, New York, October, 1923; "The East After Lausanne" in Foreign Affairs, Sept. 15, 1923.)

(二五)見(Conference on the Limitation of Armament, Washington Nov. 12, 1921, Feb. 6. 1922, p. 346.)

(二六)見前書第三四八頁。

(二七)日本對出產地方用她的入口關稅。她未曾用出口稅。

(二八)自日本人見地對日本政策加以批評之宣言請看鶴見佑輔一九二四年對麻省威廉斯登(Williamstown)政治學會之演講。

(二九)安南乃許多獨立王國結合成的——交趾支那 (Coehin-China,) 柬埔寨 (Cambodia,) 安南 (Aunam) 老撾 (Laos) 東京 (Tongking) 及其他。

(三〇)參看(Journal Officiel, Debats Parlementaires, Chambre des Députis, Nov. 15, 1922, p. 3147.)

第七章　美國殖民之經驗

美國方面對於門戶關閉政策所加之批評，其態度並非誠恐她在斐律賓之政策乃代表世界各國最不自由的。美國所採取之特惠及同視政策在動機上是與歐洲列強不同，雖爲人指責，但其歷史背景頗足爲之開釋。她不僅未曾參加殖民地競爭，她本身還是十六十七世紀歐洲第一次擴張時期內之產物，在十九世紀時她之參加殖民地競爭完全是消極的，是即拒絕歐洲列強於新大陸以外。她之取得斐律賓僅係戰爭中一個偶然的事實。

國勢之擴張

若對於我們土地之獲得及影響每個事實之動機未曾加以考查，則不能了解今日美國對殖民問題之態度。我們國家發展可以分爲兩期：第一期自原來之十三州起至加杳登購買（Gadsden Purchase）（一八五三年）爲止——最後加入美國本部者。若視我們昔日之擴張爲美國殖民發達之一部份，則美國可認爲世界最大殖民國家。（1）美國邊境漸漸自阿利給尼（Alleghany）及不留利幾（Blue Ridge）山移至太平洋，自北方各大湖移至墨西哥灣及格蘭得河（Ris Grande）。此種國土之增加——路易斯安那（Louisiana），佛羅里達（Florida）俄勒岡（Oregon），德克薩斯（Texas），墨西哥的讓與，包括加利福尼亞及加斯登購買——從未嘗想到說牠們應當變成普通一般所謂殖民地的意思。每次土地獲得的目的都先則爲卻移民，最後才將其改爲州。在州(state)與特別區(territory)間並無若何異點，除特別區在起初開發時期內須置於必要的暫時限制下外。此等特別區政府之原則宣布於一七八七年之西北土地命令(Northwest Ordinance)中，因此落機山以西千里無人烟的地方宣布爲國家領土，成爲保留地帶，若人口增加，得成立新州，在任何方面其權利與昔日各州相等。即在新州尚未成立以前，給與住民以取得財產，享受人體自由保障法，陪審制權及其他盎格納薩克遜民族所有自由之各種保障。

全洲之開殖

至十八世紀末年，殖民地之爲爲卻母國利益而被榨取的地方已爲世人所公認的觀念。因美之前身曾爲英之殖民地，故對於該種制度之痛苦已備嘗無餘，今既自有領土，故決給以平等權利。一七八七年西北土地命令乃政府歷史上一種鴻溝，同時此種原則已深入美國人心理及行動中。(三)

因此第一期國家發達，嚴格講起來並非殖民地擴張而係國土擴張，因爲在特別區域內後來設立之各州，其主權與原來十三州者相等。此時期以自大不列顛購到俄亥俄流域爲始，當時英國因長期戰爭國庫正窮，此一帶地方已爲移民所佔據，由於喬爾葛拉克(George Rogery Clark)之征，牠不過爲戰爭中合理的刼奪品。若英國堅持保留俄亥俄流域，則美國人民之西進運動或已暫時中止。

一八〇三年之購買路易斯安拉並非預先謀劃的。雖然美國需要密西西比河口以爲西方中部移民貿易之自由出口，但出賣此大塊土地之建議並非出於美國而係出於英外相塔列蘭（Talleyrand）。簽訂購買條約之美國委員並未取得政府訓令而係自由行動，而總統哲斐孫（Jefferson）之批准此約，亦自知其係違反憲法行動，其所以終於批准者亦以其於美國有利而已。佛羅里達係當西班牙因殖民地叛亂國勢衰弱時（一八一九年）自她購就的。西進運動中之土地是否廢除或保存奴隸制度(四) 大問題南北兩方爭持不決。在此種爭論下，其後數世紀又增加很多的土地。關於俄勒岡邊界爭論同英國解決了；保有奴隸之得克薩斯亦允其以州資格加入合衆國；幾年後延至太平洋之墨西哥地方亦爲美國所兼併。

在五十年內——自一八〇三年購買路易斯安納始至一八五三年加斯登購買——美國面積增加三倍，人口增加四倍餘。至此擴大運動中止，其後一世紀內美國態度是很反對進一步的發展。

阿拉斯加（Alaska）

此時期內獲得一不與本國土地接壤之屬地的事實是很有興趣的。祗有對「殖民地」一字給以自由定義，然後阿剌斯加方算得殖民地。當獲得該地時原希望其終有一天因美國與加拿大之聯合而爲美國本土之一部份。其發達係依照各特別區傳統程序進行而最後將允許其加入合衆國。在一九一二年八月二十四日已承認其爲特別區，除人民外取得各州應成爲州之資格，自最初起此間對阿拉斯加即採同視政策。一八六八年，在「擴張美國關稅，商業及航運於俄國讓與土地內以便在該處成立聯邦稅收區（Collection District）及他目的之法律一下，其美國國會規定「凡在美國適用之海關，商業及航運之法律而能適用於俄國皇帝讓與美國之所有陸地，島嶼及海洋者，概得實用於阿拉斯加。」

美國人民在一八六七年時都極端反對擴張國土，但他們贊成收買阿拉斯加。他們認爲此種收買一則對俄國表示好感，二則使美洲脫離歐洲統治，三則免得大不列顛獲得此地。在此種態度下可以認識門羅主義原來爲俄國之特別注意而申述的那部份之影響，即「美洲大陸……此後不得認爲歐洲列強殖民之目的物。」從未嘗有人夢想到侵略的行動。在當時及以後二十五年間一般輿論，若用近代名字來形容，都是反對帝國主義的。當時此種輿論聲勢極大，致收買丹麥的西印度羣島及獲得多米尼加民主國（Dominican Republic）之條約，皆未得上院批准，即一八九三年兼併夏威夷之條約，而由總統克利夫蘭（Cleveland）撤回而未提出討論。可是他們雖然反對獲得新領地，美國人民未嘗不注意到夏威夷在國防計劃上之重要性。許久以前——確實年載爲一八四二年——總統台勒耳（Tyler）於致國會公文中曾宣言美國必反對任何他國之占領該島。美國人民在當時雖不願意取得該島，但他們已決定防止該島落入任何列強手中。

第二期國土擴張

阿拉斯加屬於第一期國土擴張。至夏威夷則係介於過渡時期內，其所以屬於第一期者，因美國獲得該島之背景係希望在太平洋海岸得有充分國防而其所以屬於第二期者，則因其兼併是實現於一八九八年之美西戰爭。因美國兼併夏威夷後遂遇卻一新殖民問題。

第二期擴張與第一期者相比較，其不同點：（一）此種擴張已遠至海外及隔離大陸的地帶；（二）此種擴張在大體上係被動的而不爲美國人民所歡迎；（三）受影響的外人都視此爲一種不可免的痛苦，但對占領後之當地情形較未占領前稍示滿意；（四）使美國在國際政策上能進一步採取新的原則；即一強國爲弱國（古巴）成立獨立局面；（五）使美國成爲世界強國。此種擴張，在起初與美國人民不相容。此兩個不同時期間相對照所表示之不同點是很大，而夏威夷照適才所指出屬於過渡時期事件，在時間及性質上都足以溝通聯接這兩個時期。

美國傳統思想反對統治他人

要懂得美國關於領地所宣布之政策，則對於潛伏於該國政治歷史和經濟情形中之若干因素必須考慮。第一，殖民地之獲得並非如其他殖民列強然是隨卻國家經濟及工業發達而並進的。當美國取得殖民地時，全國尚未工業化到一點至要爲工業製造之剩餘物品尋找海外新市場。其國內市場尚能充分吸收工業出產品，而其原料及食物尚出賣於國際市場，並無needs迫切採用限制和排他政策。當時美國在殖民政策上，是可以採取光明正大態度的。

美國爲何採取一種與其他殖民列強之不同的殖民地政策，卻有其他原因——此種原因爲美國人民普遍所公認，並且自他們觀點觀之乃極關重要者。生來即努力於反對昔日暴虐和壓迫的殖民制度，今已大半自由，美國人民已有一種反對一個階級人民統治他階級人民之傳統觀念。他們相信，如他們在獨立宣言中所宣布者，「任何人皆係生來平等，」而任何政府皆係「自其被統治者那裏取得同意而後才取得公正的權能。」因此他們很懷疑殖民地擴張政策而當殖民地無意的落到他們手內時，其對殖民地人民之態度多爲其所相信的「政府乃被統治者之政府」一原則所決定。爲遵守此原則計，他們乃採取教育及訓練殖民地人民之政策，以使其適於自治。除少數小島嶼留爲永久海軍根據地外，對其餘殖民地都允許其有自治權，祇要他們一旦達到該種程度時。此在實際上成爲美國殖民政策之主要特點。(六)

美國與其國內非雅利安民族 (Non-Aryan Races) 之經歷

與美國國內非雅利安民族之經歷亦使美國人民懷疑和無意於殖民地之擴張。外國民族與西方文化相接觸引起許多複雜問題。若我們建國原則是平等，而對於在我們主權下之其他任何人民之平等加以反對，未免太相矛盾。美國，不像歐洲國家，在國內即遇着此種問題，如白種人之與印利安人，黑人及亞洲人。此類問題之未能滿意解決，遂使美國人民無意於殖民地之擴張。

在成立之初，美國境內有許多的印利安人，新的民主政治之根本原則對他們不能實用。究將何以處之？大理院對此問題之判決認爲印第安部落乃「國內附屬民族」(domestic dependent nations)。（七）因此印第安人並非美國公民，乃國內外人有權行使其本來法律，遵守原來習慣，爲符合此特殊狀態，與各部落訂有「條約」。此部落成立一民主的組織，至一八八六年各部落在一種倣照美國式樣的憲法下管理其自己事務（聯邦政府幫助之。）

最後覺得一有效的解決，始於一八八七年國會通過之土地各別法。凡美國政府爲印第安部落所保管之分離土地和財產，如可能時，皆分配與各個印第安人。再者大理院已承認「脫離部落」之印第安人享有美國公民全部身份和權利。羅斯福於一九〇一年第一次總統咨議會文中總括其大致所謂美國固定政策如下：

「……時候已至，我們應當決意承認印第安人係一個人，而非部落之一份子。分派法乃一破壞此部落羣衆有力之機械，牠直接適用到家庭和個人。在此規定下，幾有六萬印第安人變成美國公民。我們現在應當破碎部落公款，照分配部落土地方法，分與各個印第安人。」

美國國內黑人成爲一更難解決問題。從事解決已使美國人民感覺極端痛苦，且阻喪統治非雅利安人之野心。南方政府宣言 (Confederate declaration) 中所表示之觀念，認「爲奴隸受制於優勢民族——乃其本性及常情」，是與信仰普遍施行民主理論人士之良心相違反。而北方觀念所謂黑奴應當視爲一種將來可以取得公民資格之人民，不僅南方不能接受，即歐洲殖民列強亦不能完全了解。此改造時期遂引起痛苦和失望，而感覺到釐正兩民族之關係乃是一種需要忍耐及創造方法之工作。

國內尚遇卻有第三個民族問題。黑人乃無告無助的人，印第安人則爲數很少，不過亞洲人之第一次移人乃代表後來無數萬移入者之急先鋒，他們自己社會制度發達很高，對之稍有不平卽反抗憤怒。何況尚有一經濟性質之環境實不容忽視。美國工人覺得亞洲人乃一強有力競爭者，因爲亞洲人之無限制的移入，致美國一班人之經濟生活有劇變的危險。再者民族天然結合性及美國之社會法典使得這些人不能溶合於現存美國公民內。此二種因素很威嚇美國工人階級使他們感覺有滅絕危險。亞洲人之入境祗增加了美國人對於一民族統治他民族的建議更激烈反對。

民族問題亦不僅限於大陸美國，在一九〇〇年巳發現有爲柏托里科人及斐律賓人立法之必要。與西班牙所訂之條約尚未批准，當美國軍隊在斐律賓遇到叛亂，最後淪於困憊及無窮的混戰時，美國人民此時才第一次受到英國人在緬甸(Burmah)及法國人在東京(Tongking)曾經受過的經驗。

美西戰爭之影響

除維爾京羣島(Virgin Islands)以外，美國土地之增加，乃美西戰爭之偶然結果，美國人民雖然願意見西班牙之自古巴被驅逐，因爲他們認爲外國之占領此島於美國有害無益，但他們從未嘗想自己獲得此島。美西戰爭結果他們覺得爲西班牙所割讓之古巴及其他土地都無意中落到他們手裏，差不多一晚未預計的卽成爲殖民強國。並無何種計劃來處理此等地方，同時對於利用此等地方也沒有任何一致的意見。不問他們如何反對占領殖民地，他們卻無意中占有爲外人居住之新土地。因此國內引起「帝國主義」呼聲。反對占領新領地者之勢力極強，致美政府不得不承認到了可以允許他們獨立時候，則美國取消其統治權。不過若美國退出她的新占領地，則他國必將侵占，因此不問如何反對，美國保留統治昔日西班牙之各殖民地，而從事於爲他們預備一自治政府之工作。

美國對於古巴之行動，已明白表現其殖民政策下之動機。在獲得古巴時，美國宣布其動機絕對不是自私自利的而係人道的，除爲謀古巴人幸福外，她不企圖何種利益。並向全世界宣布一俟該島人民達到自治，美國卽自該島撤退。此種信誓曾嚴格遵守，雖然美國曾二次干涉以恢復秩序，但每次都是於和平成功後卽行撤退。其結果則古巴今日在民主式政府下日趨發達，其憲法全在美國訓導下發達來的。

因一九〇一年三月二日美國會採用普拉特修正案(Platt Amendment)之結果，下列規定曾列入一九〇一年六月十二日古巴憲法之附錄中：

「一九〇〇年七月二十五日總督命令所召集而以其命令行事之憲法會議，決議將下列附錄附於二月二十一日採用之古巴共和國憲法中：

第一條　古巴政府不得與外國訂立任何有損古巴獨立之條約或其他契約，也不得授外國或允許外國爲殖民或海陸軍目的以屯留及管理任何島嶼之權。

第二條　古巴政府不得發行任何公債，因其利息之償付及預備若干公集金以爲最後償還之用，致使該島之平常收入除支付政府經常費用外有感不充足之危險。

第三條 古巴政府允諾美國有干涉權以保全古巴獨立，維持一能充分保護生命，財產及自由之政府，並允許美國有權履行巴黎條約中關於古巴方面美國所應盡——現轉爲古巴政府所負擔者——之責任。

第四條 在軍事占領時期內所有美國法律在古巴都已批准，有效，而在此種情形下所獲得之各種合法權利，皆應當維持並加以保護。

第五條 古巴政府爲島上城市衞生計，應執行前經勸告及以後互相同意之各種計劃，以便達到預防流行傳染疾病復發之目的，因是對於古巴人民及商業，及美國南部之商業及住居該處之人民給以保護。

第六條 派因茲島(Isle of Pines)不得規定於古巴提議的憲法所定界線以內，而其主權應留待將來條約再行處理。

第七條 爲使美國能維持古巴之獨立，保護其人民及爲其防禦計，古巴政府於得美總統同意後得租與或賣與美國以若干裝煤海軍停泊地點上之必要土地。

第八條 爲進一步保證計，古巴政府必將前述各項規定於與美國訂立之永久條約內。

若謂此類規定及一九〇二年互惠條約(九)未給美國在古巴以特殊保護人資格則顯係不實。我們應當承認古巴主權已受限制。美國公民和資本皆全趨向古巴；而經濟因素或許亦會改變我們所宣布的政治理想。

美國本部及其未連接之土地的面積和人口可於下表見之（一〇）

地方	面積	人	口
	平方英哩	年載	
美洲大陸 Continental U. S.	三、〇二六、七八九		
阿拉司加	五九〇、八八四	一九二〇	一〇五、七〇八、七七一
夏威夷	六、四四九		
美國全部	三、六二四、一二二		
斐律賓	一一五、〇二六	一九一八	一〇、三五〇、六四〇
柏托里科 Porto Rico	三、四三五	一九二〇	一、二九七、七七二
關島 Guam	二一〇	一九二〇	一三、二七五
美屬薩莫亞 Ameican Samoa	七七	一九二〇	八、〇五六

運河地帶 ……	四三六	一九二〇	二二、八五八
維爾京羣島 Virgin Islands …	一四九	一九一七	二六、〇五一
全部殖民地 ……	一一九、三三三	……	一一、七一八、六五二
全部總數 ……	三、七四三、四五五	……	一一七、四二七、四二三

（注意）因爲無關重要有若干占領地如威克（Wake）米得威（Midway）好蘭（Howland）倍克爾（Baker）古安拉（Guano）皆未列入此表內

我們在太平洋方面之屬地

當美國國旗尚未出沒於西岸以前，昔日商人船舶對太平洋情形已極熟悉。後來美國國旗竟常不僅出沒於船舶，並遠至各島。許多熱心之海軍軍官屢將美國國旗懸置於其所到的島嶼上。在一八八〇年至一八八九年間，太平洋上有五十個這樣島嶼成爲美國領地。國會授權總統在此種島嶼上執行暫時政權，當美國人民正在開闢各島時，此種島嶼卽普通所謂古安洛羣島（Guano Islands）。現今牠們的地位尚無具體規定。

其他太平洋島嶼

關島（Guam）及美屬薩摩亞都作爲主要的海軍根據地。後者之歷史更有興趣。在一八七二年一美國海軍軍官與士士伊拉(Tutuila)土會成立一約，將薩摩亞羣島之一名巴哥巴哥(Pago Pago)者用爲海軍根據地。在一八七八年此種交割取得批准，於是取得自由貿易權及治外法權。在一八八九至一九〇〇年間全部薩摩亞羣島係爲英美德三國共同統治，不過這個條約證明不滿完善。因一八九九年十一月十四日之屈里巴里力條約(Tripartite Treaty)(一九〇〇年二月十三日批准)，美國永遠取得士士伊拉島及附近若干小島。於考慮德國撤回其對東加羣島(Tonga Islands)之要求，大不列顛亦自薩摩亞退出，而承認美，德二個在該處之利益。兩國平分該羣島，並訂一永久商業平等之規定。(一一)

在國際聯盟將德國殖民地列爲委任統治地後，德屬薩摩亞係列入第三類委託紐西蘭代管。紐西蘭代管後立即成立一種從價 $22\frac{1}{2}\%$ 之新關稅(一九二〇年五月一日)，附以從價百分之十五之帝國特惠稅；此種舉動顯係違反一八九九年十二月二日之條約。

今日在巴哥巴哥港美海軍駐紮地之司令官，因美總統之委任，亦爲士士伊拉之總督。他任命官吏，計劃法律和命令，但不得干涉土著習慣(除非此種習慣與美國法律相衝突)，在未得該處人民同意時。美屬薩摩亞有一特殊關稅，係一九〇二年爲該處總督計劃者。其物產得自由向美國入口，但自美國運入該島之物產，則須納與外國相同之稅。

斐律賓

自美西戰爭美國人民無意中占領斐律賓羣島後，遂宣佈一旦該島成立鞏固政府美國卽承認其獨立而撤消美國在該地之主權，已預備一種與柏托里科相同之政府。其組織：在行政方面有一總督爲行政首領，一個由兩院組成的立法機關，一司法機關，大理院法官爲美總統所委派。美國大理院有權在某種事件上得審查及取銷斐島大理院之判決。除總督及大理院法官爲美國總統所委派外，少數官吏亦由美總統委派，而斐島立法機關所通過之法律須呈報美國國會，牠保留有註銷此類法律之權。斐律賓人民在美國國會有兩個常駐代表。斐律賓政府得計劃他自己關稅，但在未得美總統認可以前，任何關稅法不得有效。其餘方面美國與斐律賓間之貿易關係完全爲美國國會所控制。在關稅事件上美國國會曾通過一立法規定：凡斐律賓之出口不得徵收任何出口稅。國會也規定凡美國貨物皆得向斐律賓自由入口，而斐律賓貨物其所含外國原料之價值未曾超過貨物全價值百分之二十者，亦皆得向美國自由入口。

我們對斐律賓之關稅政策曾受一八九八年十二月十日在巴黎簽訂之和約所影響。在該約中我們允許給西班牙在斐律賓以十年爲期之平等待遇。在談判此約時，美國諸委員好似已預料在斐律賓將採門戶開放政策。美國委員之第一次宣言如下：

「在斐律賓對世界商業維持一門戶開放乃美國之政策，美國委員擬於條約內加入一規定，允許西班牙船舶及貨物在若干年內得於與美國船舶及貨物相同待遇下向斐律賓各港口入口。」（一二）

西班牙委員對於美國政策爲求一更明白宣言計，曾問及：

「美國對西班牙允許在斐律賓羣島關於兩國船舶及貨物在一定年限內給以相同待遇，而在美國對西班牙給以此種待遇以前，美國又曾向世界商業申述維持門戶開放，則在美國政策未有改變以前，其他外國船舶及貨物是否亦得享受那西班牙在一定期限內所享受之各種特權？」（三二）

美國委員回答說：

「所謂美國在斐律賓之政策乃係對世界商業之門戶開放政策，暗示卻給西班牙船舶及貨物以美國相同待遇，並不是排他的。不過給西班牙於若干年內以某種特權，其目的在用特別條約來規定，無論在任何時期內美國之普通一班政策爲如何，西班牙得享受上述特權。」（二四）

故於一時期內曾維持門戶開放政策。自美國占領馬尼剌三年以後，昔日西班牙關稅稍有修改，其有利於西班牙之特惠盡刪去之，乃一律平等施之於任何國家之入口（包括美國在內）。在他方面，在美國各口岸對斐律賓貨物亦征收林格里關稅法（Dingley Tariff Act.）之全部稅率。

此種政策並不能使美國商人滿意。貿易並不能隨國旗而進步，且隨後即知我們條約之束縛致妨礙美國貨物在斐律賓不能超越西班牙貨物而享受特惠，除非十年期滿以後。

美國國會從未嘗感覺承認過門戶開放政策限制其行動自由，認爲是由於條約解釋之結果，而非普通商業政策之表示。

當時有人要求修改斐律賓關稅，以便在貨物分類上給美國以特惠。在一九〇〇年斐律賓委員會起草修改斐律賓關稅，提出於美國出口商人，請求他們批評和建議。他們於分類及課稅額方法上曾供給若干修正以便在一致稅率下給他們以任何可能的利益。附帶此種變更的修改法案於一九〇一年通過於斐律賓委員會，次年通過於美國國會。

此法內包含有一規定爲人們時常所非議爲後來對斐島人民層層剝削的工具。該法第二節規定：

「生長或生產於斐律賓羣島，在此法規內允許自由向美國入口而係直接自斐律賓向美國輸出而爲消費及普通使用之任何貨物，自茲以後在斐律賓羣島皆應免除任何出口稅。」

馬尼拉苧蔴卽係受此規定影響之最重大者。或謂斐律賓政府因爲不能徵收出口稅，（一六）致損失一筆極大收入，而美國工業界占了極大便宜。

下面一段係自斐律賓委員會報告中摘錄來的，爲時常倡反對論調之最好例子（一七）：

「此對於斐律賓羣島人民是一種負擔，因其自斐島國庫內取出人民完納之出口稅而給與美國製造馬尼剌苧蔴物品之工業家；此種工業家在給與此種津貼以前，卽已榮繁，若我們爲卻使少數人富足而犧牲大多數人之利益，此與我們所宣佈的建造及發達斐律賓羣島之目的未免不相符合。」

最後，一九一三年十月三日之美國關稅法（第四節第三項）取消斐律賓之出口稅，而一九一六年斐律賓政府法律（Philippine Government Act 第十一節）規定在斐律賓羣島徵收出口稅。

在一九〇五年下院設計委員會（Ways and Means Committee）之報告很贊成斐律賓關稅之修改。指

辭如下：(一八)

「此法案之普通目的，如從前法律然，是給美國以因貨物分類而來的各種利益。對於自美國裝去之貨物，並未給以特惠稅，因爲照巴黎條約，自西班牙裝出之貨物直至一九〇九年爲止亦有權享受同樣特惠。」

足以代表我們態度的，卽爲下議院議員衞布氏（Webb）之言論。他於主張其爲最少多數否決之修正案——規定棉織物向斐律賓自由入口——時，他說：

「我們統治斐律賓羣島。牠們是我們的占領地。我們現在爲牠們立法。爲甚麽不讓這種大宗美國貨物向該處自由入口？」(一九)

製造棉織貨物分類表時根據不可靠的消息，致起草的法案不能達到其所希望之特惠。不過在次年修正關稅法時，此種錯誤曾經改正。關於修正之效果，一九〇七年斐律賓委員會報告說道：(二〇)

「該種棉織物入口全部價值曾增加到一、六七七、七五〇元，是卽自一九〇六年之六、六四二、三二九元至該年年底增至八、三二〇、〇七九元或者增加百分之二十五。而自美國入口棉織物之價值，其增加更爲明顯，自一九〇六年之二七八、七九六元，於該年年底增至一、〇五六、三二八元，實際增加爲七七七、五三二元，是卽百分之四百。(二一)此種結果可以說是由於一九〇六年二月二十六日國會修正的一九〇五年法律所致。此法律將窄的棉織物(narrow cotton fabrics)與所謂兩重寬的棉織物(double width goods)分別出來，因此對於美國窄機織的棉織物規定一種比較低的稅率。」

在美國對於此種歧視並不反對，對其不平亦未有人覺得。占大多數的民主黨主張之，而共和黨對此加以批評之唯一理由則謂其很少效果。

十年爲期之平等待遇於一九〇九年滿期，於是使美斐間在關稅法上闢一自由貿易之途徑。一九〇九年八月五日通過兩個法案：其一爲關於斐律賓關稅的法案，在國會未引起如何爭辯，不過哈禮孫（Harrison）——此後曾任斐律賓總督——極力反對，認爲如此則僅係爲卻美國少數工業家之利益而剝削斐律賓人。（二二）不問當年巴黎條約時之意旨如何，對於向斐律賓入口貨物所採之門戶開放政策，在同年內將其取消。

美國大理院對一九〇一年列島諸案所下之判決，使茲後對於向美國入口之斐島貨物徵收關稅爲不可能，除非該種稅率係國會用法律特別規定的。對於徵收此稅之是否適宜一問題遂引起爭論。有人以爲自該島之貿易，爲對斐律賓人公平起見，應當允其自由入口。有人辯論謂既使他們失掉西班牙市場，我們也應以我們的特惠市場給他們。其他的人主張特惠以便將斐律賓貿易自外人手中奪過來。但美國糖業，穀米業及菸草業界人士，因恐懼斐律賓競爭，堅持謂即令美國有負斐律賓，但不能犧牲他們的利益來報答該島。

最後採取折中辦法，除某種特定貨物外，凡向美國入口之斐律賓物品都照林格里稅率減稅百分之二十五，而自斐律賓貨物所收之入口稅款項，皆全數退回給斐律賓財庫。

一九〇九年除穀米外，所有其餘斐律賓貨物皆允許自由入口，但有一規定，即菸草和糖之自由入口，每年須限於特定數量內。此種數量之限制於一九一三年取消，故斐律賓羣島之物產如非含外國原料百分之二十以上，而直接自斐運美，皆允許自由入口。雖然在斐律賓羣島免除內地財政稅，但該種貨物在美國亦與同樣貨物納相等內地財政稅。

在斐律賓發達他們的門戶關閉政策上，美國人民是抱着一種很幼穉和缺乏判決力的態度。他們在中國要求門戶開放，而在斐律賓羣島則通過歧視的法律。祇有偶然間聽見反對此種矛盾見解之呼聲。純粹自由一派人因爲主張對斐律賓人應公正，對美國人應公平，甚至同意於此種舉動。我們的政策若與法在安南及意在厄立特利亞者相比較，或者不全自純粹國家見地上去看而自世界政策去看，則未免倚偏狹窄。

斐律賓人最後之能達到自治，似毫無疑問；實際上全島行政，除總督外，都在土著人手中。若斐律賓人自治之能力實爲唯一值得考慮事實，則其獨立不過爲一時間的問題。不過還有其他問題，即各強國蔓延的帝國主義及殖民地之奪取是不能不特別注意。且照斐律賓羣島所處的地位以觀，現在亦難決定斐島人民是否堅持要完全獨立。因爲美國之參加已固定了，最近將來仍將繼續固定遠東和平。在太平洋方面我們有明確的利益和責任。休茲氏曾說：(二三)「因太平洋與遠東之關係，我們已表示下述政策：(一)門戶開放，(二)維持中國領土完整，(三)與列強聯合宣佈共同原則，(四)關於和平用會議及商量方法與列強合作，(五)限制海軍，(六)限制礮臺及海軍根據地。」

此種政策並非與斐律賓獨立相矛盾，不過表示斐律賓人之幸福及美國對此羣島之責任是與太平洋和平及穩定有密切關連而不能分開。

我們在加勒比海之領地

我們在加勒比海之利益是較在遠東者更爲密切。除已述及之古巴外，我們尚有拍托里科，運河地帶（Canal Zone），維爾京羣島（Virgin Islands），對海地未規定之責任多米尼加民主國及尼加拉瓜（Nicaragua）。拍托里科在政治上之地位祇能以推論來決定。未曾在一件事實上曾提及其爲一特別區國會於一九一七年三月二日通過之法律允許拍托里科成立一如現今存在之政府。不過在該法律中，拍托里科並未指明爲一特別區。照條文通過看，「在此法律中拍托里科一名詞不僅用以包括拍托里科，附近羣島亦包括在內」拍托里科土著亦視爲美國公民。其政府亦採美國演進的普通特別區政府形式，包括一美總統委派之總督，一司法機關——大理院法官亦爲美總統所委派——及兩院組成之立法機關。拍托里科在美國國會有常駐代表。美國在該島設立有地方法院，關於某種事件，包括關稅，該島保留有自己的立法權。在關稅事件上拍托里科與美國之關係正如阿拉斯加及夏威夷對美國之關係。（二四）與該島自由貿易極爲美國甜菜糖及被保護之商人所反對，直至一九〇二年三月一日拍托里科物產才完納等於林格里稅率百分之十五之特定稅。一個「暫時爲拍托里科預備收入和內地政府及其他目的之法律」的第二節（在一九〇〇年四月十二日認可，歸併於一九一七年三月二日法律內）規定說：

「凡自美國以外之各國運入拍托里科之貨物皆須完納與輸入美國相同之關稅。……」

第三節更規定

「……自一九〇二年三月一日以後，對於自美國運至拍托里科或自拍托里科運至美國之貨物，不得徵收任何關稅。」

該島將來之政治運命當不出下述三者之一：（一）保留現在地位；（二）允許參加合衆國而爲一州；（三）承認其爲特別區（可視爲最後達到州之資格之表示）。拍托里科的問題乃一經濟問題而非政治問題。自一九〇〇年來人口激增，（二五）同時小農業數目之減少及缺乏大規模之工業發達，遂引起一時之失業及貧困，致造成許多問題，其嚴重遠過於任何政治爭論。

在一九〇四年我們獲得「使用，占領及統治」巴拿馬運河地域之權。在當時我們並未希望得一殖民地，不過因爲有人居住，因爲在該地獲得統治權，遂同時亦取得一殖民地。運河地域之行政完全代表一種與美國處理其他殖民地不同之政策。於成立政府上，國會並未規定對於該地居民任何自治或自決之方式。行政權完全爲一總督所獨攬，他祇對美國總統負責。有一作者曾很聰明的謂運河地域似一英屬「皇家殖民地」（Crown Colony）巴拿馬及哥倫（Colon）城並不在讓與的運河流域以內，仍爲巴拿馬所統治，除了美國得命令衛生規定，並保留維持秩序權，若美國認巴拿馬不能勝任時。在此種城市內，美國派有收稅員，幫助巴拿馬共和國官吏徵收各種自巴拿馬以外地方運入貨物之稅。自美國運至運河地域而爲美國自己用的任何貨物概行免稅，但自運河流域運至美國之貨物則仍完納普通規定之關稅。（二六）美國曾想將一九〇九年八月五日之關稅法施之於自外國向運河地域入口之貨物，不過美國檢察長之意見認爲運河地域並不屬於該法律內所謂美國領地意義範圍以內，故不能實用。(二七)

維爾京羣島係於一九一六年八月四日得之於丹麥，完全爲卻戰略原因。此羣島嶼位置極佳，適足爲美國船舶來往紐約及南美間之停泊及供給煤水所在。再者聖托馬斯島(St. Thomas)有一個世界最佳港口，因爲要爲美國海軍得一港口，故美國方取得此島。商業上價值和避免外國獲得該島亦爲購買該島之另一動機。爲卻上述各原因，美國急於購買，故雖付丹麥以二千五百萬金元之代價，亦無人反對。照數字計算，則購買此羣島，每一英畝，計耗去美國二九五金元；而購買阿拉斯加則一英畝僅爲二分，斐律賓二角七分，而運河地域爲三十五元八角三分。

此島政府完全在海軍部統治下，一海軍軍官爲此島總督。基於一規定臨時政府之法律（一九一七年三月三日認可者，）國會規定該島現在法律和制度，如屬可行應無限期的繼續下去。條約上說「此等島嶼之公民權及政治地位將來由國會決定。」不過國會至今未曾明確解釋其地位，以致島上人民似爲「無國籍人民。」美國國務院宣佈他們是「維爾京羣島之居民，受美國保護。」不過他們不能選舉，因爲非美國公民，同時又不能變爲美國公民，因爲他們不是外國人。

該羣島與美國間之貿易，規定於該法律第三及第四節，內容如下：

「第三節：此法律通過後，則自丹麥割與美國之西印度羣島而向美國及其領地入口之任何貨物，皆須完納與自外國入口同樣貨物所納相同之關稅及內地財政稅；不過在該羣島之任何貨物其生長，生產及製造之原料完全來自該羣島或美國，或者兩國，或者該貨物所含外國原料之價值並未超過該貨總價值百分之二十以上，而又並未允許退稅者，則此後自該羣島運入美國概行免稅。

第四節：除非國會另有規定外，在現在所謂西印度羣島課稅之各項法律，包括海關法及規則，在適合主權變更而在本法律內又未曾另外規定情形下，將仍繼續有效，祇有美國生長，生產及製造之物品允許自由入口；不過關於糖之向任何外國出口，或者裝載到美國及其所屬各領地，則每一小噸（二千磅）將課以八元之出口稅，（不問分光鏡試驗結果如何）以代替現今法律所徵之任何出口稅。」

維爾京羣島乃美國各領地中唯一保有出口稅者。在聖克壘（St. Croix）對糖、棉花、糖汁、甜酒及棉子油；在聖約翰（St. John）及聖托馬斯（St. Thomas）對糖，甜酒及蜜糖，凡向美國及外國出口，皆徵收同樣出口稅。

美國在加勒比之利益

若對於我們在古巴，拍托里科，運河地域及維爾京羣島之利益加以討論而忽略了我們在加勒比之利益，則對於我們殖民政策之討論尚不能算完全。門羅主義並非侵略政策，甚至並未包含有我們想統治加勒比各地的意思；不過不幸得很，有若干島上之財政危機和政治之不穩固，使我們在該一帶地方不能不成立暫時被保護國。

（二八）

門羅主義之原來意義不得不重述一番。牠反對將歐洲政治制度移殖到西半球來，也反對歐洲國家將美洲大陸視爲殖民目的地。牠是一極嚴格之自守政策，因爲年深日久，此政策漸爲人誤用和誤解，卽至現在主要的仍爲一自守政策。由此宣言可以得到四個推論：

（一）美國反對將美洲土地由一歐洲國家轉讓給其他歐洲國家。此起源於一八二五年克雷（Clay）對法國之宣言，謂美國不能同意於「西班牙以外之歐洲國家，不問其如何貼近」占領古巴和拍托里科。違反此原則之事件祇有一起——卽瑞典將巴退爾米（Barthelemy）於一八七七年賣與法國。

（二）美國反對將美洲土地由一美洲國家轉讓給一歐洲國家。此起源於坡克（Polk）反對將猶嘎旦（Yncatan）自動的轉讓給歐洲國家。

（三）成立一美國幫助調解美洲國家任何請求之原則。此起源於一九〇五年總統羅斯福在多米尼加民主國發生危機時所取之行動，而可視爲今日美國在加勒比及中美之政策。自一九〇五年來，美國已擴充其統治權於多米尼加民主國，海地（二九）及尼加拉瓜，並且談判統治渾杜剌斯，但未有成功。（三〇）雖然未在名義上，而在實際上，美國在此三國已建立暫時的保護權。世界各部份在經濟上皆互相依賴，互相關連，未有一部份能允許其繼續爲害其他部份之利益。世界所需要者爲政治工業及衛生之穩定，若一部份人民，其內部有年久的騷擾和混亂而無法自救，則其他部份人民勢必越俎代庖。在此等熱帶美洲內之破產的國家，因門羅主義之結果或其他原因，此種工作必須由美國完成。他們與我們之接近及我們的富源，使得美國最適宜的，最合理的負擔此種責任。同時我們要記着南美小國都有許多恐懼我們勢力澎脹之鄰國，因此我們於執行上須格外謹愼，總求我們的純潔動機不爲人懷疑。（三一）

（四）美國反對亞洲列強在西半球占領軍事或海軍根據地。此係起因於一九一二年洛治(Lodge)決議，正當日本想在馬革達雷那灣 (Magdalena Bay) 覓一海軍根據地時。

在近來更正一班人對於門羅主義之紛亂見解之最大貢獻，要算一九二三年十一月三十日國務卿休茲氏在斐列得爾非亞城 (Philadelphia) 美國政治及社會科學學會 (American Academy of Political and Social Science)之演講。於申述原來主義以後他說：

「若完全承認此種主義之價値，其眞理至今仍顛撲不破，牠不過表示一反對非美洲列強之行動的原則而已。其目的在讓美洲脫離前述之阻礙，不過在他方面，牠並未嘗希望確定我們在西半球內所應採之政策。我們對於其他美洲國家所採之確定政策——不僅我們對於非美國列強行動所採之政策——應當明白了解。該類確定政策雖然一方面與門羅主義所宣佈之排他原則不同，但與門羅主義並不矛盾，倒反足以補充此主義之不足。

（一）我們承認美洲各共和國之平等及其在國際法下之平等權利。……當我們承認此類共和國爲國際會員時，我們即承認其——我們政治家，法律家及大理院屢次確定——權利與義務。我們未曾想到要反對非美洲國家之干涉，以便在此類共和國內成立我們的被保護國及統治地位。此種索取不僅未曾見於門羅主義，且實與我們根本確定政策相違反。

（二）尊重南美各共和國之領土完整乃我們政策之一部份。我們沒有侵略政策，也不幫助他人侵略，亦反對南美任何一國對他國之侵略。

（三）國家皆有義務和權利。任何國家在參加國際社會時，即承受有若干義務，此乃國際往來之主要條件。在此類義務中，每一國家應尊重他國人民在其司法制度下合法取得之權利。沒收財產政策不僅有損某一個人利益，並且有損國際往來根本原則，因爲祇有對於在取得時係合法的財產安全基礎下從事合作活動方爲可能。每一國爲適應國內政策觀念計都有其各自法典，不過他國人民在其法律下所獲得之權利，在國際義務下是應承認的。擁護此根本原則乃美國之政策。

（四）用友誼幫助以促進我們比鄰各共和國之安全穩固乃美政府之政策，此類共和國家皆爲紛亂情形所困苦，因此累及他們自己及鄰國之和平。美政府很願意用那與上述政策不相矛盾之方法給以幫助。爲促進穩定和安全計，對於各共和國之獨立，並不威嚇，且在保全。不希望統治他們，乃盡力幫助他們成立自治。我們並非欲擴大版圖，或將我們的法律強施於人。

（五）美國對於西半球各政府間之任何困難問題希望極力用和平方法來解決。

（六）爲增進和平及縮減不生產費用計，本政府曾從事於與各國成立條約限制軍備。……

（七）上述各政策，不僅以取得和平爲目的，而在利用和平機會；是卽闢一相互合作之門徑。此爲大美洲(Pan-American)會議之目的。

（八）此亦爲應當注意之一點，卽在與各國商業關係間，在關稅方面美國正希望得到無條件最惠國條款。

（九）我們已有若干對於美國極關重要之政策。

我們在大西洋及太平洋間已開闢一水路——巴拿馬運河。除商業重要性以外，此運河之充分保護——完全避免不幸的統治——對於我們和平及安全極爲重要。在任何情形下我們希望保衞此運河。我們對於大西洋及太平洋間所要建築之其他水道不能採取一種不同的態度。加勒比一帶地方騷動之對於我們有極大關係，不是爲的要統治他人，乃是保證我們的安全脫離威嚇。」

對於美國和中美各共和國間之相互合作及善意之最大貢獻，見於一九二二年到一九二三年間中美各共和國在華盛頓召集之會議。在許多有希望的規定中，曾規定成立中美國際法庭(International Central American Tribunal)限制軍備，中美各國共同不承認暴力政府，在人民自由選擇之代表未曾合法的承認該國情形下，各共和國政府不得承認該革命行動之政府。此對於美國與中美間之將來相互諒解上是一個很大的成功。

＊本章註解(一)原在篇首詩內，因其祇有文學上價值而與事實無涉，故與原詩一併省去，其餘各註解次序仍照原書，以便易於稽查。

(二)試將我們領土之擴張與俄國一比較。

(三)試與美國所有憲政法上書籍中所討論的列島諸案相比較。

(四)一八二〇至一八二一年之米索黎和解(Missouri Compromise)

(五)見(U. S. Statutes at Large, Vol. 15, Sec. 1, p. 240.)

(六)大不列顛對其所屬之自治殖民地和印度亦採用此種政策。

(七)見(Cherokee Nations v. State of Georgia, 5 Peters 1.)

(八)及一八五六年古安洛法(Guana Act)所取得之不重要島嶼。

(九)參看上述第四章第一〇九、一一〇頁。

(一〇)見美國關稅委員會(Colonial Tariff Policies, p. 573.)

(一一)一八九九年十二月二日關於薩摩亞羣島在華盛頓簽定之條約:

第三條「簽字三國都了解並承認關於其商業及船舶在薩摩亞羣島爲商業開放之各口岸內皆繼續享受與主權國平等之特權。」

(一二)見(The Treaty of Paris, 55th Cong., 3d sess., S. Doc. no. 62 pp. 210, 211)係由美國關稅委員會所摘錄而見於出版的(Colonial Tariff Policies, 1918, p. 588.)

(一三)見前書二一六、二一七頁(Colonial Tariff Policies 1918, P. 589)

(一四)見前書二一八頁(Colonial Tariff Policies, 1918, p. 589.)

(一五)爲菲律賓羣島預備稅收之法案(32 Stat. pt. 1, p. 54.)

(一六)有人以爲此關稅法施行後對斐律賓之損失較美國將自斐律賓入口所徵稅退回斐島國庫之數目必定爲小。據塔夫脫(Taft)總統所引證之官廳數字計算，對斐律賓國庫淨損失自一九〇二年至一九一二年計百萬金元(The Export Tax on Manila Hemp, 62d Cong., 3d sess., H. Doc. no.1401, pp. 4, 18-19)。此種損失乃係由一九〇九年八月五日法律對於自斐律賓入口貨物之免稅。

(一七)見(The export tax on manila hemp, 62d Cong. 3d sess., H. Doc, No. 1401, Annex A, p. 8.)

(一八)見(58th Cong. 3d sess., H. Rept. No. 4600.)係美國關稅委員會摘取的，見於(Colonial Tariff Policies, p. 576.)

(一九)見(Cong. Rec., Vol. 39, p. 3001.)

(二〇)見(Report of the Philipine Commission, 1907, Pt. 3, p. 89.)

(二一)報告書慶賀說增加爲百分之三百。

(二二)見(Cong. Rec., Vol. 44, p. 2003.)

(二三)一九二三年在美國政治及社會科學學會之演說，題爲門羅主義之百年紀念(The Centenary of the Monroe Doctrine.)

(二四)柏托里科亦如阿拉斯加及夏威夷之同爲美國關稅區域，不過所以異於後二者即柏托里科保有在各口岸所收入的款項，而美國對於其輸至美國之物品所收之內地財政稅亦全數退還給柏托里科。

(二五)在柏托里科現在每一平方英里爲三七八人，自美國治理以來，每平方英里增加一〇〇人。英蘇聯合王國每平方英里爲三七三人；意三一八人；德三一〇人；瑞士二三四人；日本二〇三人；法一八九人；中國一二二人；聖多明谷(Santo Domingo)四〇人；美國三七八。

(二六)關於海關規則請參看(Treaty With Panama, in U. S. Stat., Vol. 33, p. 843.)

(二七)見(Atty. Gen. 意見書 594 (1908)

(二八)參看下述第三二〇頁至三二五頁。

(二九)見(S Doc. No. 794, 67th Cong, 2d sess. 1922.)

(三〇)該約爲美國上院所否決。

(三一)美國作者謂美國對被統治人民之態度是有異於其他強國，則類似作僞。有許多人可以諷刺的說美國因富源無窮，對殖民地似可探覓大爲強國政策。在英國政策中有許多我們有益的先例。盎格羅撒克遜民族對自治政府之信仰英美兩國都實用之。

第八章　門戶開放

平等待遇原則

殖民地之不僅爲一涉及土著人民行政及發達問題，且足以刺激殖民列強間之經濟競爭，已於前述各章指出。在十九世紀後葉，當歐洲主要國家熱心於取得殖民地時，美國正忙於內部發達，故覺置身事外；後來因美西戰爭之結果，方自知其亦逐鹿於殖民地競爭而成一世界強國。美國在斐律賓之商業政策雖然與素所主張的平等待遇原則相矛盾，但對於世界政治問題之涉及商業平等及自由者其勢力仍足以左右之。

美國之接受平等待遇原則，前已指出，(一)即我們以同樣的條件待遇各國，同時自任何國家要求平等待遇，是即我們既不要求和允許特殊優越待遇，我們卻盡我們的權力——必要時甚至執行處罰亦所不惜——防止差別待遇之發生，以免對我們不利，而非爲我們取得有利的差別待遇。

當此種平等待遇原則用之於殖民地及某種國家如中國和波斯時，卽成爲所謂「門戶開放」政策。「門戶開放」一名詞並不是說毫無商業限制及規定；其簡單意義爲出口入口稅，港口及其他費用，皆平等的無條件的施之於任何國家，卽政治上統治該地之國家亦應包括在內。

門戶開放原則之執行不僅對於商業競爭國家之合作和互相了解能有貢獻，且忠實追隨此種原則，亦爲近代殖民責任觀念之必要的附則。與昔日所謂殖民地係爲母國利益而生存之觀念相對照的，則有所謂地球上經濟落後地方皆係進步國家之代管地的一個觀念，祇有待其能自治，方得任其自由。殖民國家和人民如能完全執行平等商業機會原則，則在長時期內將同受其益。

一八七八年柏林會議中承認那當時在歐洲所表示的復活的殖民興趣。自該時起，政治中心由歐洲移至非洲，亞洲及太平洋島嶼（二）方面。由於世界各列強皆在上述各地尋覓拓殖機會，故衝突不能避免，而許多問題之得解決皆由於關係各國之採取門戶開放政策。以經濟合作代替獨占，而對於一國統治的土地讓與彼此都知道統治該地之該國應當祇運用其勢力於某種特定範圍以內，並不得損害其他國家之商業利益和機會。

門戶開放乃一種政策：荷蘭

大不列顛，荷蘭及德國（直至其失去海外殖民地）在殖民地上都維持門戶開放政策，認此爲健全的政策。他們承認其國家利益極大而不限於殖民地以內，商業平等不僅對於國際方面即對於此類利益也是很健全的。他們之貿易及財政進步全靠其餘世界對他們之友誼。

荷蘭今日之商業政策與昔日之絕對排他政策顯然不同。在殖民最早時期荷蘭曾參加東西兩半球商業競爭。一六一九年荷蘭東印度公司在荷蘭中央政府（States-General）特許執照下，在爪哇之巴塔維亞（Batavia）

成立總公司，統治東印度各地，取得軍政各權，直至一七九八年該羣島嶼爲荷蘭政府所接收爲止。其政策爲的適合該時代精神起見，完全爲排他的及自利的在其統治全時代內幾維持一完全獨占政策。在拿破侖時代，當英國奪了荷蘭在東方殖民地時，才稍趨向自由。在一八一五年時，維也納會議將此類殖民地歸還原主，於是排他統治又重行成立。

在初年荷蘭並不視殖民活動爲自母國運輸僑民到殖民地的一種企圖，她卻視殖民地是爲卻荷蘭船舶來開拓殖民地富源的一種貿易活動。荷蘭本來就不是一主要工業國家，她未嘗視殖民地爲本國貨物之市場，也未嘗視殖民地爲本國工業原料之取給地。她完全爲卻收入，爲卻發達及維持船舶及轉載貿易而決定其殖民政策。

自殖民地人口來看，荷蘭居世界殖民強國第三位。荷蘭東印度爲殖民地中之最佳及最有利益者。就現在發達情形以觀，最重要者爲爪哇及馬都拉（Madura），合計人口爲三千六百萬。其餘重要者爲蘇門答臘（Sumatra），西里伯（Celebes）及婆羅洲（Borneo），面積雖然大，人口則很少，在經濟上比較的亦未十分發達。

在昔日荷蘭東印度主要物產爲香料，後來茶咖啡及糖，近年來菸草，乾椰子肉及橡皮亦在商品中占相當地位。穀米產量亦不少，但大半爲本地所消費，出口很少。全世界百分之九十金雞納樹皮——製造金雞納霜之原料，是出自爪哇。

荷蘭在東印度一帶殖民地上很注重農業之發展，特別在爪哇。國營雇工的耕種制度，（"culture" system）在若干年中每年很給母國以極大的收入。在此種制度下昔日地租及勞工租稅都減輕，土著人民都應以鄉村土地五分之一種甘蔗，或其他適宜出口之農作物，一星期中須費一日以栽培農作物。糖類農作物三分之一歸政府用平常價格收買，其餘則售與荷蘭商業公司。此種國營雇工的耕種雖被稱爲對土著人民有益，不過公平判斷者則稱之爲「對土著人民暴虐和不公平的榨取，」現在實際上已經放棄。

在一八七四年以前，荷屬東印度有特惠關稅，以優待荷蘭物品及船舶，(三)而在長時期內出口稅極爲重要。近年來荷蘭商業政策有了極大的變更，入口關稅上之採用門戶開放原則，係第一次明白承認一個事實，即：若欲保留此類有利的島嶼，則必須讓其發達。今日荷蘭徵收少數百分之十二之入口稅，並且平等施之於通商各國。出口稅，因政府勸說土酋放棄其各州間徵收內地財政稅權利之成功，故亦有變更。

此類限制雖已取消，但其他束縛又先後成立，以損害外國貿易及外國投資。在此種歧視上有所謂土地法規及海關規定，近來此種限制逐漸取消，其結果則外國資本，特別是美國的，自由流入，從事發達各種利益，如在蘇門答臘曾大規模的種植橡皮樹。

因放棄門戶關閉政策，荷蘭乃想出其他方法以獎勵其船舶業，其中如成立自由商港，給其船舶以資助金等。他們循此途徑努力維持其船舶業地位和威望，並保留鹿特丹(Rotterdam)及阿姆斯特丹(Amsterdam)間之轉載貿易。門戶開放政策並非無利益，荷蘭人看到他們的利益在各島嶼之發達，他們知道在獨占地域內不能得到他們所期望的利益，而祇有共同參加世界貿易方能臻此。其駐華盛頓公使克雷米耳 (J. T. Cremer) 於一九一八年(四)曾說「門戶開放政策之結果極爲滿意，外國競爭不僅絲毫未損害國內工業，反足以增加其力量，我們出產品與外國出產品不僅在殖民地內同時也在世界市場上互相競爭。荷蘭雖然沒有木炭及何種鑛產，雖然很不適宜成爲一工業國家但其工業在最近五十年內仍極端發達；其船舶業爲世界所共曉，經過蘇伊士運河之運輸在戰前占世界第三位。」

大不列顛之門戶開放政策

當一八七〇年至一八八九年間殖民地興趣驚人的復活時大不列顛已占有極重要地位，並能迅速的擴張其帝國版圖特別在沿海岸各殖民地之內地。

除前已述及之英蘇聯合王國及各自治殖民地外，今日之大英帝國尚包含有皇家殖民地（Crown Colonies）及印度；(五)有許多爲巴黎和約規定之委任統治地也得包括在內。除印度以外，在各皇家殖民地實際上並無何種工業，牠們之所以重要因爲（一）商業轉載埠，（二）原料來源地，（三）母國工業製造品之推銷市場。

第一：在貿易往來航線上大不列顛轄有許多重要地點，包括海峽殖民地（Straits Settlements），香港，亞丁（Aden），直布羅陀（Gibraltar）齊義納（Zeyla,"Somaliland"）及威海衛（自中國租借者）此類殖民地都爲自由港，在貨物轉載上極爲重要，除此以外並無他長。

第二：此類爲原料來源之殖民地，爲便利計，可因其地理上位置之不同而分別討論。在亞洲馬來各邦爲橡皮及錫重要產地。英屬北婆羅洲亦爲世界橡皮，樹汁膠及其他原料品之來源地。錫蘭，東方重要出產地之一，與帝國有極大貿易。此地輸出呵呵，茶，肉桂，乾椰子肉及石墨，輸入棉製工業品，米，煤及糖。巴林羣島（Bahrein Islands），在阿剌伯（Arabia）海岸，乃產珍珠重要地點。

第二類殖民地乃太平洋南部各島嶼，出產乾椰子肉，珍珠，熱帶果子，咖啡及橡皮。此種島嶼實際上全未開發，除爲原料來源地外，在商業上並無何等重要。

第三類爲在東非之各殖民地，包括英屬埃及蘇丹（Anglo-Egyptian Sudan）金義亞（Kenya），烏干達（Uganda），斬濟巴（Zanzilar）及尼亞薩蘭（Nyasaland）。（六）在此種殖民地上關稅稅則及商業規則多半爲條約所決定。一方面大部份地方多未發達，牠們皆爲主要農業地，但出產重要鑛產，金義亞爲雲母石炭酸鹽及蘇打之來源地。坦干伊喀（Tanganyika）委任統治地亦屬此類，其關稅亦與金義亞烏干達相同。

第四類包含四個殖民地，岡比亞（Gambia），塞拉勒窩內（Sierra Leone）金海岸（Gold Coast）及奈機立亞（Nigeria），皆在非洲西岸（英屬西非洲）。錫及錳乃重要物產，也出產煤。柯爾可斯乃世界最大呵呵出產地。自一八九九年英法條約簽訂以來三十年中在基尼灣之各殖民地曾保證門戶開放。

第五類包括加勒比一帶殖民地及福克蘭羣島（Falkland Islands），後者爲鯨魚重要出產地。英屬西印度羣島，由於地理的接近，與美國及加拿大之商業關係較英倫三島爲密切。對於加拿大，英倫三島及帝國各部份給以特惠，以示優待。

第六類包括麼爾太（Malta），塞浦路斯（Cyprus）及毛里西亞（Mauritius）。麼爾太在地中海意大利之南，乃世界最大泊船港，英國海軍軍艦上煤裝水之根據地，並爲世界上大商輪停靠地。塞浦路斯處於地中海東部，爲一農業地輸入工業製造品，輸出果子及半熱帶農業物產。毛里西亞在馬達加斯加海岸邊亦爲一主要農業殖民地，輸出糖，輸入機械及棉織物。除向法國及馬達加斯加少數輸出外，其貿易全限於與英帝國來往。

如前章所指出昔日殖民政策乃基於門戶關閉。當大不列顛放棄保護關稅（一八四二——一八六〇）關於與殖民地貿易，亦放棄特惠和津貼。實際上至一九一九年爲止之以前六十年中當倫敦採取有限特惠政策時英國政府在各皇家殖民地內——其關稅政策爲倫敦所決定——已維持自由貿易而不用特惠關稅。在此類自己決定其關稅政策之殖民地亦未嘗獎勵採用特惠，即少數已經採用之特惠亦不能認爲係響應母國政府之政策。就全部而言，大英帝國之政策可說是門戶開放，大部份是由於英人在這方面之寬大爲懷，而其餘國家亦安於英屬殖民地之迅速擴張。大不列顛不僅在國內事務上維持此種政策，她並利用其勢力藉與各國談判條約以推廣此原則。許多門戶開放條約她都參加，她並是實現此種政策之極活動分子。

印度——門戶開放由於必要

印度乃世界最大之屬國。她雖然包含許多執行相當獨立權的土著各邦，但英人因與土酋訂立條約及英國住民之參加各邦之政治，故能使印度帝國成一貿易單位。工業仍在手工業時代，而該地亦係一原料出口地方；不過近代工業方法發達極快，特別是苧蔴及棉花工業自一八五八年英國政府自東印度公司將印度統治權收回後，該地卽成一極大自由貿易區域。在此市場上之英國工業界利益爲主張自由貿易運動之最大勢力。

一九一九年印度對於皮革採用出口特惠稅，若干工業界想在入口稅則表上成立特惠，但此種努力未有成功。在一九〇三年對於在印度之英貨成立特惠，政府的報告表示反對意見，其理由則謂如此種政策實行，印度財政必感困難，對於印度和大不列顛兩無利益，並且有引起外國報復之危險。一九二〇年考察委員會提出一報告，未有若何積極建議，不過認爲由於外間之需要印度原料，對於外國之報復無恐懼之必要。該委員會曾說「有許多理由可以相信（七）和平朝成立，激烈爭奪世界原料時期必夕開始……若此種觀察是對的，而我們出口貿易似乎不致十分受損害，則擾亂我們優勢的貿易平衡及通貨穩定之危險，無庸十分焦慮。在這個報告中牠假定若對於在印度之英國貨物想給以特惠，則應當十分和緩。我們時常講過帝國領土遍全球而能取得多數國家之默認和友誼者，卽由於我們之採用自由貿易。若特惠稅率很高，超過事實上所必需，則將失去此種信仰；而在他方面對帝國貨物給以很和緩的特惠，則外國亦不至認此爲非國內事情。」委員會結論說「印度雖然不能自帝國特惠取得若何利益，但其所失不致較其所得者爲大；而有利的稅則，就印度入口貿易而論，對英蘇聯合王國利益不小……」至關於美國報復之可能，委員會發表意見，謂關於印度原料對美國工業之重要，「則美國採用一種關稅特別來反對印度出口極爲不智；卽令實行，對於我們亦不見得有若何損傷。」

印度全部意見則反對特惠，卽對皮革出口所加之特惠稅亦於一九二三年取消。

條約規定之門戶開放：非洲中部

大不列顛及荷蘭殖民地之採用門戶開放政策雖多少未受外界影響而係由於自動，可是在世界其餘許多地方則多由於利害衝突國家間之相互調和。在發生爭執的地方，任何一國不能實行政治統治權時，相關各國，乃不得不訂立許多錯雜條約，藉爲大家成立平等經濟機會。此所以一八八四——五年爲非洲中部在柏林召集會議；一九〇六年爲摩洛哥在阿合西勒（Algeciras）召集會議；一八九八年及一九二二年爲中國有海氏（Hay）照會及華盛頓會議。

當李溫士敦（Livingstone）發現及史坦利（Stanley）開拓剛果以前，非洲曾視爲一「黑暗地帶」“dark continent”，未爲歐洲所開發者爲期甚長。歐洲商業總此疾駛而過，直去亞洲，僅沿岸少數地點成爲通商口岸。在極北極南兩端方有少數殖民活動，不過大地全部及其不同之人種和無窮寶藏，數十世紀中仍未爲人所染指。當史坦利自剛果探險出來後，世界各國正忙於殖民地競爭。他關於非洲中部之記載，引起歐洲人之注意，遂立即決定開發計劃。發起此種運動之第一人爲比利時王利歐破爾得（Leopold）。一八七八年他組織一委員會，後來隨即變成「剛果開發國際會社」（International Association of Congo）。此會社雖然擬議成一國際組織，不過實際上變爲比國事業，甚至可以說是比利時王利歐破爾得一己事業。一八七九年史坦利以該會社代領名義回到剛果，與當地土酋訂立條約，遂開始於中非洲立下建設國家之基礎。美國乃承認此種國際會社爲國家之第一八。

其他列強因恐失去商業發達之機會計，都採各種步驟以保護其利益。葡萄牙乃重提昔日談判，一八八四年英葡協定遂承認剛果河兩岸皆爲葡萄牙領地。此條約引起反感，致未得批准，而爲召集著名的一八八四年到一八八五年柏林會議之直接原因。此會議爲俾斯麥所發起，是討論剛果流域及剛果河口之自由貿易，在剛果及奈逛（Niger）二河之實用自由航行原則及遵重儀式上的慣例以便在非洲岸傍之新占地得視爲有效。

柏林會議之總約（九）（若用現今名詞，）允諾給剛果會社（Congo Assoccation）在剛果河流域以極大的委任統治地，並且訂下管理該地之原則。在剛果對各國商業概實行門戶開放。各國貿易在剛果流域任何地方沿大西洋海岸一帶的出口及起自剛果流域東方之特定地域內，皆得享受完全自由。（一〇）苛捐雜稅概行禁止，凡非用以彌補貿易上正當費用之各種稅不得徵收。獨占和獎勵絕對禁止。簡言之，各國在剛果皆完全立於平等地位。

一八九〇年在布魯塞爾（Brussels）所召集奴隸廢除會議（Anti-Slavery Conference）曾宣言在剛果允許徵收未曾超過從價百分之十之入口稅，不過隨卽又有反對各種稅率之規定。

一八八四——五年柏林會議之總約仍沿用有效。一九一九年九月十日在聖宅芒爺雷（St. Germain-on-Laye）召集會議，對於這個協定曾巳一次修改，美，英，法，比，意，日，及葡萄牙代表皆曾簽字，但未爲任何一國所批准。此修改案仍繼續門戶開放政策之規定，但未規定其用於非國際聯盟會員國家。再者對於限制徵收最高稅率之規定亦將其取消。

阿合西勒會議

一九〇六年阿合西勒會議亦為列強在非洲權利衝突之結果。北非殖民地因與歐洲有悠久密切接觸關係，與柏林會議時爭辯的熱帶各地完全不同。紛爭起源於四國——法蘭西，西班牙，大不列顛及德國——在摩洛哥利益之衝突。摩洛哥為一弱小的皇帝所統治，多少是脫離土耳其宗主權而獨立，曾與歐洲發生過商業關係。因十九世紀末年對殖民地興趣之復活，於是與此人口稀少物產豐富國家之關係，始占重要。境內之不安端使商業感覺困難，而本地政府與外國商人間時常發生爭執。

第一次爭執之發生很為奇怪。困難起因於一八九八年英法間在埃及所發生之華叔達事件，最後引起一九〇四年著名的英法協商。法國承認英國占領埃及，而英國則承諾擴充法國在摩洛哥之利益。在兩地之鐵路運營或入口稅上，雙方皆保證彼此不得有差異待遇。同時簽訂一祕密宣言，規定若任何一方關於上述條約內所指定之各項要求的權利為其他國家所反對或侵犯時，兩方須互相幫助。西班牙因承認其所謂「西班牙勢力範圍」表示滿意；不過德國要求的權利則未有規定。德皇一九〇五年三月三十一日在坦支爾(Tangier)登岸時曾說過：(一一)

「這是因為蘇丹(Sultan)為一完全獨立元首，所以我今日方遊歷至此。我希望在蘇丹自主權下能保有一自由的摩洛哥，對各國之和平競爭完全公開，絕對立於平等基礎上，沒有獨占和兼併。我今日所以到坦支爾之目的是要使世人知道我已決定盡力之所能及以保護德國在摩洛哥之利益，因爲我視蘇丹爲一絕對獨立的元首。(Staatsarchiv, Vol. B, p. 117)」

這完全是對英法之處置摩洛哥表示挑釁，當時國際情形對德國有利。因羅斯福之努力，於是利害有關各國皆承認在阿合西勒開會。一九〇六年之阿合西阿條約將一八八〇年馬德里協定加以擴張並修改。包括本約七章及一導言，導言述及此會議之目的如下：

「鑒於利益繫於摩洛哥之秩序，和平及繁榮及承認此種成功祇能以採用基於蘇丹皇帝陛下之完全主權及獨立領土完整及完全平等的經濟自由三種原則之改良方法方能達到，因此因蘇丹王之邀請，遂決定於阿合西勒召集會議，以期對於該種改革成立諒解，並考查實施上所必要的方法。」（一三）

第二個摩洛哥事件同樣富有衝突可能性。一九〇九年亞加里爾（Agadir）事件幾使法德邦交頻於破裂。此項爭執最後因法國將熱帶非洲幾塊土地讓與德國及德國承認法國在摩洛哥成立法屬保護國而告解決。平等待遇規定仍繼續有效，阿合西勒會議之各項條規亦未變更。

被保護國係於一九一二年成立，並取得簽字各國之同意。美國及其餘各國皆不承認損害阿合西勒條約所決定之原則。法德間一九一一年之條約，促成一九一二年成立被保護國者曾有下列規定：

「德意志帝國政府在摩洛哥祇圖經濟利益，故宣佈對於法國爲幫助摩洛哥政府所採用以達到完全好政府之必要的行政，司法，經濟，財政及軍事上之各種改革，德意志帝國政府不加阻礙。此種聲明得實用於最新規則及現存規定上之各種修正。

因此德意志帝國政府對於法國與摩洛哥政府協定後爲重新組織，監督及財政穩定之目的所必需採用之各種設施加以同意；不過法國行動不得有損害各國在摩洛哥之經濟平等。

在法國認爲有增加及擴張其統治和保護的場合，德意志帝國政府承認其完全自由行動；不過附帶一保留，即前約所保證之商業自由仍舊維持，則對法國行動不加干涉（第一條。）

法國政府在摩洛哥嚴格遵守經濟自由之原則，明白宣佈在關稅入口稅及其他稅則之成立上，鐵路運費，河流航運及其他運輸費用規定上以及相關運輸上，不承認有不平等之待遇（第四條。）」

一九一一年法國駐華盛頓大使爲要求美國參加德法間此種條約計，曾爲下列聲明：（一四）

「法蘭西共和國最近曾執行若干政策……都是希望維持秩序及尋常發達，使經濟利益有關各列強完全立於平等地位……

各條約所規定之貿易自由必絕對維持，而我政府負有責任斷不能任關稅入口稅及其他租稅課稅額上及規定關稅鐵路及其他運費上有若何不平等事件發生而坐視不理。」

因此摩洛哥在大戰開始時之地位乃一門戶開放地方，從事商業之各國完全立於平等地位。

在凡爾塞條約內德國在摩洛哥失去平等待遇，而法國政治家有種要求謂其他國家因與法國共同取消德國在摩洛哥之平等待遇已不承認其因各種外交文件所產生在摩洛哥之利益。美國及大不列顛雖然在凡爾塞默認取消德國在摩洛哥之各種利益，而對於阿合西勒會議之會員國家堅持在該地維持門戶開放。

中國與海氏照會

在中國之門戶開放雖然不是由於柏林及阿合西勒會議所採取的行動之結果，但問題之發生，事機之促進，則彼此完全相同。十九世紀殖民地競爭時各列強之野心並不限於獲得地球上未曾開闢之土地，任何國家其國內政府表示軟弱亦被視爲榨取的合法目的物。中國乃一大帝國，富於原料及天然富源，沿海一帶人口稠密，但內地邊疆則極稀，起始即爲西方列強所注目。

中國經與列強訂立許多條約方與世界通商，最初爲一八四二年中英條約，開五口以通商。此約規定關於出口入口稅應有一合理公平的關稅，因此成立從量關稅稅則，等於從價百分之五。此約仍用爲中國入口關稅之基礎。隨後美法亦取得英約內所規定之各種利益——此類利益後來各國皆得分潤，因此中國與外國所訂之第一次條約即有商業機會平等之規定。（一六）

強迫中國接受協定關稅不過爲後來事實演進之開端。各種糾紛相繼發生，而在每一事件上中國政府屢次被迫給西方各國以讓與商業特權，租借地，甚至割讓領土。此種情形至一八九五年馬關條約而達最高點。退耳(Thayer)描寫當時中國情形如下：（一七）

「自一八九四年中國爲日本戰勝後，她儼然似一擱淺的鯨魚，命在垂危，而歐洲各列強，則如漁人然乘機而入，今日取一省，明日占一港口，硬着心腸，似必待被牲犧者死亡而後已。他們不僅奪取土地，且自中國強迫取得鑛山，鐵路，商業特權及勢力範圍。」

西方各國已開始爭取各種讓與。他們心目中以爲中國將破碎支離，取得勢力範圍及中國對她們保證給以不與其他國家訂立割讓條約，以爲中國將來瓜分時形成殖民權利之基礎。在這嚴重關頭美國政治家海約翰(John Hay)出來干涉，尊重中國領土完整及商業平等待遇。他反對任何一國之門戶關閉政策，而主張用門戶開放來維持各國利益。

海約翰之門戶開放政策是包含於美國與大不列顛，德國，法國，俄國，意大利及日本歷次的外交文件中。（一八）每國政府都有給與其他國家人民以平等商業待遇之責任，若其他國家政府亦有相同的讓與時。海氏於接到關係各國滿意答復後，即於一九〇〇年三月二十日訓令駐倫敦，巴黎，柏林，聖彼得堡，羅馬及東京之外交代表，請其告知駐在國政府謂美國政府認爲他們對門戶開放原則之同意是最後的具體的答復。宣言的性質可見於海氏致駐大不列顛大使訓令中之摘要。他說：（一九）

「英國政府已宣佈她的政策和傳統習慣不致使她利用在中國取得之特權爲排斥他國商業上競爭者之武器，而英國在中國之貿易自由是對全世界一視同仁……美國政府無論如何不承認去年條約上所規定任何一國在中國某一地域之排他權利，因此美國政府感覺在現存情形下各締約國間很有引起糾紛之可能，而有損美國在中國因條約取得之各種利益。

美國政府極熱忱希望其人民的利益不至於因各國在所謂中國勢力範圍內實行排他的待遇而有所損害……目前爲美國政府向英國政府表示其願望之最好時期，希望其發一正式宣言藉以使在中國要求勢力範圍之其他列强亦有同樣舉動，在各個勢力範圍內：

（一）對於英國在中國所謂之勢力範圍內或租借地內之商埠及各種既得權利不相妨害。

（二）現存之中國海關稅得適用於所謂勢力範圍內各口岸水陸起卸之各種貨物，不問其屬於何國，此類稅由中國政府徵收。

（三）在勢力範圍各港口內，本國政府對於任何國家之船舶不得徵收較其本國爲高之港口稅，對其他國家人民之貨物經過勢力範圍內所建築管理及運用之鐵路時，在同等距離上不得徵收較本國同樣貨物爲高之運費。」

當列强接受門戶開放原則的夏天，拳匪之亂引起極大擾亂，引起各國干涉。中國領土完整得以保全，解決案之一部份爲一九〇〇年十月六日英德間之條約，確定其在中國之政策如下：（二〇）

「（一）此乃一共同永久的國際利益，即中國沿海沿河之各商埠對任何國家之合法經濟活動應任其自由無差別的開放，兩國政府關於中國其他領土在其勢所能及之勢力範圍內允諾堅持此種原則。

（二）英帝國政府及德意志帝國政府在他們方面不得利用目前紛亂情形在中國國境內取得任何領

土利益，而將運用其政策以維持現在中國領土。」

在遠東及中國有權利之各列強皆請求其參加此約。美國於回文中重申其擁護門戶開放政策（二一）

「美國政府已知兩國之採用此兩項原則。去年本政府曾請求與中國有關係之各列強對於與該國公正貿易發表意見，並接到各國滿意答復。當目前紛爭極爲緊張時，本政府曾於七月三日關於中國領土完整及商業機會均等，再宣佈其政策，並得悉其餘國家抱同樣見解，深以爲慰。自該時起，關於所要達到之目的，各關係國間都有一種協調，即對於應採之詳細步驟很少有紛歧之見解。

因此大總統訓令我轉達你，美國政府對於上述英德條約內所規定之原則完全同意。」

除美國國務卿藍辛（Lansing）及日本駐華盛頓大使石井間之換文外，（二二）海氏照會已爲一九二一年裁軍會議時美國對中國政策之基礎。所要注意的，即中國不是海氏條約之當事者。九國公約內所規定之門戶開放其所以重要並不僅僅由於在多方面條約內對門戶開放原則有具體的規定，而實因中國自身亦爲當事者之一。該約規定：（二三）

「爲世界各國貿易及在中國工業得更有效的執行門戶開放或機會均等原則起見，締約各國，除中國外，承認必不尋求或幫助其國民來尋求——

（甲）任何條約以期在任何指定中國地域內關於商業及經濟發展上成立普遍優越權利；

（乙）任何特惠或獨占足以損害其他國家在中國從事合法貿易及工業或與中國政府地方政府參加

各類公共事業之權利，或因其目的劃分時間及地理的範圍致有損機會均等原則之實施。

其他門戶開放條約

洛桑條約（Treaty of Lausanne）（一九二三年七月二十四日）若干年以前住在土耳其之外國人，在所謂領事裁判權下，都享有治外法特權及某種商業優越待遇，包括平等待遇。關於入口關稅定一最高限度，直至一九〇七年爲從價百分之八。在該年得享有領事裁判權各列強之允許可以增加其入口稅至從價百分之十一，但爲期祇七年。此約期滿時（一九一四年十月十八日）土耳其又要求增加到從價百分之十五，不過在取得列強同意以前，大戰爆發，遂致談判擱淺。

大戰爆發後，土耳其取消領事裁判權，大大的增加其關稅稅則，有的甚至增加到從價百分之三十。當一九一六年九月十四日，爲協約國所封鎖，乃以普通及協定稅則爲基礎成立一很高的從量關稅。在一九二一年九月十三日於色佛爾（Sèvres）簽訂之和約下，領事裁判權條約包括一九〇七年成立之關稅制度，仍課諸土耳其，因此她在未得財政委員會（二四）（Financial Commission）認可以前，不能變更其稅則。爲適合此條約計，昔日從價百分之十一之入口稅仍舊實施。

自新土耳其國民政府成立後，對於色佛爾條約之各種規定時常發生爭執。爲努力於恢復秩序及解決近東迫切問題計，乃於一九二二年在洛桑召集會議。會議最後取得同意後，乃於一九二三年七月二十四日有關係各國與（二五）土耳其簽訂一約取消領事裁判權，規定重立一九一六年土耳其關稅稅則，其稅率係用等於土耳其通貨跌價之系數去乘。（二六）

領事裁判權條約及最惠國條款使土耳其變爲門戶開放地位，直至大戰爆發爲止。她關於此類事件之永久管理，直至放棄領事裁判權條約及修改的一九一六年關稅取得同意後方才完成。

洛桑條約及與美國同時簽定之商約皆規定無條件最惠國待遇，並且以雙方同意的而非片面的履行平等商業待遇之原則。

委任統治原則及平等待遇

大戰結果，協約各國自國際聯盟以委任統治名義取得土耳其及德國各殖民地，其分配及分類情形如下：

委託國及委任統治地

甲類		乙類		丙類	
英國	Mesopotamia Palestine	英國	Tanganyika(27) Part of Togo Fraction of Kamerun	英國	Nauru
法國	Syria	比利時	Ruanda and Urundi	澳大利亞	New Guinea

	法國	紐西蘭 Western Samoa
	Kamerun Togo	南非 Southwest Africa
		日本 Caroline, Marianna and Marshall Islands

國聯盟約既包含下列良善的原則——文化落後人民之幸福和發達乃世界文化之神聖委託——乃將前土耳其帝國各部份及德國海外殖民地分爲三類：第一類、其發達已經達到某種時期，可以暫時承認其爲獨立國家；第二類、如中非洲一類地方受委託者須負行政上責任；第三類、如西南非洲一類地方可以視爲受委託者領土之一部份。盟約規定祇有在第二類委任統治地內才擔保門戶開放原則。在中非洲門戶開放傳統思想很强，故此原則之實施不過爲對既存統治加以認可而已。在第一類委任統治地內，門戶開放曾陸續規定；第三類因國聯盟約認定受委託國家有權得統治該地爲其領土之一部份，於是遂成立特惠關稅制度。

主張在各委任統治地包括第三類維持門戶開放原則，可以說是有兩個特殊理由。因門戶開放在一九一四年以前早已存在於上述各地，沒有一協約國覺得她自己因爲大戰結果致其商業地位較從前爲不利。關於在土耳其領事裁判權條約下之門戶開放制度前已述過。至於德國政府一因條約束縛或政策關係，在其所有殖民地都維持門戶開放政策。德國政策亦未嘗較其他國家爲寬大。德國殖民部長鄧伯（Dernburg）曾說：「一國殖民地成爲商業政策之工具，因爲一國在其殖民地內給外國以特權和權利，方能在外國殖民地內取得同樣特權和權利。」但當德國環顧全球覓取殖民地時，他發覺最有價值各地皆為其他列強捷足先得；可是因採取積極政策，她得到許多重要地方。在一九一四年德國大部份領地都在非洲，包括基尼灣之多哥（Togo）及喀麥隆（Kamerun），德屬西南非洲介於葡屬安哥拉及奧倫治河（Orange River）之間，及德屬東非洲。在太平洋方面，德國領地為紐基尼島（Island of New Guinea）之一部，俾斯麥羣島（Bismarck Archipelago），喀羅林（Carolines），拍盧（Pelew）馬利亞納（Marianna），蘇羅門（Solomon）及馬塞耳羣島（Marshall Islands）。此外薩摩亞羣島之一部份；在亞洲德國轄有山東半島上之膠州。剛果流域，一八八五年柏林條約所規定之門戶開放地方，曾確定包括德屬東非及喀麥隆之一部份。

德國在殖民地方面地位之不強，可以明白她為甚麽不採用特惠政策。此種政策或曾為其他殖民列強如大不列顛及荷蘭所摹倣，在不重要及未發達的殖民地內若採用此種特惠政策，則與英荷富庶殖民地相比較，其所得實不償其所失。不問德國動機如何，她在海外殖民地總維持門戶開放政策。

再者國際聯盟規約所規定之委任統治原則內所包含平等商業待遇及列強在其委任統治地域內拒絕設立門戶開放制度，適足以使人對於擁護委任制度者的誠心懷疑。在所謂世界文化神聖委託地域內重行回復昔日殖民主義之各種實施，不過於昔日制度之罪惡外增加一種偽善的羞辱。

過去之殷鑒：剛果

剛果之歷史很足爲一國際會議所決定之委任統治地如何爲受託國迴避責任使其無效之最好例子。在柏林會議後若干年中，剛果之富源主要的爲象牙及若干植物，如橡皮，樹汁及棕樹仁。此類物產給歐洲人以墾植機會，而剛果自由邦在利歐破爾得獨裁政治下形成一種自私自利的統治，使柏林會議所決議的門戶開放原則不能實現，不僅妨害想在剛果區域從事貿易之各國家，並且妨害該處土著人民。其所採用之方法（二八）包括土地制度，租稅，讓與之允諾，用勞役代替租稅，用貨物代替其他勞役（二九）等等。

在剛果土地制度下政府管有大部份土地，衹有極少數地方讓私人去經營。因採用許多方法，遂使政府委託者之報酬及各公司之股息皆靠各地方土人所種植的橡皮之產額。因此壓迫勞工終日工作不休，致土人殊無餘力從事自己種植；租稅負擔極重，很少讓土人以貨幣來納稅，即令他們可能時；交通爲國家所獨占，貨幣可說全無，即有亦很少；對土人之償付皆爲布匹，銅器，珍珠及鹽。因此土人幾完全與私人商業相隔絕。因此種種方法，致損害了柏林會議總約內所保證的門戶開放。

最後於一九○八年剛果乃轉讓給比利時，於是對土人之剝削及違反柏林會議門戶開放之規定至此告一中止。此利歐破爾得氏之統治誠足以忠告我們不僅委任統治之條件應當嚴格定出來，即委任統治地之行政亦應仔細監督。委任統治委員會之實際工作，在國際聯盟下明白表示此委員會因在剛果及其他各地之經驗而受益不淺，雖然僅用公佈的權力以保護土著人民及受委託者以外各國家之權利。其工作之重要者爲修改魯羅島（Island of Nauru）之行政及矯正魯南達（Ruanda）之邊界。（三○）

威爾遜總統之第三點

威爾遜總統所主張之十四點的第三點爲「在可能範圍內取消所有經濟壁壘，在同意平和及維持此政策之國家間成立貿易平等。」起初威爾遜關於此宣言之範圍，或許是祇有一極渺茫的理想，不過他無疑的視此宣言爲對於排他及歧視政策——如一九一六年協約國經濟會議所宣佈者——一相反的建議。後來，當爭論紛起時，他於致上議院議員喜赤科克（Hitchcook）書中對此會發表具體意見。

「我所用的文字想任何誠實的人都能了解。讓各國都自由的決定其一己的經濟政策，唯一例外即此種政策對於各國必須一律適用，而不應混合各國間相互敵意的歧視，此種歧視的武器祇能留作各國共同敎訓那不順從一班公正平等程序之國家。」（三一）

最初國際聯盟規約之起草並未包含第三點所有之各原則。威爾遜之顧問注意到此種遺漏，於是備此宣言，提出美國的商業平等條件之計劃；（三二）對於後來規約之起草很有影響。在一九一九年起草一英美互讓草案，涉及「國聯會員國商業自由運輸及公平待遇」之安全及維持。（三三） 一九一九年二月十四日和會大會所採用之規約內容仍保留「自由運輸」一語，不過用「平等」二字來代替昔日草案內之「公平」二字。最後起草的國際聯盟規約第二十三條規定所有會員國「（五）爲各會員國商業計，將預備從事取得和維持交通及運輸之自由及對會員國商業平等待遇；關於此題，在一九一四年至一九一八年大戰所破壞各地域之特殊必要困乏應當顧及……」

爲恐懼限制美國經濟自由計，致美國立即建議一更進一步的商業平等待遇原則。都希望此問題及其他事件，得在後來國際聯盟理事會提出討論。因爲和平會議所設之經濟委員會居間接洽，英法二國仍繼續努力於商業平等原則之更具體化。英法二國隨後發生不同見解。

史密斯（Hubert Llewellyn Smith）建議謂經濟委員會之第一步工作應爲

「將威爾遜總統之第三點變爲多方面的商約，包括在國際貿易上關於關稅制度，船舶及避免不公平競爭保證商業情形平等之各種規定。」（三四）

此建議表明英國之普通一般見解是與美國建議相符合。在他方面法意間則注重於原料品貿易之自由。根本問題在和會內並未討論，而讓其移交於國際聯盟。

一九二〇年三月國際聯盟理事會第三次會議時，關於規約第二十三條之涉及運輸者又曾加討論，在後來十一月間，國際聯盟組織一經濟委員會，付以考查由凡爾賽和約及規約所引起之各種經濟財政事件。因此一平等待遇」原則規定如是鬆弛，關於實際採用進步極緩。大家都承認困難極大，不過希望最後得成立一多方面條約，關於出口入口稅及原料分配上，規定門戶開放原則，作爲仲裁安全條約之附件及裁軍計劃之一部份。

放棄門戶開放保證之趨勢

不問歷次宣言如何贊成商業平等，各國家都有一很不充足的理由來放棄此種責任之趨勢。例如紐西蘭之特惠關稅已擴張到委任統治地薩摩亞島，違反英美德三國條約之精神。（三五）至突尼斯（Tunis）爲侵犯步驟之最好例子。一八八一年突尼斯發生亂事，因其妨礙鄰地阿爾及利亞之和平，法國藉口平靖亂事，遂使入該地，隨即宣佈該地爲一被保護地，對於其與歐洲其他國家之商業關係並未加以若何變更。此類關係包括許多與歐洲各國在確定時期內有效之商約，承認入口稅率限於百分之八。由於此類條約及最惠國條款，突尼斯關於入口稅方面有一有效的門戶開放政策。直至一八九八年法國乘此類條約多數期滿及成立新約之便，在該地取得自由處置之權。她在一八九〇開始與突尼斯密切接近採取同視政策，當突尼斯貨物向法國入口享受特惠待遇時，繼則於一八九八年後對於法國在突尼斯貿易成立少數特惠，後來因一九一九年最後條約之取消，（三六）對於同視政策之唯一障礙宣告廢除。自該時起，突尼斯爲一門戶關閉之殖民地，雖然仍保留專門分類上之被保護地及特殊統治地域等名字。

就一般而論，門戶開放政策自一八八〇年至一八八九年間即已失其存在理由。（三七）即接受此原則的國家亦日漸趨於不願，甚至即令默認，有時亦設法規避。趨於特惠及排他乃確實事實，雖然英政府自大戰以來在這方面的改變態度祇可以證明暫時回到昔日限制政策。即認爲如此，一九一九年大不列顛之引用特惠政策於其關稅內，不會授皇家殖民地以採用特惠規定之動力。

門戶開放原則之未能遵守

門戶開放在歷史上並非一頁成功史。牠之失敗非由於原則本身之不健全或實行之不可能，而是由於主張此種原則國家之不能嚴格遵守。在現今母國之好戰政策下門戶開放祇能以互相調和形式才能維持。在該種情形下牠不過爲一臨時手段，祇有用以調和各國間之和平才爲各國所遵從。政治情形稍有變更，必引起殖民地內之不穩固，而給各國以重新磋商之機會，唯一損失者乃殖民地自身。

此種政策因美國之積極擁護而具有力量。她認爲殖民地列強本身都是他們殖民地之受託人及保護人。保護者態度應當排斥爲卻母國利益之特惠政策，美國於此不是唯一的國家，而各殖民帝國亦曾全部或部份的倣行此政策，國際條約及國際諒解已宣佈在許多地方——特別是在非洲繼續執行。

美國主張門戶開放之弱點

在對此政策貢獻進一步意見以前，我們希望指出我們自己主張門戶開放之弱點，因爲我們要承認對於這個問題我們言行尚未完全一致，尚未完全肯定。雖然因國務卿海氏之努力，已取得在中國贊成門戶開放宣言，我們一方面雖然是許多門戶開放條約之當事人，在其他事件上我們的態度好似又暗示承認在殖民地之特惠關稅：例如一九一〇年與加拿大之互惠條約，在普通條件上我們承認殖民地特惠純係一國內政問題。一九〇三年對於自海峽殖民地出口錫鑛課以禁止差別稅，初意係在直接反對美國公司，但祇引起我們政府的輕微抗議。因此在帝國外對各國形式上一律課以差別稅似已爲各國認爲係一合理的事實。此類少數偏獨的事實也不能認爲對全世界最後普遍採用門戶開放政策有所衝突。

更嚴重的乃第二個弱點。我們自己的殖民政策可以代表說是較任何國家爲不寬大之政策。作者並非根據己見說美國政策是較各國爲不寬大，不過說有人強作如是解釋而已。我所說的不寬大係從給與外國商業機會之觀點上來看，若自開發土著之觀點來看，則或可以得一較好之結論。（三八）關於商業機會我們實際上已同視斐律賓及拍托里科。美國與斐律賓間成立自由貿易及包括拍託里科於我們關稅同盟以內，遂使我們很難抗議其他國家在殖民地之特惠關稅。我們退還斐律賓羣島之苧蔴出口稅——雖然一九一三年已將其取消——都被採用以辯護最近英國許多極端之設施。最近商船法規定將我們沿海貿易船舶規則擴充適用於美國及斐律賓貿易上，如若眞正實行起來，則可以說是我們殖民獨占更進一步之表示。（三九）

爲原則計放棄門戶關閉政策

我們可以利用我們的殖民地市場以達到在其他列強殖民地上交換平等待遇之目的，不過我們的殖民地很少，在此類談判上必將蒙不利。若美國以放棄門戶關閉政策爲原則，則關於此題目之討論必將處於重要地位。改變我們與斐律賓之商業關係，以期我們的行動符我們的具體政策，似爲趨向較寬大政策之第一步及給夏威夷，阿剌斯加及拍託里科以異於列強之「殖民地」之地位。若我們想振振有辭的將這些地方包括在我們國內關稅制度以內，則我們應當這樣做並且這樣做似應不感何種困難，因為沒有一人認為一個國家全部土地應當包括在一個大陸上面。

殖民帝國之進一步推廣

旣已使我們殖民商業政策與機會平等原則相符合，這可以說我們是贊成在其他地域採用門戶開放。我們如是乃能反對殖民帝國之更進一步的擴張，而我們的政策仍係一貫的，特別是對於某種採用特惠關稅政策的國家。即採用門戶開放政策列強之新的獲得若無相當範圍和限制，我們不能承認。我們從前對大英帝國採取一種政策容忍其政治勢力日日擴張者，是因為其包括有自由貿易政策；但若我們假定此種政策仍將繼續不斷維持，則將有一種危險，因為在大英帝國內現正有差別待遇之趨勢。在某處我們雖不反對土地之獲得，但同時我們應當保證門戶開放是維持的。在剛果及其他各處之經驗，指出在確定保證之範圍及規定文字時，我們應當特別小心。充其極凡保有殖民地政治統治國家之國民在貿易上將有許多利益，（四〇）因此外國利益之應當保護更倍為重要。

遵守門戶開放條約

至於其他步驟，則美國對於摧殘和取消現存門戶開放條約應當反對。我們對於在一列強享受平等權利——特別是該種權利之享受爲條約所擔保——之地域內成立被保護國，而該執行保護之國家又爲自己利益成立特惠關稅之原則，應當反對。在職責上我們及其他列強都不能放棄我們條約上權利，此種主張在突尼斯事件上明白爲歐洲列強所承認。最近大不列顛指責美國與東加羣島間之條約，亦係基於同樣立場。對於阿合西勒會議及柏林會議總約所規定，一八九九年美國與各列強換文內所主張之寬大主義若加以任何限制，美國應當反對。至於阿合西勒規定（法國已明白違反）美國爲訂約之一方，可以根據條約權利要求保證在摩洛哥之門戶開放。再者，當計劃柏林會議條約及修正此約起草時（四一）（一九一九年）美國都曾參加。修改的條款並未十分減少該約內門戶開放規定之力量，而將其批准方能使美國理直氣壯的對於其在中非一帶地方之貿易要求平等待遇。再者美國（四二）對於封鎖昔日任何敵國境內——土耳其或德國——之貿易應不加承認。我們現已與他國訂立條約以期取得此等地域內之各種權利。

要求在殖民地及弱國普遍採取門戶開放政策之最有力理由，即認其能以此促進各國之善意和了解。被排斥的國家茹苦含愁的很怨恨用政治力量給其他國家之工業對於原料及市場加以特惠的政策。大家都相信門戶開放政策或對牠的恐懼心理乃爲國際敵視及戰爭之原因。

（四一）見美國關稅委員會之 (Reciprocity and Commercial Treaties, 1918, p. 10.)

（四二）參看 (Viallate, Achille, Economic Imperialism and International Relations During the Last Fifty Years,

New York, 1923.)

(三)有許多特惠稅則延至一八八六年。

(四)見(Proceedings of the American Economic Association, Meeting at Richmond, Va., December, 1918, p. 342.)

(五)參看上面第一七八至一八一頁圖表。

(六)埃及現列入獨立國家。

(七)見美國關稅委員會之(Colonial Tariff Policies, 1922, p. 1348.)

(八)見前書第三四九頁。

(九)隨此會議而起的乃一八九一年一月二十四日剛果自由邦與美國間所訂之條約。

(一〇)出口稅並不限數量，一八九〇年有了修正，允許入口稅得增加至百分之十，火酒及火酒類飲料稅則很高。在一九一〇年對於軍械及軍火徵稅極高。

(一一)參看 (Anderson Frank M., and Hershey, Amos S.: Handbook for the Diplomatic History of Europe, Asia and Africa, 1870-1914, Washington, Government Printing Office, 1918, p. 332)

(一二)見(Malloy: Treaties, Conventions International Acts, Protocals, and Agreements between the U. S. A. and other states, Vol. 11, p. 2159.)

(一三)見 (Deloncle Statnt International du Maroc, p. 395, Martens, G., Nouveau Recueil Général, 3e V

p. 643.)

(一四)見 (Foreign Relations of the United States, 1911, p 621.)

(一五)法國之態度與其在巴黎和平會議者表示完全相反。參看(Procés-Verbaux de la Commission du Marco, Conference de la Paix, Paris, 1919.)

(一六)一九二三年十一月三十日在美國政治及社會科學學會演說時，休玆氏曾說：「輪船中國皇后號，係莫理斯(Robert Morris)及他人所預備者於一七八四年駛往廣州，而一八〇五年有三十七隻美國船舶在該處卸裝貨物。一八四三年國務卿韋伯斯特(Daniel Webster) 訓令美國駐中國特派大使卡星 (Caleb Cushing) 說：「你應以積極態度表示若中國給其他國家臣民以較美國公民爲大之特權和商業便利，則美國政府不能維持平日友誼態度對中國皇帝之敬心。」於一八四四年條約內美國取得最惠國待遇，關於此點卡星曾說：「雙方政府從事對外國商業勢力開發此極大帝國之任何進行，是爲的兩國及其泰西國家之共同幸福。」因此已立下門戶開放政策或機會均等政策之基礎。」

(一七)見 (Thayer: Life of John Hay, Vol. 11, p. 240)

(一八)見 (Foreign Relations of the United States, 1899, pp. 128-143.)

(一九)見前書一三一及一三二頁。

(二〇)見 (American State Papers: Foreign Relations of the United States, 1900, p. 354.)

(二一)見前書第三五五頁。

(二二) Treaties, Comventions, International Acts and Agreements between the United states and Other Rowers, 1910-1923, Vol. III, p. 2720.) 一九二三年三月八日總統哈定說:「所謂藍辛石井協定對於過去及將來並無拘束效力，牠是與九國公約所宣佈的原則及政策相矛盾……。」(Cong. Record, 2d. sess., 67th Cong., p. 3559)

(二三)見(Conference on the Limitation of Armament, Washington, Nov. 12, 1921, to February 6, 1922, pp. 1625,1626,)

(二四)此委員會係在條約下成立的，其目的在矯正昔日土耳其帝國之紛亂財政，而措置新政府於健全的財政基礎上。

(二五)朱哥斯納維亞 (Jugoslavia) 到最後拒絕簽訂此條約，因為此約曾駁她以昔日色佛爾條約所估價之若干賠償。這些問題因石油和礦產讓與反形複雜。

(二六)見 (Journal of Commerce, York, July 25, 1923.)

(二七)英國接管戰前德國在東非洲之各地，也不包括盧安達及烏綸第王國 (Kidgdoms of Ruanda and Urundi)，因為此兩地是劃歸比利時管轄。

(二八)見美國關稅委員會: (Colonial Tariff Policies, chap. 2.)

(二九)溫帶殖民地——白種人能居及發達其文化——必須與熱帶殖民地——白種人不過為一外界人，以監督我們所謂劣等民族之活動——分別清楚。在澳大利亞洲之殖民與中非洲之殖民根本不同。剛果部落，主要的為班圖族(Bantu)，祇有很簡單的社會組織，而在商業，社會及宗教上未嘗進步到一種如歐洲國家複雜的組織。

再者，在許多殖民地方如印度之殖民活動，須與在許多地方如中非洲之殖民活動分別清楚；印度人民社會組織有極好進步，自他們觀之似等於歐洲人。

熱帶殖民之社會的現象是極重要。白人多視熱帶為其剝削的地方，而未嘗注意土人生活必要條件，致引出許多懸慘經果。白人之失敗未有較開發剛果為甚者。

（三〇）見（Permanent Mandates Commission, A19, 1923. Vl Geneva, Ang. 24, 1923. C.P.M. 55, . 307.）

（三一）美國上議院外交委員會公開審査紀錄，見一九一九年六十八屆議會第一次會議上院文件叢刊第一〇六號。

（三二）見（Baker, Ray Stannard, Woodrow Wilson and world Settlement Vol. II, p. 418.）

（三三）見前書卷三第一五〇頁。

（三四）見（Baker, Ray Stannard, Woodrow Wilson and world Settlement, Vol. II, p. 415）

（三五）試比較意大利在索馬利蘭之舉動。參看上述一八九——一九一各頁。

（三六）大不列顛及突尼斯間規定對於棉織物稅則限制到從價百分之五之條約，直至一九一九年方為法國取消。此稅則都一律的實用於各外國。

（三七）見美國關稅委員會：(Colonial Tariff Policies, 1922, p. 78.)

（三八）見(Walacc, Benjamin B., "Preferential Tariff the Open Door, in Annals of the American Academy, Vol. CX11, pp. 217,218)

(三九)參看下述第四〇二頁。

(四〇)移民，移民及官廳之習俗，投資，商業組織，銀行及船舶便利，都互相助成各自勢力而促進母國及殖民地間之貿易。

(四一)美國因未批准原來條約，所以使我們對於規避條約責任和違反條約精神如剛果自由邦，意屬隨莫里亞等事件上減低了我們的地位。

(四二)視為一主要協約及參戰國家，所以德國將其殖民領地讓與我們。

第九章　原料及燃料

雖然工業上許多必要的原料爲英美所控制，但是他們未有一國是完全能自給自足的。棉花，銅，及石油在英帝國內其產量並不十分充足。至於美國雖富於此種原料，但錫，橡皮，黄蔴及其他原料仍須仰賴外面輸入。可是比較的講起來，英美二國關於原料控制總算處於極有利的地位。

在他方面其他工業國家之原料比較的都不十分豐富。德國，因爲失去羅倫州鐵鑛薩爾地域(Saar Valley)和西里西亞（Silesia）之煤的供給，對於其工業的獨立性爲一致命打擊。她的極大鋼鐵工業之榮繁完全依靠煤和鐵，此後或將因原料取給困難而逐漸凋頹，且將轉移德人製造技能去製造精工鋼鐵品。大戰以前，德國靠美國供給棉花，靠英國供給羊毛及油類，靠日本供給絲。

日本在生絲出產上占極重要地位，並獨占天然樟腦之出產。她的銅鑛可以供給全國需要，且有一種土質可以製造最好的磁器。她有鋅，鉛，錫，許多的硫磺及硫化鑛，而庫頁島北部之森林給其製紙工業以豐富原料。在其他原料方面則她因爲缺乏或供給不足而受卻阻礙，植物油類及他種重要紡織業原料都須自海外輸入；棉花是購自美國，中國及印度；羊毛購自大英帝國；黄蔴購自印度。

爲補救此種原料上缺點起見，日本乃在高麗種植棉花，現正種植亞蔴和苧蔴，並在各山邊餵羊。水電，因爲政府之幫助很有相當的發展。但是此種努力無論其最後如何成功，總難彌補原料品之缺乏。日本最大的不利爲鐵鑛供給之不足，此似爲對其工業發達之根本不可能。在其他國家，鋼鐵工業——工業發達程度之測量準衡——已發達到利用全部資源的程度。

日本在中國及西伯利亞政策之背後乃一經濟動機，直言之，即欲控制原料來源。在中國所能取得的煤鐵，於她的將來極關重要。她之侵入滿洲係與鐵路兩旁之寶貴森林及鑛產有密切關係。完全控制關鍵她相信在烏蘇里鐵路，取得此鐵路爲她的大陸政策計劃之一部。在此處之失敗不過爲其他敵人工業在原料來源地之發達，而使日本屈於第二等工業國家地位而已。

比利時完全依賴海外及其殖民地供給原料。意大利在原料方面也很困乏。法國仍爲一極大農業國家，自大戰以來，採取一種希望取得豐富原料繼續發展成一工業國家的政策。

地質學及地理學之政治重要性

討論一國原料及燃料之貧富，卽使人知道在近代世界上地質學及地理學對其商業政策有極密切之關係。動力富源及主要原料並非平均分配於地面上，國家之於地質及氣候上處有利地位者，則使其政策多趨於在國境內如何去保存，開發，甚至如何去獨占此類富源；反之缺乏富源國家，如欲在國際間揚眉吐氣，必須覓取殖民地，勢力範圍及各種擔保以保證主要原料供給之不竭而建設一近代經濟國家。

大戰對於影響原料的商業政策之發達給以極大刺激。國家之賴於原料之充分供給，此次戰爭已表示無餘，而成爲各國政府極重要事務。德國工業，當棉花，羊毛，黃蔴，麻，錳，鎳，鋅，棕樹仁及他種物產不能自海外輸入時，乃漸次凋殘。各國始則單獨繼則共同（一）組織機關以管理及分配原料品；他們乃開始考慮是否有充分供給其工業之原料品，或者他們是否控制某種原料品之供給而可利用以與其他國家談判交換條件。大英帝國在羊毛，黃蔴及鎳上，美國在棉花，油類及銅上從來未曾占有如今日之重要地位。渴望原料品之供給，已明顯的見於德國已經過去的布勒斯特里多佛斯克（Brest-Litovsk）及不加勒斯多（Bucharest）條約中所加於俄國，羅馬尼亞之經濟條件；法國之希望取得薩爾區域之煤鑛，及日本之希望控制中國富源亦皆由此。

原料之分類

一國工業化愈進步，其需要動力富源及原料亦日亟，因此對此類富源或原料之控制或希望控制常左右其商業政策。下列分類可以便於我們的分析：

A　動力富源（energy resources）　用於生產和分配之動力主要來源爲煤，油及水力。煤爲最重要且似能繼續若干年。李德（Read）曾說：（二）

「一國能力之眞正基礎是在其動力富源而非人力。近世人體能力之利用正如一小小爆炸物之引燃一很大的爆炸彈；一點引火物引起極大爆裂，能做遠勝一人能力所及之各種工作。平均一工人所能發出之能力約爲十分之一個馬力。在八小時以內每一礦工盡其能力可以挖出二磅煤。一個日本礦工每日能產煤一、四〇〇磅，則爲其能力之七百倍，此似乎近於種麥一粒而得到七百粒麥子。美國鑛工每日能出煤八、八〇〇磅，故爲其能力之四、四〇〇倍。美國有四千一百萬工人，他們所產生之能力爲四百萬匹馬力稍多，若以煤鑛鑛工濟能力來計算，亦不過爲一百鑛工挖掘煤炭所產生之能力之九倍而已。因此鑛產，煤，石油，及水力之力乃工業文明力量之眞正來源。」

煤與鐵足以發達鋼工業——近代工業國家之基礎。世界上祇有三個最大煤鐵中心，美之匹茲堡（Pittsburgh）中部英倫（Central England）及萊茵，（包含羅倫的鐵及魯爾的煤。）

B　重生產原料品（reproducible raw materials）在比較短時期內因種植和繁殖所能製成之原料品爲重生產原料品。例如絲，羊毛，橡皮，棉花及苧蔴皆屬此類。硝酸鹽乃從空氣中重新生產的鑛質之一例子。若環境適宜，此類鑛物質之供給卽能補償所用的資本及人工，世界富源之全部貯藏量也不致減少。雖然，適宜的環境祇限於很少的地方；而在事實上關於重生產原料品時常會引起獨占及價格等種種嚴重問題。日本控制生絲市場，英屬東印度控制了橡皮市場，印度控制了苧蔴市場而美國則控制了棉花市場。

C　不能重生產但部份的可以恢復之原料品（non-reproducible but partially recoverable raw materials）此類包括若干鑛物及化學品非人力所能重生產的，不過一部份可以恢復。鐵卽爲一最明顯的例自地中取出鐵鑛一噸，世界上卽減少一噸的儲藏量，探求固然可以增加現在所知的貯藏量，但鐵鑛一經採掘後卽無從補充。但鐵亦可於碎片形體中恢復一部份。有人計算過美國鋼鐵工業原料品百分之五十都是鐵屑碎片。其他例子如銅，鉛及銀等皆是。

D 不能重生產不能恢復之原料品 (non-reproducible, non-recoverable raw material) 許多原料品不僅不能重生產，且一次使用後即不能恢復，故保存此類原料品是應該的。現在我們這一代無限制浪費不過使其價格高漲，使後世感覺供給之不足。在若干場合上所能利用的原料爲數有限，而需要日增。此類爲各種摩擦器如浮石，寶砂石，金剛砂，玉色石，菱苦土鑛用爲建築上之西門泥及冶金上之難溶化物，潤物及油畫之石墨，用爲製鋼及其他冶金上之溶劑的螢石，用爲不傳電物之石綿及雲母石，碎片時不能恢復，肥皂及陶器中所用之長瑛石。

許多礦質如礦鐵鑛，錳，及鎢在某種情形下可以恢復，但在他種情形下，例如在製鋼上用爲試藥時，則不能恢復。

E 食物 有許多原料例如蔬菜油也能用爲人類食物，不過此處分類係包括特殊主要食物；肉類，牛乳食物，穀類，蔬菜，果子及熱帶物產。食物運輸在國際商業上很少有引起爭論而影響國際間和平關係的食物問題，祇有當人口增加超過食物供給的可能限度以上，如在亞洲若干地方，方漸趨嚴重。其次則爲民族移殖人口分配

(三) 所引起最大的爭論。

基於依賴程度的不同之分類

將適才上述分類用橫的觀察再加以分析，則對於各種不同的商業政策之基礎更加明瞭。基本方法卽將各國分為在原料上依賴他國及不依賴他國。沒有一工業國家可以完全自給自足的；一國更工業化則所依賴者更多。若干國家，如英美比較的很富於原料；其他國家——德意——則比較缺乏。

A 充分自足有時尙有剩餘出口 國家能於自足外尙有剩餘原料出口，則處有利地位。美國關於銅，棉花，硫磺，鉛及油方面享有此等優勢；大英帝國在苧蔴，羊毛，鎳及石棉方面亦然。一國在煤鐵及他種原料方面占有此種優越地位，則在其政治範圍內具有各種工業實力所基之原料。

B 實際上完全依賴外面供給 「祇有在此類物品上，」英國皇家委員會說，（四）「控制原料供給品的外國經濟壓迫之可能當特別預防，政府行動實為必需，藉以促進經濟獨立。在我們意見上沒有一普通救濟方法能適用於現存各色各類貨物；所需要的行動應以各種貨物性質之不同而各異，每一事件上所應走的確定路線，祇有在最好的專家考查後方能向有關係各政府提出建議。」英國是靠美國供給棉花，而美國則靠英國供給橡皮，錫鑛及苧蔴，在無組織的世界各國關於任何原料品對於控制此種供給之國家常存恐懼及猜疑心理，而國家所採政策卽表現私人團體及政府求謀安全之努力。

各種經濟情形對於控制原料品之分配或生產者之無窮索取，常加以具體的限制。一旦價格高漲，則在市場上引出代替品，並且獎勵其他地方之新供給。猶嘎旦（Yucatan）之上品蔴（sisal）的合併管理明白的因爲用斐律賓之蔴爲代替品所限制。當蔴（sisal）之價格高漲到某點時——不幸的在平常時期內較最低價格稍高，則給生產者以相當報酬——消費者寧買斐律賓之蔴而不買猶嘎旦之蔴（sisal）。關於巴西對咖啡所課之出口稅，就增加價格而論，不僅有利於巴西生產者，且亦有利於其他各地之生產者，獎勵他們多產咖啡以供給那價格爲巴西政策所決定之世界市場。生產者之聯合常袒護他們自己發出種種理由，謂他們減低分配費用，他們唯一目的在爲生產者及消費者利益計穩定價格。就普通一般而論，獨占品之價格是決定在一點上，即：每一單位之利潤用總數來乘能給獨占者以最大的淨利潤。若無其他代替品，則購買者之拒絕購買爲對於獨占者苛索之唯一有效的制止方法。在獨占價格方面除了經濟的限制以外，還有政治因素。一個國家用其獨占原料品之力量惡意的妨害其他國家之消費者，很足以陷自己於外交上困難中。

C　原料品其數量不能充份供給國內需求必須由國外輸入以補不足　對於一國國內產量不足之原料品徵收入口關稅的政策加以討論時，則將原料品分爲重生產及不能重生產的分類方法的價值更加明顯。若環境適宜，則重生產原料品之數量可以用種植或繁殖方法來增加。是否能達到此目的則全賴於該種因素，如：與其他生產者之價格和競爭（例如牛乳業與畜羊業間之競爭。）因此，假若一國獎勵該項物品之生產，在相當情形下可課以入口稅以提高其價格。

對於不能重生產之鑛物之入口課以入口稅之利弊如何，全賴許多因素。第一，生產者之利益必須顧慮。保有此種鑛物的人要求有開採機會的權利，提出常見的保護國內工業的理由及其他工業假若得卻保護，則他們應受保護的理由。關稅亦足以獎勵一班人去尋求供給的新來源，於是一國——較起初看去——或可因此最後成爲一個主要原料之重要生產者。因此保護幼稚工業理由亦證明可實行。

第二，消費者（工業家）之利益亦屬重要。有許多鑛物若自國外輸入則較取自國內其價爲廉，其質爲佳。此類鑛質在許多場合上對於我們基本工業極關重要。例如製造高速度鋼，則需要許多鎢，鐵及錳。美國一九二二年關稅法對於此類物品所課之稅，使得我們對於製造此類高速度鋼之工業家不得不給以補償稅。此類所課之稅係用以使工業家在國內市場之地位一律平等，不過牠們因價格提高遂限制了他的市場（即令其取得退稅）而使他在世界市場與外國工業家相競爭時處於不利的地位，因爲外國工業界的原料品皆係無稅的取自自由市場。所以對於此類鑛物生產者雖有利益，然亦須顧及尙有相對的弱點，即對於國內工業界因爲關稅所限不能以世界競爭價格取得原料之種種不利情形。

第三，此類鑛物之保全問題現已成爲一全國的爭點。美國國內錳，鐵，鎢及水銀之藏量很有限，而質亦較外國所輸入者爲劣。若我們繼續開發此類鑛藏，其結果不僅生產成本漸高且將使國內藏量耗盡。問題是到甚麼時候一國才應當使用其有限的原料品？原料品重要及不能重生產原料品是否應當令其消耗於平常工業上，或者在平時是否應利用國外的原料品而保留國內有限的供給以備戰時緊急之需？

國內商業政策

關於原料品各國平常都首先關心其保存及其在國境以內之發達。氣候適宜國家，或者富於重要原料品之國家，對於採取何種國內商業政策一問題較原料缺乏之國家尤爲重要。

入口稅前已述及，牠是用爲增加國家之自給自足，和使國民經濟生活多方面化的一種明顯方法。當主張自由貿易的經濟學者主張關稅應當廢除時，國際間之日趨激烈的經濟競爭遂使關稅恢復其在商業政策上之重要地位。時至今日，牠們已成爲各國政府影響商業之普遍方法。在工業發達上牠們有其唯一重要性。工業國家內之實業界都反對對原料品徵稅。一方面在歐洲各國的慣例是將工業原料品置於概行免稅類，他方面在美國則農業，森林業鑛業界之政治勢力都主張維持許多原料品之入口稅。

出口稅

出口稅與原料品之關連較入口稅與原料品之關連更爲密切。在昔日歐洲各國賦稅制度上牠們已數見不鮮，起因於中古時代元首對出口入口商業之徵稅。英國曾歷代徵收，直至一八四二年庇爾改革案提出時方才停止。在該國除稅收動機外尙帶有一點工業動機，例如對生羊毛之出口徵稅係用以保留其於國內而獎勵國內羊毛工業。

在今日除美國（五）及歐洲工業國家而外，出口稅已成爲一國賦稅制度上普通現象。在事實上世界許多出口物品之徵收出口稅，除了主要的工業國家而外，都由於稅收原因，此類國家物品之種類有限，因此出口稅名單雖然很短，其稅率倒可以影響大宗出產。在出產單純國家內出口稅乃所得稅及土地稅之適宜的代替者，其所以採用因爲容易徵收。一種種植沒有結果子以前是不付稅，而普通收穫愈多則付稅愈大；因此，所課之稅是與生產者付稅能力相等。他必須覓一市場，除非他能獨占世界市場，否則對其物品所課之任何出口稅皆歸他自己負擔。在該種環境下沒有出口稅乃一例外。歐洲許多種植出產品都全免稅。許多國家對於激烈的競爭物品都不徵收出口稅；而在其他場合，殖民地政府因爲已經很富足都取消牠們。

徵收出口稅除了稅收動機以外亦尚有其他動機。此類出口稅多用以保留國內富源。加拿大對木質及木頭之加以許多限制，即由於此種原因。但此種動機與其他動機是不能分開的。保留富源平常係就國內而言；是即在國境以內開發而非到他國開發。加拿大限制出口，但鼓勵資本在國境以內成立工廠以開發那所限制的富源。墨西哥對於未提煉石油出口之課稅並非限制其生產，不過用課稅方法爲自己保留一部份富源而已。

入口稅主要卻爲保護性質，在於關稅壁壘以內獎勵被保護物品之生產。在若干情形下出口稅之徵收亦帶有保護性質。對於工業原料品課以出口稅與對工業製造品課以入口稅有同樣保護效力。因此牠們是一種壓力，壓迫外國購買者購買製成品及半製成品而不購買原料品。一方面入口稅之效力普通限於國內市場，而出口稅，特別是富有獨占性時，是常有侵略性的。

橡皮之控制是利用商業政策促進那其出品全爲外人消費之生產者之利益一極好例子。（六）一九二三年馬來聯邦政府（Federated Malay States）因英政府之指示，對於橡皮之出口加以限制，遂使世界市場上之橡皮數量大大減低。此種限制在形式上雖非歧視，但對美國實一痛苦，因爲她乃橡皮消費最大國家而自己毫無此種出產。

美國商業部於考查後建議許多對策。（七）其中之一即爲獎勵南美及斐律賓橡皮之生產。其他則爲一九二四年三月六日商業部長胡佛氏向上議院議員卡柏爾氏（Capper）建議的購買者合併。他說：

「我們的結論認爲用立法方法可以得到若干救濟。我們出口商人及製造家因（Webb-Pomerne）法案在某種限度下得在海外組織聯合出賣機關。若將此法律推而廣之，允許我們消費者對於爲人控制的原料品之入口成立共同購買機關，我相信我們國民與該種機關直接交涉時也能站得住。此種共同購買機關不顧一般消費者之利益而擬造成不公平價格之危險可以用法律上規定來救濟，即保證參加此種共同購買機關之所有消費者，皆享受完全平等待遇，此類機關不得從中漁利，及他種必要的限制。閣下現在已見類似上述的立法院的提案，我認爲能使其簡單化爲（Webb-Pomerne）法案之修改案。

此類原料品之單獨購買者比較爲數有限，共同購買機關之組織似乎可能。我們用此類原料品之工業家，在貨物推銷上有積極的競爭。我相信此種競爭自然的結果，即在對於此種原料購買上可能的節約的責任諉之於大衆，不過無論何時在該法律之修正案內，可以增加一禁止共同購買機關妨害國內貿易以保護公共全體之規定。

我相信購買者採取一致行動在長久時間內是較生產者之聯合行動爲強，因爲生產者受卻種種情形之逼迫不得不繼續生產，而消費者則於必要時可變爲輪流的購買者。

我相信我們消費者聯合行動單獨與該種聯合來交涉，在一般事實上最低限度可以緩和此種供給之目前價格。我們除尋求保護方法以反對不法的待遇外，別無其他妄想而我們消費者亦知給外國生產者以適宜利潤之必要，藉以使我們能得到充分的供給。」

美國對於橡皮及其他原料品考查上所感覺的不安，在英國對於大部份來自美國的棉花之供給亦有同樣情形。其結果則在英國有一種運動，用私人和公衆經濟力量在大英帝國內獎勵棉花之種植。但至目前尚無顯著的成功。此種現象大部相同，英美消費者在現今國際政治流行之堅強的族國主義下都極端恐懼，極端懷疑，兩國都希望在其政治統治地域下，關於必要原料品能有充分之供給，否則努力發展新的供給來源，或採用報復方法。

出口及入口限制

出口及入口上之禁止，與爲卻工業而徵收之出口入口稅之目的相同。不過一方面後者能增加若干收入，而前者祇能影響生產和分配。禁止出港較出口入口稅更爲猛烈，令人回想到昔日重商主義之嚴酷行爲。直至一九一四年，此種行爲數見不鮮，大戰中當各國正有嚴格管理所有國際貿易交通的必需時，此種方法乃更時常執行。在戰後整理上，因紛亂和未解決的經濟問題，牠們仍被保留，而視爲一種較普通關稅爲有效之方法。至於爲卻保護工業而普遍的採用則不爲人贊成。

不過在政府從事各種方法以計劃工商業發達的今日，各種禁止不應無條件的加以非難，例如加拿大對於木質之禁止出口，實自有其理由在。該地森林爲其主要富源之一，而她想利用之以發展本國工業。對於原料品之出口會加禁止，但對於紙及浸在水中之紙料則不加禁止，在加拿大亦如在美國然可以自由購買。再者美國資本可以在加拿大自由建設紙及紙料工廠，製成品之出口並不必納出口稅。因爲加拿大之限制祇適用於國有土地，美國公司所有土地上所採伐之樹木可以自由出口。在美國紙工業十分依賴加拿大原料以前，加拿大之各種限制已經實用，即至現在此種方法亦僅部份的限制。我們很難說此法令之目的是希望將美國紙工業置於永久不利地位。（八）

價格決定和價格穩定上之政府幫助

自生產和出口上之侵略出口稅和津貼一變而爲政府在價格決定和價格穩定上之幫助，實極容易。這是時常發生的事情，當一國生產者或分配者獨占一種主要出品而該出品之大部份爲外國所消費時，則希望取得政府幫助以求最高價格，藉此可以防止普通競爭的手續而避免無利可圖的自然價格。當預料到有生產過剩時，此種情形更爲確切。至於外國消費者則有一種相反的影響，他們祇顧慮到決定價格於某一點上，低於此點則原來貨物不願入口而將引出代替品或新的供給。政府對生產者幫助之最好例子爲在猶嘎旦之對蔴（sisal），在意大利之對石灰檸檬酸鹽，巴西之對咖啡及厄瓜多爾之對呵呵。

政府獨占

政府實際管理原料品之生產，若與政府監督或維持私人企業相比較，是要算少見的事情。可是在實際上政府對於主要富源之開發及分配之興趣，不過是程度之不同。一般輿論必將逼迫政府委用代理人以維持那管理與國家生存有關的原料品之私人公司，有時政府甚至被逼迫卻直接管理此類實業。政府獨占或爲利益，如十六世紀葡萄牙之控制香料買賣，或者是出於幫助消費者，如大不列顛，澳大利亞及紐西蘭政府之管理納魯（Nauru）磷酸鹽。

國境以外原料之控制

直到於今我們所討論的祇限於國境以內管理原料品之商業政策，並未管涉及特惠方法。此問題之另一面現今不能不加以討論。許多國家感覺原料品不能充分供給其需要，乃採取各種政策以期管理別一地方之原料品。他們找尋殖民地及勢力範圍，或者努力從事於成立財政，船舶及其他管理，總期於原料品之需要上能得一安全保障。在一國完全控制之殖民地內，成立許多特惠，（九）藉使母國工業於取得主要原料品供給上得有若干利益。

特惠出口稅

此類稅與原料品之關連較特惠入口稅與原料品之關連爲密切。在獨占場合上牠們完全爲侵略的，甚至對於公平商業關係給以嚴重威嚇。

就普遍情勢以觀，特惠出口稅之徵收，其目的在使貿易轉而趨於母國，正如對輸入殖民地之工業製造品課以特惠入口稅以獎勵母國工業然。故殖民地之此類特惠出口稅亦係幫助母國工業使他們能得到較外國競爭者爲有利的原料品。此類稅亦有助於直接往來母國及殖民地間之船舶及轉載貿易。在西班牙及葡萄牙殖民地上對於本國船舶裝載出口之貨物更給以額外特惠。

當平常出口稅施之於一羣生產者有重要獨占性之原料品上，實足以妨害關稅壁壘以外的消費者。特惠出口稅有兩種不同的影響，牠們可以給一國消費者以較未受特惠消費者爲廉之原料品；或禁止原料品之輸入被排斥的國家以損害及防止與其素所喜悅國家之工業相競爭之各種工業。換言之，一政治組織單位以外之各消費者（工業家）在特惠出口稅所受之利益等於政治單位以內消費者在普通出口稅下所受之利益。

至於特惠出口稅之附有一種規定，卽限定受惠國家於受惠後須執行工業上某種步驟，乃完全一種促略行爲。牠們完全不是一種稅，因爲對於向未受特惠國家出口貨物之稅率極高，致使受有影響之原料品完全向受特惠之國家出口。若原料品之全部供給爲禁止出口稅所逼迫而祇趨於一二受惠國之市場，則此類國家內之消費工業受惠不淺。在他方面，若稅則並非禁止，而大部份受影響之原料品是於最高出口稅以上出口，其趨勢則增加其在世界市場之價格，減低其在受惠國市場之價格，直至其相差等於稅額爲止；若此種相差數極小，則對於工業不致發生若何明顯的影響。

讓與

除前述簡單商業政策以外，各國尙採用其他方法以控制工業上主要原料品。在其他場合，政府不過用聯合，長期契約，或航業管理給私人團體以幫助及鼓勵，以期保障原料供給之安全。有時政府則給其國民以幫助以期自其他政府取得各種讓與，特別是在世界經濟發達落後的地方。

各種讓與都係政府在特定法則及限制下給私人團體以建造鐵路，開發鑛山及其他經濟事業之種種權利，在政府統治極弱及經濟落後地方，此種事實更數見不鮮。給以某種開發富源之權或利用該地之勞力。給與讓與乃一主權的行爲，因此，常爲某種程度之有限度的主權讓與。

在原料品及動力來源上之讓與，包括種植，森林，鑛產，煤油，水力及交通。

給外國資本家以開發天然富源之各種讓與，常引起世界許多重要問題。第一卽為受影響地方以內人力之開發。在土著勞工很多的地方時常允諾讓與。在其他場合上，勞工缺乏之時，鑛業家及種植家每每於契約制度下輸入勞工。在熱帶地方，白種人常不能從事各種體力工作，因此本地勞工成為經濟成功之主要因素。土人並不是時常願意作工的，而所給之工資亦不甚豐，因此常強迫土人從事工作，其結果產生社會和政治上困難問題，因而製出許多國際協定及當地法律以保護土人及其權利。

允諾各種讓與應以減少國際競爭至最小限度為依歸。應時常注意到地方利益，例如各種天源富源可以分配並且富於競爭的，則關於開發應有平均機會；在國際讓與下關於富有獨占性的極大鑛產之出品，在數量及資料上應當平等分配。再者開發不能重生產的天然富源之各種讓與，則應當擔保不至浪費，而對於該種富源坐落地方應使其產生最大的利益。

動力富源：石油（一〇）

未有一種原料品能如石油之引起國際爭辯者。不僅其商業價值，卽其戰略上重要性亦日漸為人所公認。此大部是由於內熱機之發明及使用石油與未煉油為船舶動力之所致。

在一九一八年世界石油產量為五一五、〇〇〇、〇〇〇大桶，每桶四十二加倫。其中百分之六八產自美國，百分之一二・四產自墨西哥，自一八五七年至一九一八年，世界產量為七、五〇〇、〇〇〇、〇〇〇桶，而美國產量卽占百分之六一．四。此種數字表示美國控制世界石油市場之剩額。但美國產量已將達其最高額，而將來石油情形是不能以現在數量來批評，而應當以石油藏量及各國所管有的石油讓與來決定。在大不列顛卓見之人感覺石油之商業及軍事重要性及英國煤鑛逼近困難情形，在大戰前開始在世界各處探求石油。英國工業界擬議於財政上取得控制大部份石油藏量之努力，大部份成功。

石油藏量很寬廣的分散於世界各處。在西半球除美國及墨西哥外，南美各國亦皆有石油鑛。在歐雷西亞(Eurasia)有一石油地層起自羅馬尼亞延展東南行經過高加索，美索波達米亞，波斯，印度而至荷屬東印度羣島。亦曾有人報告謂中國及庫頁島有石油鑛。石油可謂讓與問題中引起困難而須採用最適宜商業政策以處理之最好例子。世界石油富源之探求及開拓的先進者爲美，英，荷三國各公司。合恩伯克博士（Dr. Stanby K Hornbeck)關於各公司競爭情形總括於下：（一一）

「（一）美國各公司完全以私人企業方式來經營，在國內及海外都相互競爭。美國政府對牠們無分厚薄，與牠們無何種關係，未有若何財政或商業利益在牠們中間。

（二）在大不列顛有許多公司係以私人及政府企業組合的方式來經營的。合作，特別是在外國企業上，公私雙方都獎勵，而在若干限度內確是事實。政府保有股票，獎勵開發，對於若干公司在某地某時給以特殊幫助。

（三）在荷蘭大體與此相同。此外最大的石油公司，荷蘭皇家石油公司之股票分散甚廣——尤以官僚階級爲甚——以致該公司幾被視爲國家事業而取得極廣泛的幫助雖不視爲政府企業但視爲國家一利益」

在石油發展上政府幫助及合作政策可以一九二〇年英法代表所訂立而現今已作廢之聖勒摩條約(San Remo Agreement)來例證此約規定兩國在石油利益互相混雜地域內之合作及互惠推廣至羅馬尼亞，俄羅斯，法國殖民地，英國皇家殖民地及美索波達米亞。關於美索波達米亞，曾規定：

「英政府承諾依照市價將取自美索波達米亞石油鑛之未煉石油給法國政府或其委任人員以純產量百分之二十五若該石油鑛係歸政府開採時；若係一私人石油公司用以開採美索波達米亞之石油鑛，則大英帝國政府允法國入股百分之二十五，其所付之價不得超過其他股票所付之價。並互相承認此石油公司永久爲英國所管理。」(一二)

美國政府堅決維持門戶開放政策亦爲放棄此條約原因之一。

關於原料品之國際爭執

許多影響原料品之商業政策主要的，雖不是完全的，爲國內事務。祇有入口稅及抱收入目的之出口稅偶然帶有國際重要性。可是當動力富源如煤及油受卻影響時，或者當獨占控制因勢利用去剝削其他人民時，則各國利益互相衝突，引起嚴重紛亂。

各國間主要原料品之未平均分配，致生出許多國際問題。國家權力於處理國內相同問題時是帶約束和指導性的，爲秩序和公平交易計，個人團體及階級行動都受限制。政府有輿論爲後援，以防止私人企業爲卻額外收入剝削國內市場之舉動；不過當此類私人企業開始向海外活動時，則政府及人民之態度完全不同。他們取得政府認可——即令未取得積極幫助——被視爲從事愛國活動，保留國外市場，自海外取得各種經濟利益。若將政府對於極大企業公司在國內活動所取之態度與其對於該企業公司在國外活動所取之態度相比較，則可得一極有趣的心理研究。各國政府對於私人及團體在國際事務上之行動不僅不加禁止，且從而獎勵之；例如我們對於從事國外貿易之各公司免除禁止托拉斯法之（一三）規定，即一切當事實事實上在現今國際關係無政府情形下，沒有他種適當的規則的統治地方，國家管理勢必放棄。

由此種以政府力量培植之商業情況，即產生帝國主義之方法及心理。各國皆自然的使他們自己得管理與其生存有關之食物和原料。美國消費者都受卻智利生產者聯合控制硝酸鹽及英國在東方採取限制橡皮出產以提高其價格的方法之影響。大不列顛消費者關於海外石油之供給極抱不安，並從事努力獎勵大英帝國內之棉花出產，以免其依賴美國棉花之供給。各國間關於政府之商業行爲及在國際貿易上經營的私人資本時常引起嚴重紛亂。工業及通商組織時常取得政府幫助，明白表現於下列各種方法中：例如出口稅和限止，特惠出口和特惠入口稅，政府獨占，政府對生產者之幫助，如厄瓜多爾呵呵及巴西咖啡實行之定價計劃，最後在競爭方面幫助財政團體取得讓與，以開發世界各處之農業鑛產交通及水力富源。

在現今紛亂情形支配國際關係之局面下，各國自然都希望在商業及政治方面管理自己事務。在這方面他們的感覺和行動都無以異於每個人。如美國橡皮公司投資於東印度羣島以使其原料供給更爲可靠。此種擴張旁及於其他地域乃商業團體常見事實而證實各國經濟單位之希望自給自足。在國家商業政策上，此種希望反應於各國之欲勝過人家的野心及她們決定在戰時希望免除經濟依賴的事實。假若美國及大英帝國富於天然富源者尙感覺到他們部份的相互依賴及依賴外面富源供給少數主要原料，則德日意等國之大部份依賴外國富源以爲其主要原料之供給者，則其憂慮又將如何？想減少此等國家之恐懼和猜疑而謂國際貿易交通完全公開，各種原料品之供給可以按常利用那是無用的。所要勝過之困難並不是起因於平時付以相當價格不能取得所需要之供給，而是由於一種無根據的猜疑，認外國聯合是在欺騙他們，在其政治勢力下所控制之原料有一旦斷絕之危險。各國所需要的爲經濟安全，即保證他國不致刼奪其必需品，不致苛索他們；而他們亦照此形成其政策及執行其政治活動。

帝國主義產生猜疑

恐懼和猜疑乃帝國主義心理上之主要力量，而其動機並非想像的。我們可以指出許多國家因爲價格不公平，或者因他國對於其取得主要原料之努力加以限制而受困難。大戰本身卽指示原料品在長期國際競爭上是何等重要。不過恐懼和猜疑不是時常合乎理由的，而有一因素很足以引起誤會，且在國際和平計劃上應當加以考慮的卽爲無根據恐懼和猜疑之心理原因。在他們關於外國原料供給於任何情形下可以利用未曾取得保證以前，各國將用各種帝國主義的方法以保證自己各種工業主要原料品供給之可靠。

原料品及戰爭

過去五十年間因國際間經濟利益敵視上所產生之帝國主義之方法，成爲努力軍備建設之最大因素。自然，國際敵視並非完全是一個經濟事實，個人的民族的及領土的因素亦各自有其影響。可是經濟問題在許多事件上明顯的不僅爲誤會之直接原因，卽其他各種爭執，推原究本亦何莫而非經濟利益爲其厲階。若過去半世紀中軍備建設之各種原因能詳細敍述，則大部是由於各國人民之希望保持或促進其物質幸福所致。

戰爭已不僅是一種武器攻擊，同時也是一經濟競爭。自此點以觀，牠不過一擴大的貿易競爭。在戰時爲海陸軍取得各種供給乃一極大問題。若不能統治各種主要原料品，則未有一國能繼續從事戰爭。一部份戰略不僅在於取得充分供給，並且還要阻止敵人不能取得其所需要之供給。使敵人原料品感覺窮乏，亦爲決定戰爭勝利之一法。

達到國家安全之途徑

國家勢力和國家安全從一個觀點上看，二者好似完全相同。用工業，商業，財政，及軍事方法使得國勢日強，好似同時也使國家更加安全。可是事實結果未必盡然。當一國經濟生活擴張，海陸軍日強，四圍鄰國感覺不安全，乃希望單獨的或聯合的向此國競爭，而後者亦因此以爲其國際地位受威嚇，開始感覺不安全。若許多強國都用帝國主義方法以覓取安全，其結果則爲猜疑，不穩定，不安全。因此國家永久安全不應當出於暫時方法，如軍備建設等；而應當出於成立若干原則以規定各國間之關係，特別是經濟關係。若每一國接受此種原則，並且允諾實行，若必要時犧牲目前利益以期他國亦接受此種原則，然後才有安全可言。一個國家給其他國家以商業安全和穩定，然後才能自他國取得同樣安全和穩定。她們必將知道眞正國家安全是在限制她們一己權力及增強國際合作之方法上面。

若其他星球上一個觀督者忽略了現在我們世界上各國國家之野心及帝國主義之政策，而祇看到現今各國對原料品之競爭，則他必將驚奇這個世界富源如此豐富，爲何還要時常發生爭執和戰爭。世界上主要原料品之供給是很多的，有的甚至無窮盡。各國之所以來競爭管理此種原料品並非怕牠們一旦用盡，而是恐怕其他國家擴充其政治勢力以管理此類富源，成立獨占，致被排斥的國家蒙卻損害。

因原料品遂引起一根本問題，即：「地球爲誰所有。」（一四）地球上許多地方，在今日競爭情形下，皆爲各殖民強國所保有。自此等地方我們取得一部份或全部生命所必需之物品。此類物品包括香料，金雞納樹皮，咖啡，呵呵，茶，香草，各種出油種子及胡桃，黃蔴棉瓤，橡皮，象牙，小羊皮，各種金屬及磷酸鹽。若允許一在殖民地上占有政治統治或在未開化國家保有勢力範圍之國家有權在其占領地域內獨占其原料以爲其工業之用，是不啻種下國際爭執禍根。世界所有原料品應向全世界人民公開，若允許任何人都能自由利用此種物產，則引起戰爭的一個主要原因得以剷除。

門戶開放原則

此章內的各種討論，關於世界原料品之分配和開發已指出一很明顯的結論。在不能再生產原料品方面，例如鑛產或原料不能在短促時期內重行生產者，爲世界和平計，應當要求世界各國都有無限制機會去覓取牠們；爲獎勵資本從事開發計，應當允許其在一定期限內得開發很廣地方，但到期限滿後，則從事開發之公司應當縮小其範圍，而讓其餘地方供其他資本投資之開發。在極大面積上允許排他讓與實爲毀壞機會均等政策之一法。若一種讓與，譬如說石油，其面積超過一省或者其面積極大而非短期內所能開發者，則這種讓與沒有甚麼理由可以說是合理的。（一五）

公平價格當供給爲獨占控制時

當一種原料能因人爲之努力能使其重生產，則有其他因素來禁止或限制其獨占趨勢，若竭力獨占牠們，其結果則產生代替品，或開闢新的來源。此種原料仍得爲人獨占，而其分配每因航運規則，出口稅及財政管理而爲人控制。因財政及商業組織而引起之國際獨占問題，在此實爲一因素，不應當讓此種組織自外國消費者榨取無理的高價。經過國際機關則分配得有極好的規定，使未曾統治原料品的國家之國民，亦有機會以相等價格來利用同等數量之其他國家政治統治下所生產之原料品。

保存世界富源

門戶開放政策是與保存世界富源有密切關連。有許多人辯論說一國無限度的消耗其富源，則她無權去開發其他一國之富源，因此特惠關稅和排他政策都是爲達到保存富源之目的而可採用的。若排他政策是善意的爲卻保存天然富源，則我們可以承認其有若干理由，不過很少事實是如此的。若機會均等政策所產生之結果爲對森林鑛產爲不公平的開發，則補救方法不是門戶關閉，而是在國際關係上採用保存原則。

保存世界天然富源在美國並非一新的原則，自總統羅斯福執政以來即已得政府承認。一九〇八年五月十三日至十五日在白宮召集之各行政長官會議曾就國家見地開始考慮此問題。（一六）會議以後，總統羅斯福即指派頻科（Gifford Pinchot）保存運動中最活動首領）爲聯邦自然富源保存委員會（National Conservation Commission）之主席。此委員會於一九〇九年一月二十二日向國會提出一報告。（一七）

此種純國家運動之結果即爲北美自然富源保存會議（North American Conservation Conference），於一九〇九年二月開會，參加者爲墨西哥，加拿大，紐芬蘭及美國。此會議中曾提議美國總統應邀請世界各國共同來舉行世界保存會議。會議主席頻科結束其報告如下：（一八）

「代表美國，墨西哥，加拿大，及紐芬蘭與會的各代表於交換意見並考慮各該國所供給材料後，已相信保存北美洲天然富源運動之重要，同時相信就其性質及普遍重要性而言，其範圍應推廣到全世界，因此向美國總統建議，應邀請世界各國共同參加一會議，以討論世界富源及其清單，保存及利用各問題。」

與此建議相同的，即美國於一九〇九年二月擬召集一國際會議以考慮保存問題，由我們駐外外交機關對四十五國發出如下請帖：(一九)

給海外外交官吏：

「先生因總統邀請，墨西哥及加拿大自治殖民地代表與美國代表相會於華盛頓，其目的在考慮保全其天然富源上之三國共同利益。各到會鄰國接受請柬所表示之熱忱，與夫大會承認當前問題所表示之措置，同爲此重要運動成功之預兆。雖然承認開發利用各國文化及繁榮所繫之最大富源是爲切要，美洲各政府亦認爲對其富源爲不必要及浪費的消耗加以禁止亦屬必需。他們並且感覺對於許多富源不僅以保全即爲已足，還有賴於補償之努力，以助天然步驟之不及，且在可能限度下應尋求恢復及增加方法。他們看到爲使富源——一旦損失終不可回——耗費經濟起見，對於因浪費而損害之生產能力應當負恢復和維持責任。在北美洲，損壞及浪費尙引起其他惡果。例如砍伐森林引起許多地方之乾燥，極大雨水破敗和帶走無保護的泥土，從前富於動植物地方，今已變爲不毛之地。此種教訓有生以來即已習聞。歐洲，非洲及東方各古國曾給我們以教訓，惜無人注意。

預知現在北美會議勢將引起其他國家之興趣，本總統預知其有變爲國際會議先驅之可能。因前一月六日之備忘錄，曾試探各主要國政府是否贊成此舉能否派代表與會；各種回答都表同意，而華盛頓會議更向總統建議，由他召集一同樣大會。本總統感覺現在實爲用正式書柬召集國際會議討論天然富源的保全之適宜時候。

因總統之指示及荷蘭皇后陛下之同意，已向……國發出請帖，請其於便利時期內派代表出席在海牙召集之會議，在該處可會晤其他各國代表，以期爲世界各種天然富源清單討論一普遍計劃，且爲表示該種清單之結果起草一致的方法，使一般人對於世界文明發展及人民幸福所係之世界原料供給有普遍了解和感覺。這也是適宜的，會議對於附帶的阻止方法亦應討論，而可能時，對於因浪費及損壞天然富源及效用而起之各種損失之補救方法亦應考慮，並且對於其保存，發達及補充亦要提出建議。

有一全世界富源清單及各種建議，則世界各生產國家爲公私利益可以好好合作以達到保護及改良公同供給方法之目的。一月六日大會備忘錄上曾說：

「全世界的人對於全世界天然富源極爲關心，因其保存而受惠，因其耗散而受損。每一國家人民都願意對其他國家工業供給以原料和食物，不僅僅因爲這些東西因貿易手續可以交換，而是因爲能知道全部供給實爲每國對其供給從事賢明處理之必要條件。」

不僅如此。關於經年不變及可以復新富源之繼續性和穩定性的知識正如關於不能重生產富源之享受時期或數量的知識然同爲重要。就國家幸福所關的所有天然富源而言，現在人民之占有地球不過爲後代人代管而已。眞確的領受過去的教訓，則此會議似應將眼光放大顧及將來。請將上述各文轉達……政府，並表示本總統希望能聽到他們接受請帖好消息。同時你應當通知各國外交部長，說我們因非正式的請求已得到荷蘭政府同意的答復。」

至羅斯福執政末年終於放棄此會議。因受個人和政治原因，致對此問題未能貫徹實行。司各脫博士（Dr. Scott）於培根（Robert Bacon）（二〇）傳中曾說：

「總統羅斯福執政已漸趨暮年，而培根氏留於國務院亦爲期不久，故不請求召集此會議。新行政自有新政策，而舊日建議在交替過程中若未全廢，亦有若干良好的暗示。不過舊的理想可以復活，而希望出頭露面還是毋庸懷疑的。在大戰損失和摧毀後，保存天然富源運動又將具體化，將來總有一日，當全世界因痛苦的經驗而變爲更聰明時，培根氏之會議必在海牙或其他地方開會，以討論如何去保存此世界浪費及忽略後所遺留下來的富源。」

國際原料品會議

前述原料品在世界的情形應當已經說明需要國際合作以解決兩個問題（一）平均分配世界原料品及（二）保存世界天然富源。在此種會議狂時代，許多很小的問題如國際和平及國際安全都引起許多人考慮，奈何對此重大問題竟無人提及？此種會議日程祇能於仔細考察各種政治經濟因素後方能表述，但對於應當討論各點之大綱似可以提出來：

（甲）世界原料品之平均分配

（一）施行之原則

（二）實用於：

（a）政府直接管理原料品，因：

（一）出口稅及有力的獨占例如硝酸鹽，橡皮及造紙木料。

（二）特惠出口稅例如錫鑛。

（三）政府獨占。

（b）政府對私人合併及獨占之規定：

（一）原料生產者之合併。

（二）原料購買者之合併。

（三）原料及燃料開發之讓與。

（乙）世界天然富源之保存

（一）列舉應當保存之物產。

（二）保存之方法。

關於甲乙二項，特別是甲項很難取得列強承諾重大讓與之條件，但起先可爲委任統治地訂下各種原則，然後逐漸實施於：

（一）各列強政治統治下之被保護地及殖民地。

（二）其他國家如中國，波斯，他們應爲本約之一方。

（三）國家邊境，因當事國政府自動承諾。

政府機關對此二問題曾加考慮。前面述過商業部於一九二四年對於硝酸鹽，橙皮及蔴（sisal）及他種美國工業所需要之物產曾從事考查。此類問題不能以純粹國家的方法來解決。例如控制蔴(sisal)及硝酸鹽獨占者之強索，在長時期內不能以必需購買此種原料者之結合即能抵抗或戰勝的。購買者大衆聯合，在美國是認爲不合法，而在外國則時常實行。（二）假若我們承認世界是一從事商業戰爭舞臺，則純粹國家方法可以認爲有理，但其採用必須在各種合理的國際磋商失敗以後。

（一）見(Saltor, J. A., Allied Shipping Control (British Series) Oxford university Press, New York, 1621.)

（二）見於(Culbertson, W. S., Raw Materials and Foodstuffs in the Commercial Policies of Nations, pp. 7. 8.)

（三）見(Culbertson, W. S., Raw Materials and Foodstuffs in the Commercial Policris of Nations, Chap. XI.)

（四）見(Report of the British Royal Commission, 1917, Cd. 8462, pp. 66, et seq.)

（五）聯邦政府及州政府徵收出口稅皆爲美國憲法所禁止。

（六）美國之依賴外國以供給主要原料已爲商業部長胡佛（Herbert Hoover）氏一九二四年指導下之考察所注意。他列舉下列入口原料品爲美國工業所必需，並且相信爲外國聯合團體所控制以限制其價格及分配：蔴（sisal），硫礦及碘酒，苛性加里，生橡皮及樹汁膠，金雞納霜，鍋，水銀，咖啡，及漆樹。

（七）請參看美國商業部對於原料的許多報告。

（八）擬議將加拿大出口禁止推廣適用於私人土地上所採伐之樹木不能因爲此處所舉理由而認爲有根據。

（九）爲辯明保護政策和特惠政策，請看上面一五四及一五五頁。

（一〇）參看六十八屆議會第一次會議上議院文件彙刊第九十七號：（Oil Concessions in Foreign Countries.）

（一一）見（Culbertson, W. S., Raw Materials and Foodstuffs in the Commercial Policies of Nations, Article by Dr. Stanby K. Hornbeck, entitled "The Struggle for Petroleum."）

在緬甸（Bnrma）礦產之開採及發展爲一九二三年九月二十七日之礦業法（Mining）所限定，其一部份規定如下：「……（三）允許執照，探采允許狀及礦山租借祇能給與英國臣民，若領執照者爲一公司則除非該公司能確實證明使地方政府認爲滿意的相信該公司確係英國臣民所管理；……」見六十八屆議會第一次會議上院文件彙刊第九十七號（Oil Concessions in Foreign Countries, p. 45.）

（一二）見（International Conciliation, No. 168, Sep, 1921. p. 333.）

（一三）看下邊第十一章。

(一四)見(Spurr, J. E. (ed.), Political and Commercial Geology and the worlds Resources.)

(一五)參看 (Culbertson, W. S., Raw Materials and Foodstuffs in the Commercial Policies of Nations, pp. 112, 113.)

(一六)見第六十屆議會第二次會議下院文件彙刊第一四二五號。

(一七)見(Congressional Record, Vol. 43, Pt. 2, p. 1273)

(一八)見(Von Hise C. R., The Conservation of Natural Resources, 1910, Appendix II.)

(一九)見(American State Papers, Foreign Relation of the United States, 1909, pp. 1-3. see also Roosevelt, Theodore, An Anto biography, chap. 11.)

(二〇)見(Scott. Janns Brown, Robert Bacon, Life and Letters, p. 180.)

(二一)見聯邦貿易委員會: (Corperation in American Export Trade, and Report of the Alien Property Custodian)

第十章　國外放款及投資

美國乃一資本市場

美國自大戰以來，已成爲一重要的，或者是最重要的資本市場。借款者——政府或私人——都望卻我們爲資金之接濟；因此宜乎我們對於表示國家生命之新經濟現象加以愼重考慮。資本之出口不僅與放款者及借款者有關，同時產生一種與全體民衆利益有關之力量。私人資本借給外國政府，或者向外國投資以開發鑛山或鐵路，必產生新的貿易，甚至因此引起影響極大的政治或社會複雜問題。

我們至最近既成一債權國，因此關於資本出口明白規定一標準和政策以避免其他各國曾經有過之各種錯誤，並非不可能；能如此，於是我們方足以一方面以所有富源對世界物質進步作極大貢獻，同時保持我們素所堅持之立國理想，並發揮而光大之。

近代資本出口乃一新現象

今日在國家外交政策上有極大影響之國外投資，實業革命以前即已流行，當其向亟需君主放款時。(一)倫巴底（Lombardy），威尼斯之放款者，德國之佛克人（Fuggus）及阿姆斯特丹（Amsterdam）之銀行常借款給歐洲各統治者，時常爲決定國家政策之重要因素。此種國際財政之發端，乃後來重要發展之前驅，此種發展在其社會及政治影響上與前者有根本不同點。

在第一章對於實業革命之發展及其結果已爲一簡單敍述，此種革命之結果在十八世紀後半期產生工廠制度及大量生產，最後去尋找海外市場。

西方各國經濟生活擴張之另一表示即爲資本之流出。眞正克服歐洲以外各地方不是在十六、十七、十八世紀之葡萄牙，西班牙，荷蘭，英國及法國建立殖民地基礎時之領土擴張，而是在西方各工業國家於海外鐵路，鑛山及其他經濟事業上之投資以開發世界進化落後的地方。海外投資及海外讓與之利潤常較國內企業爲優。各銀行及投資機關所聚集之資本流到世界任何地方，以覓獲利機會。因爲此種趨勢繼續之結果，各大工業國家之私人商業機關皆大宗的投資於外國擔保品上及放款與外國政府。私人資本向各種不同企業之投資形成一網狀，分佈全地球。開發各邊遠地方之極大報酬例如有極好的希望及此類投資能爲發展的工業開闢新市場等，遂引誘各工業極度發達國家之資本各銀行家；提倡投資者及政治領袖所指導之私人投資，因此分佈世界各處。

在貿易上之影響

我們應當注意的即此種資本之流出，實際上並不一定是金子出口。普通一班不過給外國各公司以賒賬或借款取得報酬，其償付則用主要貨物出口來償付。第一影響即為刺激償權國貨物之出口，至後來償付利息及紅利時，則刺激債權國自債務國之入口。更特殊的即為償本時期內刺激償權國之入口。其最後趨勢與任何貿易情形相同：直接或間接的經過第三國使出口入口之流入流出相等。

至於國際匯兌情形更加複雜，因爲債權國各種貿易關係都與匯兌有影響，可以一例簡單通明之。假定一美國人投資一萬元於中國鐵道事業，他自承辦中國鐵道債票之公司買到票股，而以現金或期票付與該公司。鐵道建築已在中國開始，並向美國公司定購鋼軌。美國人所投之一萬元資本輾轉流到美國工業家手中以償付鋼軌，而中國所借之資本則係由美國運鋼軌出口。當中國鐵道開始分配紅利，假定美國人所應得者爲五百元，此五百元係用匯票而以下列方式付出：當美國人保有五百元紅利時，中國出口商人運出價值五百元之羊毛地毯至美國，並規定由在中國經營國外匯兌之銀行交款；同時美國人所有之紅利亦偶然由此銀行支付，於是此銀行或者直接自鐵道公司收到五百元，或者間接將其轉讓於羊毛出口商以償其羊毛價值，而此種紅利在國際貿易情形下係以羊毛的形式出口。美國人對羊毛所付之五百元並不要送去中國，不過用以支付保有中國債票之美國人。

兩國間通貨匯兌率之變動全靠當時貿易平衡，信用情形，紙幣及票據兌現能力而決定。在此種因素彼此作用中間，尚有國際匯兌複雜情形，其詳細述明祇能留諸異日。一方雖然牠們能引起國際爭辯，但關於牠們的詳細知識對於瞭解海外投資之政治影響並非必要。我們必須要知道的，即海外投資，在貨物上可以影響國際貿易，並且產生種種不和祇能用外交上努力方能厘定。若研究者知道各種不和之主要經濟原因，則他可以找出一補救的方法。

資本輸出國家

世界各國其國民能有剩餘資本輸出者比較很少。歷來如戰爭，兼併，學術上進步，及世界貿易上之極度變化，可以使一國由資本入口者變爲資本出口者，或由資本出口者變爲資本入口者。在一九一四年以前，大不列顛，法國，比利時，及德國皆爲世界主要資本市場；大戰結果，除大不列顛外其餘各國皆降爲債務者，而美國則自一債務國家變爲世界主要的金融市場。

在一九一四年法國全部海外投資約爲八千兆元，(二)其中僅俄國政府之公債照官廳估計約爲二、七五〇、〇〇〇、〇〇〇元。「投於保加利亞者約一四〇、〇〇〇、〇〇〇元，投於土耳其者約六七五、〇〇〇、〇〇〇元（三、三八五、〇〇〇、〇〇〇 佛郎。）」(三)

德國在一九一四年投資估計約爲五千兆元，不過第二專家委員會定其額數爲七千兆元。(四)投資地爲俄國，美國及加拿大，近東，奧大利，意大利及其他各處。

日本向外國政府放款照大戰停止時估計爲三一五、〇〇〇、〇〇〇元。(五)實際上全數係平均分配於大不列顛，法國，俄國及中國。日本資本(六)主要的都係輸至南滿州，東內蒙古，中國中部及西伯利亞，尙有若干輸出至斐律賓，及荷屬東印度羣島。雖然日本對中國及西伯利亞投資沒有若何可靠統計，但相信數目必極大。許多投資都係帶政治性的。其他則係投於鐵道鑛山及他種富有潛價值的富源上。此種放款包括日本朝野向中國中央及地方政府之放款及向許多實業團體，私人企業之投資。

在一九一四年英國在三島以外之投資，照英國統計家估計約為二萬兆元，每年收入約為一千兆。雖然英國投資分佈於世界各處，但半數以上係投於南美及北美洲。英國海外投資之地理的分配，照巴氏爵士(Sir George Paish)估計如下：（七）

印度及殖民地

加拿大及紐芬蘭	五一五、〇〇〇、〇〇〇鎊
印度及錫蘭	三七九、〇〇〇、〇〇〇鎊
南非	三七〇、〇〇〇、〇〇〇鎊
澳大利亞	三三二、〇〇〇、〇〇〇鎊
紐西蘭	八四、〇〇〇、〇〇〇鎊
西非	三七、〇〇〇、〇〇〇鎊
海峽殖民地	二七、〇〇〇、〇〇〇鎊
總數（包括其他殖民地）	一、七八〇、〇〇〇、〇〇〇鎊

外國

美國	七五五、〇〇〇、〇〇〇鎊
阿根廷	三二〇、〇〇〇、〇〇〇鎊
巴西	一四八、〇〇〇、〇〇〇鎊
墨西哥	九九、〇〇〇、〇〇〇鎊
俄國	六七、〇〇〇、〇〇〇鎊
日本	六三、〇〇〇、〇〇〇鎊
智利	六一、〇〇〇、〇〇〇鎊
埃及	四五、〇〇〇、〇〇〇鎊
中國	四四、〇〇〇、〇〇〇鎊
烏拉圭	三六、〇〇〇、〇〇〇鎊
秘魯	三四、〇〇〇、〇〇〇鎊
古巴	三三、〇〇〇、〇〇〇鎊
美洲其餘各國	二六、〇〇〇、〇〇〇鎊
西班牙	一九、〇〇〇、〇〇〇鎊
土耳其	一九、〇〇〇、〇〇〇鎊

意大利	一二、〇〇〇、〇〇〇鎊
葡萄牙	八、〇〇〇、〇〇〇鎊
法國	八、〇〇〇、〇〇〇鎊
德國	六、〇〇〇、〇〇〇鎊
總數	一、九三四、〇〇〇、〇〇〇鎊
兩者之和	三、七一四、〇〇〇、〇〇〇鎊

在一九一四年以前，英國國外投資每年增加約一千兆元。大戰大大的減少英國國外投資。有人估計英國爲卻在海外購買戰爭原料計，曾將其保有之外國債票四分之一出售，（八）大部份賣給美國；雖然如此，但其債權國地位，根本上無若何變更。英帝國經濟福利未曾受大戰嚴重損害，而英國人經驗及關於世界政治經濟情形的智識，使得大不列顛在國外投資上仍繼續維持全要地位。

美國若干年來雖其每年用於投資之儲蓄較任何國家爲大，但在一九一四年以前並無很多的資本投諸海外，每年贏餘之大部份仍投諸美國國內，此係由於美國天然富源之豐富及其人民與外界隔離所致。在一九〇八年美國國外投資一千五百兆元，（九）但因一九一四——一八年大戰引起極大變更。外國政府負欠美國債務僅就本錢而言已達一〇、五七八、五〇九、三四二元，（一〇）從前大部份在歐洲之兩千兆美國公債票也都陸續全數收回。（一一）

很多外國政府及外國公司之債票都爲美國私人投資者在美國金融市場收買去了。一九二一年六月一日未付之公債票約計如下(一二)：

政府	一、三一九、〇九六、三一八元
各邦及地方政府	三六八、〇九五、四四四元
鐵道	三七七、四三七、一七五元
公用事業	九六、三一六、五〇〇元
實業	二三五、九一六、六四六元
總數	二、三九六、八六二、〇八三元

此數係分別投諸下列主要國家：

加拿大及紐芬蘭	六九六、六八一、七九〇元
大不列顛	四六五、〇一六、八〇〇元
法國	二六三、四七二、九〇〇元
墨西哥	一八五、〇六五、六七五元
日本	一〇七、八〇二、〇〇〇元
比利時	一〇七、〇二五、〇〇〇元

智利	八八、五二三、三〇〇元
俄國	七五、〇〇〇、〇〇〇元
古巴	七一、六二八、八〇〇元
瑞士	六六、〇四五、〇〇〇元
丹麥	五五、〇〇〇、〇〇〇元
巴西	五三、二四二、〇〇〇元

明顯的此種放款不過代表美國資本出口之一部份；尚有許多都係直接投資而未嘗經過投資市場。

資本輸入國家

墨西哥可以視爲許多全靠國外資本國家之一個例子。美國商業部曾估計美國對墨投資約一、〇二二、〇〇〇、〇〇〇元。照某墨西哥人之計算，其他各國在墨西哥之投資估計如下：

英國	六八〇、九七八、〇〇〇元
法國	二九一、一一九、〇〇〇元
西班牙	一九一、四二三、〇〇〇元
德國	七四、六五七、〇〇〇元

荷蘭	四八、五六九、〇〇〇元
瑞士	九、〇〇〇、〇〇〇元
其他各國	一八、五〇〇、〇〇〇元
總數	一、三一四、二四六、〇〇〇元

於此數外再加上美國投資數目，則在墨西哥外國投資之全總數爲二、三三六、二四六、〇〇〇元，此數中美國約占百分之四十四。

對外投資之銀行機關

大量資本出口國家都發展有一種重要銀行制度及投資機關。在德國則有中央銀行(Deutche Bank)及其他銀行組織，資助某種事業，如巴格達(Bagdad)鐵道，同時並指導其政策以與德國政府密切合作。在法國，巴黎最大之財政機關發出各外國政府地方事業商業投機之公債票，賣與法國一班人。倫敦具有成立極久勢力極強之財政機關，若干年來即獨霸投資市場。世界各種債票，政府或商業的皆在市面流行。在美國此類國外投資都係經過紐約各大財政機關。聯邦銀行因受法律禁止不能成立支行，故未能分享海外投資之利益。一九〇一年花旗銀行(International Banking Corporation)即已成立總行在紐約，並設分行於南美洲及遠東各處。其他紐約各公司則在歐洲有支行。一九一三年聯邦準備銀行法(Federal Reserve Act)——允許國家銀行有權成立分行——通過後，美國在海外財政機關有很大的擴張，雖然此種擴張不僅限於國家銀行因爲對外投資銀行對美國經濟生活日漸重要，遂引起於一九一九年成立埃齊法（Edge law）：第一允許組織承兌銀行以便資助國外貿易，第二允許成立投資銀行，使美國一般人因此可以從事外國企業之長期投資。對於此種投資銀行之運用有一種阻礙，則因美國若干州訂有種種規定禁止銀行機關以儲蓄款項從事外國長期放款。美國之國外銀行及投資機關是正在發展時期，而在美國特殊複雜經濟情形下欲其作用達到最高限度，則尚須等待若干年。

（甲）基於借者及貸者之各種不同方式而將國外放款及投資分類：

（一）私人資本投於海外以開發私人企業

我們時常聽到人家說大不列顛及美國有若干萬金元投於此國或彼國，意即指一國或他國人民以私人企業方式投資外國。例如一美國人，一汽車製造家到加拿大成立一工廠，爲加拿大市場製造汽車，或者將其出口運至大英帝國各處。此不過將美國私人資本轉到加拿大成立一私人企業。或者一美國人跑到中美從事果木種植，因而發達一很大的工業。此亦係私人資本開發私人企業。再者或一美國人投資於古巴糖業種植，或者一英國資本家在馬來（Malaya）投資於橡皮種植，或者在中國及非洲從事鐵路建築。此包含國外投資之大部份，私人資本投於海外私人企業上，自然是爲卻利潤。

此一類投資可以美國在中美之聯合水果公司（United Fruit Company）來說明。此公司係一八九九年由許多種植及輸出香蕉公司所組合而成，逐年發達至今日已控制香蕉實業。牠在哥斯達黎加，危地馬拉（Guatemala），渾杜剌斯（Honduras），英屬渾杜剌斯（British Honduras），巴拿馬，哥倫比亞，及牙買加（Jamaica）都有香蕉種植地，在古巴則有種糖產業。（一三）據一九一〇年估計，聯合水果公司已占有哥斯達黎加香蕉種植百分之四十，在熱帶其餘各地之產業則為數相等，或者甚至尚大。（一四）此公司同時亦自較小公司收買各種貨物，據估計在一九一〇年美國香蕉入口四分之三，甚至五分之四，都歸牠經手。（一五）

聯合水果公司在牠種植之各國境內並未嘗取得排他的讓與，（一六）不過其投資情形能使其控制香蕉業而已。中美沿岸有許多天然港口，而聯合水果公司早日即已購得許多地皮，在該處水極深，大船可以出入，同時為鐵道交界點。（一七）公司自己轄有鐵道及輪船，並備有無線電臺以便與其船舶，美國及其他各國通信。

此公司在中美及西印度羣島間，中美與其貨物運輸各國間從事貨運及客運生意。除此以外，牠尚從事其他活動，正如準茲（Chester Lloyd Jones）說的：「在中美熱帶地方發達一如此工業，附帶的負卻平日國家及地方政府所負之責任。在事實上，加勒比沿海大的拓植公司，實已到了在一國內另行設立一個國家境界。其所占有地域內已無政府存在。在該處沒有警察，沒有道路，沒有商店及港口，沒有城市及衛生組織。公司必須維持秩序，必須修築道路，建設和維持商店，建築城市，普通都負有共和國家一切權能；但在通常共和國家內政府權力若如此之大，人民將感覺其危險。」（一八）

（二）私人向外國政府之放款

一國私人有時亦有向其他國家政府放款者。例如歐洲各投資者向加勒比各國之投資及法國人民向前帝俄時代之俄國放款皆屬之。最近的例子即一九二三年奧國復興借款及一九二四年日本借款。前者爲數一二六、〇〇〇、〇〇〇元，在美國發行者計二五、〇〇〇、〇〇〇元。此借款於一九四三年六月一日到期。日本借款爲數一五〇、〇〇〇、〇〇〇元，在美國及荷蘭發行，尚有二五、〇〇〇、〇〇〇鎊則在英國發行，一九五四年二月一日到期。

（三）政府向政府放款

此類放款之最好例子爲各協約國間之戰債，放款者及借款者皆爲各國政府。此類賠償可以分列出來，因爲牠們主要的都係一政府對他政府所負之債務。

（四）政府對私人企業之投資

此種投資比較少見。最明顯的例子爲英國政府對英波石油公司（Anglo-Persian Oil Company）之投資：一鎊普通股曾入五百萬股，全數付淸；一鎊八釐利息第一優先股曾入一千股，全數付淸；五釐債券曾入一九九〇〇〇鎊。（一九）格林武德爵士(Sir Hamar Greenwood)在議會中於回答質問時曾說：「政府在英波石油公司有很大的利益，除債券以外尚保有三分之二以上普通股。政府對於公司通常商業合同不加干涉，除非牠們（自然不曾發生）違反大英帝國利益時。（二〇）

（乙）依目的之不同來分析放款與投資

（一）投資於生產事業上之資金

放款與投資之第二種普通分類係基於放款自的：是即問該種投資是生產的抑不生產的。此種分類是第一分類方法之横的看法。生產事業包括鐵道建築，原料品之開發，工廠之設立。英國海外投資之特點係投於健全發達事業上。照巴氏估計，英國海外投資百分之六十以上係用於建築鐵道，或直接歸英國公司經營或者間接的放款與各國政府；百分之十四係投於鑛山，硝酸鹽，石油，城市鐵路，電報及電話，煤汽及水力工程，電燈及動力，運河及碼頭；而投於財政，土地，投資公司，工商業公司（製酒廠及蒸溜廠特別重要）及銀行，爲數亦相等。（二一）

下面係巴氏對於英國海外投資之主要的分類：（二二）

鐵道	一、五二一、〇〇〇、〇〇〇鎊
政府公債	九六〇、〇〇〇、〇〇〇鎊
鑛山	二七三、〇〇〇、〇〇〇鎊

財政，土地及投資公司	二四四、〇〇〇、〇〇〇鎊
地方政府	一四八、〇〇〇、〇〇〇鎊
工商業	一四五、〇〇〇、〇〇〇鎊
城市鐵路	七八、〇〇〇、〇〇〇鎊
銀行	七三、〇〇〇、〇〇〇鎊
總共	三、四四二、〇〇〇、〇〇〇鎊

因英國資本之流入外國生產事業上，故第一獎勵大不列顛貨物之入口，第二則獎勵債務國之原料及食物向英國出口。每次所付之利息及資本最後之償還，皆出於工業生產或企業本身。

英國國外投資多半是用於生產事業上，並且分佈於各種事業。主要的係投於鑛山，鐵道，電話及電報，及其他公用事業上；果木，糖，菸草，畜牧，銀行，及工業。

（二）投於不生產事業上之資金

凡用以維持政府鋪張，建設宮殿及其他奢侈品之目的而放出款項，皆屬不生產的。同時平定國內革命及從事國外戰爭之各種費用都屬此類。此種投資係直接消耗，最多也祇能產生很少的收入，毫無餘留可以重生產，而利息及本金之償付須賴借債國之租稅能力。

不生產放款例子很多；例如英國爲土耳其在英國船塢製造軍艦，法國對帝政時代之俄國之放款，英國對埃及王所放之款，（二三）法國對摩洛哥酋長之放款。

賠款及大宗協約國間債務應當包括於不生產放款內，單簡分析，卽能明白。在自由公債法下（Liberty Loan Act）例如說一美國公民承認購買一萬元。此一萬元以一種信用方式借給協約國政府，後者乃自美國工業家定購一萬元戰時用品，此工業家於接受此美國人所投的一萬元時，乃努力去生產其他新財富；此新財富，美國公民之資本所生產者，自美出口而於戰爭中消滅。世界全部富源因此減少，所餘者不過爲美國政府對美國人民之負欠及外國政府對美國之負欠而已。當債券到期本息必須歸還時，則每一個人在美國或外國，必須從事生產新財富或收入，其中有一部份必被徵收以償還自由公債。

若外國政府將負欠美國之債務全部或部份取消，則有許多美國人必從事生產新財富，政府以租稅方式將此部份取去，轉以償還執有自由公債之其他美國人。尋根究底，其最後步驟不過是一人拿出貨物，讓另一人去消耗而已。

若債務不取消，則其步驟不過將貨物由一國轉運到他國。債務國之個人必努力從事生產新財富，一部份爲外國政府以租稅方式徵收去。轉運到美國的必爲一種貨物或勞役而爲美國人民願意購買者，而此一部份貨物或勞役足以償付最初執有債券之美國人。

戰後賠款償付時引起同樣因素。德國責任由於摧毀世界財富。她對賠款所付之任何價値必須出自德國現存財富，更具體的說，必須出自以勞力及資本所產生之收入。賠款基於兩種事實：一、德政府之使用徵稅能力及政府事務上力求緊縮以期預算上有盈餘。二、恢復德國生產能力及貿易以期貨物及勞力上有盈餘出口。簡言之，德政府必求其人民生產新財富，用租稅方式取出一部份存於協約國戰債委員處，以爲賠款之償付。（二四）

此種信用有時以一種不動產作擔保，例如財產等。在轉讓時有兩個問題：一、實際財富必須轉運出口。二、在對方國家必須尋得相當承受人。因此轉讓問題不僅包括在德國要產生可以出口之純經濟價值，並且須在海外覓一個願意承受德國貨物及勞役的人。

賠款爭執之似是而非的理論，即：在一方面協約各國堅持極大賠款數量不允減少，而在他方面他們採取各種商業政策，致此種賠款之償付爲不可能。

對於放款分爲生產與不生產兩種，並未嘗暗示其在法律責任上有若何差別。美國政府向協約各國所放之款，都是有效的合法的契約。當所借款項引起很大的社會問題時，則關於其用途之分別極有價值。法國對俄放款乃俄法政治同盟之基礎。此種款項都係浪費於國內外軍事上及朝廷奢侈物品上，俄國人民並未得到若何實惠，沒有一個人要求，即保有債劵者亦不作如是想，對於沿加勒比海各國所放之不正當款項應當全數償還。若大家都知道對腐敗政府所放之款及爲卻政治目的所放之款不能與對合法事業所放之款等量齊觀，（二五）則對於不負責任的國際銀行倒是一有效的裁制。

（丙）以借款政府之性質來分別放款與投資

（一）對有穩固政府的國家之放款及投資

對此類國家之投資純係商業上的事業，間常亦偶帶政治重要性。許多的英國資本都係用以建築美國及阿根廷之鐵道。外國保留的許多美國公債票現在都流回到美國人手裏。此類放款之明顯例子而對於美國人又極有興趣者，即為美國對加拿大之投資。有許多原因促進此種資本特殊趨勢，例如地理上的接近，言語，習慣及嗜好之相同，美加兩處銀行制度之密切合作等。可是資本之流入加拿大，尚有下列各原因：

（一）欲在加拿大樹立之關稅壁壘以內成立工廠。美國工業家都知道在加拿大國境以內成立工廠製造貨物供給加拿大市場是較在美國製造貨物完納保護稅運入加境後，同時與在加拿大享受特惠關稅之英國貨物相競爭者為有利。

（二）自加拿大分行裝載出口，則美國各公司能在英帝國其餘各部享受特惠關稅之利益（除澳大利亞以外，但此種例外不久即將中止。）

（三）想在重要原料來源附近地方成立工廠。例如造紙者在加拿大松檜供給處近地方成立造紙廠，因此得避免運輸極笨重原料至美國工廠之麻煩。

（四）為滿足加拿大專賣法內之製造強迫條件。（二六）加拿大對於其國境內之各種專賣不加保護，除非在特許專賣狀頒給後三年內，該種特許專賣物品已經製造並能滿足加國境內一般人民合理的需求。

在一九一八年保有在加拿大從事實業之各聯合公司及合股公司之股票債票及其他債票者為數約八百萬人以上。以此種公債票面價值來計算，則百分之五十六是為加拿大持票者所保有，百分之三十四為美國持票者所保有，百分之九為大不列顛持票者所保有。(二七) 加拿大政府關於美國對加拿大富源之投資發表如下：

「美國政府在過去若干年中曾參加開發加拿大富源，供給資本和勞工，並在加拿大邊境上成立工廠。加拿大鎳及石綿之生產多在美國公司手裏；許多木材生產及一部份紙料紙之生產亦為美國人所控制。在此自治殖民地內美國有六百個以上的分公司，例如國際鎳鑛有限公司 (International Nickel Company, Limited)蒙特利奧火車頭有限製造所 (Montreal Locomative Works, Limited)，加拿大聯合橡皮有限公司 (Canadian Consolidated Rubber Company, Limited)，國際收穫有限公司 (International Harvester Company, Limited)，加拿大電汽有限公司 (Canadian General Electric Company, Limited)國際造紙公司之支店(Subsidiaries of the International Paper Company)，加拿大福特汽車有限公司 ('The Ford Moter Company of Canada, Limited.) 普通汽車有限公司 (General Motors, Limited)，及司留培兌加拿大汽車公司 (Studebaker Corporation of Canada) 等。加拿大實受美國首創資本及移民之恩惠不淺。」(二八)

(二) 投於殖民地及某種國家——政府能力極薄弱不能執行有效的統治而外來勢力一旦有機會，(二九) 很足以影響前途——之資本。

附屬殖民地大部份在熱帶，最初主要的爲卻貿易而開拓，（三〇）不過後來歐洲資本大量流出，此等地方亦才分潤一二。在荷屬摩賓俾克及安哥拉殖民地活動之貿易及開拓（種植鑛山等）公司背後，都有英法資本。英國資本已自好望角開闢一路直至非洲中心，在該處與比利時資本合作開發卡湯加（Katanga）之銅鑛及其他富源。在奈機立亞（Nigeria）及基尼灣沿岸各地，英國資本極爲活動。更從而統治了印度並南向伸入馬來半島及暹羅。荷蘭感覺其資本之不足，曾歡迎外國資本去開發荷屬東印度羣島之富源。

在熱帶因大量資本之運用，遂引起土著勞工問題。該地土人天然的不宜於外國大資本運用下的企業之循環工作。昔日在熱帶工業管理政策係用壓迫方法，強迫工人作工，而近代政策則係自人口稠密地方用契約方法輸入勞工。得到此種勞工及其衞生管理，都是對於資本充滿危險性的，對於勞工本身容易引起衰弱疾病，在人民和政府方面容易引起政治上的不和。

在近代商業和財政遍佈全世界情形下，最後極受影響的地方爲北非，亞洲及加勒比一帶國家。自從一八七〇年至一八八九年土地攫取以來——此等國家僥幸獨免——他們之所以漸爲他國蠶食鯨吞，大部份由於投資影響。

中國與列強

中國在國際財政上是一重要因素，並且表示許多資本向積弱國家出口而引起紛爭及利用財政以達到政治目的動機之極好例子。她的富於礦產，交通運輸之不發達，缺乏資金和人才以開發此類富源，及列強對此之政治興趣，遂產一遠東問題而使其他國際關係上各種事變退居次要地位。自一八九四——五年中日戰爭以後——此戰暴露中國政府與西方軍事學術較量上之弱點——各國乃開始爭取商業上各種利益，損害中國國家獨立。中國之爲一極好市場，乃後來一八九九年間列強競取勢力範圍之主要原因。於是繼之以投資時代。在一八九八年德國強自中國取得膠州灣九十九年租期，並索取其他讓與如在山東省建築鐵道及開發鑛山。其他列強不甘落後，於是俄租旅大，英租威海衛。各國強迫中國承認他們在其境內之勢力範圍，如日之於福建，德之於山東，英之於長江流域，廣東及四川，法之於廣東廣西及雲南，俄之於滿洲。各列強之目的係打算一旦中國在政治上破滅時，他們所保有的勢力範圍即爲他們異日各自占領地；而在中國幸而未亡以前，他們在此等範圍地以內亦有特惠地位以開發商業交通及富源。爲反對此種趨勢，國務卿海約翰即主張其門戶開放及中國領土完整之政策。(三一) 中國歷史記載卻許多借款及投資，明明爲私人的而實則皆有各國家爲背景，故純至任何私人放款無不帶有政治色彩。西方經濟生活已侵入中國，遂引起一世界極大的問題。

海外經濟發展

許多人所攻擊的經濟帝國主義，不過是各國經濟生活之海外發展，其財政和貨物生產數量已超過國內市場之需要，(三二) 此種情形爲世界經濟發達之一個階段。此種發達其本身並非目的。因此引起許多問題，特別是政治問題，例如在中國，而爲研究國際事件之學生應當加以分析者，並應抱一種積極見解，提出創造計劃求一解決。若西方各國經濟發展在過去產生許多壞的結果，則積極思想家應指出較好方法，以便在經濟上發達此世界並改良人類所居之物質環境。近代商業組織於開發世界富源方面所採用之方法對於我們的物質幸福有極大貢獻，雖然需要改良是明顯的事實，但對此種方法所產生之經濟制度不分皂明加以惡意批評，對於我們並無若何利益。視海外經濟發展僅爲一海盜行爲，則完全失去問題的眞義。大部份國際貿易和財政是由私人進行的，他未嘗與政府商量，未嘗受政府指導，不僅未受外面政治動機的鼓勵，甚至不知道其每日行動將要發生若何結局。帝國主義另一情景實有似海盜。有時私人放款或企業多用以爲烟幕彈，其背後實伏有政治侵略，如對中國政府之若干放款，此種行動應受無條件譴責。有許多政府在若干場合上用其人民主要富源鞏固政治同盟，或用以侵入其有政治計劃之各地帶，此種政策應視爲侵略行爲，威嚇世界和平。

此種文字不能認爲對於經濟侵略所引起之土地占領是一種惡意批評。例如瓜分熱帶非洲自有許多罪惡，此種瓜分不僅未曾影響歐洲和平，並且對於土人有無限的價值，因其以和平，教育及衛生來代替戰爭，奴隸，野蠻及疾病。不過各種責罰多半是集中於經濟帝國主義之爲卻自己利益希望犧牲那已經取得承認的並維持直至今日之獨立國家。

美國政策從來不侵略

美國政府從未用，或者允許用放款，投資或其他經濟方法以達到侵略之目的。有人謂我們的資源如此豐富及從來不依賴外國物產，使得我們可以採取較爲仁厚的政策和態度；可是在實際上，我們經濟方面之不倚賴外國並不如宣傳之甚，此種情形特別明顯，當美國若干重要原料依賴外國一事一旦記起時。（三三）不過不問對於我們的態度和政策如何解釋，若謂美國人民或政府對於南美洲及世界其餘各地有侵略的計劃，那是不公平的。「金元外交」不過是爲美國人民及在國際法下保護美國人民在外國之商業利益的一種門戶開放政策而已，

無意的經濟擴張

將在政府軟弱富源未闢地方從事合法經商與逐漸的經濟侵略加以區別，並不是說前者即絲毫不致引起問題。此即所謂無計劃的，不自覺的帝國主義，牠引起最困難的，需要國家和國際間考慮的各種爭論。當實業家及商人尋覓新市場及新原料來源，或者當投資家爲尋覓投資機會於我們西方中部及加拿大時，絕對不會引起若何紛爭。不過在地方政府未有安全保障的地方，則必出之以外交干涉以輔事實上缺點，其結果產生衝突和競爭。牠們或者發生於外國商人與地方人民及其政府間，或者發生於各國不同競爭商人間。

在該種情形下，各政府將採何政策？一國人民負有何種責任藉他們的政府以限制其國人在海外之活動，或者去保護其投資之利益？因爲私人海外投資有時一國都於不知不覺間陷入外交爭執中，有時僅僅一商業事件可以變爲世界最大的政治問題。我們應當著重的，即自我們發達的工業社會內所引起之問題並不能以（一一）

放棄侵略政策，（二一）喊放任主義的口號，及同時假定政治複雜問題得因讓商人及投資家冒各種危險——或投機——而能避免。

美國在加勒比之無意發展

我們在加勒比及其他南美洲各國之問題，就其起因於美國放款及投資而論，皆為商業擴張的結果，而無政治動機。

在討論加勒比一帶之放款及投資時，有兩種問題應當分別淸楚。第一類為歐洲私人資本不經心的甚至欺騙的放與加勒比各國政府。一八七五年英政府關於對外國放款（三四）報告中，討論到下列至今猶為受影響各國政治經濟生活之因素的各種放款：

一八六七年渾杜剌斯放款
一八六九年渾杜剌斯巴黎放款
一八七〇年渾杜剌斯放款
一八六九年聖多明谷放款
一八七一年哥斯達黎加放款
一八七二年哥斯達黎加放款

一八七一年巴拉圭放款

一八七二年巴拉圭放款

渾杜剌斯債務可謂此類不智慧投資之極端例子。大家都承認渾杜剌斯政府祇得到本金之一小部份，債權者若干年來也應允每一塊錢祇求收回幾分錢以解決他們的債權，不過渾杜剌斯對其建議未表同意。

下列所述的事實乃係取材於英國外國債券保有者聯合會理事會之第四十九年報告，係以債券保有者眼光來表示渾杜剌斯情形：

「當一九二二年本理事會接到通知謂渾杜剌斯政府願意解決五十年來未曾履行之國外債務，並有人詢問本理事會是否願意以一九〇九年卡爾登爵士（Sir Lionel Carden）之提議而為渾杜剌斯政府所接受之建議為藍本開始談判。不過後來，我們可以記出，因為擬代以摩根計劃——始終未實行——以收買該借款，故此類建議未曾實行。

本理事會在前次十二月對於渾杜剌斯政府曾建議以卡爾登條合同為藍本提出一解決方案，不過亦如往昔然未有若何成功，該政府似乎寧願另舉新債而不願償還現在各種債務。」

此報告總述渾杜剌斯各外債如下：

渾杜剌斯外債

	現在數目（鎊）	總數（鎊）
一八六七年利息百分之五之借款	七八、八〇〇	
未付利息（一八七三年四月至一九二二年十月）	一九七、〇〇〇	二七五、八〇〇
一八六七年利息百分之十之借款	九〇〇、七〇〇	
未付利息（自一八七三年一月至一九二三年一月）	四、五四八、五三五	
		五、四四九、二三五
一八六九年利息百分之六又三分之二之借款	二、一七六、五七〇	
未付利息（自一八七三年九月至一九二二年九月）	七、一八二、六八一	
		九、三五九、二五一
一八七〇年利息百分之十之借款	二、二四二、五〇〇	
未付利息（自一八七三年一月至一九二三年一月）	一一、三二四、六二五	
		一三、五六七、一二五
總數		二八、六五一、四一一鎊

因爲沿加勒比海一帶共和國之財政情形與渾杜剌斯政府相同，遂使美國政府對於她們的事務不得不加以干涉。第一事件爲與多米尼加民主國（Dominican Republic）自一九〇五年直至一九二四年美國政府之退出，在該時期内我們政府多少指導該國各事務。（三五）爲幫助瞭解美國政策起見，重提昔日總統羅斯福之宣言實屬有益，他是第一個開始負擔此種責任的人。在一九〇五年八月十一日他說：（三六）

「門羅主義非國際法之一部。不過就西半球而言，乃我們外交政策之根本要點，而亦日漸爲海外各國所公認。

一方面要求一種權利，他方面則規避執行此種權利之責任，此實毫無理由。當我們宣佈門羅主義時，我們有承受此政策結果之義務，而此類結果是時常變遷的。

我們不能永久堅持門羅主義，除非我們能夠使人明白（一）我們並無若何意思利用牠爲口實擴大我們自己利益而犧牲我們南方各共和國；（二）我們也不願意眼見牠爲南方各共和國去利用爲防禦物以保護其反對外國的錯誤行動；（三）因此種主義我們阻止其他國家干涉西半球，不過我們自己也應一心一德來幫助我們姊妹共和國家以達到和平及秩序。

不過在現在美國絕對不致用戰爭來阻止外國政府收回其合法放款，同時也不致幫助我們的姊妹共和國不償付合法借款在任何場合上其代替方法不過是由我們提出若干條件藉此使各種合法債務都能償還。

我不願意見任何外國暫時的或永久的占據美洲某一共和國家之海關來強迫她履行債務，其對策卽在任何時期內我們若有機會將被迫採取同樣舉動。

聖多明谷現在請求我們幫助她，而現在不僅任何智慧原則，即是我們的本能也命令我們來允諾此種要求。

目前威嚇係由於外國之干涉。聖多明谷以前各執政浪舉外債，且因國內之不安靖，她不能預備款項去償還。外國債權者已再不能忍耐，至少有一外國已預備干涉，不過因為我們政府之非正式的擔保美國在聖多明谷需要幫助時必給以幫助，事件方得中止。

因我們有效誠實的保護海關並徵收關稅，遂完全消滅了各種革命運動，實際稅收亦已增加，我們給與其政府稅收全額百分之四十五，尚較其昔日全部收入為多。

在現在條約下，該島獨立為大家謹慎的尊重，因外國干涉而違反門羅主義之危險已經沒有，我們政府之干涉亦日漸減少，因此我們祇須與聖多明谷政府當局合作以求擔保海關適宜的行政，擔保合法借款之償還及保護聖多明谷政府以反對不合理借款之要求。」

適才所舉對渾杜剌斯，多米尼加民主國及海地（三七）放款之問題，在將來不至於如我們現在所討論的第二種方式的問題之時常發現。此起於美國資本之向南美洲出口及因此所引起之問題。此種資本之出口不出下列三種形式之一：

（a）歐洲債權者對政府公債之投資——上述第一類問題解決上之必有的條件。

（b）私人資金對中央政府及地方政府之放款。

（c）私人對於開發天然富源及其他生產事業上之投資。

國家政策：美國

世界各國關於其國人之資本出口各有不同政策。美國政策已表現於一九二二年三月三日國務院宣言，（三八）他曾提及在資本出口上所「能牽連的國家利益」。楊博士（Dr. Arthur N. Young），國務院經濟顧問，對於此宜言曾有進一步的見解。（三九）他說：「允諾外國放款完全係一公共性質問題……國務院對於美國各個相互競爭利益維持一不偏不倚之態度……國務院並未以投資的眼光從事考慮外國投資之優劣……外國放款應當用於何種用途，乃國務院所關心的事。這是大家希望的，即美國流出的資本應當用於生產事業上……美國政府除反對利用美國資本於戰爭目的上外，沒有其他方法。簡言之，並不能希望國務院來贊成利用美國海外資本以妨害美國主要政策之執行或使其執行感受困難，或希望其執行與美國利益相矛盾之政策。同時國務院對於含有損害美國與借債國間關係條文之各種提議條約更不致贊成。」（四〇）

法國政策

政治動機實會左右法國海外放款及投資政策。法國，無疑的亦承認此種假定，並認爲有理由。她的財政機關份將許多儲蓄資財投於外國政府債票上，絕對不與法國外交政策相反，有時甚至足以促進之。此類投資多半投諸俄國，土耳其及巴爾幹各國公債方面。牠們不是生產的，（四一）因爲普通都係用於補助預算之不足，資助國外戰爭，或者擴張軍備。其償還全賴舉債國之納稅能力，此種基礎照近來經過事實所表示，並不如從前想像之可靠。

任何公債欲在法國交易市場開價出賣必須先得法國政府之同意。此外，法國外交部及法國海外債權保護社（Office Nationale des Valeurs Mobiliers）間維持一種密切關係，法國出口資本常經過此機關以使其滿足法國政府之目的和野心。例如在一九〇六年俄國皇帝因得法國經濟上幫助，才將革命鎮壓下去。法國對俄放款之富有政治性質亦可以事實來證實；即俄國革命成功以後數年內，法國政府對於其人民保有此種俄國債票者仍繼續付息。自大戰以來，法國政府對其他國家之放款都帶有一種政治目的。

法國投資者對於法國銀行直接的或間接的承諾擔保外國債票都認爲滿意。適是應當注意的，即法國主要的都投於俄國，土耳其及巴爾幹諸國公債上，此類國家，照佛利得門（Friedman）說的，都是「工業不謹愼，財政不適宜，政治不穩定」（四二）的國家。

一方面存款投資者所得到之利息與政府公債相比較是很低，但他方面法國銀行則知道借款政府財政情形不穩固，勒索極高的利息。

此種爲政治及銀行所決定，而不是以眞正法國放款人相沿的節儉本能來決定的政策，其結果在一九一四年大戰時，不僅債權安全咸歸泡影，即政府及國家向外國的投資皆陷於停頓，而不能利用於國家防衛上，至於不能收回更無庸談。銀行在不穩定情形下太近投機。財政和工業幻想皆爲國家政策所籠罩。

德國的政策

在一九一四年以前期間內，德國日漸成爲資本輸出國，通常都投於生產事業方面，不過亦常用於政治目的上。德國政治目的物與其國家財政活動是無從分開的，例如在摩洛哥之鑛山，(四三)在山東之鐵道及在巴各達鐵道之讓與。因爲大戰此種投資全部喪失。自大戰以來，德國海外投資爲數很少，至於若問將如何以此種經濟力量侵略鄰近國家到若何程度，則未免言之過早。

在一九一四年以前，德國之侵入土耳其帝國，大半沿巴各達鐵道一帶。此係一政治策略，爲德國銀行所指揮(四四)以攻擊英國在東方之地位。如橫貫非洲南北兩端之(Cape-to-Cairo)鐵道，是一個用私人資本促進政治目的之最好例子。包括在巴各達讓與以內的爲鐵道兩旁地帶鑛山權及其他重要特權。英國反對將此路延長到波斯灣，不過在一九一四年英德間已開始談判以解決此問題。李希老斯基(Lichnowsky)(德國駐英大使)，在其大戰中所發表著名的備忘錄中說明提議條約之目的在瓜分小亞細亞爲彼此勢力範圍。巴各達鐵道延長至巴士納(Basra)而在沙特厄阿拉伯(Shatt-el-Arab)之航運則置於國際委員之下。全部美索波達米亞，直至巴士納爲止，都劃爲德國勢力範圍，對於昔日英國若干權利不得損害。(四五)

日本之政策

日本同樣亦用輸出資本以爲擴張其在亞洲之各種目的和鞏固其在亞洲之政治地位的方法。她的投資都是由正金銀行（Yokohama Specie Bank）及其他爲開發中國富源的各種銀行之組合，如台灣銀行（Bank of Taiwan）日本實業銀行（Industrial Bank of Japan）及朝鮮銀行（Bank of Chosen）支付。

投於中國企業之資本爲數比較很少，全國僅稍微工業化，其天然富源極具有引誘資本之能力。若干紡織廠，電氣事業及其他工廠已經成立。此種事業之最重要而與鑛山有密切關連者爲漢冶萍鋼鐵公司，其活動全集中於漢口。此係一中國公司，轄有煤鐵礦產及鋼鐵廠，但因爲種種原因，不得不向外國借到大批資金。大部份借款來自日本，日本人不僅取得該公司全部財產爲抵押，並索到供給及價格讓與上之優先權，及他種直接的有利的管理。此公司在著名的二十一條內曾經提到，在該約內日本要求中國允諾「漢冶萍公司所保有各鑛附近之各種鑛產，未得公司同意以前，不得讓與公司以外人從事開採……」。此類及其他規定皆係直接違反門戶開放原則的。

在中國之鑛山讓與包括許多種鑛產。關於此類例子可以提出撫順煤鑛（Fushun Collieries），該鑛始則爲俄國管轄，後來於一九〇七年協定下爲日本取去。該處是中國產煤最多的地方。

在山東德國曾自中國取得沿鐵道鑛山開採權。採鑛權本來明白限於四個地方，但後來爲日人逐漸推廣，不過當其取得德人在山東產業時，並未得到法律根據。一九二二年在華盛頓簽訂之中日條約，曾規定此類礦山須由中日合資公司來開採。

在中國最重要讓與或者要算鐵道之建築。（四六）其所以重要不僅由於經濟上的價值，而係因其富於政治及戰略上的關係。一八九六年俄國取得建造中東鐵道讓與權。此鐵道是由滿洲到海參威之捷徑，後來到不凍港——大連，並附有有價值的礦山及貿易特權。南滿鐵道系統——中東鐵路到大連之支線——始則為俄人轄有，一九〇五年為日本奪去，日本政府在此鐵路系統中保留管理權，（四七）許多小股為日本國民所占有。山東鐵道，為德國所建築而為日本占去者，在華盛頓條約下退歸中國。

大不列顛之政策：埃及；波斯

英國政府，在很少事件上，例如一八七五年李斯納里(Disraeli)之收買蘇伊士運河股票及最近購買英波石油公司之股票，曾直接參加海外投資，不過也並未嘗抱彻侵略意思直接指導其國民從事海外投資以達到政治目的。在此點上，英國政策近似美國政策而與法國不同。不過英國外交部在各種放款牽涉英國利益時，很希望經過英倫銀行(Bank of England)去與牠商議。政府當局時常與外國債券保有者聯合會（Corporation of Foreign Bondholders)合作，（四八）以保護外國放款或投資。

大不列顛在埃及有自然的政治利益，因為該地位於英國與她的東方領地——特別是印度——交通之直按經過路徑，但埃及政府之財政情形爲引起列強干涉之主要原因。（四九）該國因執政者之浪費——他們自由無限制的向英法兩國借款——其結果遂瀕於破產。埃及債務自一八六三年之三、〇〇〇、〇〇〇鎊，至一八七六年增至九一、〇〇〇、〇〇〇鎊。此款之一部份是用於蘇伊士運河及他種建設事業，不過一大部份則爲埃及皇帝私人所浪費。他在一八七五年因需錢孔急，乃將其個人所有的蘇伊士運河公司股票賣與大不列顛，於是英人方得控制此重要水道。

後來埃及財政情形日趨惡劣，於是英法二國爲其國內債票保有者利益計，最後於一八七六年成立共管制度。其適用並不十分滿意，不過用以爲一八八二年進一步的外國干涉之先驅而已。雖然英國統治埃及自一八八二年至一九一四年在各方面都占優勢，（五〇）但各種出版物，如政治家年鑑則並不視牠爲大英帝國之一部。（五一）此種說法因一九一四年宣佈埃及爲被保護國而取消。後來民族運動日益激烈，大不列顛遂於一九二二年二月二十八顯然的爲滿足壓汗默德人感情及維持大英帝國組織起見，承認埃及爲一獨立主權國家。「關於埃及安全及交通國防，外國利益及少數民族之保護，及蘇丹等問題，則保留於將來再行討論」。（五三）英國曾派一駐埃及公使，而埃及亦有外交代表在華盛頓。

在波斯外國利益之相傾軋足以表示國外投資如何的影響列強外交政策。在波斯，亦如在中國，然歐洲各國家起初之興趣和利益都在商業方面，但自一八九〇年至一八九九年以後，鐵路，礦山及銀行讓與權及其他各種投資漸占重要。在一九〇七年大不列顛及俄國未得波斯同意，即成立一協定，明白承認並劃分事實上已經存在之彼此勢力範圍。俄占北方，大不列顛占南方，中間爲一極大中立地帶。大不列顛承認在北方不幫助任何違反俄國利益的政治或商業讓與，俄國對南方亦爲同樣保證。英國的主要工業爲開發該地石油，其公司卽英波石油公司。石油開發起始在中立地帶之默濱米納（Muhammerah）地方。在一九一四年大戰爆發時，英國對石油控制實際已推廣到全國。一九一九年八月九日英國與波斯成立一商約，約內規定設一共同專家委員會修訂波斯關稅，並由英國派一財政顧問。在附屬條件下兩方同意「當英國財政顧問在德黑蘭（Teheran）就職後」分期放款二百萬鎊。因爲恐懼英國勢力，波斯國會否決此條約，而指派一美國財政顧問。

蘇俄政府於一九二一年二月二十六日之條約中（七三）聲明放棄昔日俄帝國在波斯所攫取之各種權利。蘇維埃共和國，如條約上文字所說的「爲符合其對於那曾經爲，現在尙是，無數痛苦和流血原因的資本主義殖民政策明白責斥起見，不再利用那目的在於經濟上桎梏波斯人民之帝俄各種財政事業。因此將財政數目，値發東西及波斯貼現信用銀行（Discount Credit Bank of Persia）之資產和負債及該銀行在波斯境內之動產與不動產一齊交給波斯人民，讓其全權管理。」條約後段則宣佈放棄波斯政府給與俄國之各種讓與。

對國際政策之責任

資本出口之政治經濟結果及各國政府對此現像之政策，關於其管理及規定，實不得不陷定其社會責任。

（五四） 有三種責任可以分別淸楚的：（一）運資本出口之銀行家或資本家之責任；（二）政府對其人民運出

資本加以指導和規定之責任；（三）再有一種責任，即政府間合作以發達國際的並預備一種機關以解決政府間單獨行動或相互交涉所不能解決之問題。

第一　銀行家之責任

國際銀行並非一種私人事業。大部份放款和投資是商業上的事情，但有許多，至少是在某種情形下成立的，足以牽涉政治和社會重大性而爲各政府所不容忽視者。因爲此種原因，故國際銀行家有一公共責任；此種責任是兩方面的，一爲對政府，其他爲對隨卻他們進退的社會上小的投資家。對外很大之放款其最後投資者都爲一般小投資家，每人投資不過數千元，關於放款或投資之各種條件——如期限長短等，他們都未嘗參加，無權決定。大銀行家容易將他們的放款賣出，若每個條件均有不同時。小的投資家之敢於投資，全賴銀行供給消息，及他們對發出債票之銀行和投資機關之信用。即令在國內債票發行上，銀行及投資機關乃各小投資家之受託者。關於海外放款及投資他們的責任更大，因爲就事件性質而言，此種放款非國內一般人所熟習。因此國際銀行家對於國內事主有種責任，同時對於其政府，關於放款條件和期限，及因此所引起之紛爭和衝突都負有責任。

在提出國際財政之道德一問題時，我們並非謂美國國際銀行家缺乏高尚標準，他們有許多對於其責任有極靈敏的感覺。在中國銀行團乃財政道德之最好例子。不過在我們經濟歷史上對於國際財政道德之法典的各基礎加以討論，看是否與美國社會正義民治進步之傳統觀念相合，似乎很有益處。

在此處並不是想爲領導國際財政者訂下一道德的法典。不過我們要提出許多問題和答案，或者可藉此指示所要考慮的問題及將來發展所應取之途徑。

（甲）美國銀行家是不是在一種責任下應規定任何放款之全部或一部用於美國？歐洲財政團體在放款合同上時常堅持應有此類性質之規定。美國銀行家時常抱卻一種見解，認爲美國資本放於海外，無疑的可以直接或間接促進美國出口貿易，因此結果在國際條約上不必要有此種規定。此見地大部份是健全的，但難免兩個顧慮：一、有時一國工業所需要者，爲外國立即訂貨單，致於擔保在長時期內其貿易必因放款而擴充，似不能給她多少安慰；二、若一放款能使外國訂購一國特有機械或設備，則以後關於添配零件及繼續訂購將源源而來。此兩個顧慮並不是贊成合同內訂立特殊規定之有力的理由，牠們不過表示銀行家勢力在發達世界經濟生活上是何等重大。（乙）若認爲一種放款或投資將被利用以擴充人類剝削制度，或從事違反正義的事情，則對於這種舉動不應放款投資，利歐破爾得王在非洲剛果活動乃明顯的例子。但壓迫勞工及同樣剝削尚存在於其他地方，而舉凡社會情形一時一刻都不能容忍的國家之資本，對此類惡況不應當加以獎勵。幸喜外國所執行企業對於土著都很有益。（丙）對一政府放款所附帶之條件應當不致使該國人民淪於不平等租稅制度或使其後代子孫處於無活動的財政統治。（丁）從事投資及放款時應當考慮世界天然富源。（五五）（戊）資金是否應當用以資助革命？對此問題之回答並不如表面看去之容易。此問題與軍火出口協定（Export of Arms Convention）所引起者相同，即「在政治社會上被壓迫人民之解放方法是否亦應當爲人反對？」所應當牢記者即有許多革命在其鼓吹者方面較刼奪事業稍勝一籌，與改良政治社會情形之純正運動完全不同。（己）中立國銀行家對於外國戰爭是否亦可為金錢上之幫助？第一等國家間戰時財政活動範圍極大，祇有政府才能運用牠們；銀行家在其可能範圍內可以說是能使大戰爭稍感困難。不過在小國間，則延長戰爭之能力全賴大的國際銀行家。（庚）與前二問題有密切關連的，即資助製造軍火工廠及在國際貿易上軍火運輸問題。一國在和平時，其軍火機關若係在私人手裏，常至戰爭地帶，或者至富於戰爭危機的地方尋找市場。曾有人主張國家去管理軍火工廠，不過因此引起嚴重問題，即小國不能從事該種工業者，其軍火供給究將如何？此問題乃將來裁軍所應包含者。（辛）銀行家應當不得假借其勢力與權能給他們的政府以促進其侵略的帝國主義政策，若此種政策為人鼓吹贊成時。但他們是否應更進一步他們對於與他國團體引起嚴重衝突及最後牽涉各自政府從事競爭之財政活動是否應當不贊助？關於在小亞細亞或中國之鐵道讓與權競爭，在蘇門答納（Sumatra）及美索波達米亞石油讓與權競爭，不僅是私人商業上事情，在現今國際事件無組織狀況下，足以引起外交爭論或者更嚴重的干涉問題。銀行家，鐵路家及石油公司是否因此應自制的不尋找此類讓與？他們是否應當將得到利益讓給敵人是否應照他們的方針，抑應照他們政府的方針以決定所應進行的政策。

關於此點，國際銀行家之責任應當不脫離其政府之政策而獨立，共同責任對於保持一確定的積極的政府政策上有時貢獻一肯定的理由。

放任政策之弱點

政府之完全不干涉政策時常得到許多熱心擁護者。他們說應當讓投資者因對方之履行債務及賴償而得到一種教訓；別一國政府若她自己願意時，可以去腐化減少別一國內之擾害並非一政府之職務。此種任其自由政策一方面雖有可擁護的理由，但忽略了許多因素。若單獨一國採用此政策，則該國勢力和其人民利益在亟需資本去發達的地方——如在中國——將大受損害。在經濟落後地方，地方政府常是衰弱，所需要者為金錢，用以鞏固其地位。若知道放債國政府將用壓力保護放債者之利益以取得償還，而其信用未得恢復，則弱國政府殆將感覺無從借債，除非用極高利息。即令文化落後國家之政府很強，牠或者需要許多錢以開發其富源，但放款國家採用保護其國人利益之政策，則利息不至過高，或可免得弱國償付很多的利息。再者與母國政府商量，當借款與正取得時，或者不僅可以有一避免剝削土著人民，並且可以有一避免與競爭財團引起干涉之紛爭之機會。放任主義在最後可以產生一種困難政治情形，係許多人認為不是海外投資之結果，而是由於任令資本無限制出口之直接結果，若各政府對此種事實稍加考慮時，則不致累及牠們。（五六）

政府積極政策之責任

放任主義之反面即為用資本從事侵略以達到政治目的，前面已經批評不少。此種用資本以達到政治目的之行動，乃放任主義普通過分之反響，在失望憤慨精神下遂引起許多人採用消極政策。

採取積極政策之理由：（一）銀行家之不能適應其事業之道德標準。（二）一般公共意見對於美國資本之出口獎勵其採取一種手段以避免或減少與借債國之外交困難。（三）他國對於其人民海外放款及投資之國家政策，在現今世界組織下（或者無組織下）美國——卽令希望——亦無法避免因海外放款及投資所引起之紛爭；當紛爭係起於與外國團體競爭時，此種事實更爲正確。將全部責任置於銀行家或銀行團體身上是不可能。可以引起戰爭危險之情形都與公共有關，而需要一公共政策。

美國政府所採之政策在其趨勢上是很健全的，牠是適合美國需要及傳統習慣。她所採的是一種監督和規定政策。牠立足於公認的國際法原則及美國對外關係之傳統態度。純粹商業投機似與政府無關，但若在國際事件上富有極大重要性，我國政府不應坐視以待事變發生，而應事先預備以防紛爭。應從事製成一公認下列因素之政策：

（一）在任何情形下政府對於商業事務上之放款或投資不要負任何責任。

（二）政府對於所有放款及投資條約及建議應加以考察，看其內容是不是。

（甲）與條約規定及美國既定政策相符合；

（乙）對於外國政府及土著人民規定有公平及平等待遇，未嘗給他們以口實以與美國銀行家及投資者相衝突。

（三）政府應執行合法契約上責任，若一地方法律表示無充分保護時；並保護誠實投資以免沒收。卽令國際法認為該種行動和保護為合理，而行動所採之方法和限度亦需具體規定和限制。例如解決在國際法下執行的財產權利及人民社會政治志願間所引起之紛爭，必牽涉進一步之原則。於此可以提起關於墨西哥憲法第二十七條之糾紛而並不討論此糾紛之得失。

（四）關於投資之門戶開放或者平等待遇似為處理國際間糾紛之最健全原則。此政策應當與國際法之進步及國際合作攜手並進，以確定及限制經濟侵略之政治的及社會的效果。在現今，若一既無明文規定又無充分保障的門戶開放政策規定任何讓與須給與出價最高者，不問其屬何國籍，勢必阻止弱國不能將其讓與和借貸給與一其政治野心她不恐懼之資本國家。

（五）國際銀行團方法，在未討論其條件之得失時，是一國際財政合作上值得提倡之方式而應當得到政府幫助。牠可以大大的推廣在面積極廣國家內——例如中國，及在若干包含很大的獨占權利的事件上。

建立一有效的國家方法

關於實現美國政府對投資方面之政策，使人民充分共見共聞實為緊要。美國人民對於問題情形及美國海外投資最後將發生若何結局都有權利要求知道。於考慮海外放款和投資步驟上，更應引用許多常例。此種工作現完全授與國務院，大體上是行政部工作。有人提議設立一類似大戰外國戰債委員會之委員會，授以監督資本出口及實現政府政策之工作。若此種工作不能進行，最低限度應構就一有根據很詳細的政策說明書，以後並應隨時發表說明書以解釋在某特殊場合上一般政策之執行。

再者在修訂我們昔日商約及商訂新約時，關於放款和投資應一併包括在內，其條件得因訂約國經濟情形而各異。與借債國所訂條約內所包含之此種規定，自然與放債國所訂條約內所包含者不同的，但在兩種條約內都包括這種規定，是很合宜的。

國際合作之責任

未有在其他事實上，其國家管理和規定之限制和缺點（五七）——不問其規定是如何謹慎制定——有較影響國家商業政策之國際財政之甚者。即令銀行家及國家政府都盡了他們所應盡的責任，但尙餘留若干問題而須待國際合作來解決。第一即爲將關於國際財政之國際法編爲法典將其擴張。這種國際法應當保護借債國，若她與强國發生衝突時而後者將用其海陸軍力保護其國民權利時。凡涉及政府不履行債務及不償債之各規則，應兼顧借債國政府及放債國一般人民之利益。在第二次海牙會議時，對於用武力討債曾加限制。當國際法與地方法相衝突時，則對於這種情形應謹愼考慮，特別是當地方法包含有社會政治改良之希望，但與外國經濟利益相衝突時。

關於兩個以上放債團體，有政府爲與援，因爲在開發地方的讓與所引起之爭執，常不能用外交方法來解決；

因此應當訂立若干規則以控制該種情勢——規定經濟機會之分配，若經濟機會對於有關各國不能分配時則規定國際銀行團之步驟，及規定解決糾紛之方法。

會議以後，此種及同樣原則可以規定於多方條約內，並制定一種步驟以便將此種原則適用到特殊事件上。一九二二年裁軍會議已開始將其規定於諮議局內，成立委員會以處理各地方發生之事件，而在相當場合下可向國際法庭上訴。

（一）參看第一章第四頁。

（二）參看(Friedman, E. M., International Finance and its Reorganization, p. 432)

（三）見前書四三四頁。同時參看(Charles E., French Government Finance, in Supplement to Commerce Reports, T.I.B. No. 137, p. 3.)

（四）此報告說：（一九二四年）「從各種要素估計，本委員會得到一種結論，卽德國開戰時在外資產約爲二百八十萬萬馬克；不過此種資產係祇包含住在德國之德國人在外國所有，而不包含住在外國之德國人所有。此種財產都係動產，其價值係從票面金馬克額之所定。」見(Speare, C. F. North American Review for July, 1909, p. 85, The Journal of the Royal Statistical Society for July, 1914. Article entitled "The Economic Relations of the British and German Empires.")

（五）參看(The Japan Year Book, 1920 21, p. 369.)同時參看(The Japan Chronicle Supplement, Nov. 20, 1922.)。

（六）在最後分析，「借出」錢，資本「出口」及投資皆發動同樣經濟力量。在放債國或其他國家牠們鼓勵生產，而借債國家所取到之資本爲戰事原料品，宮廷奢侈品，鋼軌，機械及其他。

(七)此處所擧大略數字係取材於 (C. K.Hobson) 所作之記載。參看 (Annals of the American Academy of Political and Social Science for Nov. 1916, p. 30.)

(八)見(Friedman, E. M. 前引 p. 428.)

(九)見(Review of Economic Statistics for July, 1919, p. 230.)

(一〇)見(Annual Report of the Treasure of the United States, 1923, p. 23.)

(一一)見(Review of Economic Statistics, July, 1922, p. 213.)

(一二)此表係取材於 (Federal Reserve Bulletin Aug., 1921, p. 942.) 之報告編製成的。

(一三)聯合水果公司亦有香蕉種植地在尼加納瓜 (Nicaragua)。此公司在熱帶美洲投資，據一九一四年估計超過兩萬萬金元以上。請參看 (Adams Frederick Upham, Conguest of the Tropics, 1914, pp. 166, 217, 218, and 242.)。

(一四)見(Palmer, Frederick, Central America and its Problems, 1910, p. 219.)

(一五)參看前書二一八頁。大宗香蕉出口都係運至美國。

(一六)見(Adams, Frederick Upham,前引 p. 86)

(一七)見(Jones, Chester Lloyd, Caribbean Interests of the United States,1916, p. 297.)

(一八)見前書第二九八頁。

(一九)英國政府在該公司董事會內有二個委員。

(二〇)見(Parliamentary Debates, Official Report, Fifth Series. 1920, Vol. 126, March 1 to March 19, p. 2387.)

(二一)見聯邦貿易委員會：(Coöperation in American Export Trade, 1916, Vol. I. p. 70.)

(二二)見(Annals of the American Academy of Political and Social Science for Nov. 1916, p. 31.)

(二三)埃及王曾耗費許多錢於鐵道及他種建設事業，照理是應當有報償的，不過因爲計劃錯誤，行政腐化及其他原因，致結果實得其反。

(二四)見(Report of First Committee of Experts.)

(二五)(J. M. Keynes)曾說：「海外投資之第三種主要方式包含對外國中央及地方政府之放款。牠們有很古的歷史，但大部份屬於近代的。戰前二十年法國海外放款之數量和粗忽達到最高限度。沒有其他投資有較法國於一九〇〇年至一九一四年對俄國，較少的對巴爾幹各國，奧國，墨西哥及巴西之爲愚蠢及失敗者。此類款項乃法國人民大部份儲蓄，幾乎全部未能收回。對外國放款在結算時於美國不利，特別是在戰前利息很低時。投資者對於因戰爭及革命所引起之債務不能履行，無法補救。且常從前放款之利息數目之大超於新借款可能之數目時，債務不與履行在世界各處更數見不鮮。美國南部各洲，墨西哥，中美各國，南美大部份國家，中國，土耳其，埃及，希臘，所有巴爾幹國家，俄國，奧大利，匈牙利，西班牙及葡萄牙都未曾履行債務之全部或一部份。」見(The Manchester Guardian Commercial, Thursday, August 7, 1924, J. M. Keynes, "Setting a Limit to Oversea Invsetment," p. 176.)

(二六)參看前述第二章。

(二七)參看加拿大工商部出版之(Canada as a Field for British Branch Industries, 1922, p. 117.)

(二八)見前引第四五頁。

(二九)此種勢力祇有在政治競爭，貿易爭論及投資引起外國干涉後才有極大影響。

(三〇)參看上述第一章。

(三一)參看上述第八章第二四四至二四七等頁。

(三二)「輸出」二字用於此處並不是含有社會性的。資本有時出口是很有利的，同時資本留在國內對於人民社會生產亦很有利。

(三三)參看上述第二章。

(三四)見(Great Britain Parliament, House of Commons: Report on Loans to Foreign States, 1875, 367, pp. v to xii.)

(三五)參看(Convention between the United States and the Dominican Republic, Signed February 8, 1907.)

(三六)參看(Address of President Roosevelt at Chautauqua, N. Y., Aug. 11, 1905.)

(三七)在美國監督下，在海地亦有與聖多明谷共和國相似之情形。參看(Treaty between the United States and Haiti, Signed Sep. 16, 1915. Treaty Series No. 623.)

(三八)看附錄第三。

(三九)見(Young, A. N., The Department of State and Foreign Loans,)係一九二四年八月二十六日在麻省威廉士城政治學會演講者。

（四〇）總統柯立芝於華盛頓近東救濟會之金律聚餐會（Golden Rule Dinner）演說時曾說：「我們已經幫助奧大利，德國，法國，比國及其他國家重整財政。該種放款雖然相信與我們健全商業政策完美道德相符合，並得到我們政府之贊許，但我們政府實未負若何責任。美國投資者亦未曾取得一種保證說美國政府將以武力維持此種放款。用武力討債不是我們政府之政策，也曾未作過。這是値得讚許的，即美國資本很有助於道德計劃內海外經濟復原之實行，對於中外皆有益。但各種放款政府都不負何種責任。」

（四一）自然，法國所有海外投資並不全是如此。有許多都合併與外國政府亦係投於生產事業。

（四二）見（Friedman, E. M.International Finance and its Reorganization, p. 224.)

（四三）投資之足以促進帝國主義，見於一九一一年，當德國政府表示對摩洛哥感覺極大興趣，其所以如此者因爲（Mannesmann）兄弟對該地礦山有極大利益。」(Hayes, C. J. H.: A Political and Social History of Modern Europe, Vol. II, p. 554.)

（四四）參看（Earle, Edward M., Dmhey, the Great Powers and the Bagdad Railway, 1923.)

（四五）參看（International Conciliation, June, 1918, No. 127, The Lichnowsky Memorandum, p. 293.)

（四六）參看（Kent, P. H., Railway Enterprise in China.)

（四七）參看（MacMurray, John V. A., Treaties and Agreements with and Concerning China, p. 555.)

（四八）可參看此公司在每年報告。

（四九）見(Brailoford, H. N., The War of Steel and Glod. Harris, N. D., Intervention and Colonization in Africa

（五〇）此種優勢僅就埃及而言；其他列強保有許多條約上權利包括對租稅制度及其他財政事件上之否決權。

（五一）啓拆湼(Kitchener)在華叔達起事不是用英國旗幟而是用埃及旗幟。參看("Memories of Fashoda," by general Baratier, in The Living Age, Sep. 6, 1924.)

（五二）參看 (The Statesman's Year-Book,1922, p. 265.)

（五三）參看 (Afschar, La Politigue Europeénne en Puse, Quelques Pages de l'histoire diplomatigue, 1921, pp. 259-266.)

（五四）「承認工商界標準乃其達到一社會目的之是否成功，是卽暗示財產和經濟活動之存在是促進社會之目的，可是至現在商業界都認爲社會之所以存在係爲的促進牠們的利益。」見 (Tawney, R. H., The Acquisitive Society, 1920, p. 26.)

（五五）參看第九章。

（五六）(Mr. Osward Garrison Villard) 在一九二四年美國麻省威廉城(Williamstown)政治學會 (Institute of Politics 關於海外放款及投資的演講可以說是代表放任主義之意見。其後合原伯克博士 (Dr. S. K. Hornbeck) 繼續作如下之觀察：「若我了解不錯，我極願指出 (Mr. Villard) 關於外國資本出口據以爲其見解的內中幾個原則——他所謂一國在其範圍以內有權可以做牠所要做的任何事情，包括規奪，賴債，沒收，同時我想似乎可以擴張而包括殺人和毀壞。若此種見解是健全而爲世人所接受，則必至不可避免的引起不僅無往來，並且每一國家絕對孤立的結論。」

（五七）見附錄第九。

第十一章　國際商業上之競爭和合併

國外貿易

重商主義政治家及作者對國外貿易所抱的那種見解在現今仍很普通。在不精確，很幼稚意義上，「國外貿易」一名詞——明顯的包括入口及出口——有時與出口貿易意義相同，而增加出口則視爲特別有利。一班人民對於其國家工業輸至他國貨物之數量感覺極大興趣。耗費公家款項促進出口貿易是爲有理由的，因爲大家都相信國內繁榮實密切有賴於國外商業之進步。美國，大不列顛及其他許多出口國家之外交代表大部份時間都消耗於促進其國人之商業利益。

此種著重出口貿易自然需要一番解釋，雖然其理由已見於本書前面各章。時至今日仍有許多人接受重商主義者之貿易順趨（即出口貨較入口貨爲多及金子之輸入）對於國家有利之理論。再者我們西方文化之經濟組織是費用極大的，故時常尋覓新市場以期賣出出產品藉獲利潤。當一國商人擬在海外出賣其物產時，常與他國商人發生競爭，其結果則世界經濟變爲世界政治，而牽涉每個政府。

出口貿易之價值

雖然理論上對於出口貿易無須給以何種刺激以便用出口來償付入口，但以世界上族國主義的組織立場來看給以特殊考慮亦係理所當然。經過平常交易手續，我們自外國所輸入之貨物及勞役在長時期內必須以我們所完成的貨物及勞役去償付。例如咖啡，橡皮及可可必須全部由外國輸入，而其他物品如羊毛，皮革，糖，熱帶果子等亦多半自外國輸入。至今我們亦常覺得自外國購買許多工業製造品是很有利的；設無此種入口，則我們工業平常進步必將停頓，而用於國內消費的各種物品亦將大爲減少。因此我們必須輸出許多物品，如食物，原料或者工業製造品，或者供給價值相等的勞役以償付我們自外國輸入之物品及勞役。

長期不變的輸出對於美國很有利的另一原因就是因爲牠能給我們工業以固定性。若一工業家能得到一海外市場以消納其全部貿易百分之十至百分之十五，則在國內生意蕭條時，他將感覺他之所以能維持其工業而繼續營業者，全賴此海外市場。不僅他本身受益，卽其工廠工人及整個社會亦受益不淺。國外貿易對於受季節需要限制之工業其爲有益更屬顯明。假若有一種工業，譬如說水泥工業，在阿根廷有一市場，則在美國建築時期結束後，因該地建築季正在開始將受益不淺。因此一有季節性的工業在阿根廷有一市場，較純恃國內市場者能終年維持一經常不變之生產，因爲純恃國內市場之工業，當市面蕭條生產減少時將受莫大損失。

但有人說因開闢出口市場以增加物品之需要，勢必提高其在國內市場之價格，不過此種辯論之自然結論，充其極必認定任何出口概須禁止。設誠如此，則對於增加物品需要之任何因素——不問其是否來自國內抑國外——此種結論皆得同樣實用之。關於可以重生產的物品，其出口——是否經過出口機關亦用其他方法——因需要之增加，遂使供給增加；不僅增加的生產將供給增加的需求，且因大量生產致每一單位物品之生產費用減低，於是對於消費者其價格亦有減低的可能。

出口貿易不必一定有利

出口貿易在若干場合上不必一定有利。贊成促進食物，重生產原料品及精細製造品出口之理論不能同樣用於礦產，森林及類似天然富源，而美國鋼及石油之無限制出口在長時期內對於美國一般人民是否有益，亦尚係一爭論未決的問題。卽就工業本身來觀察，鋼及石油之出產增加並不如製造品之能減少每一單位生產費用；反之因報酬漸減律發生作用，甚至每一單位生產費用反而提高。

再者過度擴張出口貿易之社會影響也是有害的。假定工業製造品占出口貿易大部份，還並不必一定說一國無限制的使全國工業化卽能受到若何利益，促進出口貿易卽能使一國得到其最希望的繁榮。雖然使全國人民中之某一階級受益不小，但其他階級未必能利益同沾，有時甚至受害不淺。當工業大部份依賴外國市場時，如英倫之許多事實，則外國消費者一旦購買力減少，特別是與外國發生競爭時，其結果將使全部生產階級之社會地位降低。

一個偶然的結果卽有時對工業主義(Industrialism)之不好解釋。陶里（R. H. Tawney）觀察：「當新開界大聲說使此島（英倫）變爲世外桃源時，其所需要之唯一事實爲生產力更大的生產力卽工業主義。此不免將目的和方法混雜。若我們忘記了我們之所以需要工業並不在工業本身而在其所要達到之目的，則我們將目的和方法混雜起來而無一明白觀念。」(二)

再者國外貿易之擴張而引起的國際敵視及外交上紛爭，雖不能視爲避免國外貿易之理由，可是必爲各國政府間努力合作以約束國際貿易之一個原故。國際間限制商業上爭執，規定競爭和合併，亦與國內同等重要。各國人民間商業上競爭制度，是不啻於普通敵視上倘加上一國民的敵視。同時解決商業爭執及制止國際貿易不公平競爭之方法若與各國國內處理此類事件之商業法規相比較，則倘未十分發達。超過國界以外的貿易常帶有國家色彩。牠附有一種特性，不僅僅是商業的，時常妨礙商業爭執之善意的解決。促進和發達一國國外貿易常包含於若干國家商業政策內。大家相信擴張海外市場，成立海外商業及財政組織，可以增加國家威望，促進國家野心，因此對於平常規定商業很困難問題以外，倘加上一各國等待機會以便利用國外貿易達到政治目的之因素。

國外貿易問題之分類

不問國際貿易情形如何複雜，而關於成立方法以處理國際貿易爭端及規定國際商業僅曾有很大進步主要商業國家之商人都已知道在商業及財政國際化程度下，牠們需要一共同的國際法及適當司法權。對一主要國際問題適用一種國際解決在其他經濟領域內恐尚未曾如此努力過

牠們可以廣泛的分爲三大類；

（一）違犯或破壞私人契約所引起之商業爭執，及其因執行契約內仲裁條文之處置。此種爭執內所牽涉之當事者爲買方及賣方。問題主要的不是由於競爭，而是由於私人契約條文之解釋和執行。

（二）國際貿易上不公平競爭之方法及現存或提議的補救方法。在此類場合內爭執起於競爭者間，補救方法爲成立規則，藉使競爭公平執行，使各當事之各方面及一班公衆不致受到不公正待遇。

（三）合作或合併以促進海外貿易。在此場合競爭是自動的制止，其目的在使國外貿易競爭成爲一國家集團以便有效的抵抗其他國家之團體，或者明顯的在想損害或剝削一班消費人。

起於廢約之貿易爭端

各種契約常係各國人民所成立。在許多場合上，特別在歐洲各國，對於契約解釋或執行上所引起之各種爭端，契約內部包含有仲裁規定。是以因契約本身對於各種異議規定有處理方法，當事各方可以避免訴訟上費用及延誤時期，而在他們呈請仲裁者判斷後，能敏捷調和他們的異議。此制度之效用全視判斷之實行程度如何。若一國允許爭端得重行提出於法庭，則即令仲裁各種規定雖已遵守，但該制度之目的已經喪失。

美國商會及阿根廷京都會(Bolsade Comerco of Buenos Aires)間計劃用仲裁方法以解決商業爭端曾行使若干年。一九二〇年一月在華盛頓集會之大美洲財政會議承認此種步驟之價值，提議將此計劃推廣用於美洲各國，並且極力主張立法上應將法庭監督下商業爭執之仲裁解決併入司法系統內。最近美國商會曾與巴西，哥倫比亞，厄瓜多爾 (Ecuador)，巴拿馬，巴納圭及烏納圭之商業機關商訂同樣的協定。據報告丹麥工業協會 (Denish Industrial Council) ——丹麥工業之政府代表，及同樣德國機關——德國工商會議 (Deutscher Industrie und Handelstay) 間亦計劃商訂類似條約。在一九二二年至一九一三年間有八百案件提出法庭，其中祇有一百件需要正式判決。(三)

國際商會 (International Chamber of Commerce) 於一九二一年在倫敦開會時曾討論到此問題。牠主張：(三)

「(一)合法仲裁條款，或商人間及工業家間關於契約解釋及執行上所引起之爭端而提交仲裁者，各國都應當認爲有效；

(二)所有執行國際條約義務之各種國內立法都應當承認當事各方所指派之人——不問屬何國籍——爲仲裁者。

(三)任何國家必須努力成立一立法使外國仲裁者之判斷皆得執行，不問當事各方之國籍若何，不必進一步討論其優點，所應當要問的祇看在判斷宣佈的國家內關於仲裁步驟之有效各規則是否全部遵守；該

類判斷是否包含有若干點是與執行國家之公共秩序相衝突的

（四）仲裁手續應當各國一致；

（五）更有進者，卽令在仲裁係由和事者（amiables compositeurs）所決定之場合下，立法上亦應承認仲裁條款之效力，因爲商業上仲裁之流傳廣播全賴仲裁者在其決定時專基於公道而不基於嚴格法律的一種可能。」

爲成立仲裁法庭及採用法典計，(四)國際商會很做了許多積極工作成立機關以解決各國人民間商業上所發生之爭執。大別之屬於三類：第一類關於和解，以別於仲裁。第二類包括各種事件其中至少當事之一方是關於仲裁執行並未有法律規定之國家的人民。第三類係成立進行手續，當事者皆爲對於仲裁執行曾有法律規定之國家的人民。關於仲裁人之選擇，當事者之召集，證據之提出，仲裁者定讞之執行，皆曾普遍的規定。因進行手續全不依賴政府，故國際商會爲保證服從仲裁者之判斷計，不能不依賴關係各國商界之一般輿論。(五)

用條約推廣商業仲裁

商業仲裁之效力全視各國之仲裁法是否承認條約必須執行，不能更改。關於此點亦曾經努力以期各國對此一致。一九二二年十一月十五日各商業團體在美國商業部贊助下開過一次會，通過一決議要求商業總長用其力量來幫助通過一全國法律，將仲裁條款自動的規定於各種契約內，並且是有法律效力，不能撤廢。決議更進一步要求與各國商訂條約，規定商業契約內所載仲裁條款是有效的，必須執行的，不能撤廢的；該種條約應該規定當事各國之法庭應相互執行仲裁條款同時仲裁條款在國外貿易上應束縛美國商人，當外國商人在美國亦受同樣束縛時。(六)

國際聯盟經濟委員會亦係對於擴張商業仲裁努力之另一機關。此委員會因法律商業專家特別小組委員會之工作，對於仲裁曾經詳細研究，並且主張「假若兩個國籍不同當事者願意將他們的爭議提交在一指定國家付仲裁，若一方例如說要將仲裁地點另行指定一對方未能同意的其他國家，則該國法院對此仲裁不應接受。」小組委員會更進一步說：「若希望達到此類目的，則目前第一件應當做的事爲變更法國法律，及與法國相同任何國家之法律，庶幾和解條款得認爲有效。」

經濟委員會於是起草一議定書希望對簽字各國加以下列束縛：（一）承認商業仲裁條約之效力，即令在其他國家執行時；（二）盡力之所能及以便利仲裁手續；（三）努力執行其國內仲裁判決；及（四）若當事國任何一方希望仲裁而規定仲裁又是可能，則他們自己法庭不應接受那照契約應付仲裁之任何事件。此起草議定書仍退回小組委員會，除上述第三點外，全體皆得認可。

小組委員會主張採用更精細確定名辭，甚至說：「大多數專家考慮到提出許多例證事實，明白將其包括於「不公平競爭」(七)內，實爲可能的有益的。」

國際貿易競爭上不公平方法

由破壞契約轉變到很普遍的不公平競爭及行為每不為人覺到。貨物質料上之欺騙不僅對買者有損，即出賣同樣貨物之競爭商人亦受害不淺。恰當例子如由大不列顛及荷蘭送至荷屬東印度市場之假的包裹物品及假的成捲棉紗。據說「裝載貨物於長不及一碼包裹內乃許多公司常做之事，因此該處土著購買者受了欺騙，而不法商人得了很大的利益。」（八）

普通所謂競爭上不公平方法能直接影響競爭者本身。所有工業先進國家公私兩方皆有補救方法以反對於其國家法律範圍內所發生之不公平競爭。盎格納薩克遜民族國家之普通法律都宣佈不公平行為係違反法律的，補救方法為私人訴訟。（九）在許多國家內則直視不公平競爭為違反國家罪。例如在美國此種行為則違犯錫爾曼禁止托拉斯法。（一〇）聯邦商業委員會對於許多不公平行為加以責斥。（一一）

錫爾曼禁止托拉斯法係於一八九〇年成立。在許多法庭判決下都解釋說這個法律是不准一商人以不合理的商業合併及許多不公平行為來排斥與他競爭的其他商人。在錫爾曼法下法庭曾特殊頒佈許多命令處罰許多不公平行為，例如減價各級貨物競爭，競爭物品偵察，賄賂，規避責任另外成立之公司及排貨。（一二）牠們認不公平競爭乃謀獨占某一項貿易的普通趨勢之一部份。在一種行為對公衆尚未有妨害時，是即尚未至損害或消滅同行中與他競爭的人而有獨占市場之趨勢時，不為法庭所指責。

美國關於規定貿易的法律之進步遂使一班人贊成用聯邦政府之管理來防止競爭上不公平行爲。在昔日獨占控制以前，分別處理過失上所產生之優點對於成立聯邦商業委員會及其受權防止邦際商業方面利用競爭上不公平方法有極大影響。

工業財產之保護

國際貿易上之不公平競爭方法與國內貿易上之不公平競爭方法大概相似。兩者區分點極難看出，因爲國外或國內商人皆採用同樣手段。各種不公平競爭之一而在國際討論上極爲人注重者，即爲影響私人專賣權，版權及商標權（一三）之一類不法行爲。專賣權及版權之保護則有賴於國家立法和條約權利。若無條約上之義務則一國之專賣權及版權，在他國無權要求享受保護。這是明顯的關於此類事務之處理若無相互條約，則將引起許多商業上困難問題。故大家承認一國人民侵蝕別一國給其人民在特定期限內所享受之專賣權，或翻印別一國人民之文字著作乃一不法行爲而應加以糾正。一種事業之成功，有時賴乎其在外國專賣權及版權之受有保護；若無此種保護則合法事業有時甚至因他人之欲侵奪工業先進國家之財產權利以圖獲利而大受損害。

假冒商標及招牌

與保護專賣權及版權問題密切關連的即假冒商標及招牌，以便將自己貨物冒充競爭者之貨物而出賣。一商人之商業名譽有時完全在商標及招牌上，或者甚至在其出賣貨物的包裹形式上。他耗費許多金錢將其商標，名稱及形式用廣告方法宣傳出去，因此社會一般人由於此種方法得知道其貨物種類及品質。此在世界各處其人民不識字的地方更爲重要，他們祇能因其所貼之商標及裝箱方法和形式之區別而購買此種貨物。竊襲商標者是有罪的，因其倣照與他競爭者的貨物之商標及裝箱方式以破壞人家信用。此類不法競爭爲例甚多，如日本人假冒美國玻璃公司出品之樣式大小，花草，剪裁，蝕鏤，而將此類冒牌貨物在美國及加拿大市場出賣；（一四）在中國市場上冒牌的波登公司 (Borden Company) 所製造冒牌鍊乳；在美國及德國有許多貨物非來自設斐爾德 (Sheffield) 而亦冠以"Sheffield"一字；（一五）及日本在美國出賣假冒瑞典名稱之日本火柴。

假冒出產來源

不公平競爭在此方面所引起之問題皆係涉及假冒出產來源。在這裏的困難點由於很難決定何謂「特殊地方的」及何謂「普通的」。有許多名詞本來係用以表示一種物品之出產地，但後來爲人沿用漸成爲習慣名辭或普通名辭；例如布魯塞爾氈毯 (Brussels carpets) 及摩加咖啡 (Mocka coffee) 皆爲最切當事實。有許多命名完全表現一地區重要性。此類例子可見於英國政府在一八九七年布魯塞爾會議所發表之下列宣言，係解釋馬得里條約第四條者：

「大不列顛在現存法律下對於馬得里條約之目前形式給以充分效力，而英國各地方法律亦不致有損該約絲毫效力。

在英國海關規則下，對於任何貨物附帶有一明白及清楚記號正確表示其出產地者，都允許其入口；例如「好望角紅葡萄酒」(Cape Port) 及「瑞士香檳」(Swiss Champagne)，因為在此種事件上牠正確表示貨物之來源地。」

法國製酒者許多年以來即反對用科納克 (coynac) 及香檳二名辭來形容外國酒。在凡爾塞條約下，德國除允諾保護協約各國在商業往來上「不致受不公平競爭影響」外，尚允諾在互惠情形下，「尊重任何協約國及參戰國現行有效並且曾經通知她那確定或規定該一國產酒地之某一地域名稱的權利之任何法律或與此法律精神相合之任何政治命令及司法決定。」羅茲博士 (Dr. Notz) 對此加以批評說：(一六)

「前條各規定可以說是已解決法德兩國製酒家間之長期爭辯。在一方面「科納克」名辭及法國酒之以地域名稱，在將來都得享受保護；而在他方面對於萊因及莫薩 (Mosel) 葡萄酒亦給以同樣保護，以抵抗亂用及不適宜之來源名稱。」

傾銷(Dumping)

普通都是自國家保護見地來考慮傾銷行為或各國市場間之價格差別，(一七) 同時並決定一國應採何種方法保護其工業以抵抗不公平競爭。如此看去，禁止傾銷法規似乎不過是補充保護關稅之不足，甚至在自由制度下也是很合理的（一八）所有各國市場間各種價格差別，並不能都認為競爭上不公平方法，不過在某種情形下則屬於此類而當其是屬於不公平方法一類時，則僅僅國家立法實很難作有效處理。牠們應當視為需要國際合作以便防止國際貿易上各種不公平競爭方法的大問題之一部份。不公平傾銷不僅在那想用立法手續來禁止牠的國家市場內可以進行，即在允許生死競爭之第三國市場內一國出口商人亦能用牠以反對其他國家出口商人。若禁止傾銷立法因為牠能維持一國國內貿易之公平而認為有理由可以存在，則牠在未有健全商業法律勢力的地方，也可以認為係維持商業交易公平之方法，而亦有其存在理由。

若以傾銷的動機來分類，則對其性質更加明瞭。（一九）第一，海外市場有時是工業製造家處置暫時生產過剩而國內市場不能吸收的貨物之地方。在現今工業制度下——工業家須為將來之需要而生產（二〇）——事實上去決定市場吸收量能有多大，實為困難，甚至不可能。若他想發展，他會時常感覺有剩餘貨物在手中而為平常及永久市場所不能消費者。因此他認為最方便的方法祇有去從事傾銷。他的地位正與星期六晚上雜貨商人相同，他有許多容易腐爛之蔬菜及水果，並明知其不能留到星期一，所以他祇要有買主，任何價格他都願意出賣。換言之，能多買一文，即賺一文，總較任其腐爛為得計。工業製造家在世界市場上亦常有與此相同之舉動，是為所習見之傾銷。

第二，有時因為工業製造家其機器有過剩生產能力，是即過度產量而非國內市場在獲利價格下所能吸收的，此為資本制度下工業發展之一種趨勢。除主要市場外，他們感覺需要附屬市場以容納永久過剩的生產。除非在特殊環境下，國內市場不能吸收全部出產品，而保有一永久海外市場能使工業家工廠終年全部開工。

有時貨物在海外傾銷以便維持一巧妙組織。當國內市場濟淡時，製造家寧願在海外廉價出售其物品，而不願讓其組織瓦解，精巧工人星散。

傾銷有時因為出產量很多，雜項費用及固定開支可以減少，因而每一單位貨物生產費用亦隨之減低，而認為合理。有人辯論說雖然有一部份出產品其在海外售價較國內市場為低，但因每一單位生產費用減低，故對國內消費者售價亦較前為低。不問情形如何，自生產者本身見地來觀，則認為將一部份出產品以較低價格在海外出售較將全部出產品在國內市場出售者為有利。

第三，在海外以比較低廉價格出售貨物其目的有時僅為抵抗競爭。若海外競爭價格是較國內市場為低，則為商業戰爭計正可以使美國製造家在海外達到以較國內為廉的價格出賣其貨物之目的。例如出口價格有時規定較國內一般價格為低以達到抵抗外國很高關稅之目的，因此才能與外國生產者在其市場內相競爭。在此種場合下，「外國人償付所納之關稅。」有時為卻推銷外國市場少見之物品計，在海外市場之價格亦較國內市場者為低。

最後，傾銷亦有出於不公平削本拍賣之方式者，其目的係欲於相與競爭者國內市場，或第三國市場，去損害或打倒與他競爭的敵人。

一九〇二年以前植糖工業在各外國所採用之方法，乃傾銷方法之最顯著者，其結果遂引起訂立布魯塞爾糖協定（Brussels Sugar Convention）。德國鋼業大組合在一九一四年以前常爲人責斥，謂其施行傾銷。實際上任何工業國家生產者在必要時都曾採用此種辦法。文尼博士（Dr. Vinner）表示（二一）「一種繼續及有組織的傾銷乃美國工業界至少自一八八〇年至一八八九年以來所常用的方法。」可是事實上牠並不如文字宣傳上所表示之甚。（二二）

其他不公平商業行爲

除上述各種方法以外，尚有其他損害敵人商業的方法，包括僞造廣告，僞造競爭者之信用及財政狀況之報告思有以中傷，商業偵探及宣佈商業秘密。一國銀行常因發表他國銀行之清單及定貨單消息之責任而受人責斥。一國出口商人有時用各級貨物競爭，競爭物品，排貨及賄賂方法以促進他們的生意。最後所謂賄賂方法在大不列顛則受防止賄賂及秘密用金聯合會（The Bribery and Secret Commission Prevention League, Inc.）（二三）之有效的處置。在美國則現在國會正有一懲罰商業賄賂及他種商業腐敗行爲之提案。（二四）

政府獎勵之不法競爭

若政府獎勵不法競爭則形勢更爲嚴重。此類最爲人所熟知例子即津貼，係直接或間接給與生產品或出口之物品。一九〇二年以前歐洲各國對糖工業所給與之津貼——其與傾銷關係前已指出——乃一明顯例子。私人團體或會社有時對某種物品亦給以津貼，例如一九〇五年至一九一四年德國鋼鐵組合之事實。（二五）此類津貼多出於下列形式：對於出口之物品退回其前所付之稅；增加退稅數量，使其超過原料入口或半製成品入口時所付之稅。

國際貿易上防止不公平競爭之方法

對國際貿易上不公平競爭加以討論及提出在一國司法範圍內可能的補救方法後，遂引出一疑問，即有何種方法可以採用以規定國際間競爭及保證國際商業上之公平行動？至今所採用之普通方法多如下：（二六）

（一）美國已擴充其反對不公平競爭方法之法律使其國民在她的司法範圍以外所從事各種行種亦包括在內。

（二）各國皆用條約或立法手續相互對他國人民保證在其司法範圍以內給以與本國人民相同之保護，使不致受不公平競爭之損害。

（三）各國皆保證在其司法範圍以內預備充分保護以反對不公平競爭。

（四）在有限範圍以內促進國際公平競爭之國際合作已為人接受。

我們司法範圍以外之不公平行為

法庭對於國境司法範圍以外之犯法行爲沒有司法權，因而無司法效力，乃盎格納薩克遜法律之規則。美國大理院承認若在外國一被告之行動所引起之損害，而該行動並不違反該處地方法律，(二七)將無法取得賠償。爲適合此判例所產生之情形及給美國出口商人在國外以與國內相同之保護計，國會規定聯邦貿易委員會法案所包含之反對不法競爭的禁止「應當解釋爲得擴充適用於一出口貿易商人爲反對其他出口貿易競爭者所採用之不公平競爭，即令該種不公平競爭行爲係在美國國家司法範圍以外的地方發生的。」(二八)

內國待遇之保證

各國對於工業財產時常訂立雙方條約允諾相互給以內國待遇。(二九)有許多國家用立法手續將本國人民可享受之權利給與外國人。(三〇)此類性質最重要的多邊條約爲一八八三年在巴黎簽訂之保護工業財產協定。在此協定內——一九一一年在華盛頓修改者——簽字各國都承認「任何締約國家之臣民或人民在其他締約各國內，關於發明專賣權公用物模型工業計劃及模型商標，招牌出產地證明，禁止不法競爭等，都有權享受該國法律現在給與或將來給與其人民所享受之各種利益。因此，若能遵守其國家對於其人民所頒佈之各法律所規定之常例及條件，則亦能享受同樣保護及損害他們權利時之各種法律補救方法。在被請求保護國家內之各種住居及建築上義務，不得課諸於享受同盟內各種利益之人民。(三一)

若並美國算入，則共有二十八國加入此協定。

同樣的，不過範圍較小，關於工業財政上之內國待遇，亦曾保證於一九一〇年南美各共和國間在倍諾斯愛勒簽訂之三協定。第一協定涉及文學及藝術作品，第二協定涉及商標及招牌第三協定涉及發明，設計及工業模型之專賣權。(三二)此三協定皆爲美國及其他美洲各共和國所批准。

反對不法競爭保證保護之條約

當一九一一年在華盛頓修改保護工業財產之協定時，大家都承認僅僅保證內國待遇尚感不足，而需要有一更進一步之規定。祇有在其人民之工業財產享受保護之國家內，則他國人民才希望能被保護。工業發達落後國家不能如工業先進國家然有同樣動機去成立達到此種目的之法律。因此許多國家之法律所給與的僅僅爲免除專賣權，版權及商標不受侵害之一種不充分的保證而已。在修改協定時曾另增一條文，即：「簽約各國都允諾擔保給其他會員國家以有效的保護，藉以抵抗不公平競爭，」方將此情形加以糾正。此協定法文正本將不公平競爭"unfair competition"二字改爲"concurrence de'loyale"其意義較英文所用文字更爲狹小。

與此規定相同的爲凡爾塞條約之第二七四條，要求德國「採用各種立法及行政上的必要手續以保護協約國及參戰國所生長或製造之貨物，免得在商業往來上遇到不公平競爭。」此約之所以異於保護工業財產協定者，即因其係片面的而已。

屬於此種普通補救方法內的尚有一八九一年在馬得里簽訂之協定，一九一一年在華盛頓修改，但美國未曾參加。照該協定之條文，則凡貨物假冒出產來源者皆禁止入口，即令入口亦規定將其沒收。

國際合作之開始

各國對於成立眞正有效的國際機關保護商業以抵抗不公平競爭之工作進行甚爲遲緩。曾經開始成立一局所於百倫(Berne)，廣播各種消息。在另一協定內——美國未參加——對於曾經允許國際註册之商標規定給以保護。大美洲商標協定，一九一〇年在倍諾斯愛勒簽訂者，規定在哈瓦拉(Havana)及里約熱內盧(Rio de Janeiro)兩地成立局所辦理商標註册事宜。在這兩個事件上國際組織機關都無權規定那須經過當事各國之法律允許才能取得之保護。

國際合作去禁止不公平競爭之重要例子爲一九〇二年簽訂之布魯塞爾糖協定。因歐洲各國對糖付給津貼及在外國市場糖之傾銷，遂產生一不能容忍之經濟情形，因而促成此協定。於禁止傾銷及規定處罰後，此協定規定成立一國際委員會以審察以後所發生之各事件。其決定對於簽字各國有拘束效力。此協定於一九一八年取消。

國際聯盟規約（第二十三條第五項）規定「商業平等待遇，」（三三）並認爲執行此規定乃國際聯盟之特定責任。這可以預料到的，依此約爲根據必將產生許多關於禁止國際貿易上不公平競爭方法之實體的法律。

發達國際商法

訂立各種法規及程序以節制國際貿易上競爭並非一朝一夕之功。國際商法必定逐漸演進。開始工作亦已做過，但尚有許多工作須待國家立法及訂立雙方條約來完成。但最大目的應爲開始編纂一國際商業法典，由各國採用，以節制他們的國民在國際商業上之競爭。

該法典之第一個目的應當正確規定何爲不公平競爭。國際法庭，若給以時日，可以因其對每個事件之判決而發達許多法律，不過若各國對於何者成爲不公平競爭及何者不成爲不公平競爭未有同意時，則在製就國際法典時應從被承認及明顯的案件開始。如關於何者爲地域的何者爲普通的名辭爭辯，乃需要明確了解之最好例子。無疑，有許多商品，例如酒及牛乳餅，因爲出產地關係而爲人所歡迎。在此種情形下，牠們所用的地域的名字應當受保護，並應採某種方法使其他地方所產同樣物件不得沿襲用此名字。反之他方面，在一國內應用政治上力量宣佈某種名辭係地域的，其唯一理由卽希望生產者能獨占的利用牠。該種計劃成功後，不能希望其他國家受此類決斷之束縛。

與發達實質的法律制止不公平競爭同等重要的卽爲成立解決爭端之步驟。現今所有制止國際不公平競爭之各種手續都極繁重而不滿人意，在外國進行一種私人訴訟權利以達到保護專賣權，版權，及商標目的，時常是很少價值而不爲人所重視。

國際貿易之規定必須逐漸進步成立一委員會授以半司法或行政權以處理不公平競爭並且在若干事件上或者可以因公佈方式足以執行其判決。在各國國民間之商業爭端仲裁上，國際商會全恃各受卻影響的商業界輿論爲輿援以執行其判決。國際聯盟常設委任統治委員會已知將事件公佈任人共見共聞乃實現其建議之有效力量。設使該委員會之判決在一國內——犯罪一方乃該國居民——因國家機關之幫助而得執行，則此種進一步之成就更爲吾人所希望；例如一判決認一美國人因在國際貿易上從事不公平競爭斷其有罪，可以因美國法庭之認爲係聯邦貿易委員會之判決而得執行。

上訴於國際法庭應當要預備，不僅爲雙方條約上不公平競爭規定之法律問題，同時爲多方條約上所成立之委員會判決的法律問題。

國際合併

現在所要討論的問題之第三部份爲國際貿易上商業關係人之合作及合併。於此錫爾曼禁止托拉斯法之一方面很有興趣。此法律不僅對排擠同業競爭者之企圖認爲有罪，即對無理由自動的限制貿易亦認爲有罪，是即：禁止競爭者自己用托拉斯條約，投資公司，或者任何合併方法來聯合起來，以無理的自動的相互制止各種競爭。美國法庭對於完全沒有不公平競爭方法而僅因公司之龐大是否違反法律一爭論尚無直接判決。許多提出法庭事件之證據都表示獨占和半獨占皆係因不公平行動而成功，法庭普通都根據其命令解散此種組織。大家都相信錫爾曼禁止托拉斯法給公衆一種保護，以反抗資本家大的合併，因爲他們取得權力後，很足以損害一般公衆。

先進工業國家之大公司亦有在海外市場從事貿易者。美國某聯邦法院對於美國鋼鐵公司（United States Steel Corporation）之活動以促進美國出口貿易者加以稱讚。國際貿易上資本大合併一問題與在國內市場資本大合併一問題相似，不過因爲各種情形之不同，及因各國合作行動牽涉國際利益，故情形較爲複雜而已。

獨占慾望

貿易上獨占卽已見於往日。意大利各城市曾努力於獨占歐洲與東方貿易，而在若干年間大部份要算成功。希望尋找一條新路，繞過好望角以至印度並經過大西洋，其動機之一卽爲欲打破此種商業獨占。在發現時代平分天下之西班牙及葡萄牙，在其統治地域內亦曾施行商業獨占。葡萄牙視其與東方占領地之貿易爲國家獨占事業，而西班牙則強迫其航行美洲船舶遵照特定航期，並且祇能在允許的口岸停泊。

數十年中歐洲主要工業國家曾特別著重出口貿易，用其力之所及以達到此目的。（三四）她們的法律，在若干事件上，對於允許合作及合併，是較美國，加拿大，澳大利亞及紐西蘭爲寬大。關於德國戰前海外貿易之組織，聯邦貿易委員會曾說：（三五）

「社會卡力兒，特別出口發賣機關，同盟及輔助工業之特別出口卡力兒，會爲德國財政機關及德國商用船舶所積極幫助，及帝國政府所維持者——此爲推廣德國出口貿易到世界各市場之一種制度。在貿易方面亦曾採用相同的有效方法以便便宜購買德國必需之原料，而在許多事件上則組織有很大的購買機關，其分公司及支店遍於全世界，以購買此種原料。

此種有組織的努力遂使德國於君士坦丁堡(Constantinople)出版法德文字之日報，其目的在促進一班人對德國貨物之興趣，及發展德國在利凡特（Levant）之貿易。同樣用德國商業機關的錢在德國各大學造就中國青年工程師，又在上海建立一工業學校，用德國工業設備及德國教員，給中國可造的青年以德國工業標準，方法及設備，諸如此類都是培養德國在東方之貿易。德國商業機關遍佈世界各處，而海外德國居民更隨時幫助海外貿易之發達。」

大不列顛海外貿易之力量可說由於許多原因。她是從事海外貿易者第一人，並成立有各種有價值及重要聯絡。她的商船時常是發展海外市場之重要媒介物，商部之航業司（Marine Department）內有一政府專門機關直接與船舶業各界往返。與加拿大，美國，南美，東方，澳大利亞，非洲及歐洲都成立有極好聯絡，無數英國郵船及貨船出入世界各商埠以維持商業。路易海上保險公司（Lloyds）之擴大組織致成爲英國在國際貿易上之主要因素及國際海上保險之主要分子。銀行便利，信用，海外投資，海底電線之控制——對於英國世界貿易力量亦有貢獻。

美國出口之合作

一八九〇年通過錫爾曼法後，國會很注重極大而又有控制國內市場趨勢之商業合併。此法是計劃去保護（一）小本商人，（二）美國消費者。其目的第一保護生產者，並維持各方貿易之公開及自由以使競爭能自由運用不受外界任何影響；第二保護美國消費者，由於有競爭，保證他們能以公平競爭價格買到質料很好的貨物。當時並未嘗想將此法用於純粹從事出口貿易之會社或公司。（三六）此法對於國內貿易雖然很有益處，但對於美國國外貿易之發展不能不認爲係一種阻礙。美國商人關於推銷其物品於海外之相互競爭祇損害美國人利益，而徒爲外國商業界所利用。有人說在外國市場我們的商人不是爲單獨競爭者所襲擊，而是爲用其工商業及財政之全部力量之許多競爭者之合併所襲擊。

錫爾曼禁止托拉斯法，至少就商人眼光來看，是對於美國競爭者組織出口公司之建設工作有妨礙的商人在國內市場固然不准互相合併，但純至在國外貿易上他們也不敢合併。

爲幫助美國出口商人計，國會於一九一八年通過出口公司法（Export Association Act）規定錫爾曼禁止托拉斯法沒有一條可以解釋說是宣佈純粹從事出口貿易公司之爲不合法。（三七）再者，一九二二年國會並允許成立從事中國國內貿易之公司。（三八）

國際合併之例子

在國際貿易上出售貨物之合併公司爲數甚多，例如智利硝酸鹽會社（Chilean Nitrate Association）墨西哥蘇業聯合公司雞納霜聯合公司及許多出賣化學物品及染料之公司。英國染料有限公司（Ltd）成立於一九一九年，是英國染料商人之結合，政府亦曾參加。英國商業部一報告曾說：「此合併之大的財政及商業力量使牠在國內市場及在世界市場與德國，瑞士及美洲染料公司相競爭時能得到較好的利益。」（三九）自大戰以來，世界合處已成立許多出口入口合併公司。（四〇）

許多大資本公司瓜分世界市場，例如所謂德國兩個戰前在海外市場之二大電汽公司是爲明證。（四一）關於美國菸草公司（American Tobacco Company），控告美國事件（221, U. S. 106）美國法庭認帝國菸草公司（Imperial Tobacco Company）美國菸草公司與美國雪茄公司（American Cigar Company）所訂立之合同，規定美國二菸草公司自動的相戒不至大不列顛愛爾蘭從事貿易，而三公司更相約在大不列顛愛爾蘭及美國三處以外不從事某種指定性質之生意爲不法。（四二）買方及賣方在過去都曾從事組織以促進其利益。英國人控制樹膠汁之供給乃一有力例子。（四三）

前述之美國出口公司法曾爲外國所批評，其理由謂美國允許生產者在外國從事一種國內市場禁止之貿易。在許多場合上，此法曾有極大貢獻，使得美國商人在國外市場上能與從前占有地位之歐人從事有效的戰爭。

除非所有各國直接促進國外貿易之政策都受責斥，則我們此法方應受責斥。當一國政府用其力量以擴充其國民之海外貿易時，是不啻給國際競爭以國家的色彩。此種顧慮之討論是集中於很大的問題，而不是採取某種手段的問題，牠包含卻對直接來自昔日嚴苛重商政策並有在昔日葡萄牙或漢薩同盟國家獨占政策之優點和弱點之制度加以考慮。

經濟鬥爭武器之解除

爲人承認及頌揚之政府及商業界在國際商業上之同盟應當視爲減少國際戰爭步驟上一初步事實。獨占，希望獨占，甚至恐懼獨占，若干世紀以來以及今日曾引起各民族間之誤會及惡感。軍事上裁軍計劃不能保障安全，除非輔以國際合作，並能制止各政府不從事商業侵略——即所謂「和平侵入」。

許多請求裁減軍備的人沒有感覺其間所包含的積極國際合作之程度，此不過爲國際合作建設步驟之第一步。在軍備不能與國家政策分開情形下，僅僅裁軍不過省下若干錢，但並不能保障安全。海陸軍乃今日無組織的世界之主要部份，而其費用乃我們爲世界各國對其國民行爲合理規則及執行此種規則有效方法不能同意所付之代價。

有效的限制軍備或者裁軍，必須先之以經濟鬥爭武器之解除，意即各國放棄所有經濟侵略方法，例如獨占主要原料品及用放款與投資侵入外國市場等。在各國未曾採用合作方法以免除敵視及保障經濟安全以前，此類方法必不致放棄。

非戰運動之所以有價值因爲牠引起一種情緒反對衝突，致採用武力增加困難。不過主張此說的人引起許多人相信戰爭並非我們文化的產物應視爲敝屣而棄擲勿用。若非我們根本剷除戰爭原因並預備和平方法以解決現用戰爭來解決之各種爭端，則戰爭將永久繼續。由解決政治經濟的爭端，或者由於該種解決有滿意的國際規定因而引起安全感覺，然後才能產生道德上的裁軍。

經濟鬥爭武器之解除應限制極大出口國家政府之促進出口貿易的活動。德國商業聯合會爲其他各國商界所責斥，可是後者本身同時又從事發達同樣競爭公司。若出口貿易主要的仍繼續以國家爲目的，則每一個都有權用其所有權能，以增進其國家及國民利益。不過此種政策，不可避免的必爲國家敵視，惡感及對敵。

由此觀之，經濟鬥爭武器解除之第一步爲應有一國際條約（四四）以制止國家獎勵及鼓勵貿易脫離國家政府之侵略的獎勵後，則貿易仍回復平常競爭途徑。對國際貿易上之政府干涉應當限制，藉以停止競爭上不公平方法及制止大的國際商業合併公司之獨占和剝削趨勢。若一旦國際商法能歸併於各國訂立之條約內，則各國政府對其執行可以大大的盡力。此種法律之執行有待於對競爭及合併有一指定程度之規定，最好由國際貿易委員會負責執行，由國際法庭連續不斷加以解釋。

（一）見 (Tawney, R. H., The Aequisitive Society, p. 46.)

（二）見 (Christian Science Monitor, July 19, 1924.)

(三)見國際商會：(Brochure, No. 18, p. 16.)

(四)見國際商會：(Brochure No. 21, Rules of Conciliation and Arbitration.)

(五)一九二三年三月在羅馬所召集國際商會會議之議決案多主張各國國內一致執行以保護工業財產。見國際商會之（Brochure No. 27, pp. 5-7）。一九〇五年二月二十日法律之第二十七節：一九一九年三月二十八日 (Treasury Decision, No. 38035.) 及一九二二年關稅法第五二六節，對於貼有美國註册商標之貨物向美國入口時加以處罰，都是保護國內工業財產的方法之極好例子。

(六)見 (United States' Commerce Report, Feb. 13, 1922. p. 394.)

(七)見 (Official Journal of the Leagne of Nations, July, 1924. p. 953.)

(八)見 ("Report to the Board of Trade of Merchandise Marks' Committee" (1920) British Blue Book, Cmd. 760 p. XIII.)

(九)見美國商業部 (Trust Laws and Unfair Competition, p. 334.)

(一〇)見 (Shale, Roger, Decrees and Judgements in Federal Anti-trust Cases) (1918) 及禁止邦際商業上不公平競爭之聯邦貿易委員會法之第五節。

(一一)見 (Annual Report of Federal Trade Commission for Fiscal Year ending June 30, 1920, pp. 56, 57.)

(一二)見美國商業部之 (Trust Law and Unfair Competition, p. 462, et seq.)

(一三)參看 ("International Patent Legislation," Journal of Political Economy, February, 1923, p. 90.)

(一四)英國關稅委員會：(The Glass Industry, Tariff Information Series No. 5, pp. 106, 107.)

(一五)見("Report to the Board of Trade of the Merchandise Marks Committee" (1920), British Blue Book, Cmd. 700, p. 12.)

(一六)見(Notz, William, "Unfair Competition,"Yale Law Journal, Feb. 1921, p. 395.)

(一七)見(Viner, Jacob, Dumping: A Problem in International Trade.)

(一八)文尼博士(Dr. Viner)明白承認自由貿易乃國際關係上最理想的商業政策。他並不認禁止傾銷法是與自由貿易理論相矛盾。他說：(一四七頁)「自由貿易學說是積極的主張工商業應依其自然流通路徑運行；而非消極的主張立法部不得採取任何行為以變動其自然路徑，若謂牠反對對傾銷加以限制，不僅不對，若說牠主張對傾銷加以限制都是可以的。」

(一九)見(Culbertson, W. S., Commercial Policy in War Time and After, chap. 8.)

(二〇)此種現象在美國較在英國及法國為常見。

(二一)見文尼博士前書第八十頁。

(二二)見美國關稅委員會：(Dumping and Unfair Competition) (1919)

(二三)見(Leonard, R. M. Unfair Competition with Special Reference to Bribery, London, 1921.)

(二四)試參看聯邦貿易委員會所提呈事件及該委員會常年報告中所提到之各種表册。同時也參看後面附錄四。

(二五)見聯邦貿易委員會：(Coöperation in American Export Trade, Vol. I, p. 214.)

(二六)此種補救方法不包括禁止傾銷立法，報復稅及在貨物入口時爲各國採用以抵抗特殊不公平競爭方法，兼保護國內工業之各種普通法規。

(二七)見 (American Banana Co. V. United Fruit Co., 213 U. S. 347)

(二八)見 (Section 4, An Act to Promoter Export Trade and for other Purposes, Approved April 10, 1918.) 參看聯邦貿易委員會關於法律執行之常年報告。

(二九)美國關稅委員會：(Handbook of Commercial Treaties, 1922.)

(三〇)參看上述第二章。

(三一) (Treaties, Conventions, International Acts, Protocals and Agreement between the United States and Other Powers, 1910-1913, Vol. 3 p. 2956.) 關於法庭對條約之承認研究 (Yale Law Review, Feb. 1921, p. 393.)

(三二)見前書第三四九頁至三六六頁。

(三三)請參看第二五四頁。

(三四)見聯邦貿易委員會：(Coöperation in American Export Trade, 1916.)

(三五)見前書第一一一頁及一一二頁。

(三六)見聯邦貿易委員會，前引。

(三七)見 (Notz-Harvey: American Foreign Trade.)

(三八)見(Public "An Act to Authorize Creation of Corporation for the Purpose of Engaging in Business within China"-No. 312-67th Congress.)

(三九)見(Annual Report of the Federal Trade Commission for the Fiscal Year ended June 30, 1921, p. 63.)

(四〇)見前書第六十三頁。

(四一)見聯邦貿易委員會:(Coöperation in American Export Trade, Vol. I, pp. 279-280.)

(四二)見(Department of Commerce: Trust Laws and Unfair Competition, p. 83.)

(四三)見(Culbertson, W. S., Raw Materials and Foodstuffs in the Commercial Policies of Nations, p. 89.)

(四四)直至各國在國際關係上皆願意以貿易的整頓來代替貿易之促進,此實為一國幫助其國民在海外經濟事業上之不僅必要的,並且是適宜的一方法。

第十二章　影響船舶之商業政策

獎勵商船

一國家有時亦以獎勵農工業發達之方法去獎勵商船。(一)海外商業亦為努力事業之一，一國人民之精力，資本及勞工有時可以用於這方面，其國民並可於此得到利益。若遇到與外國競爭時，因為商船未曾發達，或因處於不利地位，致國家幫助實為必要。談到這個問題，自國家政策見地以觀，其他因素如國家應採取何種方法等亦有極大影響。第一有人主張說商船在長時期內對於一工業極度發達的國家之經濟繁榮極為重要。在美國主要出口為食物及原料情形下，外國船舶來美即將此等物品載去而出售於國際市場。自一八九六年後，特別是自大戰以來，當我們工業品出口日日增加時，需要美國登記船舶漸趨重要。我們許多大公司，例如美孚洋油公司(Standard Oil Company)，鋼鐵出品公司(Steel Products Company)，聯合水果公司(United Fruit Company)及古根漢氏(Guggenheim)所管轄之各種事業都自己購置船舶，以便保證其海外貿易之安全。外國商船在有利情形下都願意運輸我們的貨物，不過因為牠們與其所屬國家之商業及國家熱望有密切關連，並不注意為美國出口商人服務。海洋航業在實際上(不問理論上情形如何)是一國家的主要事業，而希望在世界商業上占一重要地位之國家，不能不注意及此。

商船與海軍

第二，商船與海軍戰事準備有重大關係。一海軍，特別在戰時，是很難發生效果的，除非有許多船舶來輔助。商船之能使海軍發生效力，因海軍之距離根據地愈遠而愈增加。商船亦爲訓練海軍人材之好地方，而可使其成爲海軍發達之後備根據地。因爲商船與海軍有如此密切關係，故海軍任何縮減，則同時應增加商船之效力。若海軍全部裁減，各國同樣施行，則海上管理權必爲保有極大極快的商船之國家所控制，而在此種情形下，裁減海軍軍備僅能有比較的效力。

提議之差別稅（二）

在研究商業政策影響船舶時，對於昔日美國所採用之方法簡略考察，實爲有益。（三）牠們並不是一枯燥無味的歷史，因爲在近年有人要求說我們應當回到昔日航行法所特有的在關稅及噸稅上之差別政策。此種爲人所指責的政策曾規定於一九二〇年所通過之商船法之各節內。贊成船舶歧視者大半爲造船界，他們的代表當商船法正在討論時，要求重行採用英國和我們昔日所行之航行法。造船界委員會請求（四）「一般民衆考慮使英國海軍優勢安全確立，同時也適合我們昔日需要的克倫威爾（Cromwell）航行法，其本身價值立卽因爲我們開國期內船舶之極大進步而得證明。」不過主持此種論調的人好似忘記了英國航行法之所以能成功，一是因為英國海軍為其後援，二因英國人民之幸福全在他們的船舶，故不惜任何犧牲來衛護牠們。(五)不過此種法律最後還是放棄，因為牠們引起報復。後來人們發覺船舶是一主要的國際事業，其榮繁全賴往來裝載貨物。其他國家除非對英國船舶採用同樣苛待，否則都不願屈服於差別噸稅及關稅之下，或者自甘被擯斥於殖民地貿易以外。

我們昔日船舶政策之來源

十八世紀末期國際貿易上所採用的各種方法極為苛刻。當時不僅為歧視與否問題，而實為是否允許通商問題。歐洲各國之商業政策完全為獨占及排他理想所支配。英國之各種航行法——不是例外——遂逼迫我們不得不採用差別稅以示報復。此類法律阻礙我們殖民地船舶之自由發展，特別在獨立宣言簽字以後，當該類法律係用以全力反抗美國船舶時。

最初，美國對船舶政策之一般意見都傾向於自由和互惠，正如在政治上傾向民主制度然。採用差別政策係為的報復，其目的在逼迫其他國家取消對美國商業所加之各種限制。

一七八五年八月六日亞丹斯 (Adams) 自倫敦致齊國務卿哲氏說：(六)

「英國已冒險開始商業上敵視。我之所以稱為敵視者，因為其直接目的不在增加她的財富，船舶或水手，而在減少我們的財富船舶和水手而已。嫉妬我們海軍力量乃其眞正動機，爲刺激他們的眞正情感他們認定美國是他們的敵人，並且是世界最危險的敵人。我已看得淸楚他們對於法國船舶及水手增加之恐懼不如對美國之爲甚。」

一八七四年國會在邦聯憲法條文謀取報復權時曾說：(七)

「大不列顚已採用損害我們與她的西印度羣島商業之各種法規。當時我們很以爲有許多理由可以希望似這樣不平及很少能促進商業往來之方法不致爲賢明國家所保留。不過現在此種方法已變成一種制度。因此對英國商業採取同樣限制以抵抗她的攻擊是國會的責任，也是牠所希望的。」

一七八九年四月九日馬的孫在國會曾說：(八)

「若美國任其所有口岸完全自由開放，對於我國人民及外國人民所有之船舶不加歧視，同時其他國家卻有此種歧視，則她之完全被擯於外國各口岸以外及在其最重要利益之一種上受極大影響乃明顯的事實。不過我以爲一種歧視政策將有最好的效果；牠能使美國於榮譽及利益上表示有早日取得貿易上互惠之願望與能力。

對此問題我不願深加討論，不過任何人都曉得我們保有舉世無匹之天然利益；因此很公正的我們可以在商業上訂立互惠。達此目的之方法爲歧視。是以提議的方法雖不爲契好各國所贊同，可是我終希望我們應當爲其所包含的原則而終得採用。」

馬克斯威爾（Lloyd W. Maxwell）對於原來文件曾經極詳細研究後，關於美國昔日船舶政策之背景曾總括於下：（九）

『自重行指出之引證及前面各頁所提及之公文，可以得到下列各事實：

（一）美國主要商業的希望爲條約保證之相互寬大。

（二）大不列顛爲此種自由及條約之主要障礙。

（三）美國採用歧視係完全防守的。

（四）差別待遇除用以表示希望取消排他，禁止及獨占和成立寬大的互惠外不至長期繼續採用。換言之，差別待遇不過係一暫時策略用爲自競爭者取得公平待遇之方法。』

所採用之方法

美國國會爲遵行此政策計，成立未到二月，遂通過第一次航行法，包含在一七八九年七月四日之關稅法內。此法對於貨物係用在美國建造的船或外國建造而爲美國國民所有的船裝載入口者之關稅給以百分之十之折扣。（一〇）爲獎勵直接貿易計，對於來自中國或印度而用外國船裝載之茶葉，或者經過歐洲之茶葉，課以附加稅。（一一）然此猶以爲未足，其後不久國會又通過差別噸稅以優待美國船舶，（一二）而一七九〇年八月十日之法律則對外國船舶裝載而向美國入口之貨物課以百分之十之附加稅，以代替從前百分之十之折扣的規定。

（一三）此類法案成為對美國幼稚船舶業之主要幫助。此外國會尚用補助金形式給以其他幫助，不過此種保護方法後來放棄。

一七八九年立法之效果

主張差別稅者曾屢次引用數字來表示這個昔日立法有一立即及很大的效果。是以去指出美國一七八九年總噸數之數字實在不過是該年最後五月之入口噸數，而一七九〇年之數字——據以證明差別稅在一年以內使我們的噸數增加二倍有餘者——不過是一七九〇年十二個月中入口之噸數，似乎實為必要。一七九三年以前並無總噸數；即令有一完全可用的歷屆數目，而對於美國船舶之發達若干由於差別稅，若干由於其他原因一問題，並無若何貢獻。一

與英國條約談判

除一七九四年之哲氏條約（Jay Treaty）——使英美二國各自遇置對方之最惠國地位（不是內國待遇）——以外，直至一八〇六年其間並無何種舉動去取消對對方貿易和商業所加之各種歧視。不過在一八〇六年英美兩國全權代表簽定一協定，取消美國及歐洲英國領土內貿易上各種差別噸稅及入口稅。美國代表堅

持要將英屬北美殖民地及英屬西印度羣島包括於協定條文內，不過因爲大不列顛之不願意，遂使美國否決整個條約。

自美國否決一八〇六年之商約後，兩國都暫時放棄對互惠之努力，兩國都對對方貿易課以種種歧視以圖自利。因此所引起之爭辯爲與大不列顛第二次戰爭之有力原因，直至一八一五年才努力於第二次互惠。該年三月國會通過一法律，規定我們差別噸位及海關稅不得適用於取消各種反對美國船舶之差別待遇國家（一四）間之直接貿易上。（一五）美國此種願意與大不列顛成立互惠之表示，遂引起一八一五年七月三日之商業協定，至今仍有效。關於其他事件，則對於兩方船舶直接來往於英美間，美國及「英屬歐洲領土」（一六）間從事貿易者，兩方各給以內國待遇。

美國全權大使於是又從事努力以期爲美國船舶在英屬西印度羣島及英屬北美洲取得內國待遇，但英國不允在其領地內給美國船舶以與英國船舶立於平等地位之待遇。爲卻此原因，國會中又有人極力反對此條約。不過一八一六年三月一日通過一法律，取消「對於英國船舶及英國船舶裝載入口之貨物課以較對美國船舶及美國船舶裝載入口之貨物爲高之任何法律，因其違反英美間一八一五年七月三日之協定的各種規定。（一七）

間接貿易上之船舶互惠

在一八二二年美國與法國訂立一條約，在六年內雙方相互放棄差別稅，而限制差別噸稅不得超過某種數量。後來因許多條約——一八二六年與丹麥，一八二七年與腦威，奧甸及漢撒各城市，一八二八年與普魯士，一八三七年與希臘——不僅在直接貿易上取消差別稅，即在間接貿易上亦將該稅取消。此類條約之政策，包含於一八二八年之船舶互惠法內，（一八）牠給各國以相互取消差別稅。在該時期內，當美國船舶日漸衰頹，美國商人及船舶之命運實為美國政治家關心問題。可是他們並未嘗取消一八一五年與大不列顛所訂之條約，或者希望延長差別稅政策；反之，他們倒用其全力取消國內外之差別稅制度。他們追究我們船舶之衰頹由於普通經濟原因。

南北戰爭以前——此時期內我們船舶發展極快——之政治家相信我們船舶之成功是由於我們航海家之創造及勇敢，而並非如外國之大部份由於差別待遇。自一八二八年以後，關稅時常修改，唯一涉及差別稅者祗有一規定，係用以壓迫外國使其遵重互惠條約。是以每次關稅修改不過為重申船舶互惠政策而已。

自一八二八年之法律成立後，因與三十國或四十國訂立商業協定及因總統屢次佈告——申述此類國家已經取消反對美國商業之差別待遇，因而在美國各口岸有權享受內國待遇——故船舶互惠政策得以執行。此類協定及佈告和一八二八年之法律乃美國船舶政策之法律根據。

我們昔日商船（一九）

美國歷史上之最好掌故為昔日商船之成功。自殖民的船舶活動開始以來，我們的航海者繼續在海洋運輸業上占一重要地位，直至南北戰爭。在殖民時代，美國人全層集於濱海極狹地方，並因交通不便，限制了他們內地開發，乃轉用其精力於海上，並因受英國航行法之保護及他們本身野心之刺激，遂與非洲及西印度羣島開發一極有利的貿易。到獨立時期，美國水手一變而爲海盜。他們劫掠英國商業，此亦爲革命達到成功結局之重要因素。革命後，因受英國航行法之壓迫，在許多航路上被排斥，但在憲法成立以前，當尙無國會以採用報復航行法時，美國航海者遂開始開闢新航路。撒冷（Salem）港成爲世界最著名的造船船舶及船長地方。被排斥於昔日航路以外，他們遂在極遠地方尋覓新港口。美國船舶曾環繞好望角，合恩角（Cape Horn）並與中國成立貿易。自我們政府之成立至一八一二年戰爭期間，乃美國船舶管有者及美國航海者一試驗時期。真的，此時期內各種爭論，特別是美國航海者之強取強奪，實爲一八一三年戰爭之導火線。在此戰爭中美國水手所得之肉桂足以抵償陸地上之所失而有餘。再者對於美國武力之成功有貢獻者亦爲此種海盜，因爲在一八一五年他們清除了海上許多對於船舶發達之障礙。在此時期郵船及快帆船赫赫有名。在一八四〇年至一八四九年中郵船獨占卻經過大西洋貿易，可是同時英國人手中之受津貼的蒸汽船舶打破了牠們的獨占。此種婀娜的快帆船在任何海上占了優勢，並成立航行速度新紀錄，即汽船亦應引以爲榮。此在中國與美國及大不列顛貿易上及在一八四九年金子發現後環繞合恩角到加利福尼亞貿易上最爲明顯。牠亦讓位於蒸汽船舶。

僅僅美國南北戰爭以前商船之簡單歷史敍述，已足以表明其成功並非由於國會通過之航行法。無疑，此種法律有時對於商人船舶貢獻有極大幫助，但在海上，美國成功之基礎是在於美國人民之無敵的精力和才能。自最後差別稅痕迹於一八四九年失去以後，美國船舶噸位繼續增加。六年內增加兩倍，實爲有史以來第一次：一八四九年，一、二五八、七五六噸；一八五五年二、三四八、三五八噸。此六年中噸數之增加等於差別稅執行時六十一年中增加之數量。

昔日商船之衰頹

自一八五七年恐慌及南北戰爭以後，美國人的精力乃轉而趨於船舶以外之各種活動。提及此情形，佩因氏(Ralph D. Paine) 曾說：(二〇)

「美國人精神已不注重海上爲他們至要原素。青年人足跡亦不再踏到碼頭和水濱及航行海外之層列船舶上。他們爲從前鼓勵他們先人的冒險熱心所燃燒，希望去戰勝一平原，多山及荒原之內地統治地方。蒸汽已克服了昔日帆船，實乃航業歷史上數千年來之少見事件，不過我們國家未曾十分注意的接受此新環境而從事競爭，或者繼續昔日競爭以成立海上優勢。英國曾注意及此，因爲此實環水小島生死關頭，不過美國一旦不限於屈居沿大西洋海岸地方，且全部大陸可以移殖，大家認爲航業思想和行動上的習慣在美國應失去其勇氣。世界上所有喜歡海上生活之民族，如英人，腦威人，葡萄牙人及荷蘭人之所以以海上爲生者，是因爲在岸上無立足地，無食物或工作，故後來青年不得不至此尋求生活機會，正如最初由英來美先人及其小小漁艇然，實茫無適處。」

現在全洲已經開發，難道美國資本及能力就不能再用以發達商船並成就與昔日歷史上並美的光榮？

世界大戰對美國船舶之影響

除了間常努力以復蘇美國商船外，美國海外貿易自南北戰爭直至一九一四年完全在外國旗幟外經營，在沿岸貿易及大湖一帶建造許多的船，並曾經一二次努力用郵政津貼金獎勵船舶，不過眞正刺激還是由於一九一四年到一九一八年世界大戰所產生的非常情形。在戰爭初起時，美國商船上之帆船汽船及火油船總噸數爲七、九二八、六八八毛噸；至一九二〇年升至一六、三二四、〇二四毛噸；而至一九二三年則升至一八、二八四、七三四毛噸。若僅僅考慮從事海外貿易之噸數，則增加更大。在沿海貿易法下，保護美國船舶在沿岸各口岸有貿易獨占權，從事此種貿易之噸數若干年內都爲六百到七百萬毛噸。在一八六一年至一八八七年間我們海外貿易噸數由二百五十萬噸降而至於不及一百萬噸；一八八七年至一九一二年間從未嘗有一次到過一百萬毛噸，一九一三年至一九一四年則僅超過一百萬零幾千毛噸。可是一九二〇年達九、九二四、六九四毛噸，一九二三年達九、〇六九、三四二毛噸。

若與其他國家相比較，則我們噸位僅次於大不列顛。路易海上保險公司之登記目錄所列世界商業汽船總噸數於下：

一九一四	四五、四〇三、八七七	較一九一四年增加

一九二〇	五三、九〇四、六八八	八、五〇〇、八一一
一九二三	六二、三三五、三七三	一六、九三一、四九六
一九二四	六一、五一四、一四〇	一六、一一〇、二六三

作者關於美國汽船總噸數（不包括斐律賓）計算如下：

一九一四	四、二八六、三四九
一九二〇	一四、五二四、六九一
一九二三	一五、六二三、二二九
一九二四	一四、七〇六、五〇七

照此計算，美國在一九二〇年占世界商用汽船總噸數百分之二十七，一九二三年占百分之二十五，一九二四年占百分之二十四，而在一九一四年則僅占百分之九・六。

關於美國船舶進步之同等重要指數，即爲用美國船裝載之海上貿易數量之增加。在一九一四年我們入口百分之一一・四係用美國船舶裝載。在一九二〇年此數字增至百分之三九，一九二一年增至百分之四〇・六；在一九二三年則爲百分之三二・四。在一九一四年我們出口百分之八・三係用美國船舶裝出。在一九二〇年增至百分之四五・二；一九二一年增至百分之三九・四；一九二三年增至百分之三八・八。

政策之宣佈

美國商船政策是包含在一九一六年船舶法，一九二〇年商船法及一九二二年二月二十八日總統所送達議會公文中。一九一六年船舶法之序言如下：

「一法律以成立一美國船舶部以獎勵，發達及創造一海軍副艦隊，海軍後備艦隊及商船以應美國與其領地及殖民地彙與外國間商業之需要……」

一九二〇年法律之序言較爲具體，並申述政策如下：

「爲鄉國家防禦及適宜的發展海外和國內貿易計，美國必須要有一設備極好並且很適用的船舶能充分的運輸其商業之大部份，並且在戰時及國家緊急時能用爲海軍或軍事上之副艦隊，終應爲美國國民私人所有，歸他們經營；是以於此宣佈用任何必需方法以發達和獎勵此種商船實爲美國之政策。」

希望恢復差別稅

一九二〇年商船法所宣佈政策之一部曾有極大變更。此法之綱領爲第三十四節（二）授權總統並指示他取消任何關於關稅及噸稅上給與外國以內國待遇之商約。前曾提及之條約，爲毀約二十，是在美國採取船舶互惠政策以後與各國訂立的，而爲美國一八二〇年至一八二九年以來商業關係之基礎。

此種差別稅政策係於戰後衰落時期提議的，其全部重要性在當時並未感覺。在他們成立船舶政策努力上，他們之應當努力回到昔日重商主義行爲——此種行爲使得航行法在國際競爭上成爲一口頭禪——並不是不自然的。起先總統威爾遜，後來哈定及柯立芝都反對執行第三十四節之各種規定，因而給與各國在關稅及噸稅上以內國待遇之各種條約仍依舊有效。我們國家領袖都不願意爲卻成立效果不十分可靠之船舶政策來根本推翻我們國際關係之組織。這是承認的事實；即我們商業祗有最少部份將受差別關稅之影響，因爲此種關稅不致施用於我們出口貿易，或允許向美國自由入口之貨物。（二二）

反對差別待遇政策之理由

有很少數固執人們要求廢除我們的商約，仍舊給我們的船舶在噸稅及關稅上以特惠待遇。他們反對批准與德國訂立之商約，其理由則因爲此約繼續我們對船舶之互惠內國待遇傳統政策。（二三）

昔日美國船舶乃宣傳家及黨派執筆者之最時髦題目，他們做許多文章，用欺騙的統計數字以求其適合他們的目的。其實當日執政者之所以採用差別稅而優待美國船舶者，不過視爲一種保護手段，以反抗執行嚴苛航行法之國家，特別是大不列顛。在通商上特殊表現排他及絕對內國待遇色彩的時代，此政策曾爲美國船舶保留一部份世界貿易，雖然牠不是建造美國商船之積極原因。自從在較今日爲適宜的情況下進行以來，因爲鄰邦美國政治家若干年來所懸爲鵠的之航業互惠而將此政策放棄。昔日美國採用差別稅以優待國內船舶之經驗，在今日成爲反對恢復此種政策之理由。

若我們出口爲原料品而差別待遇在國內外對於我們貿易並非純然有利，則在今日我們出口貿易大部爲工業製造品時，牠們對我們貿易上有何種幫助能引起何種報復危機？

在一九〇六年商船委員會於詳細研究美國商船之需要以後，反對採用差別稅制度。不主張採用此政策之理由在今日較當年更有力量。下面所載該委員會之備忘錄（二四）已沿用至今，不過關於一九二二年則其括弧內加一百分數。（二五）

「美國自一八一五年一直採用，一八二八年部份採用，甚至一八四九年仍舊採用之歷史上的差別稅政策，商船委員會對之極爲注意，因此關於大多數委員之所以認爲在現今重行採用此政策爲不智的理由，似應有一番明白解釋。

當委員會指派時，有大部份上議員及下議員參加，他們有一積極見解，主張差別稅再試行一次，並相信必在國會提出。再者在研究之初曾爲差別稅提出許多強有力的理由，特別是紐約港航業會社——美國船舶貿易最大組織——所提出的。開國元勳之此種政策不僅爲實際保有船舶的人及船舶建造家所贊成，卽工業家及許多商人亦曾贊成，普遍都與曾爲全國各地所一致贊助的定期郵政津貼有關。

此種理由對於委員會有極大影響，不過同時有人對於十九世紀上半期及二十世紀最初十年間商業情形之絕對不同點上表示許多嚴重的異議。第一即現在我們已與外國政府訂立三十個商約，此乃我們近代商業關係根本基礎，約內規定禁止差別關稅和噸稅。此類條約固然可以廢除，不過須於期前一年照會，而未包含差別稅條約可以照從前適宜的條件分別成立。此固爲一困難工作，但非不可能。

報復之危險

較廢除舊約及訂立三十個商約更爲緊要的乃外國政府之報復。這是眞的，假若他們祇對美國船舶施行報復，於我們損害尙輕，因爲一美國船舶雖直接自美國出發，卻很少出現於歐洲水面。不過外國政府可以左右其報復手段使施於發生損害及有效的地方，對我們工業農業出品加以差別稅來反對我們一般出口貿易。

眞的，若干中西部地方之重要商業會社，雖然一方面極力贊成發展商船，但同時正式提出抗議於委員會，反對採用差別稅政策，因爲恐其有引起外國報復反對美國出口貿易之危險。關於此點，一事實是值得考慮的，即：在一七八九年以後當差別稅政策執行有效時，美國入口大於出口，是以差別稅能適用於我們國外貿易之大部份，而在今日美國出口貿易在數量及價值上都大於入口，是以差別稅關於獎勵美國船舶不僅效力很小，且外國報復更爲容易，對於我們貿易損害亦大。

取消免稅貨物一欄

反對重行採用差別稅計劃之最大理由既非爲的前述各約，也非報復問題，而爲一事實問題，即：爲充分獎勵商船而施行此類稅則計，則關稅內免稅貨物欄——占我們購買和消費的外國貨半數——應當取消。此種考慮在委員會大多數得到差別稅在目前不能達到我們所希望之目的——恢復美國在國外貿易上之商船——結論時，較任何意見爲重要。

差不多有一半價值的貨物都是免稅的

一九〇三年會計年度，我們全部入口百分之四二；一九〇四年，百分之四七；及一九〇五年，百分之四六都是免稅的（一九二二年，爲百分之六十。）此係照價值計算；若依大小，因此種免稅入口多半爲食物及原料品，幾於百分之六十或七十爲自由入口（一九二二年，爲百分之七五至八十。）換言之，若非免稅貨物取消，則用差別稅以獎勵從事一班國外貿易之美國船舶不會超過百分之三十或四十（一九二二年，爲百分之二十至二五。）

在他方面若此種免稅貨物欄取消，免稅貨物徵稅，其結果則美國人民所消費之若干食物及其工業上所用之未製原料品之費用勢必增加，因爲此種免稅物品，非競爭物品，係來自熱帶國家，即在徵稅下亦非美國所能生產者。在一七八九年及以後若干年間，當差別稅逕行有效以獎勵我們的船舶時，所有入口貨幾全收稅，而所謂免稅物品欄，更爲我們政府及外國政府所不知。

間接貿易

假若我們有許多船舶而必須用以與本洲各姊妹共和國家及亞洲極大中立市場貿易者，有許多政治及商業上理由。在事實上向委員會屢次極力主張之差別稅的特定形式卽爲將其用於所謂「間接貿易」上，是卽：並非抵制英船載英貨，或來自德國港口之載貨德船，不過用以抵制想侵犯我們與巴西中國及其他中立國家貿易之歐洲船舶而已。並且有人說此種用於間接貿易之差別稅並不致如對英船載英貨或德船載德貨所課稅則之能引起歐洲各國之報復。又有人說間接貿易上之差別稅一方祗引起最小憤怒，同時使我們船舶能完全控制我們與南美及東方沒有船舶人民間之貿易。

免稅貨物極多

可是不幸得很，我們船舶正是不能取得與南美及東方貿易，除非我們將免稅貨物欄完全取消，因爲東方與南方國家之大部份貨物從前及現在在美國各口岸都是免稅的。當委員會研究此問題時，牠發現自巴西入口貨物百分之九八（一九二二年，百分之九七）自智利百分之九六（一九二二年百分之九七）自哥倫比亞百分之八一（一九二二年百分之九九）自委內瑞辣百分之八〇（一九二二年百分之九九，）自厄瓜多爾百分之八二（一九二二年百分之九七，）我們自南美全部入口百分之八二（一九二二年百分之八四，）自中美百分之九四（一九二二年百分之八七）都是完全免稅的。自中國入口百分之五十（一九二二年百分之七五，）自日本百分之六四（一九二二年百分之八八，）自印度百分之六九（一九二二年百分之七二）也是全免稅的。除非免稅貨物完全取消，則差別稅不能充分獎勵美國船舶與南方各共和國及東方大市場從事擴大貿易。

若其他方面情形都與我們與歐洲——自由入口爲百分之二八（一九二二年百分之三五，）或者與古巴——我們自該處入口主要爲糖及菸草，我們所購買者百分之一七爲自由入口（一九二二年百分之四）情形相似，則差別稅可以很有效的施行以輔助美國船舶。不過在委員會許多公開審判中明白表示美國人不僅希望在古巴貿易方面有美國船舶，即在與南美及東方貿易上亦有美國船舶。差別稅不能使美國船舶在此等重要貿易上發達，除非免稅貨物廢除，而此亦爲委員會中多數委員不贊成差別稅政策許多理由之一。委員會所提法案內所包含之郵政及其他津貼計劃之所以最後採用，一則因其較爲平等，二則因其容易發生效力。

任何計劃都有耗費

此等津貼必有耗費，因此提議用減低美國船舶裝載入口貨物之稅則而施行差別稅也是有許多耗費的。

在每一場合下爲使此種船舶獎勵之效力能充分生效起見，則使美國與外國船舶構造上工資及成本之差數相等及在若干場合上抵消外國津貼金實爲必要。若美國船舶要達到平等地位，則一則須享受津貼，或者保留一與減稅價值相等之較高運費。

在長時期內則將感覺津貼計劃使國庫支付費用較少。」

條約之撤廢

凡美國會經參加及部份的保護美國海外商業之所有各種商約，關於船舶，都包含有互惠內國待遇。因此在國會採用差別稅則以優待國家船舶以前，必須撤廢所有此類條約。緣穩定和安全乃訂立商約之主要目的，他們的撤廢不能認爲說是讓我們自由的採用差別政策以優待美國船舶，不過宣佈我們贊成此種政策而已。最後結果終必引起歧視或歧視的恐懼，而我們外交商業關係上之不穩定和不安全亦將無法避免。

報復

在戰後情形下報復之可能似較一九〇六年時爲大。海外民族情感是較前爲烈，而在國際關係上更趨於採用激烈手段。美國放棄船舶互惠政策，是不啻向世界宣佈我們開始歧視政策以優待美國船舶。此種行動將使各國執行其法律上現有的各種報復規定，而給各國以採用同樣設施之口實。

主張差別稅者認爲對報復不必恐懼，不過我們很可以說例如英國一旦知道他們的船舶受人家攻擊，則他們不僅贊成，並且更進一步要求對於那自攻擊國家入口之貨物加稅。歷史告訴我們愛國心及情感乃較經濟利益爲強之動機。即在目前，大不列顛，加拿大，澳大利亞，紐西蘭及南非都互相購買他方貨物，其實此類貨物在美國可以較低價格購到，而他們的利益亦較大。（參看附錄第二）

與外國報復可能有關連的，一九二三年日內瓦第二次交通運輸大會議（Second General Conference on Communication and Transit）所採用之協定和法典（二六）實極爲重要。會議係於一九二三年十一月十五日至十二月八日在日內瓦國際聯盟指導下舉行的，參加者四十國。所採用的協定和法典嚴禁締約國在他們與外國間之船舶上關於貨物入口稅，船舶噸稅，特惠鐵路稅採用差別待遇。更進一步的用下列文字特許各國用報復方法以抵制那執行差別待遇之國家（第八條）：

「每締約國因外交照會通知，保留有停止那在其主權或統治下之各沿海口岸內對於締約國船舶，貨物及旅客未曾有效的執行此項法典內各項規定的國家任何船舶之平等待遇的權能。」

船舶差別待遇及保護政策

對任何國家的船舶給以平等待遇的政策是否與保護美國工業相符合，很有人表示懷疑。我們很能回憶一八一五年與英國條約是由通過一八一六年關稅法一班人訂立的，而一八二二年，一八二六年，一八二七年之條約及一八二八年通過之船舶互惠法都是由成立一八二四年及一八二八年關稅法一班人包辦的因此百年前取消現存差別稅則明明白白的不致認爲危害保護制度，而所謂維持現狀在今日應視爲危害保護者，在該前例上很少有人贊成。因爲不能發生有效保護而遂將一種法律取消，並不是對保護政策本身之一種攻擊。每一錯誤及乏效的關稅設施，對於保護制度乃一種打擊。再者差別稅似乎影響二十個國家之關稅，對於美國貨物及美國船舶裝載貨物皆增高關稅。

在商業政策上，國內工業及船舶業有一根本不同點。一方面保護關稅在國內市場雖然有用，但對於一工業之國外貿易並無若何幫助，船舶乃一種半國內工業，有一半貿易是在我們法律不能達到的各口岸經營的。爲保護我們的入口貿易計，我們反引起對我們國外貿易的報復，並且在其他國家的間接貿易及殖民地貿易上我們也招致歧視和排斥，其實此等國家之友誼對於我們極爲重要，若我們成爲一船舶業國家時。

鐵路上特惠入口稅及出口稅

第三十四節乃一九二〇年商船法不僅倉卒並且誤解的一個規定。即在此法成立以前，也曾經採用特殊入口及出口稅，藉使美國商業所經過的各自相互競爭之商港及路線的商業利益平等，並且不問裝運貨物海洋船舶之國籍若何。其目的希望於主要港口及海濱各地兼與各運輸鐵道間成立一可以實用的競爭基礎。此政策嘗通保用若干選擇的商港之稅率爲基本或標準稅率，由是以決定其他各港之稅率。例如在中西部各州運輸方面，則紐約稅率實際上爲東方各海口之基本稅率。簡單的講，此種稅率關係上之結果，如施之於自諾福克（Norfolk）巴爾的摩爾（Baltimore）及菲列得爾菲亞（Philadelphia）入口之貨物，則自紐約基本稅率下減去指定之差數，並使波士頓稅率與紐約稅率相等。自波特蘭（Portland）（經過西北大鐵道Grand Trunk System）及自加拿大各港其稅率實際上等於自巴爾的摩爾之稅率，祇有自哈黎發克司（Halifax）之稅率稍高。巴爾的摩爾及諾福克稅率施之於自南大西洋入口者祇限於少數地方，而對於來自墨西哥灣各口岸者則紐約或者巴爾的摩爾稅率之實用每因貨物之不同而有所變更，祇有來自歐洲及斐洲各物之稅率則因自紐約稅率內減去指定之差數而有變動。

對於出口運輸稅率亦曾採用同樣標準。此種事實之例外爲紐約稅率用之於波特蘭，梅因（Maine）經過西北大鐵道及到加拿大各港口——除哈黎發克斯及蒙特利奧（Montreal）以外。到哈黎發克斯稅率較到紐約之出口稅率稍高，而到蒙特利奧則採用菲列得爾菲亞各稅率。到南大西洋沿岸各港口則照出產來源地而適用紐約或巴爾的摩爾各稅率。關於穀及穀類出品之出口則巴爾的摩爾被選爲基本港口，到其他各口岸之稅則完全一律，或者如巴爾的摩爾然，用若干指定差數加以釐正。

自或到主要西方佛羅里達（Florida）則出口及入口稅率較經過墨西哥灣各港口或佛羅里達之者克桑城（Jacksonoille）爲高。

在一九一八年當聯邦政府管理各鐵路時，凡紐約，菲列得爾菲亞及巴爾的摩爾出口入口貨物上有効之各特殊稅率及波士頓之入口稅完全取消，以內地稅率代替之；祇有到紐約及非列得爾菲亞之穀物出口，則較巴爾的摩爾稅率差數較低之稅率乃舊保留。其他各口岸之稅率後來皆改正，用以表示紐約與巴爾的摩爾稅率上多久成立之關係。

一九一八年在東方各海岸之修改釐正仍繼續進行，除了邦際商業委員會認可的各稅則上所增加的不平等百分數外——牠們損害了以前各種關係——南方各港之稅則，較紐約，主要港口及北方各港口爲低，因此後來運輸商人在北方各港口對於許多重要貨物成立新的出口及入口稅率以與她們南方敵人相競爭，其結果則在各港口對於重要貨物都有特殊出口入口稅，較國內同樣貨物稅率爲低。

對於特定貨物之運至或來自亞洲，澳大利亞，紐西蘭，斐濟羣島（Fiji Islands），墨西哥，中美及南美，斐律賓及夏威夷羣島者，在太平洋沿岸各口岸——包括加拿大各口岸——於若干年內曾實行特殊出口及入口稅。此種低的稅率，籠統的適用的落璣山以東一切地方，直接由於橫過大陸運輸商人想與經過太平洋各口岸之貨物相競爭。此種競爭還要遇到大西洋各口岸全部水道極低稅率及此等口岸與內地間鐵路上低的稅率，其結果使得許多貨物轉變方向，皆往經過東方海濱之各口岸，於是使太平洋岸各口岸之運輸業者大受影響。

有人想用一九二〇年商船法第二十八節內之特殊入口出口稅率以幫助美國船舶，並祇限定用於由美國船舶裝載入口或出口之貨物。國會規定「普通運輸商人爲運輸國內商業法上所規定之旅客及財產計，在相同的旅客及財產同一距離，同一方向及同一路線上不得徵收或取得較該法所規定爲低之稅率，除非運輸該種旅客及財產之船舶，在美國法律下領有執照。」

實行第二十八節之企圖

自該法通過後，美國船舶部爲適合該節規定計，對邦際商業委員會證明美國船舶運輸尚感不足，因此委員會暫時停止該節之規定，在美國鐵道上繼續施行特惠入口及出口稅率，而不分國籍。在一九二四年二月船舶部給邦際商業委員會以證明，除某種例外，領有美國執照之船舶足以充分便利的執行各種商業。因此邦際商業委員會放棄該節之暫時停止，而宣佈於一九二四年五月二十日生效（後來改爲六月二十日）。此節遂引起一問題，卽：第二十八節之運用是否對於美國永遠有利益。（二七）牠指出特惠入口及出口稅率之所以成立，原爲使經過各港口貨物數量有以平衡，若限制此等稅率祇適用於美國船舶裝載之貨物，不僅足以引起外國政府之報復，且將使各貨物更集中於東方各港口。此問題曾在國會中討論，最後仍提出於邦際商業委員會。（二八）最後卽船舶部對第二十八節內政策之效用亦懷疑起來，一九二四年五月八日告訴邦際商業委員會「懸掛美國旗幟之船舶，在任何情形下是否足供一九二四年二月二十七日領有執照之各種貿易之用已發生疑問。」邦際商業委員會因此仍恢復暫時停止命令，而對於美國鐵道之特惠入口及出口稅率不問屬何國籍仍繼續無軒輊的執行。

其他各國之特殊入口及出口稅率

規定特殊入口及出口稅率之行爲不僅限於美國。在許多其他國家曾經設立此等稅率以發達國內工業，擴張海外市場，增加國內鐵道之貨運，同時亦如美國然使各競爭港口情形得以維持平衡。在其他方面，在許多場合上有許多入口稅則較課諸國內相同貨物之稅則爲高，其目的在保護國內工業，而在若干場合上則此等稅則多帶差別性。例如普魯士國家鐵道則將美國松樹指定與很貴重樹木如烏木，柚木，核桃木同爲一類，而對瑞典松樹則給以極低稅率。

德國國家所管有鐵道（二九）成立入口及出口稅率之主要顧慮點，在爲德國工業製造品發達海外市場及爲德國鐵道增加運貨。對利凡得（Levant）及東南非洲之特殊出口稅率祇限於德國船舶裝載之出口貨物，在大不列顛則特殊入口及出口稅率比較罕見，因爲裝運很少，不過有時對於裝貨極多之船舶亦給以較用於國內運輸爲低之出口稅。在加拿大因爲與美國鐵道競爭及經過蒙特利奧航路船隻海上保險費用之高，遂使她規定有特殊入口及出口稅。在澳大利亞——保護似乎爲規定入口稅則之主要目的——有若干入口貨物分類都較本國生產之同樣貨物爲高，並曾努力於成立很低出口稅率，或允許退還國內稅以獎勵出口貿易。

美國沿海航運法擴廣到斐律賓

一九二〇年六月五日之商船法曾規定（第二十一節）自一九二二年二月一日以後得將美國沿海航運法「擴廣適用於現在未曾包括的島嶼領土及占領地上。」此種推廣是有條件的，：即須至懸掛美國旗幟之船舶能充分夠用時方得實行，並且允許總統有權得將推廣時期延遲，直至他認爲船舶已能供給滿意的便利爲止。爲適合此規定計，（三〇）美國沿海航運法已擴充到關島(Guam)及土土伊拉（Tutuila)，而其推廣至維爾京羣島(Virgin Islands）之日期則延至一九二五年五月一日。

並特別規定美國沿海航運法「之擴廣不得包括斐律賓羣島在內，除非大總統於詳細考察地方情形及需要後用佈告方式正式宣佈之船舶已充分夠用，乃規定一日期使該法生效。」

自此種規定內我們可以得到下列各推論：

（一）沿海航運法須至總統用佈告方式宣佈已有充分船舶便利時方得推廣至斐律賓羣島。

（二）此種佈告須總統對於「地方需要及情形」曾經詳細考察後方得宣佈。

（三）考察「地方需要及情形」時，則凡此法推廣後對於我們國際關稅政策所生之影響，以及關稅及船舶相互關連問題上種種考察都要顧到，都應包括在內。

自純然國家見地以觀，則美國爲自己保留大陸與各島嶼間之運輸獨占，是很自然的，不過此種行動引起我們與外國全部爭端而能促成外國報復。爲避免此種可能計，勢必引起一個問題而完全集中於下列三點：（一）我們沿海航運政策；（二）我們對斐律賓政策；（三）世界殖民政策。

第二問題已在前述各章論及，（三一）現在祇討論第一及第三兩問題。

對斐律賓沿海航運政策之歷史

自一八一七年以來，美國沿海貿易完全保留給美國船舶，即在該時以前，此類結果亦曾間接達到，因一七八九年七月三十日的法律（三二）（一七八九年八月十五日起生效）從事沿海貿易之美國自己的船舶每年僅須納每噸六分錢的稅一次，而外國建造及外國所有船舶，則每次入口時須按次完納每噸五角之入口稅。

一九〇二年以前爲幫助斐美貿易間之美國船舶之立法從未嘗提及斐律賓。一九〇二年三月八日之法律曾間接直接的幫助美國船舶，第三節曾包含一直接特惠，對於來自斐律賓而向美國入口之外國船舶課以與來自外國之船舶相同噸稅。（三三）第二節曾給以間接幫助，此節內曾規定在斐律賓則免除馬尼剌苧麻及若干斐律賓貨物之出口稅，而在美國則免去其入口稅，不過有一條件，即此等入口須直接運到美國，而爲美國消費及普通用處。此規定允許美國或外國船舶之直接運輸苧蔴。在實際上，則發覺規定直接運輸，有獎勵國家船舶之趨勢。是以此種規定及免除出口稅有將許多苧蔴之出口由大不列顛轉到美國方面的作用。

一九〇四年至一九〇八年間，推廣美國沿海航運法到斐律賓乃國會的公開政策。爲此目的一九〇四年四月十五通過一法律，（三四）一九〇六年七月一日起生效。在未生效以前，此法之實行（三五）曾經延遲；最後因一九〇八年四月廿九之法律而取消。（三六）

一九〇九年八月五日之法律（三七）成立了美國與斐島間有力自由貿易，但仍將免稅限於直接裝載之貨物。此自然獎勵用美國船舶去從事國外貿易，如獎勵其從事國內貿易然。

關於免除噸稅之特惠現已給與斐律賓船舶。一九一六年七月一日之法律規定「斐律賓羣島人民所有而該島政府曾經給與執照之船舶，自此以後，在美國各口岸不必再繳納噸稅及燈塔費。」（三八）

一九二〇年六月五日之商船法及其推廣美國沿海航運法至「現今未曾包括之美國島嶼領土及占領地」之廣泛規定，乃爲對斐律賓羣島關係極大之第二立法步驟。斐島以內商業事務之整理，則讓該島政府自行處理，「直至國會承認美國註册船舶爲斐律賓羣島所有之船舶爲止。」此最後規定曾計及將美國沿海航運法推廣至斐律賓羣島的沿海貿易，若情形許可時。

上面所舉各種成立之法律，表示國會明白希望推廣船舶排他政策。美國各界曾經三次親見通過法律排斥外國船舶不得從事斐律賓與美國間之貿易——每次都基於將來希望。此種希望兩次未能實現，改正設施成爲必要，在一九〇六年則延期，在一九〇八年則取消。當實行日期將近時，大家都還以爲排斥外國船舶之計劃其唯一結果將使斐律賓海外貿易之大宗轉而趨向其他國家。即至一九〇八年，不問自一九〇二年以來美國船舶在貿易上即已享受若干利益，用禁止方法以排斥外國船舶之立即希望是明顯的不能實行。

上面的概論表示美國船舶界是如何的熱烈希望握住來往斐律賓間運輸貿易上之獨占權。

下列各表是表示美國及外國船舶所運輸之美菲間貿易之價值。

自美國至斐律賓之國內出口　一九二一年

向斐律賓出口貨物總價值		四六、四五〇、〇〇〇元
船舶運載者		四五、六〇四、〇〇〇元
美國船舶運載者	價值	二〇、一九九、〇〇〇元
	百分數（占全部船舶貿易）	四四·三
外國船舶運載者	價值	二五、四〇五、〇〇〇元
	百分數（占全部船舶貿易）	五五·六
英國船舶運載者	價值	二二、七一四、〇〇〇元
	百分數（占全部船舶貿易）	四九·八
日本船舶運載者	價值	二、三五五、〇〇〇元
	百分數（占全部船舶貿易）	五·二
荷蘭船舶運載者	價值	三三〇、〇〇〇元
	百分數（占全部船舶貿易）	〇·七

比國船舶運載者	價值	六、〇〇〇元
	百分數（占全部船舶貿易）	
貨車及其他載重車輛運載者		八四六、〇〇〇元

自斐律賓向美國之入口　一九二一年

自斐律賓入口貨物之總價值		五二、一六二、〇〇〇元
船舶運入者		五〇、〇六三、〇〇〇元
美國船舶運入者	價值	二五、九九〇、〇〇〇元
	百分數（占全部船舶貿易）	五二・〇
外國船舶運入者	價值	二四、〇七三、〇〇〇元
	百分數（占全部船舶貿易）	四八・〇
英國船舶運入者	價值	一三、二〇六、〇〇〇元
	百分數（占全部船舶貿易）	二六・四

日本船舶運入者	價值	五、四七〇、〇〇〇元
	百分數（占全部船舶貿易）	一〇·八
荷蘭船舶運入者	價值	五、〇〇二、〇〇〇元
	百分數（占全部船舶貿易）	一〇·〇
丹麥船舶運入者	價值	一三、〇〇〇元
	百分數（占全部船舶貿易）	〇·〇三
法國船舶運入者	價值	八〇〇元
	百分數（占全部船舶貿易）	
其他船舶運入者	價值	三八一、〇〇〇元
	百分數（占全部船舶貿易）	〇·八
包裹運入者		二、〇九八、〇〇〇元
全部免除者		五二、一三九、〇〇〇元
全部納稅者		二二、〇〇〇元

世界殖民政策

一國排斥其他國家於殖民地市場以外之政策，特別是用於母國及殖民地間貿易上，乃昔日殖民地擴張時代之遺傳物。到了拿破崙戰爭，商業競爭，完全爲拓殖，重商主義及獨占所支配。後來主要的因爲用訂立商約手續，此種苛刻的事實才漸次取消而採用光明的設施，起初爲租稅及關稅上的差別待遇，後來爲平等待遇。

時至今日，對於母國及殖民地間，或殖民地彼此間關於船舶上採用門戶開放政策之重要國家爲大不列顛，荷蘭，比利時及意大利。

昔日航行法——英國用此將帝國與各部之貿易保留給她的船舶者——最後於一八四九年取消，是以今日帝國內之貿易運輸，就自倫敦所能管理之部份而言，是對任何國家船舶公開，而無絲毫限制。荷蘭與其殖民地間之貿易是對「互惠國家」（三九）船舶公開的，所謂互惠國家者，即允許荷蘭船舶於母國及殖民地間從事貿易之殖民強國，以及各非殖民國家之謂。比利時，意大利及戰前德國對於從事殖民地貿易之船舶都不僅限於本國，可是對本國船舶都給以津貼或他種間接幫助。

法國，加拿大，澳大利亞及英屬西印度羣島都有與施於美斐間貿易上相似之立法限制——是即特惠稅則祇限於實用於直接運輸之貨物上。平日所謂「直接」，係指直接由出產地的國家運輸而來，不過加拿大則將其意義推廣，凡由英屬各領地運入者皆得謂之直接，而前述各國——包括美國——之法律及命令，在若干場合上亦有認駁載貿易爲直接者。所應當注意者，即前述各國立法都允許外國船舶亦如本國船舶然，都得從事完納特惠稅的貨物之直接裝運，或從事無特惠減稅的貨物之直接或間接裝運；但國家船舶之運輸卻因此類立法而大受鼓勵。例如在法國與其殖民地間之貿易上，則此類規定禁止徵稅的貨物由貨物轉載地點入口。

葡萄牙對於與殖民地之大部份貿易給以特惠稅則，或附加特惠減稅，若貨物係由國家船舶載運時。

有少數國家仍將殖民地貿易限於本國船舶。美國對於她與拍托里科之貿易早即有此種限制。此種政策也爲西班牙所採用，而葡萄牙及日本（四〇）亦部份做行，他們限制沿海航運於本國船舶，並且解釋謂沿海貿易應包括殖民地和占領地在內。但他們此種政策從未嘗用於遠處殖民地如斐律賓羣島之遠離美國。日本殖民地距離比較很近，西班牙極遠地方殖民地已完全喪失，而葡萄牙則允許外國船舶參加葡屬東非及葡屬亞洲占領地之貿易。

西班牙及葡萄牙之所以列入此類者，不過表示此類商業政策乃殖民地獨占上可憎行爲之復活，此種行爲乃發現新大陸世紀之特殊現象。

關於美斐運輸貿易之結論

封鎖美斐運輸貿易而不讓外國船舶參加係代表兩個勢力之衝突。一方面爲我們排他的沿海航運政策之擴張的勢力及我們獨占斐律賓貿易之日漸張成。他方面則爲世界各國對下列問題之趨勢：

(一)母國與殖民地間運輸事業上門戶開放政策及

(二)殖民地市場上互惠商業特權政策。

封鎖斐律賓貿易而不讓外國船舶參加勢必與此等政策相衝突，並且關於殖民歧視問題使我們立於與昔日相反的地位。關於此點我們尙可回憶一八一六年九月十七日亞當司對卡斯爾累公爵(Lord Castle reagh)爲卻反對英屬西印度羣島排斥美國船舶之英國政策而提出之抗議。不僅母國及殖民地間，卽外國美國與殖民地間之船舶，當日情形已與今日完全不同，這是眞的。在事實上亞當司曾指出美國「未嘗想要干涉大不列顛之殖民地獨占。」(四一)可是公文內字裏行間處處表示一請求平等待遇之極強希望；「因爲英國船舶於完成自歐洲至美國之直接航行後，在美國享受與該地船舶相等之待遇，牠們現在由於在西印度羣島有一中間市場享有排他的利益，而美國船舶則限於來往歐洲之直接交易。其結果英國船舶在美國各港口甚至享受較美國船舶爲高之重要利益。我們應當明白，此種情形我們不能再行忍受；若與英國自治殖民地之商業不能立於互惠地位，則美國不能不採取同樣限制方法。」(四二)

若日本亦利用此等理由，則對於她限制與台灣貿易於日本船舶亦將有人起而反對。不過就廣義言，日本政策之趨勢並未嘗視其屬地爲殖民地，不過爲帝國外面之一部份。因爲適合此趨勢起見，所以她於一九〇九年將關稅同化用於台灣及庫頁島。再者日本亦曾封鎖高麗沿海貿易及高麗日本間之貿易而不准外國船舶參加，自一九二〇年爲期十年之平等待遇條約期滿後。

在違反第二政策上——即在斐律賓及其他各處交換商業特權——我們給外國以採取報復手段的口實而累及我們自己。在我們與他們的貿易數額很小情形下，報復方法加於我們之不利影響很少能夠抵消我們因船舶獨占而取得的少許利益。此可以英國，荷蘭在波斯及美索波逵米亞控制油田爲一例證。當我們近來對於不准美國人參加去開發此等油田提出抗議時，我們卽記起在我們殖民地——斐律賓——的油田上我們已經執行完全獨占權。若英國及荷蘭亦如我們今日之獨占斐律賓商業而獨占他們的殖民地商業利益，則在全部斐律賓貿易上我們所失必多於所得。

對於推廣沿海貿易之另一反對點卽因其妨礙一九二二年關稅法第三一七節內處罰稅則之執行。（四三）包含我們宣佈之平等待遇的一九二二年關稅法通過後，若隨之以提議的推廣沿海航運使得我們之執行排他及獨占政策則更覺無理。

最後斐律賓人之反對亦極饒興趣。他們最大理由則認爲實行此種提議必損害斐律賓貿易及商業。（四四）任何一種獎勵殖民地貿易之政策應爲自由選擇運輸路線及代理所，而非對此加以限制。照斐律賓意思，此法律間接的結果是要他們償付各種代價來維持美國船舶。

再者此法執行之立卽結果必將隔離馬尼剌與外界之航線。香港及新加坡乃自由港，若欲使馬尼剌成爲分配中心地而與牠們相競爭，則須使其有同等便利。

將沿海貿易法推廣到斐律賓，美國或者可以得到暫時利益。不過在同時這是明白的：

（一）若我們採行此種政策是不啻表示我們採取一種陳腐，侵略，久已放棄之殖民行爲的政策；

（二）若我們採行此種政策，我們不能再有充分理由以抗議其他各處之差別待遇；及

（三）若我們如此，是不啻採用一種與我們過去宣言相矛盾及違反我們傳統習慣之政策。

歧視及排他政策都得不償失

反對此章內所述重商主義者之歧視政策遂使擁護排他的國家船舶政策的人攻擊著者，謂其對於美國商船之繁漠不關心。（四五）此種情形並非自今日始，在巴拿馬運河爭辯時即已發生，（四六）而在將來少數人利用政府機關以增加他們的利益及爲他們自己製造獨占權情形下，此種情形仍將繼續發生。此章內所考慮的對於此種政策之實際上反對理由即因其在長時間內對於整個國家並無利益甚至使希望直接受到利益的人，也不能如願以償。至於我們的保護關稅卻能因其產生的結果而得到合理的根據；國家的生活已日趨複雜，而新興工業則給人民以從事各種企業的機會。但船舶上特惠稅則至多也不過保護入口貿易，可是卻引起報復。殖民獨占政策也有同樣弱點。

美國商船已經享受的政府幫助

一個工業國家應當發達自己商船。美國政府在船舶法下實質的幫助美國船舶。郵政部對於未訂契約的美

國船隻運載信件及明信片者每磅付以八角費用，其他物件每磅八分；而對外國船舶在萬國郵政聯合會運費率下，信件與明信片每千格蘭姆祇付四法郎（約為每磅三角五分），其他物件則一千格蘭姆祇付五十生丁（centimes）（約為每磅四分五釐。）外國船舶都願意照萬國郵政聯合會運費率代運郵件，故美國政府將郵政事業給與美國船舶以幫助牠們。

一九二〇年商船法曾規定每年集錢二千五百萬元，以五年為期，作為公集金以幫助美國私人建造最好的船舶。該法通過後兩年內尚未能自各來源地籌集公集金以資利用，但至一九二四年已有五千萬元可以作用。對於船舶建造放款已成立數件，同時船舶部曾討論及許多請求公集金幫助事件。

一九二四年六月六日通過一法律，授權船舶部得於建造放款公集金下用到二千五百萬元，以為各現有船舶改裝里錫爾(Diesel)機器之用。而船舶部海軍大將本孫(Admiral Benson)更指派一專家委員會以指導部中關於里錫爾機器改裝問題，並已決定各種步驟使船舶部船隻皆裝備此種機器。此法並規定此種重行裝設船舶將賣給私人，出賣契約在船舶費用支出以前即已簽訂，或者一面裝修一面簽訂出賣契約，否則船舶部本身在船舶修理完竣後應立即經營。

其他幫助方法

對於商船進一步幫助方法，第一要算建造放款之低利息。法律規定建造放款公集金政府所取利率應為百分之四・五，若該種船舶是完全從事國外貿易時；若該船舶是從事沿海貿易，則利息為百分之五・五。此種利率可以斟酌情形將其減至普通商業利率以下。對於放款利率退回百分之二，足以引誘一班人去建造從事國外貿易之船舶。第二為要求修正，改良航行法，並將其編為法典。組織一適宜的委員會對於美國航行法作一全般研究，以期得到適當的修改和編纂。現在法律幾乎全不適用，有許多已陳古不堪，且容易引起誤解。

第三應開始一教育上計劃。對於船舶事務詳細分析，例如船舶部及總統關於商船問題之特別委員會所從事研究者，已表現現存航業界之弱點。若干地方是表示船舶往來次數過多或過少，美國船舶不敷運輸無利可圖，或需要某種特殊船舶等，因各次經驗都可以提出補救方法，不過此實需要一長時期教育，才能達到所希望的目的。

在今日用政府幫助去設立商船，其成就未見能較昔日商船時代者為多。不過在今日可以昔日設立航業之努力和天才來成就之。韋白斯特 (Daniel Webster) 於一八二四年在下院演說時曾說：(四七)

「不是因為保護和津貼，而是因為不斷努力，極度節省，堅定忍耐，及靠自己以保護自己之堅決豪放精神。祇有此種精神才使得美國船舶仍舊能保留其原來勢力，使其國旗仍出沒於極遠海洋中。」

注意到美國船舶及水手此類特性，托克維爾 (De Tocqueville) 曾於一八三五年寫出下列一段文字；

「……美國船舶充滿了哈佛爾 (Havre) 及利物浦船塢，而英法在紐約船舶比較很少。據我的意見，牠

(四八)

們之所以占優勢，非由於體力上長處，而完全由於道德及智力本能。歐洲水手駕駛船時極爲謹慎，氣候很好方才開船；若遇到意外事變卽駛入港口，晚間則捲起帆篷之一部，若白浪滔天則中止行程，觀督天日。美國水手則忽略此類戒備而勇往邁進。風浪未息卽行拔錨；日夜冒風前進；一面前進一面修理船上因風浪而起之損壞；當航行日期最後將要屆滿時，卽疾駛歸岸，好似他已發現有一港口。美國人時常有船舶沉沒事，但未嘗有人遠過重洋如他們之快者。因爲在同一距離內他們能提前達到，故每次費用較低。我除說美國人在貿易航行上表示一種英雄氣概外，再未有其他說法。」

我們船舶界首腦有了此種精神，我們政府或許還要考慮應給他們以何種幫助以使其能與世界各國相競爭。政府從事管有及經營船舶的試驗或並非一不幸的事實。我們必不能說此種制度已失敗，或在爲新的商船方面預備一需要的訓練學校或者倒證明有特殊價值。不過因所得到的經驗使得主張我們船舶須全部爲公家或私人管有然後船舶問題才能得到解決之意見方面得到有力據證。在同一時期內，公有及私有船舶之經營總不能使人滿意。

在商船爲私人管有及經營場合上，政府幫助實爲必要，若承認船舶乃今日政府一明顯事業時。一國對於其船舶之興趣都隨時表示。他們在戰時爲一種輔助艦隊，在平時對榮繁是一種動力。津貼及獎金可以說因爲能使美國及其他船舶國家間之建造及經營費用差數平均而有存在理由，不過最高限度牠們祇能幫助牠們不能創造商船。私人創造，愛好實踐，航業界首領傾向航業志願——凡此種種對於美國海上威權之爲有力之興援，實較政府幫助爲甚。台維斯 (E. L. Davis) 於一九二四年對外交委員會 (Committee on Foreign Relation) 曾說：(四九)

「我們應當將阻礙我們船舶發達的種種原因取消，革除不必要費用和損失而純依賴美國人特有並使他們在他種事業上維持優勢之智慧，天才，精巧及效能。」

船舶之國際性

船舶在特殊情形下乃族國主義之表示，若一國繼續著重其抵抗，而不著重其與他國之共同利益，則完成其商船及盡力控制海上航路上之重要地點實爲策之上者。假若國際政治完全爲投機主義所領導若強的國家在國際關係上都用他們的力量，祇求自私自利，則美國責任是很明白的。不過船舶根本的應視爲一國際事業。在戰爭壓力下各國之承認此點可以世界大戰時成立之協約國船舶運輸會 (Inter-Allied Maritive Transfor-tation Council) 證明之。其趨勢是著重國際管理海洋航路及運河。爲世界和平計，應要求海上航路之上煤上油各地點逐漸成爲國際公用事業性質，卽令船舶本身亦應受國際監督——對各國擔保運輸安全。

(一)船舶不過爲一半國內工業，保護一國內工業之同樣原則對此不能實用。請看下面三九六及三九七頁關於討論郵政交通，航空事業海底電線及無線電，請看附錄第八。

(二)在船舶界之所謂差別待遇，許久以前，卽指優待本國船舶之各種稅則。

(三)參看(Report of the United States' Shipping Board on the "History of the Shipping Discriminations and on Various Forms of Government Aid to Shipping," 1922.)

(四)參看美國造船界委員會之報告(For An American Merchant Marine, New York City, 1920.)

(五)參看(Holland, Bernard, The Fall of Protection, p. 28.)亞當司密主張航行法的理由，是寧願國家安全，不願國家富有，不過在今日仍回憶他的話未免有點陳腐。

(六)參看(Adams, Charles Francis: The Works of John Adams, Vol. 8, pp. 289-291;)同時參看(Diplomatic Correspondence of the United States of America)

(七)見美國的(Journals of Congress, April 30, 1784.)

(八)見(Annals of Congress, Vol. I, Discussion in House of Representatives in 1789, on Import and Tonnage duties, Columns 112, 204,) 206, Apr. 9, 1789.)

(九)美國上院外交委員會關於「與德國訂立商業及領事特權」條約之公開審查紀錄第六部第二九六頁(一九二四年三月七日至十一日。)

(一〇)見(Tariff Act of July 4, 1789, 1 Stat. 27)

「第五節……凡用美國所製造而為美國人民所保有，或用在外國製造而自五月十六日起至入口時期止美國人民所保有之船舶運載入口之貨物及商品，則凡本國法律內規定所課之稅皆給以百分之十之折扣。

（一一）見（Act of July 4, 1789, Sec. 1, 1 Stat. 25.）

（一二）見（Act of July 20, 1789 1 Stat. 27）規定：

第一節下列稅則將課諸於向美國入口之船舶，是即：

在美國境內所建造而爲美國人民所保有，或者不是在美國建造，但在一七八九年五月二十九日時爲或者繼續爲美國人民所保有，則每噸課稅六分。自此以後，在美國所建造而全部或部分的爲外國人民所保有之船舶，則每噸課稅三角。其他船舶每噸課稅五角。

（一三）見（Act of August 10, 1790 1 Stat. 181）規定：

在本年十二月最後一天以後凡屬外國船舶裝載而向美國入口之各貨物，除徵收上述各種特定稅則以外，尚須課以百分之十之附加稅，除非對該種入口貨物從前已經特別課有附加稅。

（一四）在討論我們船舶歷史及政策時，至少有六類貿易應當記着：（一）美國與外國貿易；（二）美國與外國—大不列顛—殖民地之貿易；（三）外國或其殖民地與其他外國間之貿易；（四）一外國與其殖民地間之貿易；（五）外國殖民地間之貿易；（六）沿海貿易。至關於美國則前二者爲直接貿易，而後者—除最後一類—爲間接貿易。

（一五）一八一五年三月三日法律（8 Stat. 224）規定：

「有許多對於輸入美國之船舶商品課以噸稅，如對於美國船舶及外國船舶之噸位，及美國或外國船舶輸入之貨物課以差別稅之法律及關於外國船舶載運外國貨物或者工業品之同樣法律從此取消，凡美國總統滿意的認爲某一外國對於美國不利之差別稅及報復稅已經取消，則美國此種取消對該國都發生效力。」

(一六)參看 (Mallay, Treaties, Conventions, International Act, Protocals and Agreements between the United States and other Powers, 1776-1909, Vol. I, p. 624.)

(一七)見 (3 United States Statutes at Large, 255.) 關於美國與大不列顛爲却西印度羣島而起之爭執，請參看附錄五。

(一八)一八二八年五月二十四日船舶互惠法規定如下：

「第一節：若美國總統自任何一外國得到滿意證明知道該外國對於美國人民所有之船舶及用該種船舶自美國或外國裝載之貨物，出產及工業品未曾在各口岸徵收差別噸稅或入口稅，則美總統正式宣佈在美國境內對於該外國船舶及用該船舶自該外國或其他國家運入美國之貨物出產及工業品，暫時停止差別噸稅及入口稅，此種暫時停止以美國總統得到通知時開始，而繼續時間之長短則以相互免除船舶之各種差別稅而定；否則不再繼續。」

(十九)參看 (Paine, Ralph D., The Old Merchant Marine, The Chronicles of America, Vol. 86.)

(二〇)見前書第一七八頁。

(二一)參看上面第四六頁註二十一。

(二二)見 (H. Rept. No. 1112, 67th Cong., 2d sess. (June 16, 1922) (Sen. Doc. No. 985, 67th Cong. 4th sess. p. 17)：所預期於特惠關稅之各種贊助並未曾實現，因爲總統威爾遜反對將我們與外國訂立而曾含有禁止對於我們船舶使用特惠待遇致外國船舶處於不利之各種條約取消。經過極長商量和仔細考慮後，總統哈定與總統威爾遜意見完全一致，知是共和及民主兩總統都認爲至少在目前第三四節不能實現。

「即令第三四節實行也祇能於入口貿易及徵稅物品上取得相當利益。若考慮到我們入口貿易祇爲出口貿易三分之一，而由三分之一內又僅百分之三十徵稅貨物受其影響，則我們可以立即承認此種規定不能發生我們所預期的結果。」

（二三）見美國上院關稅委員會關於「與德國訂立通商及領事特權條約」之公開審查紀錄的第一部至第六部，一九二四年。

（二四）該委員會之委員如下：（參議院議員 Hon. Jacob H. Gallinger, New Hampshire, Chairman; Hon. Henry Cabot Lodge, Massachusetts; Hon Boies Penrose, Pennsylvania; Hon. Thomas S. Martin, Virginia; Hon. Stephen R. Mallory, Florida;）（下議院議員 Hon. Charles H. Grosvenor, Ohio; Hon. Edward S. Minor, Wisconsin; Hon. William F. Humpbrey, Washington; Hon. Tpomas Spight, Mississippi; Hon. Allan L. McDermott, New Jersey）。

（二五）見美國上院關稅委員會關於「與德國訂立通商及領事特權條約」之公開審查紀錄第二部第五五頁至五七頁，一九二四年一月三十一日。

（二六）見美國上院關稅委員會關於「與德國訂立通商及領事特權條約」之公開審查紀錄第六部第三二〇頁，一九二四年三月七日及十一日。

（二七）參看 (Letter from the Chairman of the Interstate Commerce Commission to the Chairman of the Interstate Commerce C mmittee of the Senate, dated March 15, 1924.)

（二八）見 (Interstate Commision Commerce, Ex. Parte No. 86. Decided April 19, 1924.)

(二九)見 (Clapp. Edwin J., The Port of Hamburg, chap. 6.)

(三〇)巴拿馬運河地域不受此規定之影響，因爲牠不是視爲島嶼領土或者占領地，

(三一)參見上述第二一四頁。

(三二)見 (I United States Statutes at Large 27.)

(三三)見 (32 United States Statutes at Large 54.)

「第三節。自此法律通過以後，對於來自斐律賓而向美國入口之外國船舶將課以來自外國而向美國入口船舶必須完納之各種稅則。

(三四)見 (United States Statutes at Large, 181)。

(三五)一九〇六年四月三十日之法律又將日期延長，遲至一九〇九年四月十一日 (34 United States Statutes at Large, 154)。

(三六)見 (35 United Stat s Statutes at Large, 70)。

(三七)見 (36 United States Statutes at Large, 84)：「第五節……更進一步規定，由此所謂美國生長，生產或製造之貨物允許向斐律賓羣島自由入口，或斐律賓羣島生長，生産，或製造允許向美國自由入口，可以視爲係自來源地方到目的地方之直接裝運貨物……。」

(三八)見 (39 United States Statutes at Large, 286.)

(三九)若禁止荷蘭船舶不得在美國及伯托里科從事貿易，則美國船舶當不致被禁止去從事荷蘭及荷屬東印度羣島間貿易；但若禁止

荷蘭船舶不得在美國及菲律賓間，則美國亦將禁止不得從事荷蘭及荷屬東印度羣島間貿易。

（四〇）法國將其沿海貿易法適用於她與阿爾及利亞間貿易上；但阿爾及利亞並非法國一正式「殖民地」。對於突尼斯物產之特惠，現仍限於爲法國，土尼斯，或摩洛哥船舶所載者。一九二三年對摩洛哥物產所給之特惠亦祇限於法國船舶運入之特產；但英國船舶明顯的後來也允許參加此種貿易。

（四一）見 (American State Papers, Foreign Relations, Vol. 4, pp. 362, 363.)

（四二）見前書。

（四三）參看前述第一一六頁及附錄一。

（四四）見 (New York Times, August 25, 1920.)

（四五）曾有人要求作者來回答此種攻擊。參看附錄第六。

（四六）參看附錄第七。

（四七）參看 (Taussig, F. V., State Papers and Speeches on the Tariff, p. 330.)

（四八）見 (Garrett, Great: "The None istent Merchant Marine" Saturday Evening Post, Feb. 2, 1924.)

（四九）見美國上院外交委員會關於「與德國訂立通商及領事特權條約」之公開審查記錄第六部第二二七頁，一九二四年三月七日及十一日。下院議員台維斯對於船舶極有研究，極爲熟悉，而他的分析表示美國船舶經營較高成本之比較的不關重要，很受許多人歡迎。

第十三章　近代世界之近況

對個人主義信條之反對

對自由競爭，自由契約及自由貿易之信仰已遺傳給十九世紀人民。起先在大不列顛，後來在其他工業國家，他們成爲強有力的工商界之可以安慰的信仰，此等工商界一班人士常自己吹噓說他們自私自利目的之成功與社會幸福至相吻合，他們並以爲此足以證實他們的工業方法之適宜及反對政府干涉之有力的理由。要萬事都回到個人主義之第一效果，無疑的很合宜。因破壞各種已失效用之束縛，他遂掃除了該世紀內物質進步之障礙，並解放了人類思想及行動上從未嘗夢想到的潛力。不過此種運動亦如其他運動然，未免走到極端。個人主義——改良口號——用爲確定程序時，已發現了弱點。差不多在工廠制度成立以前，嚴苛事實已推翻了放任主義所計及之愉快。無限制的契約自由遂產生了對無組織貧弱工人之可恥的剝削，給婦人及兒童許多痛苦。在經濟勢力相等的個人間之自由交易，固然可以產生社會和諧，但在經濟力量不相等的個人間的自由交易，則剝削實爲不可避免之結果。

後來各方面許多人對此種情形及依憑爲據之個人主義學說在此後提出抗議者其人物性格之相反有如

喀萊爾(Thomas Carlyle)及馬克斯共產黨人如歐文(Robert Owen)，西門(St. Simon)及傅立葉(Fourier)，基督教社會主義者如摩里士(Frederick D. Maurice)，金斯黎(Charles Kingsley)，依利薩伯浦勞寧(Elizabeth Browriteg)，甚至如晚年約翰穆勒(John Stuart Mill)後來都發表批評和積極建議，對於現存工業及社會秩序加以激烈或溫和的批評。有的主張改革現存制度，有的宣傳革命。馬克斯及拉薩爾創造一種社會哲學，認社會既不是由重商主義者所謂係敵視的國家組織成的，也不是如正統派經濟學者所謂係競爭的個人組織成的，而是由競爭的經濟階級組織成的。馬克斯之共產黨宣言說：「至今現存社會之歷史乃階級鬬爭之歷史。」他及其他作者認爲工人階級在經濟統治上最後必將代替資產階級。不過不僅馬克斯社會主義者努力於社會改良方法，即不承認馬克斯主義的人因其勢力和努力亦曾貢獻方法去掃除那隨卻前世紀物質進步而來的各種過失。美國實際商人因感覺若他們於生產和分配方面不能負起責任以發達一合理標準，勢必引起政府負擔此種工作，故現正努力於建設一工業自治(industrial self-government)。(一)更有進者，政府之放任政策已經放棄，並產生許多立法，爲卻生命，自由及尋求社會各階級幸福對於財產權加以限制，並利用私人財產於有效的社會服務上。

一種新重商主義者政策

放任主義在國際關係上正如在國內然，亦有牠的影響。昔日宣傳此種主義的人希望國際間自由貿易實行後能隨即產生大同情感及世界和平。可是在他方面此種制度用之於實際事務上常與不甚博愛的動機相混合。發覺此種學說與他們國內經濟利益相符合的各階級人們亦同時發覺自由貿易制度足以推廣其海外利益。自由貿易運動——在大不列顛完全成功——對於和緩其他國家關稅稅則很有貢獻，不過後來爲新興的工業主義及因此所引起之競爭所阻止。至一八八〇年及一八八九年間，其他國家都很嫉視英國經濟上優越地位。當是時，世人乃眼見一國政府與其商業之相互合作，擁護政府以補充其人民在國際貿易上無規則的行動。一國在國內競爭上，對於個人所加之各種限制，不僅在國際貿易管理上不能見到，且國家倒多少參加其國民之國際貿易，使其競爭有效，打倒其他國家。無限制個人主義及侵略的重商主義政策攜手並進，其必然趨勢爲世界市場上各國利益之相互衝突。

引起此種結果之政策並非毫無根據的。這是很合邏輯的，若當商業及財政超過國境以外而發覺毫無，或者祇有效力很少的國際政府，則各國國民爲每個國家利益計，必要求各自政府從事補救此種缺點的工作，甚至爲御建設一種制度以處理各國相互間關係，即採用昔日以武力爲後盾的外交亦所不惜。

不過特別在過去五十年中，有許多現象已經表示太著重於國家方法——以軍備及戰爭爲背景——反足以達到他們的目的。當時成立許多反常的國家政府，在其土地管轄範圍內能充分執行統治權，不過在非其所屬地方亦希望執行司法上統治。西方各國遂爲那開始超越現存統治組織制度之犧牲品。國家政府對於因貿易及財政所引起之勢力不僅不想出社會統治方法，反使國際經濟競爭變本加厲。雖然他們訂立條約，成立同盟，召集會議以解決他們的異議，但又補充軍備，建設海軍及想出許多方法以期變殺傷及破壞為一種準確的科學。這是甚麼緣故呢？其所以如此者，因為他們的軍備與其犧牲任何代價亦須維持的政策極有關連。若各國對其敵人加束縛，對於當前國際合作之機關及規則都同意，然後裁軍方不失為空談。

對各國間因經濟原因所引起之爭論及爭論的理由加以討論，乃本書之目的。過去一世紀中自然科學，生產運輸及交通之效能和組織都有空前進步，可是在政府及社會管理方法上，西方各國並未能與物質文明並駕齊驅。古代及中古時代人民關於其生命有一較今日為有效（雖亦不過爾爾）的管理。無論情形如何，戰時及戰後經驗已充分表示現在世界從事管理一般人民生命組織之不完全。族國主義之第一最大危機即各國當其利益分道背馳時，隨時有衝突的趨勢。若國家要保留為世界社會之一單位，則對於主要國際爭執必須想出合作方法。國家之能為一統治力量亦祇到某種限度為止——超過此限度以外，其統治即開始崩潰。我們要承認世界上有一種國家能力所不能成就的東西，並認定在國際社會之國家對於他們彼此間當前的問題之解決祇有用合作方法才得保全，然後國家永久安全方有保障。

歐洲以外人民之自覺

在各國間引起敵視和誤會及發達生產及分配的資本主義制度之經濟勢力的擴張，在非白色人種間，特別是在亞洲民族間，尚引起第二種危險。在最近數世紀內此種民族多少淪於附屬地地位特別是在十九世紀後半期西方經濟組織侵入他們的領土以內，意義極爲重大。西方各國將其統治權施於此等地方，由完全殖民地而至勢力範圍，強迫訂立各種條約，成立治外法權，並規定最高限度之關稅。可是現在亞洲及北非各國家對於他們的權力喪失漸次覺悟，要求有獨立行動及採取防禦方法的權。他們的恨心並不僅在於反對那限制亞洲人移民之各種法律和規則，而是反對西方的財政及商業方法，甚至西方的思想。他們並不承認我們的文化較他們的爲優，同時也不願效法西方。他們中間較有思想的人更蔑視我們物質上哲學，標準化生存及我們文化之任何觀念。

可是在西方指導下的東方工業化日日進步。西方資本和商業正將資本主義方法引用至東方各國。大量的機械——紡織機械，電氣機械及其他種種，都向亞洲輸出。日本完全學會了西方經濟生活上之商業方法及物質組織。在印度紡織工業已漸漸使得蘭開夏另覓其他市場。

現時亞洲意趣不同及無目的之各種力量，在以後數十年內，必將團結起來。此種力量內包含有亞洲各國最大的人力，亞洲人民統一及民族性及倣效西方文化之物質方法及觀念。若此種力量團結一致，而亞洲全體如日本然倣效西方之帝國主義方法，試問將發生何等事變？

國家：政治上的自治政府

即令篤信人類行爲完全出於自私自利的人們，對於現在讓各種力量自由行動一時在西方使各國自相火併，一時在東方使其起而反抗西方的世界情況也不能認爲滿意。樂觀者至少將相信在東方反西方民族間若干處所總有充分創造天才，計劃各種執行公道及成立國際間和平的制度。

任何足以實行的國際組織之研究，必應承認國家乃國際社會之單位，可惜許多和平程序時常忽略了此重要點。以國家及領土爲基礎的人民生活組織因能保留人民團體內最寶貴的政治，經濟，及社會遺傳性而證明其有益。回到神權政治或封建主義是不行的，而他種形勢的政府，所謂階級政府亦不必計及。

各國都發展有適應各自需要的法律和政府組織方法。在這些事件上想各國全體一致，或千篇一律，既不可能，亦非所願。政治形式及程序曾給與我們的人民以幸福者，若施之於其他人民或足以使其社會全體崩潰。盎格魯薩克遜民族對於人民自由及代議制政府都有保證，其人民認此乃自由制度之特權，不過我們很難說其他民族，特別是東方民族，亦將循同樣路徑前進。因此國家乃一民族用以保存其特殊政治遺傳物的機關。

此種遺傳物對於外面批評有理由可以分辯，而在國內亦不至爲人濫用。美國人民並不因爲他們的進步對於其他各地政府妄加批評。羅斯福在一九一二年說：(二)「我們現今在美洲世界希望未來運命都在我們手裏。若我們眼前把握不能拿定，若我們令人失望，我們自己就會受辱。若在此新大陸上我們僅建設一很大而對於物質繁榮不公平分配的國家，則我們眞是毫無所成；若我們以嫉妬心思來對待驕傲心思，則我們一樣一無所成，或竟因此損害了我們全體的物質幸福。將現在政府變爲富豪政治或者暴民政治是亦不過大大的重演過去世界可悲的失敗而已。」

由前所述，一民族，正如其他民族然，同有國家自治權利。雖然委任統治原則可以認爲係某一民族發達過程上必要的實際方法，不過我們不要忘記的卽他亦不過爲自治政府之先導而已。有許多人很幼稚的說祇有盎格魯薩克遜民族能自己統治自己。有許多人承認不能了解爲甚麼非歐洲人民喜歡效能很少的自治政府，而不喜歡歐洲人効能很大的代治政府。在殖民問題上自治政府權甚至較行政上效力尙爲重要。在演進程序上不會由母國有效能的政府進化到殖民地有効能的政府，而是由母國有効能政府轉變到殖民地效能很少的政府；甚至在好政府成立以前，變到效能更少的殖民地政府。除非世界大部份永久繼續在從屬狀況下，此種演進程序必繼續前進不止，而殖民地人民所應當實覺者，卽發達政府習慣必需要時間和經驗。政治上的合作傳統習慣在任何民族間須慢慢養成。官吏——人民的委託者——應當誠實也不過是盎格魯薩克遜民族間慢慢的不完全的逐漸實現的一種政治理想。

國家：經濟的自治政府

與政府保全人民政治制度的功用相同的卽爲保全經濟生活標準和指導經濟發達的工作。於此委任統治原則因其於人民未有資本及技能爲自己從事開發的地方之經濟發達上，能爲有效的幫助，故亦有存在理由。雖然住民的權利應承認，但地球上大部份面積不能因其住民無力開發而遂讓其處於世界經濟發達範圍以外。

若一民族已發達有一進步的社會及政治組織，且對其民族實體有了自覺，則他們很適宜的可以去解決何者爲其經濟生活上所需要的。此原則不僅可以適用於成立不久的國家，如大英帝國之各自治殖民地，並可用於亞洲各新興國家。卽令此爲可能，但每一國家完全經濟獨立亦非所希望的事實，當國際安全能夠成立，此種獨立程度亦不能在任何場合下可以尋求。若一國採用自由貿易而他一國採用保護政策，其餘人民對於他們決定其經濟進步的性質和方向之權利應當不加反對。哈米爾敦 (Alexander Hamilton) 關於工業對國會所提出之報告若在現今澳大利亞及印度的情況下來展讀，則又含有新的意義。自治殖民地內之保護關稅——族國主義之表示使得大英帝國之工業不集中。在日本，印度，及波斯各地之要求經濟及政治獨立，是表示族國主義阻礙近代資本主義之另外例子。哈米爾敦的報告不僅爲反對昔日英國殖民主義的一個抗議及對亞當司密之自由貿易見解一個批評，同時也是新興國家——如一七九一年做過的——對那想將自由貿易施諸他們，對他們關稅立法想加以限制的工業先進國家一個回答。下面哈氏報告中數段文字，牠們之能用於今日新興國家，正如當日之能用於美國。(三)

「用許多事業計劃以撫育兼刺激人類思想之活動乃極有價值之方法，因爲一國財富可以因此增加。有許多事情本身並非有利益，不過因其趨勢能引起努力，故亦變爲有利。每一新事情能使人興奮盡力，不啻對於努力的總和增加一新力量。

有用的及能生產的事業精神應當隨一社會職業及生產之簡單繁雜而伸縮。在農業國簡單，在農業及商業國家較繁，而在農業工業及商業國家則更繁。」

國家：社會及文化的單位

國家功用不僅爲實現其人民政治及經濟慾望，同時亦爲世界文化之中心。一國發達有許多法律，言語，文學，社會及歷史習慣的系統，而可以總稱之爲文化。雖然此方面民族性因與國際間好戰及競爭態度相混雜而不名譽，但我們應當承認在現今國際關係之機會方法下，一國有一種責任，同時也是一種權利以保護其制度來反抗國內分崩和國外攻擊。在此原則下限制移民之遷入是極有理由的。大規模的一羣人民無歧視的雜居，他們各有不同的經濟社會及民族標準，一方旣不能解決移民國家人口過剩問題，同時在移入國家極有組織的社會內倒創出破裂的趨勢，因此移民限制法不僅不仇視民族保全及統一原則，更足以見其健全。

我們之所以希望有一錯雜紛紜的發達的文化，不僅因其能應傳統習慣不同，進步程度的不同的人民的許多需求，且因其能供給社會實驗以最大機會，因此對一般智識極有貢獻。一國決定其人民性質之權，並未嘗包含有絲毫意見說被排斥的人民是低下民族。同時也並不是表示用歧示方法來反對一民族內的若干人——他們感覺他們之處於一敵視國家內非由於他們自己的過失，人口問題及民族與社會問題不能用武力來解決，而祇能以和解精神及完全了解他們對世界和平之重要，才能得到解決的。

國家乃國際合作之機關

國家不僅足以保全近代文化上各種不同種類的政治，經濟，及社會利益，並且爲國際關係合作上之一種機關。直接代表議會式的世界政府在現今尚不可能。吾人並非以此即謂爲邦聯法則之失敗，聯邦憲法之成功。美國原來十三州有充分之共同利益，在一公共國家政府下共同結合。在他方面若彼此利益分歧，則使各個國家單位從事合作是很適宜的，必要的。

各國因下列各方式將法律推廣用於國際關係方面可以得到許多成功：（一）用國內立法，(四)（二）適用國際法原則於其國內法庭，(五)（三）與其他國家訂立雙方條約。在國際政府形成時代，用此種方法更可以成功許多積極的立法。

國家安全之路

任何國家不應自相欺騙說此種方法已經夠用。當一國採取直接行動超越此種公認的法則以外時，牠是希望於從來未曾規定的司法範圍以外成立一統治機關，並解決牠完全不相宜的問題。在民族國家制度內已發達有各種自相毀滅的趨勢，即熱心擁護民族意識的人亦感覺到需要一國際組織，或多的國際組織以補助國家政府。爲其本身保存及安全計，民族主義應當承認有牠的限度。

現在已發生有一新的外交策略，不僅承認經濟因素在世界問題上有永久重要性，並且漸漸不倚賴武力而倚賴了解和友誼。信仰民族性的人近來有新的見解，他們反對濫用民族主義名詞以促進少數階級人民之自私目的，或者促進全國一致的某種目的——此種目的在當時似乎成功，但在長時期內必將遇到其他國家之抵抗，而引起禍災。此書內貢獻的各種理由無疑的得到一結論，即若世界文化要保全我們現存物質文明之毀滅趨勢要加中止，則應當發達一充分適宜制度以釐定國際關係。

在附錄第九內有一程序討論到國際政府之原則，相信乃一可以實行之方法，美國因此在目前對於國際糾紛之解決亦有所貢獻。全世界人民用以建設表示(六)其和平意志之機關所採之特殊方法尚屬次要。日內瓦之國際聯盟乃最有希望之努力。即令是這個國際聯盟，稍加修改，或為其他方式之機關，世界政府之最後組織必須預備（一）一種步驟，因此使國際法能按規律的及適當的成立；（二）一機關執行此種法律；（三）一法庭解釋此法律。在前述各章內關於涉及殖民問題，原料及動力富源，放款及投資，國外貿易及船舶時，曾經努力將國家政府單獨行動或雙方談判所負之責任及在國際組織上必須以各國合作來滿足之各種責任分別清楚。若我們想由有秩序的制度中得到和平，則必須漸漸發達一國際法法典以統治經濟關係，及發達一行政和合法機關，以便執行此種法典。國際問題上的政府其發達不應當單獨由政治方面進行，在具體範圍內亦應當由商業和慈善機關方面進行。世界商會乃今日幫助解決各國人民間紛爭之最重要機關。世界上大的基督教各種組織亦有相當貢獻。實際上國際合作制度最後不至偏於某一方面，而將以各民族各階級為出發點，集合東方和西方的各國意見，以指導我們世界生活內經濟和政治因素之統治。戰爭本身不是最後目的，甚至也不是必要的罪惡，不過因為一般人未有魄力和積極天才明白表示對和平之渴望，所以不能不贊成戰爭，維持戰爭。除非人類在國際方面如其在國內然自覺的去尋覓安全及公正，則戰爭最後必將毀滅他，或者強迫他去建設世界國家以爲棲避之所。

若認國際政府的主張爲烏托邦，則我們的答案爲：夢想總較失望爲佳，一般失望者都認各國除用戰爭方法外，再沒有其他方法足以解決他們的異議和爭執。此書結論認爲有一線希望者，並非由於情感用事及無根的觀察，而是由於對困難事實詳細分析之結果。吾人眞可以假定人類對於任何事業，不問如何困難，都可以完成。我們在將來的制度亦如過去然不能一蹴成功。盎格魯薩克遜及羅馬法律系統亦經過若干世紀之演進才得至有今日。我們憲政政府之形式及原則乃英美人民數代以來之遺傳物。國際政府之發達或許較國家政府之發達更爲困難，因爲各方面人民對於如何解釋及表示他們的願望，各人見解不同，不過即令爲期百年才能形成世人所渴望的和平制度，則此種成功亦不致較世界進步上任何成功爲慢。我們祇要脚根立定，守誓勿渝，總有成功之一日。

未有一時代生活是完全合乎理想的，祇有自覺的努力方能使此種理想變爲實現。祇有在邊沁，哈米爾敦(Hamilton)，及威爾遜領導下，社會上現存趨勢方能縮成各種制度。今日人類或熱烈的呼禱和平，不過在戰爭種子任其滋生及人民錯誤的用排他的偏狹思想去尋求安全的情形下，絕對不會能得到和平。每一個時代應當再去發現社會合作的根本原則，而用之於該時代的特殊需要及情形上。

(一)見一九二四年五月十五日昆普吞(Wilson Compton)在國家工業會議之演說，題爲「美國貿易會社之活動」。一九二四年五月七日胡佛(Herbert Hoover)在美國商會年會之演說，題爲「在商業上幾個現象」。又見商業部長第二十年常年報告，至一九二四年六月三十日止，第十二三至二四頁，同時又參看(White, William Allen: Politics, The Citizens' Business, 1924.)

(二)見 (Roosevelt, Theodore, The Right of the People to Rule, March, 20, 1912, Sen. Doc. No. 473.)

(三)見 (Taussig, F. W., State Papers and Speeches on the Tariff, Cambridge, Harvard University, 1893, pp. 21, 22.)

(四)參看第四章及附錄一。

(五)參看附錄第九註解第三。

(六)參看 (White William Allen, Woodrow Wilson: The Man, His Times and His Task, 1924, p. 488.)

附錄一　一九二二年關稅法第三一七節

外國反對美國商業之歧視

（甲）　爲歧視而徵收之新稅及附加稅

大總統爲公共利益計，對於全部或部份外國生產物品茲後得佈告徵收新稅或附加稅，若該外國——

對於美國全部生長或部份生長之貨物之處置，運輸過境，或重出口徵收一種與任何外國同樣貨物不相等之無理的稅則，勒索規則，或限制；

直接或間接用法律行政上規則或實施，或用關稅，噸稅，入港稅，稅則，勒索，分類，規則，禁止，限制，或其他條件來歧視美國商業致其處於較任何外國商業爲劣地位時。

（乙）　不准入口

若大總統在任何時間內發現任何一外國國家不僅歧視美國商業，並且於本章（甲）項所定之公告頒佈後維持或增加上述各項歧視來反對美國商業，則大總統若認爲與美國利益一致時，得有權再發一佈告，爲公共利益計宜佈該外國貨物不得向美國入口。

（丙）　施用於一國家全部或部份：佈告之修改

大總統根據此節法規所宣佈之各種佈告，若他認爲與美國利益一致時，得將其推廣施用於任何外國之全部，或限於該外國之一部或數部，而總統爲公共利益計，得將此種佈告暫時中止，取消，補充或修改。

（丁） 抵消商業上各種負擔之新稅或附加稅：禁止入口

若大總統發現任何外國國家用上述各種不平等稅則或歧視對於美國商業增加任何負擔，則他爲公共利益計，得佈告徵收足以抵消此種負擔之各種新稅或附加稅，不得超過從價百分之五十或與此相等，而於佈告三十日後對於佈告所列舉自該外國向美國入口之各種貨物徵收該種新稅或附加稅；或者若該種貨物在本節第（乙）類內是禁止入口，則該種貨物不得入口。

（戊） 抵消給與第三國各種利益之稅則

若大總統發現任何一外國對於美國商業加以上述任何不平等稅則或歧視，或發現因任何外國對該國以外之各種工業課以各種稅則及歧視以致該外國工業取得許多利益或將取得許多利益；同時大總統認爲以前所規定的各種新稅或附加稅不足以取消該種稅則或歧視，而該外國工業因該種稅則或歧視已享受各種利益，或將享受各種利益，則他爲公共利益計，對該外國部份生長或全部生長而向美國入口之各種貨物得佈告徵收新稅或附加稅，以抵消該項利益，不得超過從價百分之五十或與此相等，而自佈告公佈三十日後對該種貨物之入口將課以佈告後特定宣佈之新稅或附加稅。

（己） 貨物沒收

任何貨物入口違反此節內各種規定者將全部沒收，而在屢次成立之各種稅收法對美國沒收物品之發還，徵收，分配，及退還之同樣情形及同樣規則，限制及規定下，有被沒收，控告及定罪之可能。當此法案內各種規定用於任何一國全部生長或部分生產而向美國入口之貨物，則將全部適用之，而不問該種貨物是否直接入口抑間接入口。

（庚）關稅委員會之職責

隨時決定或打聽是否有任何一國曾執行本節內（甲），（乙），（戊）三項內各種歧視以反對美國商業，乃美國關稅委員會之職責；若發現外國有該種歧視行爲時，則委員會應促起大總統之注意，並提出意見。

（辛）法規由財政部長制定

財政部長取得總統同意後，應爲總統製就與此節內各種規定相符合之各種佈告執行上之必要的各種法律和規則。

（壬）「外國」一名字之確定解釋

此節內所謂「外國」一意指任何帝國國家，自治殖民地，殖民地，保護地，或上述各名稱之一部份（美國及其領地以外之各國家，）而在該地域內曾執行單獨關稅稅則或單獨的商業規則者。

附錄二　英帝國公共契約上之特惠

或謂紐西蘭各地方政府對於英國公司承辦重要公共事業都給以特惠，非英國公司之投標都不允許，卽令其標價較英國公司爲低。(一)在南非由殖民地及地方官廳購買機關給英國貿易以極大特惠；例如好望角殖民地在一九〇七年曾以六二五、〇〇〇元津貼英國工業界以便其能取得價值七、五〇〇、〇〇〇元鐵路車皮之定貨，否則將爲外國工業家承辦。在此種場合下，購買機關曾得到訓令允許給英國工業界在他們投標上以百分之十之便宜。在一九一七年德爾班市政府（屬拉答爾）(Durban Manicipal Corporation)曾令行該市市有商店對於英蘇聯合王國所出產及製造之貨物給以百分之十之特惠，而購自美國貨物則不能享受此種特惠。關於此種特惠一九一七年三月英國南非出口官報曾說：「戰後在任何事件上工業界都保證享有上述各種特惠，使其與競爭各國比較時處於極有利地位。」

一九二三年在倫敦舉行之帝國經濟會議曾通過下列決議(二)：

（一）本帝國經濟會議重行主張在政府所有契約上對於帝國內所製造之貨物及所產生之原料都給以有效的特惠，除非該契約係成立於本會議舉行以前，或者在特殊情形下使此種特惠爲不必要。

（二）在可能範圍內應努力保證用於執行契約上之各種材料須爲帝國之出產品。

（三）應獎勵國家政府，各邦政府及地方政府之執政者注意前述各決議。

（一）見(Scholefield, G. H.: New Zealand in Evolution, p. 323. 也參看美國關稅委員會: Colonial Tariff Policies, pp. 751 and 773.)

（二）出席帝國經濟會議之代表係代表大不列顛，自治殖民地，印度，殖民地及被保護地，於一九二三年十月至十一月開會。見(Record of Proceedings and Documents, Cmd. 2009, London, 1924, p. 14.)

附錄三　外國公債票之發行

下面是一九二二年三月三日國務院對於外國債票發行之宣言：

「外國債票在美國市場發行日漸重要，並因該種營業結果有關於一般事務之適當的執行，希望擬投資外國公債之美國各公司，關於主要事實及以後重要發展須按時通知國務院。負責的美國銀行家要決定他們應當預備和供給何種消息。

美國各公司之希望探聽國務院對於任何預備投資所採之態度者，應用書面請求國務院表示意見。國務院對此必將加以考慮，而根據其所有消息，對於所討論之放款亦必表示可否；不過應當注意者，即國務院雖然得到許多消息，但若未曾發佈宣言，表示意見，並不能因此認國務院是默認，或拒絕。

國務院自然亦不能要求美國銀行界對此加以商議。牠對於國外放款之優點不能視爲商業問題加以判斷，對於放款手續亦不負任何責任。外國放款者不應當說或者暗示說是根據國務院所表示態度，即任何廣告和契約亦不必提到本政府之態度。國務院相信，由於牽涉國家利益，若認爲有益和必要時，關於任何特殊債票發行對關係擔承保險者必表示可否意見。」

附錄四　從事商業之原則

下列各決議係一九二四年五月八日在俄亥俄州，克利夫蘭（Cleveland）地方舉行之美國商會第二十屆年會所通過者：

『商業之功用在爲人類預備物質需要，增加世界財富及人生幸福和價值。爲完成此種功用計，必須有充分獲利機會以補償冒危險的人，但引起個人從事商業之動機不應與商業本身之功用相混雜。當各種商業因不斷努力減少生產和分配費用，改良出品物質，對於顧主，資本，管理及勞工皆公平待遇使事業進行順利，是不啻完成最有價值之公共事役。

吾人相信由此種根本眞理所起草之原則，實爲全體及個人事業預備一可以實用之法則。

（一）商業基礎是信用，係由廉潔公正，公平交易，努力服務及相互利益而來的。

（二）商業上對於從前服務之報酬是公平利潤加上安全（此與所冒危險及必需先見之程度相等）的準備金。

（三）對於資本，管理，工人及公衆應視爲同等重要而加以考慮。

（四）充分和特殊智識與對於影響商業之各種力量和事實之不斷研究爲個人最後成功及對社會充

分服務之主要條件。

（五）永久及繼續服務乃商業基本目的，於是所得到之智識可以充分利用，信用可以成立，效率得以增加。

（六）因感覺對自己及社會負卻一種責任，遂促成商業上不斷的努力，繼續經營，改良事務情形，增加每一工人之工作效率及機會。

（七）筆載或口頭契約及事業應照精神及文字規定嚴格履行，未得雙方同意時，環境改變不得作爲取消該種契約之口實。

（八）貨物及事役樣本應誠實履行，謹慎完成。

（九）任何浪費——資本勞工，物質，或天然富源——不能讓其存在，應時常努力革除之。

（一〇）任何天源過分——信用澎脹，事業過度擴張，過度購買和出賣——足以產生人爲的環境而引起經濟恐慌及衰頽者，皆爲不應該。

（一一）不公平競爭，包括各種特殊不好的信用，欺騙，舞弊，壓迫所引起之各種行爲，以及商業上賄賂，都是浪費卑賤及一種社會過失。商業成功賴於本身事役上之各優點。

（一二）但凡爭執在可能時應以自動同意和公正仲裁來釐正之。

（一三）股分公司之商業並不能免除或改變個人道德上之責任。代表公司所履行之各種責任，正如一己所履行的各種責任然。

（一四）商人及商業組織間合法的合作而係維持此種原則者，應該獎勵。

（一五）各種商業應因其本身運用取得社會信仰，而使限制其行動的立法變為不必要。」

附錄五　一八一五年至一八三〇年英美間關於西印度羣島貿易之爭執

美國與大不列顚間一八一五年之商業協定關於涉及美國與北美英屬殖民地及西印度羣島之各種規則毫未變更。此協定成立以前若干年間，英法戰爭，使得英國在其殖民地上不便及無法執行航行法，但在此協定生效後，英國立卽恢復其昔日排他的殖民政策，禁止美國船舶出入其殖民地以內。爲報復計，美國國會於一八一七年通過一法案對於不允許美國船舶入口及從事貿易的（一）國家之船舶課以每噸二元之噸稅，更於一八一八年四月十八日，一八二〇年五月十五日成立航行法。前法規定凡自不准美國船舶入口之英殖民地及領地而來之英國船舶皆不准向美國入口。並規定在美國各口岸裝載美國貨物出口之英國船舶應付「等於貨物價值二倍之抑金，此種裝載出口之貨物不得向那因航行及貿易普通法律對美國船舶封鎖之英國殖民地或領地之各港埠旅岸。……」（二）

一八二〇年之法律（三）——補充一八一八年法律者——完全不准英國船舶從事英屬北美殖民地，西印度羣島與美國間之貿易，並限制自此等地方輸入之貨物亦應爲該地之出產。其他各國亦從事報復，或以報復相威嚇以反對英國排他政策。對卻這種反對，大不列顚乃將對於船舶所加之限制部份弛禁，但她對於美國船舶所加之入口及噸稅差別稅則未曾取消。（四）美國對於此種限制之部份弛禁表示不滿，而於各港口對英國開放時，加以同樣限制。一八二三年三月一日之法律授權大總統對於來自英屬殖民地之各口岸而曾經給美國船舶以內國待遇「證明」之英國船舶亦給以內國待遇。（五）

自上述法律通過後，兩國政府間關於必使美國滿意的「證明」及上述條款內所包括之「來自其他地方」曾有三年長期之文書往還。美國對「來自其他地方」一名詞，則認為「應解釋為任何其他地方因此英屬自治殖民地亦應包括在內……」（六）英國政府則認為允許美國以與大不列顛相同條件在其殖民地從事貿易是絕對不可能，而因一八二五年七月英議會通過之法律，規定外國與此等殖民地貿易之新條件，並附帶有一威嚇規定，禁止不承認此法律內所明訂之各項條件的任何國家之貿易。美國拒絕接受此種條件，而大不列顛因一八二六年七月樞密院之命令禁止美國船舶駛入上述各港口。美國重行恢復一八一八年及一八二〇年之航行法，因此禁止英國船舶從事美國及上述各殖民地間之貿易。其結果則美國船舶淹留於美國港口內，而英國船舶則從事其他方面活動。後來知道此種政策於美國船舶不利，美國政府乃希望與大不列顛對此問題重開談判。英國不允諾，並且表示短時期內不願與美國政府交換意見。美國政府遂提出下述建議，對該問題完全改變態度和立場：（七）

「美國總統願意於下屆議會開會時提出建議將美國各港口對於來自英屬殖民地之船舶重行開放，允許英國船舶裝載英國貨物或英屬殖民地貨物者得如美國合法船舶然駛入上列各港口，不必完納各種差別稅，而祇納與美國船舶及貨物相同之稅；第二取消一八二三年三月法律內限制貿易於美國及英屬殖民地直接來往之各種規定……

因此本政府訓令我來探聽貴政府意見，若美國國會於下屆會議中成立上述效力的法律，則一八二六年七月二十七日樞密院命令是否可以取消？英屬殖民地對美國船舶所加差別稅是否可以廢除？而該種船舶照一八二五年七月五日議會法案是否得與殖民地船舶同享貿易及通商特權？

望都德里爵士(Lord Dudley)對此請求與以回答，其目的係欲探聽英國政府對於下屆美國國會通過之前述法律之意趣。」

上述建議係由美國駐英特派全權公使麥克蘭 (Louis. Maclane) 於一八三〇年三月十六日用書面交與英國外交大臣亞伯丁伯爵 (Earl of Aberdeen) 者「承認大不列顛有權照她自己利益以釐正她與殖民地貿易，並不要求她免除因優待殖民地對美國所加之各種差別稅。牠不過請求於一八二五年大不列顛明白規定條件下得參加直接貿易而已……」(八)

不過英國政府認為即令美國國會通過美國政府上述建議之法律，英政府亦不能保證即取消禁止美國與其殖民地貿易之禁令。在對此問題重行考慮以前，有一先決條件，即美國應取消對於來自英屬殖民地之英國船船所加之歧視。美國因一八三〇年五月二十九日法律(九)履行滿足了此條件，而當美國總統證明英屬殖民地各港口之直接貿易對美國船舶開放時，此法律即發生效力。此法律規定「美國各港口將永久或有期限的對於來自英屬殖民地之英國船舶開放，對其貨物不得課以較來自英屬殖民地之美國船舶為高或所無之噸稅或入口稅；英國船舶亦得如美國船舶然在各港口裝載貨物出口或入口……」此法律亦規定取消或暫時停止限制從事英屬殖民地及美國商業之英國船舶於直接貿易之一八一八年及一八二〇年之航行法及一八二三年三月一日之法律。

在他方面此法律又規定「對於美國船舶及其貨物於向上述殖民地各港口入口時，不得課以較來自美國至同一港口之英國船舶爲高或所無之噸稅，入口稅，及其他租稅；美國船舶向此等港口入口時，亦得裝載與來自美國之英國船舶所裝載之貨物；而美國船舶自前述各殖民地向英屬自治殖民地以外各國出口時，亦得裝載與英國向自治殖民地以外各國出口船舶所裝載之貨物，讓美國與英屬其他自治殖民地及領地之通商不至立於一較今日爲劣之地位。」

大不列顛政府認此項法律能滿足一八二五年七月議會法案所規定之各種貿易條件而表示願意接受。於是總統約克孫(Jackson)於一八三〇年十月五日（一〇）頒佈一佈告，將美國各港口開放，讓來自英屬殖民地各港口之英國船舶及貨物通商自由。一月以後，大不列顛因樞密院命令（一一）取消禁止美國船舶經商之各種限制。

（一）見 (13 Statute, 344.)

（二）見 (28 Statute 432.)

（三）見 (33 Statute 602.)

(四)此係英國爲美國報復手段所逼迫而取消對美國船舶所加之限制之一例。但她之取消此種限制並非全部由於美國報復手段，因爲當時其他各國亦曾採用或將採用同樣手段對付英國船舶。

(五)一八二三年三月一日法律(3 Statute, 740)規定：

「第三節……若美國總統已得到滿意證明已被允許美國船舶向上面列舉英屬殖民地港口入口，而美國船舶所裝載之貨物亦未曾被課以較來自其他地方向此等港口入口之英國船舶或同樣貨物爲高或其他噸稅及入口稅，則美國總統須發佈告宣佈對於來自上列各殖民地港口之英國船舶及貨物，美國各港口不得課以較向美國入口之英國船舶或同樣貨物爲高或其他噸稅或入口稅；不過有一條件，即在取得該項證明以前，來自英屬殖民地之英國船舶及其裝載貨物仍須繼續完納外國噸稅及一八一六年四月二十七日批准的「規定入口稅及噸稅法」所指定對各種貨物所課之附加稅。」

(六)見(American State Papers: Foreign Relations, Vol. 6, p. 245.)

(七)此段係取材於一八二七年八月十七日美國駐英公使亞爾伯特加拉廷(Albert Gallatin)致英國外交大臣部德里(Viscount Dudley書中。參看(British and Foreign State Papers, Vol. 14, pp. 982, 983.)

(八)參看(British and Foreign State Papers, Vol. 17, p. 855.)

(九)見(4 Statute, 419.)

(一〇)見(4 Statute, 817.)

(一一)見(British and Foreign State Papers, Vol. 17, p. 898.)

附錄六　與德國訂立之商約

古柏遜關於與德國所訂商約內的內國待遇及領事特權所發表之意見

一九二四年初美國上議院外交委員會正考慮與德國訂立領事特權及通商條約。大家要求古柏遜氏(Culbertson）在行政會議中對於最惠國及內國待遇條款加以研究。他的意見很爲上議院議員蘭玆得爾(Ransdell），船舶部副主席布隆末爾(Plummer)等所批評。他對此種批評曾經答覆，下列各段乃其中之一部：

『在批評上議院議員蘭玆得爾及副主席布隆末爾評述以前，稍述數點意見以表明我的地位：

（一）我贊成發達美國商船。我相信在此時採用差別稅政策以奬勵美國船舶必自招失敗。我非一「實際」船舶家，因此似乎可以斷言鼓勵我們船舶之差別稅並非恢復我們商船之最大的最有效的因素。任何人明白的，我們商船凋殘之原因並非此種稅則所能補救。

（二）所謂我們對於報復無庸恐懼之理由是基於一種樂觀假定認爲外國亦將採用與我們相同之方法，同樣的程度來報復我們。在商業戰爭上各國進行並不如此謹愼。他們將採各種報復方法，使自己受損害極小，敵人受損害極大。我們昔日歷史實爲最好例子。昔日政治家並不以同樣程度和方法從事報復。他們所採用報復方法相信是能給其敵人以最有效的損害。美國有若干船舶界人士——假若以現在委員會前所提出之理由爲他們的理由——不僅願意我們的船舶，亦願意其他美國商業利益去冒報復的危險，假若我們輸入貿易的一部份能保證給他們以很高運費時。

（三）我們海外利益之擴張使得我們商業發達在許多地方受卻損害。因工業之發展遂使我們許多大工業依賴外國市場及海外原料。以入口出口差別稅及封鎖港口之形式來從事報復，必容易引起損傷。

（四）對於船舶反對維持百年以前之內國待遇政策之理由是要讓我們自由採取我們所喜歡之政策。船舶部本身亦卽陷入此種似是而非之錯誤中。（二）離開所謂也讓其他各國自由去決定政策之事實，則主張此理由者亦未見全然公正。他們不僅需要自由行動，並且贊成歧視。在德約內廢棄內國待遇之保證，是不啻違反自憲法成立以來美國政治家所主張之寬大互惠政策，而向全世界表示我們回到英國舊航行法實行時之歧視排他時期。

（五）船舶界要求國家所付之代價見於下列公開宣言之一段。（三）

上議員史璜生： 你能歧視，不過最惠國條款不能允許你歧視德國而給大不列顛以好處，讓其船舶入口。

主席： 不，不。

上議員蘭茲得爾： 我知道你的意見，我們應當解決整個政策。

上議員華芝爾（Fletcher）： 我們將取消二十七個商約，此實其時。

上議員蘭茲得爾： 正如華芝爾所謂此實其時，我並不怕報復。」

其實最惠國條款及內國待遇條款在近代條約複雜組織上互相混雜，保存內國待遇條款必將取消最惠國保證。當美國商業擴張到極需要一般商約組織之穩定影響時，此種堅持努力必致犧牲大的目的而給我們船舶以不可靠的幫助（此尙是最善意的說法。）

正如上議員所云英領美洲殖民地對於差別稅已有一百五十年之經驗。照我前述公開宣言美國革命時全洲會議委員會已得到一結論，即若與各國訂立條約相互放棄徵收差別稅的權，則我們船舶將受益不淺；他們之所以提出這種主張必定從該種稅則結果之實際經驗上得到很多正確的見識。他們知道建造，經營美國及外國船舶彼此間比較費用及比較效率，並認爲美國船舶必有極大成功機會，若海運各國皆取消差別稅時。「官廳記載事實對於此點足資證明。」上議員爾茲得爾以爲昔日之希望取消差別稅不過爲獨立戰爭後疲敝之表示。他似乎相信宣佈我們與英國獨立的人士，並未嘗有勇氣來維持一對於我們船舶有利之政策。他從未偶然的對當時提議取消差別稅的人如富蘭克林(Benjamin Franklin)，亞當斯(John Adams)，摩里斯(Robert Morris)及威爾遜(James Wilson)因其袒護英國人而責備他們。但我很注意今日倒有許多人發表主張來責備那反對此種差別稅則的人，說他們多少受英國影響。對於第一次提議改革的美國人既不能加以罪過，則對於今日新規皆隨的我們亦不應加以攻擊。

在一八一五年美國與大不列顛訂立一條約，此爲實際上第一次破壞差別稅制度，正如船舶部主席拉斯刻(Lasker)（四）所云是美國提議破壞的。上議員爾茲得爾說拿破倫戰爭對於美國船舶極爲不利，不過因爲有差別稅故得維持。據官廳記載則謂馬的孫（Madison），他的同僚及三分之二以上之上議員都不相信差別稅爲拿破倫戰爭期中維持美國船舶之原因。他們不是祖護英國人，我們也不能想像說假若他們相信差別稅對我們的益處是較外國的歧視害處爲大，則他們對於這種制度將爲有限度的破壞。此約是當紐英倫各州及紐約在上院有極多票可以將其否決之時候批准的，同時也不能說牠係許多理論家及國際主義者所通過用以反抗那來往全世界及其生活與利益全賴於國內外差別稅的人們。

這是應當記着的，我是因委員會之請求來報告對於商約研究之所得和經驗而出席的。我出席於行政會議。在我們公開發表意見以後，立即有一篇文章載於一九二四年二月九日之海事雜誌（Marine Journal）（自稱爲美國海事之權威週刊），據該文以觀，似作者已讀過我的公開宣言，或者已悉其主要意見。該文說：「在華盛頓有許多人揣想說古柏遜博士爲何積極活動來反對那幫助或獎勵美國商船之任何政策。」

有許多船舶界人士仍舊固執主張破舊及已放棄的獎勵美國船舶之差別稅政策，此實一傷心事實。他們認定此政策爲最後的希望。我對於美國船舶較抱樂觀。相信能發達一美國商船。我不相信船舶界舌人對於其他美國公民之根據長期研究和經驗所下之批評，所謂此種船舶政策害多利少等，加以反對能有若何成功。若國會願意去毀滅那恢復美國商用船舶之最後機會，則牠大可以採用獎勵美國船舶之差別稅制度。

諷刺和誤言不僅限於各黨派之報紙。蘭茲德爾在其所預備之說帖中（五）曾引用我的一段文字，（六）但其所表示意見與我原意大相逕庭。於是此種誤解轉輾用於各處。上議員史璜生曾經要我給一估計，「假使我們開始差別稅，假定輸入貨物，但因外國報復失去出口貿易，則無歧視時我們船舶能運輸何種貨物，其利益若何。我希望能知道政策變更，船舶界受利益或受損失到若何程度。」上議員羅璣(Lodge)認爲(七)「大部份是玄想的，」而上議員甫朗里基(Brandegee)對史璜生說，「你給他的題目範圍太大，使他無法回答。」

我在記載中未曾發現有少許證明謂上議員閩茲得爾及其他證人完全回答了上議員史璜生之問題。上議員閩茲得爾甚至未曾將我們與他所分類的非海運國家之貿易全部作一總結束，而其專門公開宣言亦僅基於離開實在事實太遠的猜想。當此問題通知我時，我感覺到充分回答之困難。若完全回答必須要有長期研究工作，而所得到之結論亦必爲一種試驗性的，甚至是猜測的。因爲無人從事此種研究，故我不揣冒昧給史璜生以反面的答案。我也不能說我關於船舶問題是否爲一適宜證人。我自然非如閩茲得爾及布隆米爾之爲專家。此或爲邀我出席委員會之唯一原因。」

(一)參看美國上議院外交委員會關於「與德國訂立通商及領事特權條約」所發表的公開審查紀錄第六部第二八〇、二八一、二八二、二八三、二八九、二九〇等頁（一九二四年三月七日及十一日）

(二)見前引第一六四頁。

(三)見前引第一三八頁。

(四)見前引第一六〇頁。

(五)見美國上議院外交委員會關於「與德國訂立商業及領事特權條約」所發表的公開審查紀錄第六部第一四八頁。（一九二四年三月七日及十一日。）

（六）見前書第四八頁。

（七）見前書第四九頁。

附錄七　巴拿馬運河通過稅

一種間接援助美國船舶性質之事實即爲提議退還經過巴拿馬運河之美國船舶之通過稅。此種爭執各方堅持有年，並牽涉到兩個問題：一即此種對美國船舶間接給以津貼於經濟上是否適宜；二即違反與英國訂立之海彭錫福里條約（Hy-Pauncefote Treaty）。關於後者意見分歧之來源是由於一九〇一年十一月十八日英美訂立海彭錫福里條約第三條第一節內所用「所有國家」數字之不確定意義。第三條第一節全文如下：

「此運河對於遵守此類規定之所有國家之商船及戰船完全開放，完全平等，藉使對於任何國家公民或臣民關於運輸的條件，費用及其他等等毫無歧視。此種運輸條件及費用必須公正。」

反對大不列顛之船舶償付與美國船舶相同之通過稅後亦得使用此運河的人士，認爲「所有國家」數上字並不包括美國在內，也從未想到要包括美國。他們謂此數字係指美國以外其他各國。而條約的本節不過保證外國國家於使用巴拿馬運河時，在通過稅，雜稅及其他一切費用上，不得享受較另一外國爲劣之待遇。

與此見解相反者爲英國朝野及美國和其他國家大部份人士之意見。他們認「所有」是包括的名詞。而由於用於條約上故包括所有國家，美國亦不能除外。

爲解決此種爭執計，則了解原先訂約政府對「所有國家」數字作何解釋實爲必要。同時亦應當注意到一種事實，卽海彭錫福里條約並非完全單獨的，牠還附帶有一規定，係海彭錫福里條約之一部份，並爲英國允許取消克雷頓布爾威條約（Clyton-Bulwer Treaty）之附帶的一個條件，是卽海彭錫福里條約之成立「不得損害該協定（克雷頓布爾威條約）第八條所成立之中立「普通原則」」

在兩國政府訂立海彭錫福里條約時文書往還中，關於兩國公民之使用運河除克雷頓布爾威條約第八條所成立之中立「普通原則」外，並未規定有其他條件。因此我們必須回溯克雷頓布爾威條約第八條及其以前談判，看關於運河管理究有何種規定。該約第八條全文如下：

「大不列顛及美國政府因訂立協定不僅希望完成一特殊工作，同時亦成立一普通原則，因此雙方同意用條約規定他對於經過聯接南北美洲土腰因運河或鐵道之實際交通，加以保護，若此種交通認爲可能時，則對於現今提議用運河或鐵道經過得漢德伯克（Tehuantepec）或巴拿馬之兩洋間交通亦加以保護。爲保證對於此特定之運河或鐵道之共同保護計，雙方互相了解建築或保有運河或鐵道之當事者不得課收爲兩國政府所謂公正以外之稅則，運輸條件及費用，此等運河或鐵道由於對於大不列顛及美國公民、臣民在平等條件下完全公開，在相同條件下對於凡如英美二國之願意給以充分保護國家之公民、臣民亦將完全公開。」

在上述條件中除英美兩國政府所「認爲公正」稅則外，不得再徵其他稅則或費用。在此規定下美國政府不得徵收英國政府所認爲不公正之雜稅；同時英國政府認爲基於任何條件所徵收之雜稅，而未嘗強逼美國船舶負擔維持及經營費用之公平比例者，都是不公正。

可是該約第八條實爲全部爭論焦點。牠規定「此種運河或鐵道對於大不列顛及美國公民及臣民在平等條件下完全公開，而在相同條件下對於凡如英美二國之願意給以充分保護國家之公民亦完全公開。」「在平等條件下」公開是否指通過稅，費用及運輸條件或者抑僅指運輸條件？此條文字關於此點雖然不甚確定，但兩國政府談判時往來文書，則絲毫無懷疑餘地。美國國務卿克雷頓於計劃條約時，派美國駐法公使萊菲斯（Lives）至倫敦，並訓令他向英國外交大臣柏末斯頓（Palmerston）說：（一）

「美國對於提議的交通並不想攫取何種排他的特權或特惠權利，他之坦白志願，若可能時，不過專忱祝其在最寬大條件下爲各國共同之用，並立於絕對平等地位。

美國若可能時絕對不致於在屬於人類所有之極大水上交通上希望取得任何排他權利或特權。」

遍觀兩國政府代表在談判該約時之談話及往來文書中，明明陳述美國政府未嘗想爲其人民攫取何種排他利益及優越待遇，而兩國人民於使用運河上皆享受平等待遇。再者該約草案初稿第八條曾規定若在每一政府關於建造聯絡太平洋大西洋之鐵道或運河決定擴充保護，獎勵和維持之場合下，「若其他國家政府關於鐵道及運河在相同條件下不能爲其人民取得任何利益或特權，則她亦不得向任何人民，公司及國家爲其本國人民要求或承受此種利益或特權。」（二）

此爲克雷頓及英國駐美公使布爾威（Sir Henry Bulwer）同意之草案，亦即布爾威報告其政府而受權簽訂者。後來克雷頓因爲修改辭句對於草案曾稍加變更。此修改後之草案即送交布爾威，他接受此種修改，即謂

此種修改「僅爲文字的，而與其調令一般精神完全相合。……」（三）

但美國政府在海彭錫福里條約簽訂時究對之作何種解釋？（四）關於此點最好以上議員羅德（Senator Root）於一九一三年一月二十一日在上院演說辭來解釋。他說：

「……上議院已否決加利福尼亞州上議院議員巴德（Rard）所提出對於美國沿海貿易規定特惠之修正案（擬議的海彭錫福里條約。）該修正案提議：

「美國在取締及管理運河上關於運輸費用方面保留一種差別待遇權，以獎勵從事沿海貿易之本國人民所有的船舶。」

我認爲上議院係根據此報告（五）（上議院外交委員會之報告，上議員台維斯（Cushman K. Iavis）爲主席）才否決該修正案，此報告宣佈一律平等規則及不得有任何特惠和差別待遇以優待美國船舶乃該約之眞正和必要的意義。」

卽將國際條約之解釋擱置不談，亦當有一問題，卽：採用歧視政策以優待那經過世界最大水路如巴拿馬運河之美國船舶是否爲一聰明政策。若運河收入全爲支付經營費用，則美國船舶之獨邀寬免實無理由。最後有人終必償付此種費用。若不徵收運河通過稅是視爲一種津貼，則最好由美國國庫直接支出一筆錢作爲津貼，倒可以避免因用特惠獎勵一國船舶所引起之國際惡感。

（一）係摘自上議員羅德一九一三年一月二十一日在美國上議院之演說。(Cangressional Record for that date, 62d Cong.,

3d sess., p. 1820.)

(二)參看 (British and Foreign State Papers, Vol. 40, p. 1010.)

(三)見前書第一〇二六頁。

(四)在 (Congressional Record for Oct. 8, 1921 (p. 6129), 67th Cong., 1st sess.) 包含有條約訂立時上議員麥克根白(McCumber) 之問題及美國駐英大使代理公使超德 (Joseph H. Choate) 及懷德 (Henry white)之答案問答全情如下：

(一)兩國是否認為「所有各國商船及戰船」包括我們自已的船舶?

(二)是否亦包括我們從事沿海貿易之船舶?

超德氏：我的答案全屬正面。所謂「所有各國商船及戰船」自然包括我們自已船舶，我們國務院及英外交部都對此默認。他們同時認為也包括我們從事沿海貿易之船舶。

在談判時兩方從未曾有任何提議說「所有各國商船及戰船」數字另有其他解釋。此種辭句並未嘗允許任何國家特殊商船或戰船——從事國外抑沿海貿易之船舶——除外。締約雙方都希望所用辭句其意義不致遊移不定或引起爭執，字裏行間意義完全一致。

懷德氏：我因為是大使之祕書，故得參加各次談判，而超德先生時常盡情告訴我。真的，我時常參加問題之討論——在大使任內時常舉行。

我對於你信內所謂「海氏及彭錫福里關於完全從事沿海貿易船舶使用運河問題之了解」祇有一個方法可以回答：

(一)兩國參加訂立海彭錫福里條約之人員從未嘗提議我們沿海貿易船舶應免除通過稅。

(二)自從我國開始與宋雷茲巴立（Solisbury）商量取消克雷頓布爾威條約之日起，直至海彭絲福里條約批准之日止，參加談判的人——不問英美——都知道「所有各國」及「平等待遇」數字，是指美國，同時也指其他各國。

在國會記事錄同一頁上發現曾與海氏討論此問題之約翰孫（F. W. Johnson）一封信。內容如下：

我曾頗詢問海氏若此約意義是照字面解釋，「所有各國船舶」是否包括我們自己船舶，抑解釋其爲「其他各國」？他回答說：

「所有各國，意是指全體。」條約旣非永久不變而使我們無機會來包括「其他」各國，若我們認爲應當包括時。所有各國意指世界各國全體，美國爲國家之一，自應包括在內。」

(五)當一九二一年關於爲何否決巴德氏修正案辯論時曾引起許多問題。上議員開茲德爾因許多上議員及從前反對巴德氏修正案的上議員因書面回答問題的原因得到許多申述文件，遂將其提出，其目的是要表示巴德氏修正案之被否決並非因其違反英國條約權利，而是因爲大家認爲美國有完全權力以規定其沿海貿易，而巴德氏修正案實不必要。不過照上議員麥克根白——當海彭絲福里條約批准時他是上議員——的意見，則此並非被否決之理由。他與前上議員羅德意見相同，認爲上議院之否決巴德氏修正案因爲上院知道大不列顛之同意此條約是有「一條件，即美國船舶不得享受有超越英國船舶或全世界船舶之權利。」見（Congressional Record for Oct. 8, 1921, p. 6870）。

附錄八　影響交通之商業政策

因航行及電報電話交通之急速進步，關於國際交通使得我們不能籠統來討論。但下列關於郵政，航空，電報及無線電之討論，將表示其與此書內重要問題之關係：

甲　郵政

Messenger of sympathy and love
Servant of parted friends
Consoler of the lonely
Bond of the scattered family
Enlarger of the common life.
Carrier of news and knowledge
Instrument of trade and industry
Promoter of mutual acquaintance
Of peace and of goodwill

Among men and nations.

此爲華盛頓郵政總署前面所雕刻的郵政定義。我們視爲自然事實，而坐享其成，不知直至一八四〇年至一八四九年因使用郵票及一律郵費觀念遂使世界交通普遍化。郵政交通對於美國及各地人民極爲重要，即任何將其推廣之擬議在各處都博得普遍的彩聲。不過情形未嘗時常如此。這似乎很奇怪，在郵政極爲發達之美國竟有人倡議反對郵政之發展。但如韋白斯特（Daniel Webster）曾經有一次反對將郵政擴充至太平洋沿岸各地。在一八三五年，當美國上議院討論自密蘇里(Missouri)印第盆登斯城（Independence）設立一郵路至科羅拉多河(Colorado River)口時，他用下列文字結束其反對論調：(一)

「我們何必需要此極廣泛而無價值，惟野蠻人，野獸，沙漠，灰塵滿空，仙人掌，草狗所蕃殖之地？我們又何所用於此極大沙漠，山嶺嵯列，深雪沒脛之地方？主席，我絕對不贊成要國會耗費一文錢來縮短太平洋至波士頓之距離一英寸。」

韋白斯特在議會之演說自今日視之不過一奇異的古蹟而已。要求交通之推廣及交通費用之低廉，其勢日增，直至今日，成立和維持郵政交通之重要目的是在以最低郵費得到最大的效用。在大不列顛及大英帝國內各地減輕郵政費用之努力大部份成功。最後在大英帝國國境內任何信件之傳遞祇收費一辨士。至於美國則普通一班認爲推廣及成立郵政交通較藉此以裕收入尤爲重要。至其結果則已從事各種推廣及改良，若收入不敷支出時，則用徵稅以資彌補。

世界郵政聯合會

國際間郵政交通係歸世界郵政聯合會管理；此會是一八七五年於伯爾尼(Berne)成立的。係一八六三年由美國動議在巴黎召集之郵政會議產生的。照協定條件——世界郵政聯合會據以成立，任何國家都曾參加——全世界成為一個郵政區域，在這個區域內郵費一律，用一個郵政法典，統轄二十五萬個郵政局。

伯爾尼協定曾於一八七八年在巴黎，一八八五年在利不森(Libson)，一八九一年在維也納，一八九七年在華盛頓，一九〇六年在羅馬，一九二〇年在馬得里加以修改。最後目的是在希望全世界成一郵政區域，一個郵政法典，及國與國間自由交遞郵件。因一九二一年在倍諾斯愛勒舉行之第一次大美洲郵政會議所成立之包裹協定，曾經規定美國與西半球各國間郵件得自由交換。在倍諾斯愛勒舉行之郵政會議亦曾採用郵政包裹協定，規定較低及一律郵費，並且明白說明除平常關稅外，此種費用之最高額應為一角，除協定內所規定之各種費用外，禁止徵收其他費用。(二)在馬得里會議時，斐律賓，西班牙及大美洲各國間曾成立一特殊郵政協定（尚待批准）此協定規定自甲締約國至乙締約國信件及明信片之郵費等於甲國國內信件及明信片之郵費，而由甲國至乙國之郵件，乙國應不另索運費代為運送。除上述協定外，美國與加拿大，古巴，墨西哥及巴拿馬亦另訂有郵政協定。

除上述郵政上事役以外，許多國家之郵務行政尚從事其他工作。例如郵政銀行乃一普遍郵政事業，而在他國之若干其他交通如有線無線電報等都由郵政當局經營。不過在郵政當局從事許多事業之國家內，該種事業普通都不由私人經營。歐洲各國郵政都由國家經營，而在美國則由私人創辦。

在國際貿易之發展及國際和平和友誼之促進上，郵政之價値是不容忽視的。交換各國大多數人民間友誼的及愛重的出版物和信件，對於各國間及人民間的關係自然發生許多有益的結果。

乙　各種飛機

飛機

自一九一四年以來，飛機日漸重要，在運輸郵件上可補鐵路輪船之不足。牠不僅增加運輸信件和極有價値體積較輕的物件之速率，並且當海陸電線不能傳遞時，以郵政投遞契約的條款及藍本圖様也可節省許多時間。至近來則搭乘旅客亦漸形重要。

在大不列顛已成立航空郵件以速遞由普里穆斯（Plymouth）卸下之美國至英倫北部及愛爾蘭的郵件，不過英國對於空中交通之主要興趣尙注重於與外國及英國以內。自英蘇聯合王國至歐洲，(三)開羅（Cairo），以至巴格達已成立航空運輸。

帝國内之空中交通乃帝國經濟會議程序之一部份。一九二三年帝國經濟會議時，曾於十月十九日成立空中交通委員會（Air Communications Committee），附有下列條件(四)：

「應設立一委員會其目的（一）使航空部長及自治殖民地各代表來討論伯尼計劃（Burney Scheme）之財政專門及執行上各詳細點以便決定帝國在何種方法上可以合作，並合作到何種程度。（二）再一目的為使對於與民用航空有關之其他各問題有一相互交換意見之機會，並安排最良方法以便保證將來得繼續交換意見。」

此委員會於十月二十九日開會，在前列各條件範圍內討論了相關題目，並主張採用下列各決議：

（一）英國政府應當普遍曉諭各自治殖民地及印度告以不用氣飛機最近可以預料之執行事業，並且在將來應當時常告以伯尼飛機設計進步之最新消息，以便英國之參加此種及將來飛機計劃更加便利。

（二）英國政府為達到民用飛行較詳及較快的交換消息起見，應預備一進行程序草案，並將此草案向帝國內各政府提出，以期全體採用。

（三）鑒於戰後發展計，任何英屬海外國家關於空中攝影未有最新經驗而擬用空中測量者，在接受估計及成立計劃前，最好與有該種經驗之其他帝國政府商量行事。

航空線已遍全歐。北至伯爾發斯特(Belfast)克立斯坦尼亞（Christiania）赫星法斯（Helsingfors），東至彼得格勒（Petrograd），莫斯哥勒謨堡（Lemberg）及君士坦丁堡。(五)飛行有一定時間表，載客載貨費用亦皆規定。自法國及西班牙航空線可以直飛北非洲突尼斯，俾斯克拉（Biskra），鄂琅（Oran）及卡薩布蘭卡(Casablanca)，並擬自卡薩布蘭卡推廣至達卡(Dakar)，繼至伯南布哥（Pernambuco），再至巴西。

飛機雖為美國所發達，但商用航空之發展，則美國較各國為遲。其航空郵遞(六)乃各種航空事業之最發達者。航空郵遞現在（一九二四年）每年達二百萬英里，平均實航者達百分之九十六。航空郵遞起於一九一八年五月，由華盛頓京城擴張一航路至紐約，經過菲列得爾菲亞。此種事業曾經成功，一年以後遂成立自克利夫蘭(Cleveland)至芝加哥之橫跨全洲飛行。後來進步極速，克利夫蘭至芝加哥線遂延長至紐約，一九二〇年九月更延長至舊金山，經過俄馬哈(Omaha)，嘵延(Cheyenne)，鹽湖城(Salt Lake City)及其他各城市。除橫跨全洲線外，後來又成立自聖路易至芝加哥，自芝加哥至明尼亞波利斯(Minneapolis)各線。(七)

在美國有許多實業公司多以飛機爲商業之用，載客及載貨航空運輸已經組織，不過大規模之商用航業則尙未具雛形，遲遲未曾發達之一個重要的原因是由於關於考查，允許發給駕駛執照及機器和管理航空事業之規則尙未曾用立法明文規定。國會現在正在討論一法案（S. 3076），規定在商業部內成立一民用航運局(Bureau of Civil Aeronautics)以管理民用航空，並含有各種規則管理民用航空事業之經營。因此種法案之通過，及氣象上航行上以及其他各種設備之成立，例如飛機場，燈塔，航路標幟及各種標記，我們相信美國商用航空事業之發展可計日而待。

飛氣船

不用氣飛機(rigid airship)之用途其發達較飛船爲慢。前者之發達因英國大飛行船(ZR2)及美國購自意大利軍用飛行船「羅馬號」(Roma)失事而大受打擊。逐漸的不用氣飛機似乎可載重許多貨物及旅客從事長距離運輸牠之可靠及安全可以戰前德國商用飛艇來證明，此艇曾共載客二十餘萬人而未曾有絲毫損失，且時間之準確勝過火車及輪船。（ZR3）歷史上著明的橫過大西洋旅行及一九二四年佘蘭多亞（Shenandoah）沿岸巡行足為此種運輸發達之先兆。

德國徐柏林飛船是用輕氣，容易引起燃燒。在將來若用氦氣（Helium gas）則將更為安全，其浮升力量約為輕氣之百分之九十至百分之九十五，且不易燃燒。此種氣體在美國產量很多，足供商業之用。

各種飛機及軍備

各種飛機除從事運輸及交通外，尚適於其他用處。人類藉此可以克服其環境，用以查看森林內火災，幫助人類開發天然富源，達到不容易攀登之高山，不容易深入之沙漠，並很有助於考古學之研究。

再者牠亦正如其他科學及機械進步然，很適於戰爭需要。世界大戰曾給航空科學及技能以極大刺激。

商用飛機與軍用飛機之關係，正如商船之與海軍。商用及軍用之相互為用的界限是明白限制的，不過商用飛機在訓練航空人材及發達一國的製造能力上對於軍事上預備有極大貢獻。關於航業與國防之關係及軍用航空之倚賴商用航空，美國航空考察團（八）（American Aviation Mission）在一九一九年於致陸軍部長報告中認為不能避免。其結論之一部云：

「將來戰爭必開始於海陸方面飛行戰，交戰國之能首先達到並能維持空中優勢者，必勝利無疑。

爲卻經濟原因，未有一國家在平時能希望維持一充分滿足國防需要之空軍，除非因獎勵民用航空事業曾預備極充足後備人材，原料及製造飛機之工業。民用航空及運輸事業之發達，必須使其自己負擔財政上的責任。

立卽創造航空設備以應國家目前緊極需要是不可能的。從各國戰時經驗以觀，證明需要二年以上之最大努力方能達到各種飛機，飛行機械及附帶設備之充分生產量。人材之訓練，包括工程學生產，考查，維持及經營——包含五十種不同的貿易和二十七種工業——已證明其本身爲一偉大工作。」

此考察團更進一步說「爲國防發達一強有力空軍最經濟的方法是用各種方法去獎勵商用飛機，政府所費不大，倒可以建設一商用飛行隊，在緊急時可以補充戰爭設備。」（九）

政府對各種飛機之幫助

各國政府之所以給與津貼以發展商用航空者，其主要動機係爲卻軍事目的。法國對其航空事業津貼最多。英國航行公司雖然於一九二一年開始得到津貼，不過多爲間接的而非直接的。政府負責去組織飛行場，從事無線電及氣候測驗各種設備，並幫助實驗及研究工作。（一〇）

航空運輸之管理

因空中交通之發達遂使我們複雜生活更引起一法律，商業及政治問題。昔日重商主義動機正如在其他各方面然又形出現但對社會及國際需要較容易調和。一九一九年十月十三日曾在巴黎簽訂航空運輸規則之協定。（一一）此協定係由和會時協約各國之航空委員會所草就。（一二）此協定擬就國際航空運輸之規則，並規定成立一永久的國際航空運輸委員會（International Commission for Air Navigation）以處理之，受國際聯盟之指導。二十七個協約國及參戰國都簽訂此協定，大多數將其批准，通過立法從事執行。但美國卻未曾批准，

正如汽車（一三）及裝甲車然，各種飛機對於我們經濟，社會及政治生活曾有，並繼續有極大影響，國際和國家政府必須想出方法來管理此新的力量。是否在空中方面能發達一所有權？一國航空權是否可以無限制的上昇，或者在一定限度以上之航空亦如海洋然認為國際來往孔道而處於一與現今海洋所處之相同地位？（一四）

丙　國際電報及海底電線

當航空事業未發明以前，國際交通全恃電報。祇有陸地電報之國際性及其與海底電線之關係才屬於本書討論範圍以內。陸地電報常為國與國間交通系統上之連接者。

國際陸地電報是歸國際電報協定管理，此協定係一八七五年七月二十二日於聖彼得堡（St. Petersbury）簽訂，隨後又成立各種執行的規定。此類規則時常修改，最後一次的普遍修改是在一九〇八年六月十一日。在此種協定下——除美國，中國，墨西哥，秘魯及加拿大外，世界各國都曾加入（一五）——締約各國應從事採用各種必要方法以保證電報消息之秘密，預備特殊電線迅速傳遞國際電報，並遵守隨時成立之關稅稅則，締約

各國若認爲私人電報對於國家安全有危險，或違反國家法律公共秩序和健全道德時，有權停止其傳遞，並且若認爲必要時可以無期限的暫時停止一部份或全部國際電報之傳遞。國家電報有傳遞優先權，在任何場合下得以密碼傳遞。私人電報在遵守那爲國家安全所保留的權利範圍下可經過任何締約國家，而在允許情形下可傳遞暗號。（一六）

海底電線（一七）

第一次橫過大洋之海底電報係一八五八年通過大西洋。經營不久即行中止，直至一八六五年才算成功，自茲以後，世界各地皆有海底電線互相溝通，而其傳達消息之效率亦十分驚人。

海底電線管理之競爭

海底電線乃促進經濟力量之一種方法，各國政府皆幫助其人民從事競爭。在一九二三年四月一日以前，全世界所有經營之海底電線計長三一八、一五八英里。（一八）英國人有先見之明和各種努力，老早即安設有許多海底電線，其公司所轄有者總數爲一三六、〇〇〇英里，而美國公司所有者僅七三、五〇〇英里。大不列顛不僅轄有最多海底電線，且現今尚正計劃發達一帝國內海底電線交通。英政府因得加拿大澳大利亞及紐西蘭政府之合作，已建設一澳大利亞紐西蘭及加拿大間之海底電線，而昔日自紐約至波耳根（Borkum）之德國海底電線已爲英國郵傳部視爲帝國交通之一部份而附帶經營。（一九）因英帝國範圍和性質之廣大，一個完全的帝國內交通制度必爲帶世界性的制度無疑。（二〇）

海底電線之交通和統治上特別表示各海底電線公司之激烈競爭，因各國政府爲之與援，故各不相讓。外國海底電線公司在取得登陸讓與時，都自其本國政府得到津貼和保證及外交上便利。美國海底電線公司則不然，牠們都全特本身力量發達營業，絲毫未受政府財政上何種幫助。因缺乏充分管理規則及國家一致趨勢，（二一）遂致引出許多問題。例如祕密海底電報費，折扣，特殊優待乃常有事實。樹汁膠——抵抗海水侵蝕之唯一原料，是在英國財政管理下。（二二）此種控制及希望獨占上岸權及貿易，正表示了國際海底電線競爭之各種嚴重問題。（二三）一九二〇年在華盛頓舉行之交通預備會議所設立的關於海底電線及無線電國際法之委員會，曾主張「未來世界交通會議應考慮一提議，使各國都承認此後不再給其他國家以排他的海底電線上岸及無線電權利致阻礙自己國內交通之發展，除非該處商業情形不十分發達而無需要二重交通便利，則得以除外。」（二四）

丁　無線電

控制無線電報及無線電話之國際競爭是與競爭海底電線相平行的。在美國除政府所有者以外，任何電力極強之無線電臺皆爲美國無線電公司（Radio Corporation of America）所有。此公司係由奇異電氣公司(General Electric Company)，美國電報及電話公司(American Telephone and Telegraph Company)所組成，並用此二公司，西方電氣公司(Western Electric Company)，威斯丁好斯電氣及製造公司（Westinghouse Electric and Manufacturing Company) 及聯合水果公司等之無線電特許專買照。無論此無線電公司有何種獨占權，不過總不是政府所給與的。加利福尼亞州之聯邦電報公司 (Federal Telegraph Company) 取得美國與遠東無線電通報之讓與權。因中國之允諾，此讓與權現爲美國無線電公司所管理下之德拉瓦中央電報公司 (Federal Telegraph Company of Delaware) 所保有，但加利福尼亞之公司亦有部份利益。聯合水果公司曾成立許多電力不強之無線電台以爲美國與中美及加勒比海各地通信之用。德國，法國，意大利，臘威及日本都備有電力很強之無線電台。法國亦如英國然，(二五) 都計劃用無線電來聯絡分處各處之殖民地。意比二國亦在殖民地裝設無線電台。

特許專買情形對於無線電交通之發達有極大影響。(二六) 正如海底電線然，排他讓與及希望取得此種讓與所產生的影響很大。中國於此正如在其他事件方面然是最好的例證。(二七)

國際無線電交通

美國無線電公司曾與外國政府及其他無線電公司成立許多條約，因此取得管理美國與外國收發無線電報之權。

最近該公司代表與英國馬可尼公司 (British Marconi Company)，法國 (Compagnie Générale de Télégraphie sans Fil)，德國 (Gessellschaft für Drahtlose) 之代表等會於巴黎，適時二月，關於發達南美

各國之通信方法成立了一條約，內容如下：

『簽字四國都願將彼此在南美洲各共和國之無線電交通權利交與委託團體，彼此各派同樣人數參加，利益完全相等。除派委託人外，美國無線電公司得派一主席，他應爲一有聲望之美國人，但與無線電公司無關。主席可以否決多數受委託人之行動，若他認此種行動對於少數受委託人爲不利時，是以在未取得美國人認可以前，不能有何種有效行動，於是使門羅主義亦得適用於西半球之交通方面，而給美國以有效的領袖地位。擬議在此種委託制下，南美各國將成立國家公司以從事他們國際信息之傳遞。每一成立之無線電台應直接受經管委員會之管理，牠是由四國各派一代表組成的。此經管委員會之目的是保證各國於自由傳遞信息上不得有若何歧視。在此項計劃執行下，曾在阿根廷豎立一無線電台，並在巴西取得讓與及財政上特許權利。』（二八）

無線電公司亦擬在中國成立同樣條約。

楊氏論點——見於他致海軍部長唐比（Denby）及國務卿休茲書中——則認爲國外無線電交通應視爲一公用事業應受政府管理，而公共利益可以完全保全若用一公共公司負責經理，關於電費服務及報酬都由政府管理；（二九）但一方面規定是不能成功的國際活動如無線電之有效的管理應由有關係各國共同參加，共同規定。

當世界大戰時，曾組織協約國無線電委員會以管理無線電交通。海底電線問題，特別關於德國海底電線問題，在巴黎和會時曾提出討論。一九一九年在巴黎五大強國及參戰各國承認「召集國際會議來討論陸地電報，海底電線及無線電報各問題，」其目的在爲「全世界於公正平等基礎上預備一充分便利之無線電交通網。」一九二〇年在華盛頓所召集之預備會，關於無線電交通尚未討論之各問題皆先後提出。此會議由主要協約國及參戰各國之代表組成，係召集以討論各種交通之形式及遞信方法，並提出建議以管理國際交通，包括處置前德國海底電線等問題。

此會議建議成立一與郵政聯合會類似之國際交通聯合會。（三〇）一九二〇年十二月七日美國國務院曾發表一通訊，將交通預備會議之工作略述於下：

「預備會議認爲應當建議成立一全世界電氣交通聯合會（Universal Electrical Communications Union），以國際陸地線，海底電線，無線電之相互交遞電報電話消息及他種傳達信息之記號爲研究對象，並獎勵此種交通方法之進步和改良。

又備有規定成立一電氣交通理事會（Electrical Communication Council），由英，法，意，日及美國和其他四國之代表組織之。此理事會應時常開會，並有顧問及磋商權，其功用在獎勵交通方法之改良及交換運輸事業。照同樣程序成立一特別委員會以處理關於無線電及他種傳遞消息之專門問題。

在伯爾尼之中央局仍保持現在功用，是卽關於交通方面交換消息之總匯所。並備有規定召集國際會議以修改建議的協定和規則。現存國際電報規則曾訂有一歐洲系統及非歐洲系統，在可能範圍內此種分別應當取消。並預備有成立附屬系統之規定，若地理，政治及其他考慮證明爲必要時。此種附屬系統不得從事損害或歧視其餘世界各國之行動。

結論

昔日帝國爲卻政治上目的才發達彼此間交通。亞西里亞，巴比倫，波斯帝國及羅馬帝國之道路乃代表人工努力之最大成功。但關於私人商業上之傳遞消息或新聞則政府尚未曾預備，而任旅行人們及私人使者任之。數百年中交通方法很少進步。卽在近代國家形成時代騎馬或步行傳遞消息之人仍僅係爲政府之種種目的而設。私人傳遞消息之方法演進很慢。在歐洲因有四輪馬車及分班御者及馬匹遂使距離比較縮短而完成最快交通。在航海，飛艇，電報電話及無線電發明以前，長距離消息傳遞都用信號機。（三一）在美國經過西方無人煙地帶之馬匹快遞乃縮短太平洋海岸與大西洋殖民地帶距離之一種努力。直至十九世紀各種發明先後出現，遂消滅了空間和時間各種難題。

縮短時間和空間距離就傳播消息而言，乃國際間最重要之事實。積極努力應當不僅限於防止此新的社會事實之爲人亂用，而應當用以促進人類間相互了解，發達一合作基礎以解決國際主要問題。

（一）參看（Melius, Louis, The American Postal Service, p. 61.)

（二）美國與世界各國及殖民地都訂有包裹協定。

(三)至巴黎布魯塞爾，鹿特丹 (Rotterdam)，阿姆斯德丹及漢堡。

(四)參加經濟會議之代表計為大不列顛，自治殖民地，印度，及各殖民地與被保護地之代表，係一九二三年十月至十一月開會。參看 (Record of Proceedings and Documents, London, 1924, Cmd. 2009, pp. 363-5.)

(五)參看一九二四年八月二十五日美國 (Commerce Report) 之地圖。

(六)關於郵政航運美國政府有他的飛機駕駛者並維持其自有組織。

(七)關於美國郵航之發達及詳細情形，請參看郵政部長之每年報告。

(八)參看 Great Britain: Air Ministry, Report of American Aviation Mission. Cmd. 384, p. 6. 此考查團之報告經陸軍部長巴克 (Baker) 於一九一九年八月十一日公佈。

(九)見前書第十二頁。

(一〇)關於航空事業之激烈競爭，讀者請讀下列各刊物 (Aircraft Year Book; The Aerial Year Book and who's who in the Air; Annual Reports of the National Advisory Committee for Aeronautics; Flight; Aerial Age Weekly)。

(一一)參看 Convention Relating to International Air Navigation, U. S. A.: Senate Documents No. 91 66th Cong., 1st. Sess.)

(一二)參看 (Baker, Ray Stannard, Woodrow Wilson and World Settlement, chap. xlvi)。

(一三)參看 (The Annals (Philadelphia) Nov. 1924)。

(一四)參看 (Rogers, Walter S.: "Air as a Raw Material", The Annals (Philadelphia), March, 1924, p. 2510)

(一五)在若干國家陸地電報係國家獨占事業。

(一六)參看 (Schreiner, George Abel, Cables and Wireless, 1924)。

(一七)關於海底電線詳細表（特自倫敦發電報發）請參看倫敦(Electrician)每年出版之(Electrician's Handbook)兩書也請參看 (Bright, Sir Charles, Sutmarine Telegraphes: Their History, Construction and Working)。

(一八)參看 (Schreiner, George Abel, Cables and Wireless, 1924, pp. 237-9)

(一九)關於近德國海底電線之競爭請參看 (Lesage, Charles, Les Cables Sous-Marins Allemands, Paris.)

(二〇)參看 (Proceedings of Imperial Economic Conference, 1923)。

(二一)參看一八八四年三月十四日在巴黎簽訂保護海底電線之協定。其他國與國間，國與公司間尚成立有若干條約。

(二二)參看 (Culbertson W. S., "Raw Materials and Foodstuffs in the Commercial Policies of Nations" The Annals (Philadelphia), March, 1924, p. 89)。

(二三)參看 Schreiner, op. cit., Chap. 3. Hearing on S. 4301: "A Bill to Prevent the Unauthorized Landing of Submarine Cables in the United States," 1921; Hearings on S. 1651: "A Bill providing for the Construction of a Pacific Cable, and for Other Purposes," 1919; Hearing before a Subcommittee of the Committee on Naval Affairs of the United States on the Government Ownership on Contral of Radio-telegraph and Cable

Communication in its Military and Commercial Aspects, 1919)。

(二四)參看 (Press Release of U. S. Department of State, Dec. 7, 1920)

(二五)參看大不列顛帝國總務會議的 (Record of Proceedings and Documents Cmd. 2009, pp. 366-413)

(二六)特許專賣與商業政策關係上表示一極有興趣之研究題目。在國內國際商業獨占上特許專賣日漸重要。

(二七)參看 (MacMurray, John V.A., Treaties and Agreements with and concerning China, 1894-1919)(1921)。暨時也參看 (Report of the British Imperial Wireless Telegraph Committee, 1919-20, Cmd. 777; Bright, Sir Charles: Telegraphy Aeronautics and War, 1918; Schreiner, G. A.: Cables and Wireless, 1924)

(二八)摘自一九二一年十二月七日楊氏致士四非 (James R. Sheffield) 信件。參看 (Federal Trade Commission: Radio Industry, 1924, p. 61)。楊氏之提及門羅主義是很不幸的，他的議論並不能視為此種主義之正當解釋。他給門羅主義一經濟重要性，但相信與美國輿論是適反的。

(二九)參看聯邦貿易委員會：(Radio Industry, pp. 66, 67)。

(三〇)參看 (Baker, Ray Stannard, Woodrow Wilson and World Settlements, Vol. 2, p. 485)

(三一)參看 (Dumas Alexandre, The Count of Monte Cristo chap IX.)

附錄九　會議——有彈性的方法——係依照英國先例者(一)

導言

任何實用的和平計劃必須承認國家乃我們現今文化之基本單位。藐視族國情緒實爲不智，即令可能因爲此乃達到世界永久和平計劃之最健全的基礎。防止國際事件上衝突之建議，有時足以妨害極度的愛國情緒所認爲神聖的事件。愛國心已根深蒂固，我們捨此以外不能再建立國際和平於其他基礎上。

反之，我們若純粹依賴國家，則我們的計劃亦將無法執行。因爲國家之爲統治的力量，亦僅限於在某種限度以內，過此以外，即行崩潰。若達到此限度而仍以族國爲單位去解決各種問題，則必回到以武力爲後盾，或強凌弱衆暴寡之局面。

國家之不能爲一種統治力量，單獨行動以和平方法來解決世界主要問題者，在討論下列各事實時足以例證：例如特惠入口關稅，出口關稅，有特惠形式或無特惠形式之各種限制，政府對主要原料品之獨占，國際貿易上之不公平競爭，國際電報交通，國際間資本合併，爲石油鑛產，鐵路，森林水力之競爭，在經濟發達落後地方讓與權之取得及爭取富源充足之地方等。

謾罵此種政治和經濟競爭並不足以解決世界問題。帝國主義實際上不過爲我們文化在海外之經濟發展而已。牠表示了許多事實，在該類事件上我們物質發達已遠勝於政府的組織。

國家權力和國家安全從某一點來看是同一意義。用工業，經濟，財政及軍事方法使一國強盛，是即使一國安全。但事實運行絕不如此。當一國的經濟生活擴張，海陸軍日趨強盛時，鄰國感覺不安，他們乃希望單獨，或與其他國家聯合向彼進攻，而此一國相信其地位受威嚇而日感危險。是以許多國家用帝國主義方法來尋求安全，其結果直爲不穩固不安全。

若大國感到不安全，則永久和平是不可能。永久國家安全保障不能求之於暫時方法如軍備等，而實賴於成立一班原則以循導各國間關係，特別是經濟關係。國際關係上之法律統治祇能以國家彼此合作方能成功。接受國際合作以解決國際主要問題，其對於國家主權之限制正如國家法律之限制個人自由。在國家單獨行動不足以充分釐正各種行動之場合上而要成立一法律則合作實爲必要。假若我們知道我們國家在國際間所處之地位，則我們此種主張並非不愛國，並非不爲國家盡力。若我們知道採用合作以爲解決國際問題之方法，則一國所放棄者皆係不值得保留之東西，而在長期中倒足以保留族國性之最好部份。因此族國主義失敗之場合，國際合作必起而代之。

我們應當注意的即國際政府現已存在，並不是尚待創造的東西，且美國亦爲其中分子之一。因處理國際主要問題致國家統治漸行破敗之趨勢，遂成立限制國家行動成千累萬之國際條約。這個世界上此類條約之重要性（二）我們應當注重——常爲吾人忽視——因其承認國家安全和榮繁是有賴於與他國之合作，牠產生了雙方，多方及國際條約網。

在若干條約中各國都爲卻國家安全限制了國家權力。除此種條約以外，國家尙受普通國際法之限制，此種國際法在美國法庭已執行。（三）目前一般的問題不是創造而是完成國際政府問題；實際問題卽「美國爲世界和平爲將來幸福及領土完全之呼聲，如何能使其他國家尊重。」

計劃之範圍

此計劃預備有美國與其他各國合作之有效方法，以促進：

（一）將經過國會談判和陸續批准之現存及新的實體國際法編爲法典。（參看下述會議）

（二）國際法——經過談判及陸續批准的機關——之執行。（參看下述國際局所理事會或委員會）

（三）國際法在國際法庭之解釋。（參看下述「國際法庭」）

一個可以實行之計劃不應列舉太近於理想的國際政府，而應列舉一進行程序，使上述各趨勢能次第達到。若基於美國人曾經接受之先例——如這個計劃然——則美國人將更願接受。

國際政府應按步就班的演進。富於肯定性和預定性之國際計劃都有失敗的可能。英美民法乃若干世紀之產物。盎格羅薩克遜民族中立憲政府之原則並非生來即羽毛豐滿。國際政府必須有充分時間因若干試驗和先例使其牢繫於國際生活組織中。

創行此種計劃需要：

美國對於成立常設國際法庭之議定書加以簽訂及批准，承認其強制執行性，關於該法庭之管轄權無須特殊協定。

美國國會成立任何法律應包含下列六個規定：

（一）對於美國應參加一九二一年八月二十五日美德條約所公認之任何團體，機關或委員會之上院保留應一律取消。（四）國會應決定參加之條件，並且規定代表應取得國會同意。

（二）第二個規定明白表示美國願意與其他國家合作，（五）以適合一九二一年八月二十五日美德條約第二條之規定，不過到一個限度，若總統照其判斷認為「足以促進世界和平，美國將來幸福及領土完整」則授權總統得派正式代表參加國際聯盟指導下各種會議，而於通知上院並得其同意時得派代表參加國際聯盟之任何委員會（例如委任統治委員會。）

上述上院保留權使得美國不能派正式代表出席賠款委員會，但可以派一「旁聽人。」但美國在上述第二條下未曾明白表示同意與國際聯盟合作，但曾派旁聽人至鴉片煙及關稅會議。

授總統以此等權並非謂與國聯攜手或承受其政治及經濟的責任，此不過在特殊場合上開始與國聯合作而已。美國並不負特殊參加之責任及因此決定參加之條件。若她因國際聯盟而決定與其他各國合作，則她將正式參加而對討論的特殊問題負全責。

（三）規定總統有權隨時召集或參加一地域的或全世界的會議，（六）附有議事日程，討論免除人類戰爭，惡感及競爭之方法，並且成立在地域上或照議事日程內的題目上所規定的「國際合作之可能的基礎。」

（四）明白宣佈美國政策在於參加下列兩類會議：

（甲）爲應付威嚇世界和平之嚴重形勢而召集的緊急會議。例如

（一）提議的法律應當宣佈若一種危機足以引起戰爭則與他國合作召集會議以保障和平乃美國之政策，至是否利用國際聯盟則看當時情形而定。換言之，我們向世界宣佈願意採用爲太平洋一帶和平之四強條約（七）(Four Power Treaty)內曾經接受之會議原則。

（二）賠款經濟會議屬於此類。歐美二洲今日正如兩個人同爲一種疾病所困苦，單獨不能醫治，祇有合作方能醫救。世界經濟生活是相互關連的，美國對於歐洲因不平衡預算，跌價通貨，凋殘工業，不生產費用和軍備所引起之嚴重情形不能熟視無覩。若世界某一部份不能從事生產及負荷世界經濟負擔之一部份，則世界其餘各部份將爲之償付代價。

（三）美國所發起之塔克那亞里加會議(Tacna Arica Conference)乃用會議方法釐正國際嚴重

局面之又一先例。

（乙）處理平常國際關係，推廣國際法到國際法未曾規定之事件上以免除戰爭原因之會議。此類會議在其議事日程內應預備下列方法：

（一）確定現存平時國際法之意義並將其編成法典。

（二）因談判及陸續批准方法關於下列題目成立新的國際法（若必要時成立局所，理事會，委員會去考察及公佈消息，而在明定範圍內以適宜的保障提出定讞及建議。）國際商業政策，保全世界富源，（八）國際電信交通。

（三）當國際競爭，擴張軍備之原因已經討論，並有大家同意之規則及保證，則應立即召集裁軍會議，最低限度亦應限制軍備之擴張。

（四）成立和平理事會，與國防理事會相似，以國務卿爲主席，上院及下院各該外交委員會主席及該委員會內在野黨領袖爲當然委員，以贊助美國外交政策，並討論彙預備國際會議議事日程。

利益：和平理事會將從事：

恢復開國元老所主張之執行部和立法部之密切合作。（九）

保證執行部所訂之各條約，上院必將認可，批准，必要時國會亦將批准。

取消外交上之政黨政治。和平理事會應包含兩黨代表，在對外關係上表示一整齊陣容。大戰外國戰債委員會乃一先例。（一〇）造成一種具體責任去計劃免除戰爭的原因和保全世界和平。

（六）任何國際會議所通過之條約或國際法在美國上院未曾批准（必要時國會認可）以前不能拘束美國。

此種計劃須受兩重試驗：

（甲）不將美國陷入歐洲政治漩渦，不拘束我們在不能預料事實上使用軍事或經濟力量。解除我們束縛，使盡我們的「責任以防止戰爭及成立一可能的國際合作基礎。」此並非違反，或代替國際聯盟。牠承認一實在事實，即無數美國人都不願擔個的永久的接受現在國際聯盟之義務。牠讓美國在某一特殊事件上有與國聯合作之自由，若美國認為有益時。同時仍保留我們經濟和地理上各種優點和利益，因此使我們的行動更能發生效力。不致冒過去歐洲失敗之危險，不過說在將來美國必將參加國際共同生活。牠滿足了美國人反對用經濟和軍事力量以促進不可預料事件之根深蒂固思想。

（乙）同等重要的，即此計劃可以補充國際聯盟之弱點。這是明顯的國聯雖做過許多有用的工作，但在威嚇世界和平爭執上，並非一有效的合作機關。上列計劃較國際聯盟為富於彈性，若一旦宣佈為美國普遍政策，則可用以應付威嚇世界和平任何嚴重問題。

會議

（甲）在編纂及成立實體的國際法上，美國與其他國家之有效的合作，可以因更進一步的推廣那若干次美國外交關係上所認爲合作方法之會議原則而更有進步。

（一）美國曾正式參加許多研究專門法律及經濟問題之會議，是即涉及郵政事業，工業財產，航行規則，麻醉藥品之管理，魚業及海底電線之各種會議。

（二）美國曾積極參加關於世界關係廣泛問題之會議，是即一八八四年至一八八五年之柏林會議（後來未曾批准該協定）；兩次海牙會議；（一一）阿合西勒會議（一九〇六年。）美國曾經發起召集裁軍會議（一九二一——二年）而在四強條約內同意於會議一般原則。（一二）她也發起召集中美各國會議（一九二二——三年。）

（三）美洲各國之國際會議（大美洲會議）在此類會議中美國乃一活動份子，牠是美洲各國間國際合作之有效機關。牠們希望去創設及保存達到和平之志願。此等會議按時召集。會議既是處置此類事件的最高機關，不受會外干涉，所以每次集會即決定下屆會議之地點及日期。（一三）

（乙）對於會議的價值增加一種證明的即大英帝國內之各種會議，此種會議自一八八七年以來都按時召集。現已成爲一種正式組織，按期開會。（一四）大英帝國內之各邦都派代表參加，普通都由首相親自出席。大英帝國是基於會議而成功的國際政府之最大例子。在大不列顛，印度，紐西蘭，南非，加拿大，及澳大利亞以外很難再找出像這樣不同之民族及經濟利益而此種軟性的會議方式遂使全帝國始終合作以達到共同目的。

（丙）稍舉數例可以證明會議原則會如何的可以用於美國外交政策上。從事件性質以觀，很少可謂爲涉及緊急會議，不過按時舉行之議事日程可以例證。祇有在預備和討論此種會議方式時，則和平理事會可以成爲最有效的工作。

（一）哈定總統於一九二三年四月二十四日演說時謂「各國自動召集的會議以產生一明白及成文的國際法，更可以保障和平並使各國得到一種諒解——牠是和平之第一個最好的保障。」應召集會議，將各文明國家所承認之法律（條約上法律及普通國際法）縮編成正式的法律。

（二）關於經濟政策應召集一國際會議，像下列各項目都應列入議事日程：

商約上最惠國條款之形式，範圍及解釋。

不公平競爭（一五）及國際貿易上之各種合併。

平均分配（一六）世界原料及燃料，特別是在殖民地及未開發地方的原料及燃料。

平等機會去參加常爲差別關稅，特惠及商業獨占所限制之世界市場。

在經濟發達上進步落後的地方有平等投資的機會。

此種議事日程必將引起去討論各國間經濟衝突之根本原因。若對於最惠國條款及門戶開放皆同意，則足以成立商業平等待遇，是卽爲國際關係和諧之基礎。

此種議事日程亦將引起更進一步的擴大及確定用於國內國外貿易上門戶開放之原則。（一七）應備有各種規則以開放世界主要富源，防止政府或私人之獨占此類原料，匡正在經濟發達落後地方之商業及財政活動。

在該種會議內應明白承認在若干場合內政府及私人公司是相互爲用的。換言之，政府有時亦出身活動來維護自己商業及財政事業，而商業及財政事業亦被利用以達到政治目的。

（三）世界商業政策會議舉行以後，應隨即開世界天然富源保全會議。羅斯福執政時代曾發出請帖要各國參加此種會議，（一八）但該會議始終未曾舉行。

（四）在世界會議時有一極重要問題須要討論者，即爲電信交通。一九一九年在巴黎五個協約國及其他參戰國曾同意「召集一國際會議以討論陸地電報，海底電線，無線電報交通，」以期「爲全世界在公正平等基礎上，預備一此類性質之充分交通網。」一九二〇年在華盛頓召集一國際交通會議預備會，此爲考慮採用各種規則以規定此重要國際活動之世界會議之預備會。建議成立一國際電信交通聯合會，與郵政聯合會相似。（一九）

（丙）對會議所下之一般批評。

（一）反對的意見則謂此種會議很難召集，並且因其直待危機發生後方行召集，認爲爲期太晚，不能有何種措施。但一八九九年及一九〇七年之海牙會議，一九二一年之裁軍會議，都是各國平時立法以維持和平之著名例子。至謂各國不願會議實乃言過其實。困難問題不在會議本身，而在會議討論到重大爭執。若完全採用一需要時又不使用之機關，則各國皆將不願意參加。吉羅亞會議（Genoa Conference）是立於國聯以外，而意大利與希臘事件並非用國聯機關解決的，召集一會議之困難正等於將一重大爭執提出於永久國際機關面前請求其判決。再者，若會議原則用國會立法訂爲美國普遍政策之一部份，其趨勢則在討論國際爭執時必多多採用會議方式。

（二）但是又有一種相反的恐懼心，謂若正式承認會議原則，則我們政府勢必急遽參加國際事件。不過一總統及其國務卿在與他國政府談判及和平理事會意見中未能證明談判及批准都有相當成功以前，必不致進行會議。

（三）第三種反對的意見則以爲偶然召集的會議不足以應國際政府之需要，因爲政府進行是繼續的。不過我們要曉得卽在國內政府，其立法亦非繼續不斷的。在國際事件上，會議亦如國內立法然，可以隨時立法以應各時之需要。反之，行政及裁判倒是政府之繼續程序。在我們此處所提出之國際政府計劃上的此種程序都是繼續的。

（四）在應一時需要所派出赴會之代表，似乎一方面代表其政府，同時適合於處理會議記事日程內所特定之特殊問題。他們之所以得視爲代表者因爲與後來批准有關，同時之需適宜人才充任者，因須討論國際複雜專門問題。

（五）國際會議之利益在於能聚各國於一堂，明白討論公共問題，或訂立多方條約。多國參加的會議可以阻止許多談判——在這種談判中強國時常能得到他所要求的讓與——而稍殺強國的野心，並可以促進實事求是的決議。柏林會議，阿合西勒會議及裁軍會議都表示各國共同參加之會議可以稍殺各強國之自私自利野心，而有益於全世界。

國際局所理事會或委員會

（甲）具體法律是不夠用。有效的執行方法應當提出。卽令各國對於規則或原則完全同意，但國家主權之積極見解有時使執行此種法律的國際機關無法成立。此種明白的必要問題在將來國際會議亦須論及。

（一）此種特殊問題之性質根據我們自聯邦政府各機關規定各州間商業上之經驗看來是很明白的。例如邦際商業委員會(Interstate Commerce Commission)之權力是漸漸長成的，但一旦發達後，牠曾經解決各邦間爭執，此種爭執若在現今國際關係無政府狀態之下發生，很有引起戰爭之可能。

（二）當九國公約在裁軍會議席上討論時，執行之爲必要一點曾經承認。此約不僅建立了門戶開放之確定原則，並且規定中國在其鐵路上「不得執行或允許任何差別待遇。」因此，此會議希望對於此類問題「規定一執行程序，」並決定「在中國成立一諮詢局，關於前述各條之執行引起問題時，則提交此諮詢局待其考查和報告。」(二〇)

（三）在美洲各國，大美洲聯合會(二一)及國際聯合委員會(二二)皆國際合作之例子。

（四）一個國際共同處理不公平及傾銷事件之努力——國外貿易競爭不公平的方法，曾規定於一九〇二年布魯塞爾糖協定中，歐洲主要各國皆曾簽字締約各方皆同意制止對於糖出口及生產所給直接或間接之津貼，並用徵收等於津貼之抵抗稅以處罰類似津貼。成立一委員會以執行協定內各種規定。

（五）國際聯盟因許多委員會及局所之努力曾完成許多有效的行政工作。例如在薩爾（Saar）及但澤（Danzig）則有純粹的行政組織。不過在有效國際政府發達上最重要的還得算非政治的各種機關，如財政及經濟委員會，運輸及交通顧問會，國際勞工局，委任統治委員會。（二三）

（乙）此種前例不過表示進一步發展之途徑，和平理事會得對此加以考慮看有多少是與美國利益及世界和平相符合的。

（一）國際委員會或局所之第一步工作是調查。會議內所討論之國際合作各種問題，在會議前後皆需要調查。或成立委員會對於在經濟進化落後國家之國外投資，國際競爭上不公平方法和獨占，國際間電氣交通供給各種消息。

成立一委員會，用條約確定其權力以處理原料及燃料之爭執，在開發經濟發達落後地方之富源上（如石油）在釐定獨占原料價格爭執上（如橡皮及硝酸鹽）及在保存世界文化極有關係之天然富源上（錳及鎢）能有助於維持平等機會。

（二）國際法規之發達應為漸進的。可給委員會以一半司法及行政權，以處理，依照經驗所得，法庭所不能解決之各問題。例如在美國違反公共利益之不公平競爭方法授權聯邦貿易委員會去防止，似較聯邦法院為容易。

（三）輿論即足以執行委員會各種判決。例如國際商會關於商業爭執的仲裁，則完全恃商界輿論以執行其判決。（二四）國際聯盟委任統治委員會則認輿論爲執行其建議之有力的力量。若希望更進一步，則可以規定將委員會之判決託犯罪方面之國家內各機關去執行；例如一種判決認美國商人在國際貿易上從事不公平競爭爲有罪，則祇有將此種判決交聯邦貿易委員會去執行。

（四）若委員會之判決牽涉很重大政治爭執，則其執行應暫時中止，交與列強下次的會議去處置，因爲此種會議必將有權去處置國際政治問題。

國際法庭

（甲）最後除因國際法委員會之執行及立法的（會議及批准）規定外，關於法律之解釋亦應有規定。此類合作美國先例是毫無問題，而無須枚舉的。（二五）自美國有史以來，我們政府即主張採用並實行判斷方式解決爭執。（二六）世界多數國家，除美國外，都參加國際法庭議定書，而美國在最近將來應承受此種義務。（二七）

（乙）美國在製訂新的國際法上未曾決定以會議方式與其他國家合作以前，應當不參加國際法庭。一法庭祇能承受國際法及條約規定上所公認的原則（如最惠國原則，）基於此種原則而後擴充法律的規則。

結論

關於國際合作所提出之各種建議與美國傳統習慣是完全一致的。在許多場合上會以美國先例來例證。若能實現必將免除戰爭的原因。在此種有效的國際合作方法各步驟實行以前，各國仍不能不維持其軍事組織。除非更有效的方法已經成立，則軍備實爲安全基礎。世界當前趨勢祇有兩途：是即武力及法律維持的正義。國際正義機關更能有效，則倚賴武力之心理將隨之減低。合作能時常執行，則武力將不至常用。不過在各國尙未能合作去建設一完全國際政府以前，他們必用海陸軍以覓取安全。所不幸者各國所能充分了解的，乃唯能與力。軍備與他們所主持之政策無從分開。在其安全未得有其他保證以前，絕對不會放棄軍備。戰爭和備戰乃無政府狀態之世界下之必然產物。

是否恃武力抑恃國際合作，是極明顯而容易決定的事實。族國主義之破滅未有較在實用武力場合下之爲甚者。戰爭及軍備並不能預備安全。近代戰爭是在毀滅牠所要保留的機關——國家。製造戰爭的人亦應考慮戰爭之最後殘苛結果，如毀滅資本枯竭國家資金，支解近世信用機關，使貨幣跌價紊亂市場，毀壞購買力及降低全人類道德等。

此處所提出之計劃明白承認在國際事務上——或許較內政事務爲甚——我們的社會及政治組織並不能與我們專門技藝之發達並駕齊驅。我們現今正感覺一種痛苦，卽科學，商業及工業組織之進步太快，而社會及政治組織無相同的進步，若世界一般生活組織是迎頭趕去，我們希望得到安全和榮繁，則美國應盡其所應盡的責任，以達到和維持世界和平。

（一）此和平計劃乃二十個和平計劃中之一個，此等計劃係由向美國和平計劃競賽獎金（American Peace Award））所提出之許多計劃中選出來的，美國因此得與世界各國合作以成功並保全世界和平」名爲「Ways to Peace」並有（Esther Everett Lape）之導言及（Edward W. Bok）之序言出版處（Charles Scribner's Sons, New York, 1924）。

（二）參看美國關稅委員會：（Handbook on Commercial Treaties.）

（三）美國大理院在（The Paquete Habana）案之判詞中（175 U. S. 677,700, 1899）曾說：國際法乃我們法律之一部，當根據此種法律之權利問題合法遞到法院請求判決時，法院應以適宜司法權去考核，去執行。爲却此等原因，若無條約，若無行政法，立法及司法判斷時，則不得不援用文明各國之習慣法；或引用法學家及批評家之著作，因爲他們由於若干年之研究和經驗，使得他們很熟習其所研究之問題。此種研究的結果之所以爲法院所引用，不是由於他們對法律理論所下之空論，而是由於他們對何謂法律所舉之確實證據。（Hilton v. Guyot, 159 U. S. 113, 163, 164, 214, 215）。

（四）一九二一年八月二十五日批准美德條約之條款一部份文字如下：「除非等到美國國會已經預備有代表或參加之法案，則美國不得派遣代表出席任何團體，機關或委員會；任何人亦不得代表美國來參加此約所認可之任何團體，機關或委員會。」

（五）美國大理院曾說（La Abra Silver Mining Co. v. United States, 175, U. S., 423, 460）：在涉及美國人民及主權情形下，國會可用立法手續來取消一種統與外國訂立而上院批准之條約。」（Head Money Cases, 112, U. S. 580, 598; Whitney

v. Robertson, 124, U. S. 190, 194; Chinese Exclusion Case, 130 U. S. 581, 600; Fong Yue Ting v. United States, 149 U. S. 698, 721)。

（六）參議員波拉（Borah）曾爲下列判斷（Washington Evening Star, Oct. 30, 1923）：「當我們因國際聯盟是一種政治同盟而加以反對時，我們從未嘗想到美國不應當與其他各國商議以討論世界問題。我們在摩洛哥事件上既曾參加，更永遠願意貢獻我們的意見。不過參加政治同盟是一宗事，討論經濟問題又係一事。有人以爲我們不參加政治同盟，卽不能召集世界經濟會議來討論減少戰債問題。此種意見實在大錯。我們可以時常會商，但不必溢出範圍以外，若我們不願意時。但我們不能反對與別國會商，特別是情形與美國市場有極大關係時。」

（七）美，英，法，日四國關於太平洋島嶼及自治殖民地條約之第一條（Conference on the Limitation of Armament, Washington, Nov. 12, 1921 to Feb. 6. 1922, p. 1614）曾規定：「若締約各國間關於太平洋問題引起爭執而牽涉他們的利益，導致外交不能解決並有影響他們間現存和諧之可能，則當事國應請締約國他方共同召集一聯合會議，將爭執問題提出，請求考慮及調停。」

（八）參看第二八九至二九二頁。

（九）參看（Hayden, R: The Senate and Treaties, 1920.）

（一〇）大戰外國戰債委員會（World War Foreign Debt Commission）之委員如下：主席(Andrew W. Millon; Charles E. Hughes; Herbert Hoover; Reed Smoot; Theodore E. Burton; Eliot Wadsworth,) 祕書：(Richard Olney;

and Charles R. Crisp)（後面二人是共和黨人。）

（一一）參看(Carnegie Endowment for International Peace, The Huge Conventions and Declarations of 1899, and 1907, Edited by James Brown Scott, Director, N. T. Oxford University Press.)

（一二）參看前頁註七。

（一三）美洲各國之第五屆國際會議係在智利之散地牙哥(Santiago)開會，於一九二三年五月一日通過下列決議：

（一）選擇古巴都城哈瓦那(Havana)爲第六屆美洲各國國際會議之地點。

（二）通知古巴政府及大美洲聯合會之董事會下次會議日期應愈快愈好，無論如何在本屆會議閉幕後五年以內召集。

（一四）參看第一六一頁至一六三頁。

（一五）參看第十一章。

（一六）參看第九章。

（一七）參看(Proceeding of Mining and Metallurgical Society, Nov. 15, 1921, Bulletin 151)

（一八）參看第二九〇頁。

（一九）參看(Baker, Ray Stannard, Woodrow Wilson and World Settlement, Vol. 2, p. 485)。

（二〇）參看(Report of the Conference on the Limitation of Armament, Washington, Nov. 12, 1921-Feb. 6, 1923)。

(二一)大美洲聯合會董事會包括美國國務卿——主席當然委員及各國駐華盛頓之外交代表。

(二二)參看(United States Treaties, Vol, III, p. 2607,)係一九〇九年一月十一日美國與加拿大關於臨水界線所訂之協定。

(二三)參看第二五二頁。

(二四)看參國際商會:(Rules of Conciliation (Good Offices) and Arbitration, Oct. 21, 1922, Brochure no. 21.)

(二五)參看(Moore, J. B. History and Digest of International Arbitration.)

(二六)(Moore, J. B.)他是哥倫比大學國際法教授,常設國際法庭之法官,他曾說:「……在國際上仲裁是時常認爲係一種判斷手續。」(International Conciliation, No. 186(May, 1923)380)。

(二七)關於法庭之勸告意見及判斷錄參看 (Collections of Advisory Opinions and Collections of the Permanent Court of International Justice.)

國際經濟政策

索 引

A

B

C

D

E

F

G

H

I

J

K

L

M

N

O

P

Q

R

S

T

U

V

W

Z

中華民國二十三年六月初版
中華民國二十四年六月再版

(36724•3精)

大學叢書(教本)國際經濟政策一册
International Economic Policies

每册定價大洋叁元貳角
外埠酌加運費匯費

原著者 William Smith Culbertson
譯述者 潘源來
發行人 王雲五 上海河南路
印刷所 商務印書館 上海河南路
發行所 商務印書館 上海及各埠

(本書校對者王寵慶)

三三二四上